LE LAC BAÏKAL

ISBN : 2-7384-6411-4

Laurent TOUCHART

LE LAC BAÏKAL

Préface de Martine Tabeaud

L'Harmattan
5-7, rue de l'École Polytechnique
75005 Paris - FRANCE

L'Harmattan Inc.
55, rue Saint-Jacques
Montréal (Qc) - CANADA H2Y 1K9

SOMMAIRE

PRÉFACE

Le lac Baïkal est le lac des records. Pour l'hydrologue, c'est la plus grande réserve d'eau douce du globe, car le lac est immense, aussi vaste que la Belgique; pour le géomorphologue, c'est un vieillard de vingt trois millions d'années, le plus ancien de tous et le plus profond, puisqu'il se creuse plus vite qu'il ne se comble; pour le botaniste, son écrin de forêts originales recèle des endémiques, plantes rares autrefois recherchées par les chamanes pour leur pharmacopée; pour l'écologue, la transparence de ses eaux jusqu'à des profondeurs de l'ordre de quarante mètres lui procure une richesse extraordinaire de plusieurs centaines d'espèces, dont de célèbres poissons sans écailles, uniques au monde...

Le Baïkal est aussi la "mer" sacrée des Sibériens. Il est le théâtre d'une mythologie née de la beauté des sites, qui ont séduit bon nombre d'écrivains. Tchékov, qui le découvre au coeur de l'été 1890 par beau temps, le décrit semblable à un miroir avec des rives hautes, escarpées, rocheuses, boisées. La fascination exercée sur tous les voyageurs croît encore lorsque de violentes tempêtes s'y lèvent brutalement, soulevant des vagues de plusieurs mètres vers la presqu'île du Saint Nez ou que flottent sur les eaux des brumes bleutées. Moins spectaculaire ou romantique, le lac n'en est pas moins poétique lorsque scintille la glace dans la lumière rasante de l'hiver.

Le lac Baïkal est enfin le miroir de la société. Pérennisant la triste tradition du bagne d'Irkoutsk, les goulags ont largement contribué à la mise en valeur de ce territoire jugé "lointain et rude" par les Russes. Les zeks ont fourni la main d'oeuvre du grand chantier du combinat de papier et cellulose de Baïkalsk, dont les rejets industriels ont pollué l'air et l'eau. L'image du Baïkal souillé a été largement exportée vers l'occident, bien plus que l'écho de ses défenseurs qui depuis la première heure ont contraint les pouvoirs publics à institutionnaliser sa protection, jetant ainsi les fondements législatifs des parcs naturels. Les parcs nationaux de Baïkalie et Transbaïkalie créés dans la deuxième moitié de la décennie 1980 couvrent actuellement plus de 6000 km2.

Connu des occidentaux seulement pour ses outrances sibériennes, le lac dépouillé de tous ces clichés, nous est présenté ici dans toutes ses nuances. Il en devient sans nul doute plus attachant. Laurent Touchart s'est familiarisé avec la région au cours de plusieurs séjours, pendant lesquels il a eu accès aux nombreux travaux en langue russe, ordinairement peu accessibles aux francophones. Peu à peu, une intimité s'est créée. Elle a donné naissance à la première synthèse en français sur ce joyau classé par l'UNESCO dans le patrimoine de l'humanité.

Martine Tabeaud

LA MER SACRÉE

"Ici on ne paie pas, lui répondit gravement le vieux marinier, on risque sa vie, voilà tout" (Jules Verne, 1876, *Michel Strogoff*, chap. "Baïkal et Angara"). En Occident, le Baïkal évoque avant tout chez le lecteur, féru de l'épopée du courrier du czar, des sentiments d'aventure et d'esprit pionnier. En Russie, le Baïkal terrasse les lacs profanes. Il est la mer sacrée (sviatoïé morié), le lac fabuleux, celui de la légende de ses relations avec sa fille Angara, le plan d'eau chamaniste, celui de tous les rochers et caps sacrés des Bouriates et lieu de résidence du dieu Bourkhane, le miroir de la poésie, la muse de Valentine Raspoutine ou D.P. Davydov. Pour Yevtouchenko (1992), "le Baïkal est le coeur bleu de la Sibérie. Il bat au milieu du vert océan de la taïga" (foreword xii). Quel Sibérien n'a jamais entonné la chanson?

"O vaste mer, ô Baïkal si profond!
Noble bateau aux tonneaux de saumon!
Hé, matelot, agite un peu les flots!
Le but est proche, où se rend le héros...
De lourdes chaînes à mes pieds j'ai traînées
Dans les montagnes escarpées j'ai erré...
Un vieux brigand m'a montré comme on fuit...
Et l'air du large m'a redonné la vie" (Yevtouchenko, 1981, p. 144).

Même les plus grands scientifiques du Baïkal ont d'abord considéré qu'étudier le joyau lacustre était avant tout une question d'honneur: "Nous nous adonnons [...] à l'étude du lac Baïkal, nous rendant bien compte de la responsabilité que comporte pour nous le privilège de travailler sur ce lac que bien des limnologues eussent volontiers choisi pour objet de leur recherche" (Verechtchaguine, 1937, p. 189).

Le Baïkal est pourtant susceptible d'intéresser tout un chacun de manière raisonnée, le grand public, avide de découvrir une contrée peu décrite en Occident, l'homme politique, désireux de connaître les rapports entre les décisions administratives et la préservation du milieu naturel dans un système politique très différent du nôtre, le linguiste, décelant dans la toponymie de la région des influences bouriates, russes et russes-sibériennes subtiles, l'ethnologue, qui cherche à approfondir la connaissance du chamanisme, l'historien, qui trouve ici la clef de l'épopée du Transsibérien, le géologue, passionné par l'ouverture du rift de la planète le plus éloigné d'un océan, le biologiste, curieux des centaines et centaines d'espèces uniques au monde qu'abritent les eaux du Baïkal, l'hydrologue, captivé par le comportement d'une eau douce soumise, à plus de 1600 m de profondeur, à des pressions inconnues ailleurs, le glaciologue, impressionné par la dureté de la banquise baïkalienne, très supérieure à celle de la glace marine, le géographe...

Ce lac mythique (fig. 0) est pourtant mal connu en Occident. Le présenter rationnellement n'est donc pas inutile et ne signifie d'ailleurs pas détruire son image, bien au contraire. Sans rechercher pour autant la conciliation entre les deux, cet ouvrage est plus conçu comme une réflexion que comme un traité passant analytiquement en revue tous les aspects du Baïkal. Le fil directeur sera celui des changements d'échelle et c'est sur ceux-ci qu'est fondée l'articulation de ce livre.

La première partie est une histoire partielle, celle des chercheurs, scientifiques, ou, dans les temps plus anciens, observateurs avisés, qui ont aidé progressivement à la connaissance du Baïkal. Ce chapitre liminaire, où l'échelle choisie est celle du temps, n'est en aucun cas distinct de la problématique générale, car la situation géographique du Baïkal, lac oriental et lac pionnier s'il en est pour les Européens, a toujours été le fondement essentiel influant sur le travail de ces hommes.

Les trois autres parties développent toutes différentes échelles spatiales, de plus en plus précises. La plus large, l'échelle mondiale, précède celle du bassin-versant, qui conduit elle-même à celle de la région lacustre.

La deuxième partie présente quelques grands processus d'échelle mondiale, comme la transformation du climat au fur et à mesure de l'avancée dans une masse continentale, qui est à l'origine du régime thermique du Baïkal, de son brassage, de son oxygénation, de la formation de son épaisse banquise saisonnière et de son fort ensoleillement, la tectonique des plaques, qui explique sa structure de fossé d'effondrement, sa forte sismicité et son énorme profondeur, ou encore l'évolution des espèces pendant plusieurs millions d'années, qui a provoqué la naissance sur place d'organismes uniques ou leur venue depuis l'Océan Glacial Arctique puis leur différenciation dans le lac sibérien.

L'échelle du bassin-versant, étudiée dans la troisième partie, est au coeur de la réflexion. En effet, dans le Baïkal, comme dans tout lac, la plupart des rouages de ce qu'on peut appeler la machine lacustre fonctionnent en étant alimentés par les apports du bassin d'alimentation en eau, en matières dissoutes et en sédiments. Les corrélations entre un lac et son bassin-versant se distinguent nettement de celles existant entre un océan et son aire d'alimentation. Sur la planète, c'est l'océan qui domine le continent. C'est l'océan qui est l'origine des climats du monde et les fait fonctionner; c'est lui qui se trouve à la tête de la morphologie de la planète, du fait de l'expansion des fonds océaniques. Dans le lac, les rapports sont inversés. Le lac est un organisme continental et il subit la domination contraignante de son bassin-versant, d'autant que celui-ci est humanisé. Or le Baïkal est un lac de pays industriel et les rejets d'origine anthropique méritent une étude approfondie. Le dernier chapitre de cette partie sera consacré aux rétroactions du lac sur son bassin, car elles existent, même si elles ne concernent qu'une étendue réduite, sans commune mesure avec l'influence du bassin sur le lac.

L'échelle des régions lacustres fait l'objet d'une quatrième partie. Dans un premier temps, elle consiste à rechercher l'identité du Baïkal, on aurait pu dire la "personnalité géographique" (Vidal de la Blache, 1903) de ce lac. Quant à l'inventeur de la limnologie, il aurait parlé d'un "individu lacustre" (Forel, 1892). En d'autres termes, le Baïkal, comme tout lac, répond à une problématique. Les processus lacustres, loin d'être distribués au hasard dans l'espace, sont ordonnés, et c'est tout l'intérêt de son étude que de tenter de démêler l'écheveau de ces relations. Transparaissent en outre, en filigrane de cette structure d'ensemble, des frontières. Le contraste entre le littoral et le plein lac se détache d'autant mieux que le Baïkal est très profond en son centre, l'opposition entre les façades nord-ouest et sud-est se précise d'autant plus que l'encadrement montagneux du lac induit des phénomènes d'abri, le gradient latitudinal de ce lac allongé sur plus d'un demi millier de kilomètres du nord au sud se dessine, les deux bassins attelés au timon de la dorsale de l'Académie secouent le joug baïkalien, pour tenter de faire entendre une voix distincte. Bref, des régions se profilent, sans que s'estompe pourtant l'individualité du plan d'eau dans son ensemble. Lac aux énormes dimensions, le Baïkal aurait mauvaise grâce de ne se point prêter à une régionalisation.

Mais l'échelle mondiale, celles du bassin-versant et de la région lacustre sont en fait liées entre elles. C'est pourquoi l'étude d'un caractère dans la deuxième partie ne dispense pas de l'aborder dans une autre. Le régime des températures procède ainsi de l'échelle mondiale, puisqu'il dépend de la zone climatique dont fait partie le lac. Mais les températures doivent aussi être étudiées à l'échelle de l'encadrement montagneux du Baïkal, ne serait-ce que pour cerner le problème du microclimat, donc de la rétroaction du plan d'eau sur son bassin. A une échelle encore plus grande, elles peuvent enfin participer aux critères de régionalisation et isoler la partie nord du lac sibérien, sensiblement plus froide que le reste du plan d'eau. A l'opposé d'une étude analytique, le thème des températures, pour conserver l'exemple choisi, est partie prenante de toutes les échelles. Chaque thème n'a cependant pas la même importance à toutes les échelles, si bien que l'articulation scalaire se confond parfois presque avec une articulation thématique.

C'est pour rappeler ces liens que le découpage régional final apparaît comme une récapitulation, tout en en approfondissant la réflexion, de tout ce qui a été détaillé avant [1].

---

[1] Cet ouvrage résulte de six ans de travail de bibliographie, de cartographie et de rédaction, ainsi que de trois séjours de plusieurs mois sur le terrain baïkalien en 1991, 1993 et 1996. La logistique du deuxième a été assurée par l'association Eurcasia (dir. P. Guichardaz) et le financement du troisième par l'Upres-A 6042 du CNRS de Clermont-Ferrand (dir. Y. Lageat).

En France, nous tenons à remercier Messieurs J.-R. Vanney, directeur de notre thèse de doctorat, en partie consacrée au Baïkal et soutenue en 1994, R. Létolle, pour la fourniture de documents et les multiples relectures du manuscrit. Nous sommes aussi très reconnaissant envers Madame Birot, responsable du fonds russe de la bibliothèque de géographie de Paris, et Mademoiselle P. Martinez, de l'Université de Limoges, pour l'aide à la mise en page informatique.

En Sibérie, notre gratitude va tout spécialement à Madame L.L. Kalep, de l'institut de géographie d'Irkoutsk, et Mademoiselle N.I. Blinnikova, de l'institut des langues étrangères d'Irkoutsk, pour leur aide précieuse et de la plus haute compétence. Nous tenons aussi à remercier chaleureusement Madame L.M. Sorokovikova, de l'institut de limnologie d'Irkoutsk, Messieurs L.A. Bezroukov, de l'institut de géographie d'Irkoutsk, V. Savielev et L.S. Beliaev, de l'institut de l'énergie d'Irkoutsk, G.I. Galazi, du musée écologique du Baïkal, M.N. Chimaraev, A.G. Gorchkov et V.D. Mats, de l'institut de limnologie d'Irkoutsk, G.I. Ovtchinnikov et Y. B. Trjtsinski, de l'institut de la croûte terrestre d'Irkoutsk, et H. Joran, constructeur de maisons pour handicapés en Baïkalie. A l'institut des langues étrangères d'Irkoutsk, il nous est agréable de remercier Mesdames K. Dvorak, A. Grigorieva, L. Vikoulova et V.E. Gorchkova et Messieurs L. Lazarev, M. Krassine et Y.M. Serebrennikov.

A tous les Sibériens, pour leur hospitalité unique

A Hélène, Aude et Thibault, pour leur patience et leurs encouragements

Fig. 0 Le mythe du Baïkal et la France
d'après une carte-postale française (A. Bergeret et Cie, Nancy) du tournant du siècle, intitulée "Michel Strogoff, en route pour Irkoutsk"

PARTIE I

LE BAÏKAL, LAC DE L'EST

CHAPITRE 1

LES PRÉCURSEURS, DE L'ANTIQUITÉ AUX ANNÉES 1860

Dans l'Antiquité et au Moyen Age, les allusions au Baïkal étaient indirectes et très courtes. Les premières études du lac pour lui-même datent de l'Epoque Moderne. Au XIXe siècle, les recherches s'accélèrent à un rythme tel qu'il faut changer de période et, à la fin du siècle, on ne peut plus parler de précurseurs.

A - LE BAÏKAL VU PAR LES CHINOIS

Avant qu'il n'eût été atteint par les Russes au XVIIe siècle, les seuls et rares documents décrivant le Baïkal étaient chinois. Cette région fut en effet à certaines époques aux confins de l'influence de l'Empire du Milieu. Ce fut le cas au Ve siècle, sous la dynastie des Weï, d'ailleurs originaire de Sibérie (Humboldt, 1843). L'utilisation, par les Chinois, des quadrillages nord-sud et est-ouest, dès le IIIe siècle, et de la boussole, dès le Xe siècle, leur a peut-être permis de cartographier le Baïkal assez tôt, ou, du moins, d'étudier cette région marginale, donc stratégique. Mais l'hypothèse selon laquelle le mot russe "Baïkal" viendrait de l'appellation chinoise de ce lac "Pe-haï" (ou Beï-khaï), c'est-à-dire "Mer du Nord", est réfutée par beaucoup (Klaproth, 1825). En outre, les archives chinoises restent dans une large mesure ignorées des Européens, occidentaux ou russes. Et des pertes ont eu lieu. C'est malheureusement le cas du plus ancien document évoquant le Baïkal, datant de 118 avant Jésus-Christ. Lu et commenté au XIXe siècle par l'ambassadeur russe en Chine, il est désormais introuvable. A partir du XIIIe siècle, les Mongols dominèrent la région. Temudjin soumit en 1205 les Merkites, nomades de la côte sud-est du Baïkal. Après s'être fait proclamer Gengis Khan, il asservit les Bouriates en 1207, qui, à l'époque, n'habitaient que la côte nord-ouest. A part donner source à la légende selon laquelle il aurait lui-même traversé le Baïkal à pied sec au niveau de l'île d'Olkhone, cette épopée n'a pas laissé de documents. Mais il est sûr que le lac impressionnait les Mongols. Ils le nommaient "Tenguis", l'Océan, et d'aucuns pensent que le mot "Gengis", Suprême, en était dérivé.

Le Baïkal pré-russe restait mystérieux et de civilisation extrême-orientale.

B - LE BAÏKAL DE LA CONQUÊTE RUSSE

Au XVIIe siècle, les Russes, poursuivant leur conquête de la Sibérie du XVIe siècle, avaient atteint la Baïkalie. A partir de ce moment, les études furent menées par des Européens. Ce n'était plus par les techniques et

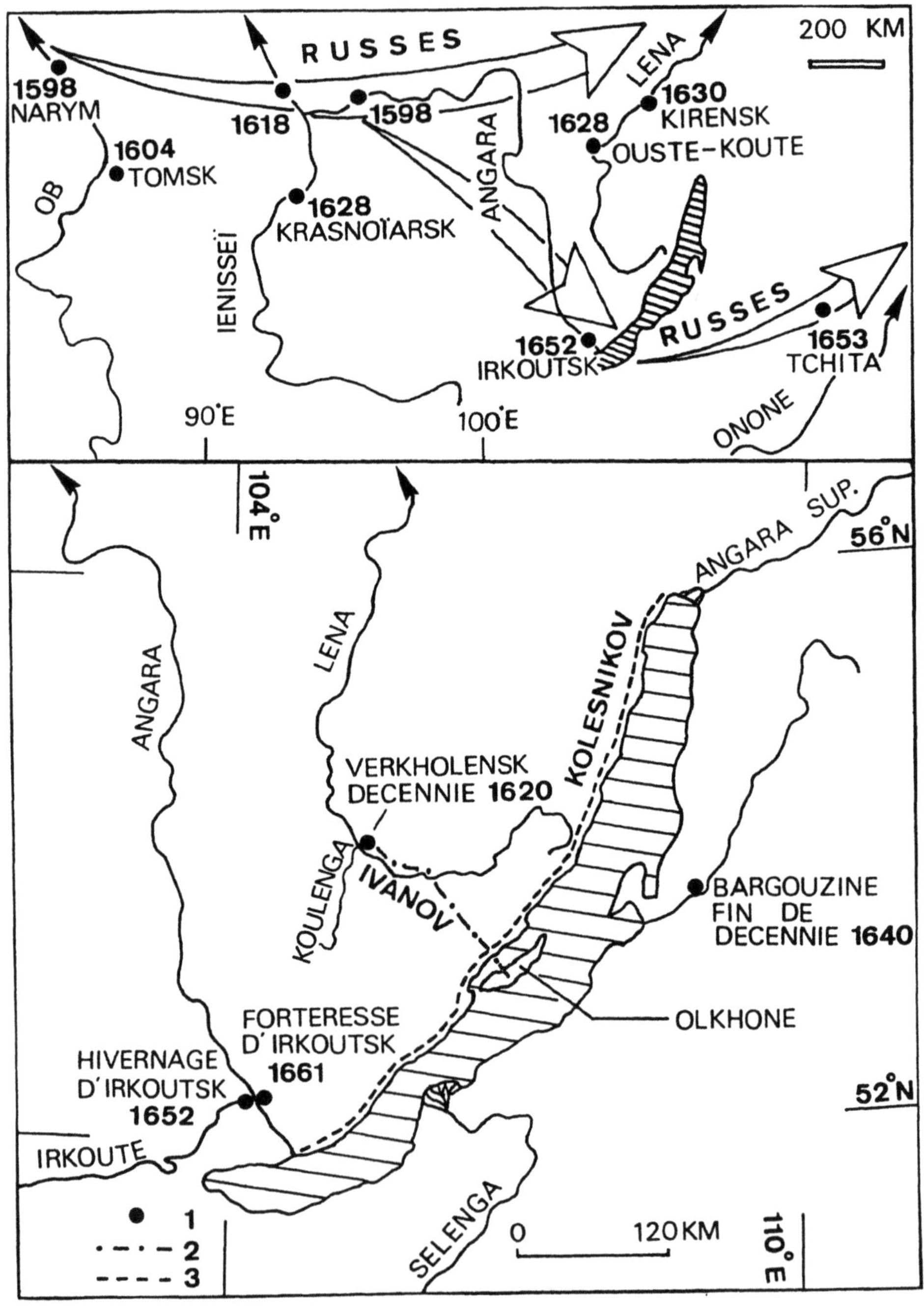

Fig. 1 Carte de la découverte du Baïkal par les Russes au XVIIe siècle
Légende: 1: fondation d'une forteresse permanente ou d'un lieu d'hivernage par les cosaques. 2: trajet de Kourbat Ivanov en 1643. 3: trajet de Vassili Kolesnikov en 1645.

l'esprit de la recherche que le Baïkal était un lac de l'est. Mais il le devenait par sa position géographique, celle de lointaine marche pionnière.

1 - Les tout premiers cosaques

Premiers Européens à parcourir la Baïkalie, quelques groupes de cosaques, remontant les fleuves sibériens, avaient atteint la basse Angara en 1598 et la Léna dans les années 1620 (fig. 1). Quand ils découvraient un site intéressant, ils construisaient un "ostrog", forteresse permanente en bois (Strakhova,1981), ou un "zimovié", hivernage temporaire, au milieu de ces régions peuplées de manière lâche par les Bouriates. Ayant remonté la Lena, ils fondèrent ainsi, au début du XVIIe siècle, à environ 150 km à l'ouest du Baïkal, au confluent de la Koulenga, la forteresse de Verkholensk (fig. 1). Et, en 1643, un groupe de cosaques, parti de cet ostrog, atteignit pour la première fois la côte nord-ouest du Baïkal et l'île d'Olkhone, où les 75 Russes vaincurent, dit-on, un millier de Bouriates. Le détachement était mené par Kourbat Ivanov, celui-là même qui laissa les premiers documents russes du Baïkal, un *Plan du Baïkal et des rivières se jetant dans le Baïkal*, ainsi que des renseignements sur les poissons du lac et les animaux à fourrure de la taïga côtière. C'était en effet l'intérêt principal de cette troupe, composée surtout de "promychlenniki", chasseurs volontaires. En 1645, Vassili Kolesnikov, ataman parti d'Iénisseïsk à la tête de cent cosaques, reconnut le littoral ouest du lac sur 550 km, de la sortie de l'Angara à l'extrémité septentrionale (fig. 1), mais, repoussé par les Bouriates, il ne put accoster sur la rive opposée. Pourtant, l'outre-lac fut abordé dès 1646 par le boyard Ivan Pokhabov, qui imposa tribût aux Mongols (Klaproth, 1825). Les Russes assirent leurs conquêtes transbaïkaliennes par la fondation de la forteresse de Bargouzine (Afanassiev, 1976), du nom de la tribu bouriate des Bargouty.

Ce fut postérieurement à la découverte du Baïkal que fut fondé Irkoutsk. A une soixantaine de kilomètres de sa sortie du lac, l'Angara reçoit, en rive gauche, les eaux de son premier affluent important, l'Irkoute. Et ce fut sur une île du confluent que les cosaques construisirent en 1652 l'hivernage d'Irkoutsk (Faculté de géographie, 1962). Permettant d'atteindre le lac, qui, après contournement, ouvrait la voie du réseau hydrographique de l'Amour, sur lequel Tchita était fondé dès 1653 (fig. 1), la majestueuse vallée de l'Angara s'apprêtait à devenir une voie de passage. Mais l'îlot de l'Irkoute n'était pas le meilleur site pour profiter de la remarquable situation de cette artère et il fallut se résoudre à l'abandonner. En face du confluent, sur une terrasse de rive droite de l'Angara, le boyard Yakov Pokhabov fonda alors en 1661 l'ostrog d'Irkoutsk (Bagaev et Vassilieva, 1986), qui allait connaître une fortune très différente des autres forteresses de Baïkalie (fig. 2). Dès 1686, Irkoutsk était promu au rang de ville et devint le point de départ de toutes les autres descriptions du Baïkal.

Seuls étaient alors susceptibles de s'y rendre quelques voyageurs, mili-

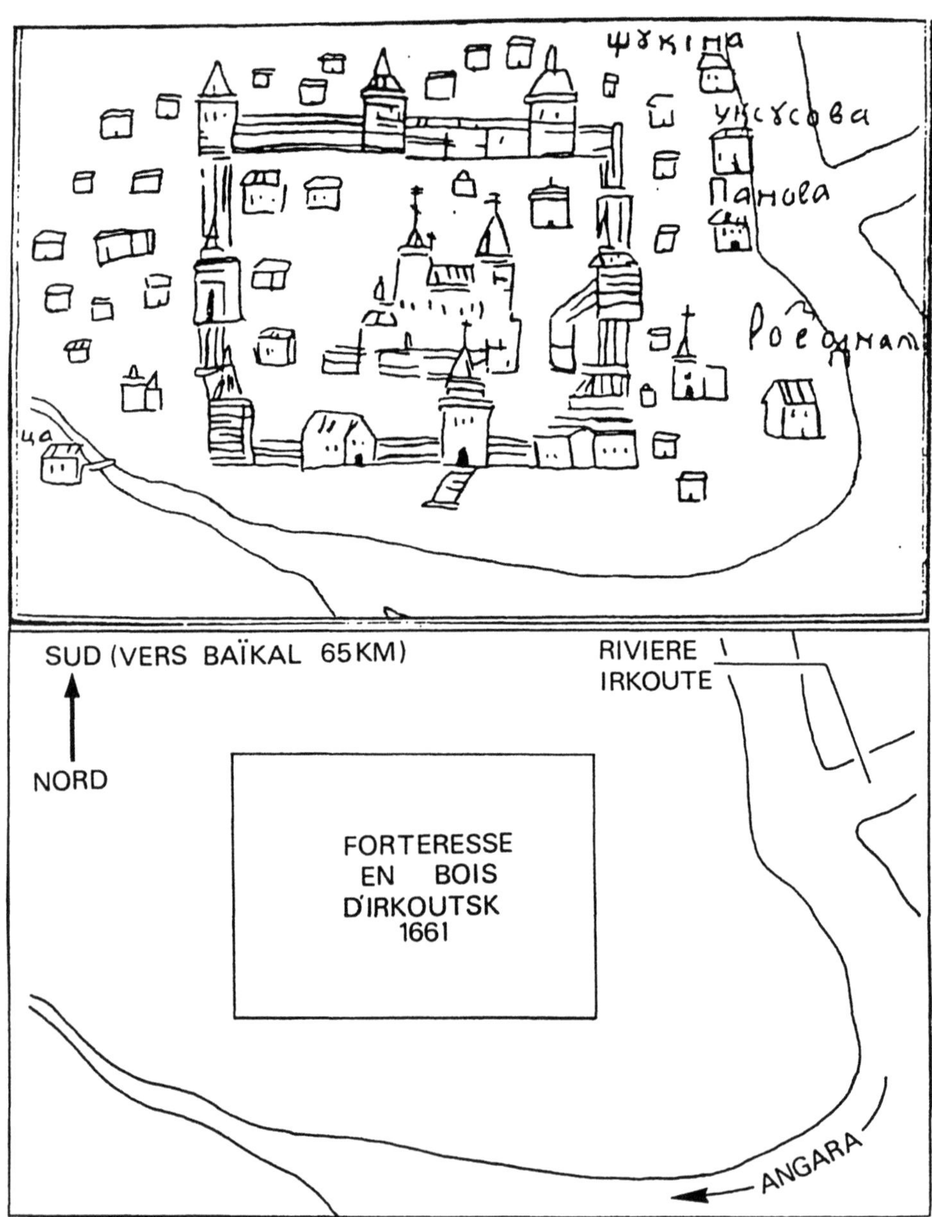

Fig. 2 Plan de la forteresse en bois d'Irkoutsk à la fin du XVIIe siècle
En haut: plan tiré de l'ouvrage de Remezov,S., 1701, *Plan du territoire de la ville d'Irkoutsk*, en russe. En bas, localisation explicative du plan. Irkoutsk étant le point de départ de l'implantation russe définitive dans la région, le Baïkal allait alors être étudié avec des techniques et un regard européens.

taires et exilés. La Baïkalie, jusqu'à la fin du XIXe siècle, n'était en aucun cas une terre de peuplement, ni en nombre ni en stabilité. Ce contexte très particulier marqua pendant 200 ans l'étude du grand lac sibérien.

2 - Les voyageurs, envoyés grâce au tsar

Aux XVIIe et XVIIIe siècles, les érudits ayant approché le Baïkal ont été extrêmement peu nombreux, choisis par le tsar en personne et envoyés grâce à un oukaze signé de la main même du souverain.

Il fallut attendre 1675 pour qu'un voyageur éclairé fît la première description du Baïkal. Il n'était autre que l'ambassadeur de Russie Nikolaï Gavrilovitch Mileskou Spafari, qui se rendait en Chine. Il s'agissait en fait d'un Roumain, d'où son nom d'origine de Spatarul (Gauthier et Garcia, 1996), mais il était au service du tsar Alexis Ier. Pour la première fois dans l'histoire des rares échanges entre les deux empires, un voyageur de marque ne choisissait pas, en vue de se rendre à Pékin, la traversée de l'Asie centrale et de la Djoungarie, mais une voie beaucoup plus orientale, suivant l'Angara, la Selenga, l'Ouda et le réseau amourien. Ce chemin nord-ouest-sud-est passait par le Baïkal et le ministre plénipotentiaire prit le temps de l'observer judicieusement.

Spafari discuta du nom de mer ou de lac que le Baïkal méritait, ses dimensions étaient celles d'une mer, mais son eau douce étant, selon lui, caractéristique d'un lac. La taille du Baïkal l'impressionna au plus haut point. "Parcourir sa longueur à la voile avec un grand navire demande une dizaine de jours, voire plus d'une douzaine en cas de gros temps." (Spafari, cité par Galazi, 1988, p. 14, en russe). Spafari avançait aussi que la profondeur devait être grande, d'abord parce qu'il avait remarqué que le Baïkal était cerné de montagnes élevées tombant dans le lac, ensuite parce que ses sondes de 100 sagènes, soit un peu plus de 200 mètres, n'atteignaient jamais le fond (Galazi,1984). Tout ce qui fut dit en Europe à propos du grand lac sibérien pendant près d'un siècle était repris des écrits de 1675 de N.Gué.M. Spafari.

Quelques décennies passant et le Siècle des Lumières s'installant, tandis que l'émulation conduisait chaque souverain d'Europe à tenter de surpasser l'autre par la grandeur et la délicatesse de son entourage artistique et culturel, Pierre le Grand, conscient du retard de la Russie, prit un certain nombre de décisions qui allaient, indirectement, bouleverser la connaissance du lointain Baïkal. Son intérêt pour l'histoire naturelle, alors même qu'on ignorait tout de l'immense territoire asiatique dont ses prédécesseurs avaient pris possession au nom de la Russie, ses étroites relations avec la haute société prussienne le conduisirent à choisir lui-même quelques savants allemands et à les envoyer faire l'inventaire des richesses et curiosités insoupçonnées de la Sibérie.

Le plus connu, le docteur en médecine Danil Gottlieb Messerschmidt, séjourna à Irkoutsk de 1723 à 1725. Bien qu'aucun scientifique ne fût jamais resté aussi longtemps à si peu de distance du Baïkal, les renseignements fournis par Messerschmidt apportèrent peu de nouveautés. Ornithologue avant tout, il ne prêta guère attention au grand lac. Cette même année 1725, le voyageur anglais Bell approcha le Baïkal et diffusa en Occident le nom de mer sainte le concernant (Bell, 1763).

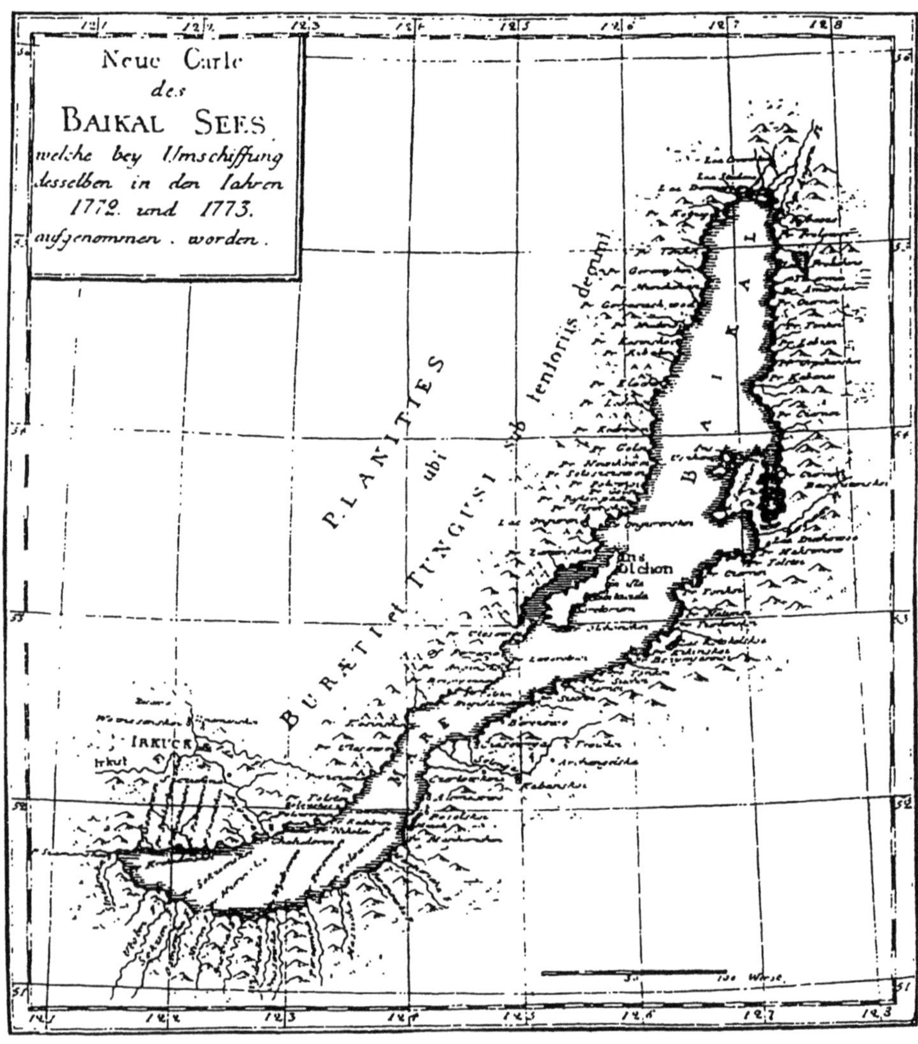

Fig. 3 Le Baïkal de la carte d'I.G. Georgi: 1772-73
La plus ancienne carte détaillée du Baïkal, levée par Pouchkarev en 1772-73 et publiée en 1775, fut reproduite, à une échelle environ dix fois plus petite, par Georgi. Il n'y a aucune indication de profondeur, mais les côtes sont tracées sans erreur, quoique les grandeurs des indentations côtières soient exagérées. Les affluents sont précisément notés.

Afin d'éviter que son pays ne continuât honteusement à ne point compter le moindre savant, Pierre le Grand créa en 1724, un an avant sa mort, l'Académie des Sciences de la Russie Impériale. Mais un demi-siècle plus tard, tous les rouages de celle-ci restaient aux mains des Prussiens. Quand l'Académie mit au point une grande expédition d'étude des régions méconnues de l'Empire, de 1768 à 1774, il fut décidé de confier la direction de l'équipe de savants allemands au Berlinois Peter Simon Pallas, recommandé à Catherine II par l'université de Leipzig. Pallas lui-même traversa le Baïkal, mais ce fut surtout le détachement conduit par Johann Gottlieb Georgi qui s'occupa de l'étude du grand lac.

Les deux naturalistes laissèrent des écrits de haute tenue scientifique traitant du Baïkal (Pallas, 1776, Georgi, 1775). Abordant l'origine de la cuvette, ils émirent l'hypothèse d'un effondrement. Passionnés par la biologie de ce lac, ils furent les premiers à étudier scientifiquement les deux principaux poissons endémiques du Baïkal, l'omoule et la golomianka. Ce fut Pallas qui, enrichissant la systématique naissante, classa la golomianka *Callionimus baicalensis* en 1776, avant que Lacépède ne l'eût définitivement rangée *Comephorus baicalensis* en 1801 (Sideleva, 1995).

Ils effleurèrent l'étude hydrologique des cours d'eau du bassin et supposèrent une baisse de niveau du Baïkal, notant que le pourtour du lac semblait par endroit avoir été jadis immergé.

Mais leurs observations avaient été soigneusement encadrées par les militaires. D'ailleurs, la carte publiée dans l'ouvrage de Georgi (fig. 3) n'était autre qu'une réduction de la première carte du Baïkal, levée par Pouchkarev pour la Flotte de guerre.

3 - Les militaires, envoyés pour le tsar

Le grand secret dans lequel le tsar tenait la Sibérie freinait les recherches. Non contentes d'être faibles, les connaissances du Baïkal n'étaient pas divulguées. Il ne fallait dévoiler les secrets d'une région qui n'était encore qu'imparfaitement conquise par la Russie. Il s'agissait de poursuivre la découverte et l'occupation militaire des points névralgiques. Les recherches de cette époque ont donc, dans ce cadre, été essentiellement menées pour utiliser au mieux la situation géographique stratégique du lac sibérien. C'est pourquoi la marine de guerre tsariste s'intéressa très tôt au Baïkal.

C'était l'exploration stratégique et militaire de la Sibérie et de l'Extrême-Orient qui faisait naviguer le Danois Vitus Béring au service de la Russie depuis Pierre le Grand. Une dizaine d'année après la première exploration du Kamtchatka qu'avait menée le capitaine de vaisseau, Vitus Béring, promu capitaine commandeur par la tsarine Anna Ivanovna, reprit la tête d'une seconde mission en 1733 (Gauthier et Garcia, 1996). La lettre officielle que Béring fit parvenir au ministère de l'amirauté à propos du Baïkal a malheureusement été perdue (Sgibnev, 1870). Mais un détachement scientifique, issu de la toute jeune Académie des sciences, faisait partie de l'équipe et obtint plus ou moins son indépendance de fait. A sa tête, le botaniste allemand Johan Georg Gmelin put étudier le Baïkal au printemps et en été 1735. Il accompagna son étude biologique des toutes premières données chimiques du Baïkal. Ce fut Gmelin qui, avant tout autre, détermina et classa scientifiquement les caractères principaux du phoque du Baïkal. Et on sait que l'initiateur de la systématique, le Suédois Carl von Linné, puisa largement dans les écrits sibériens de Gmelin.

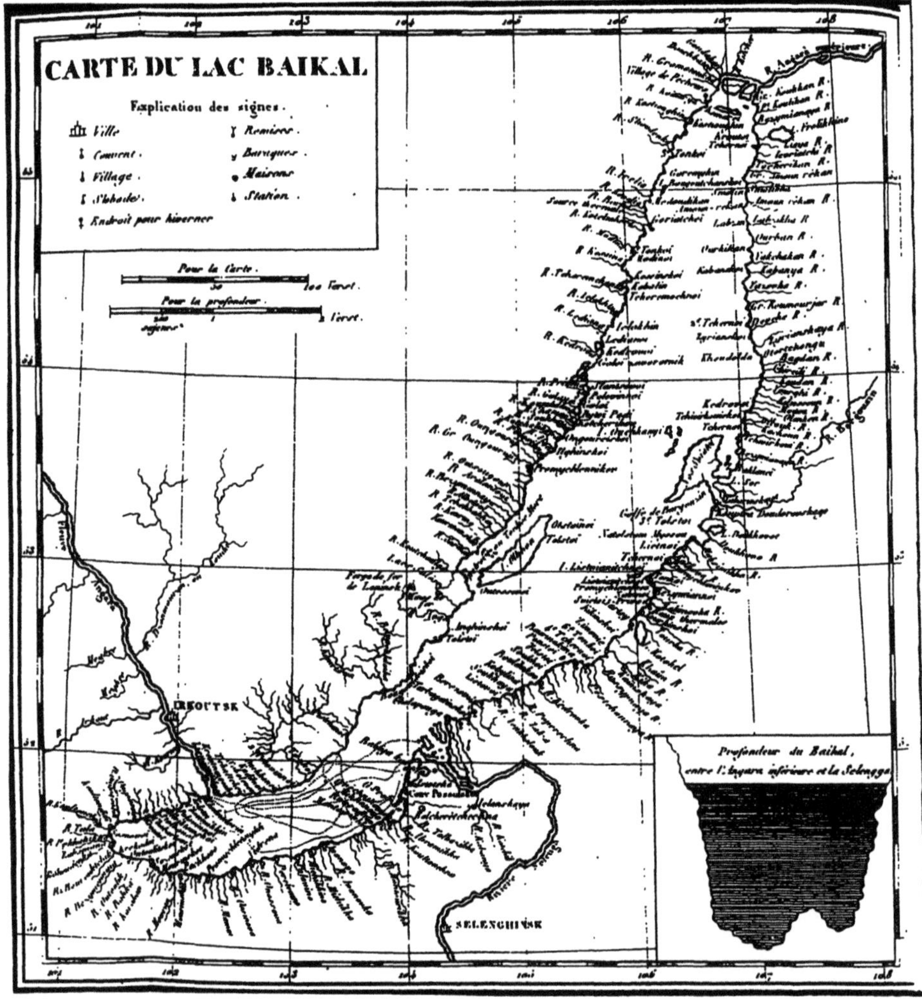

Fig. 3 bis Le Baïkal de la carte de H.I. Klaproth de 1825

La plus ancienne carte française du Baïkal est une compilation très à jour de celle de Pouchkarev augmentée des résultats des levés partiels des géomètres du début du siècle. Pour la toute première fois, une coupe bathymétrique associée à cette carte est éditée.

Les renseignements fournis par l'expédition de Béring parurent suffisants, si bien que l'oukaze de 1754 créa une amirauté à Irkoutsk et une flotte de guerre du Baïkal. Commandée jusqu'en 1784 par un habitué des missions secrètes, Tatarinov (Kolotilo, 1989), la flotte utilisa d'abord des canots à fond plat, puis, à partir de 1776, des galiotes (Klaproth, 1825). Cet événement considérable allait encourager les recherches baïkaliennes pendant un siècle; les militaires avaient avant tout besoin d'une carte.

C'était chose faite en 1775, grâce à A. Pouchkarev (fig. 3), qui avait fait ses levés dans le cadre de l'expédition de Peter Pallas et Johann Georgi. Ce travail remarquable était composé d'une feuille à plat à l'échelle de 10 verstes pour un pouce, soit à peu près 1 / 420 000. Bien que Pouchkarev eût donné quelques coups de sonde proches du littoral, au bord de l'île d'Olkhone, dans le golfe de Bargouzine et à l'embouchure de l'Angara supérieure, sa carte n'était en aucun cas bathymétrique. Mais les côtes étaient précisément tracées pour la première fois sans erreur et les embouchures des affluents du Baïkal soigneusement notées.

En 1782 et 1783, l'arpenteur Mezentsov affina le tracé de la côte ouest, mais en 1784, le capitaine Protopopov ne laissa à aucun civil le soin de lever précisément la presqu'île du Saint Nez. Néanmoins, le principal caractère du lac sibérien, sa grande profondeur, restait inconnu. Et les amiraux de la Flotte de guerre du Baïkal continuaient à diriger les recherches.

4 - Les exilés, envoyés à cause du tsar

A priori, le statut de déporté encourageait moins à une étude du Baïkal que celui de voyageur ou de militaire.

Mais les exilés étaient en fait la catégorie de population la plus nombreuse en Baïkalie. La toponymie actuelle du Baïkal en reste d'ailleurs fortement marquée, avec par exemple les vallées de la Grande et de la Petite Varnatchka, soit la femme bagnard, ou encore la baie Katorjanka, mot à mot la baie des Bagnards (Galazi,1984, 1987, 1988). D'autre part, la valeur scientifique de certains exilés ne fut pas remise en cause pour un problème politique. Finalement, ils participèrent activement au progrès des connaissances du grand lac sibérien.

Ce fut ainsi qu'au milieu du XVIIe siècle, le protopope Avvakoum prenant partie pour les vieux-croyants lors du raskol, le schisme de l'Eglise orthodoxe, fut déporté en Transbaïkalie, alors appelée Dahourie. En été 1662, ayant purgé sa peine, Avvakoum revint d'exil et essuya une tempête en traversant le Baïkal. Il en laissa un petit récit, partie de son ouvrage *La vie du protopope Avvakoum* (en russe), dans lequel il décrivait rapidement les animaux les plus remarquables à ses yeux: "il y a comme poissons des esturgeons et des taïmènes, des sterlets et des omoules, ainsi que des lavarets et beaucoup d'autres espèces. L'eau est douce et comporte des nierpas et de grands lièvres." (Avvakoum, cité par Galazi, 1988, p. 14, en russe). Les indigènes avaient en effet toujours eu

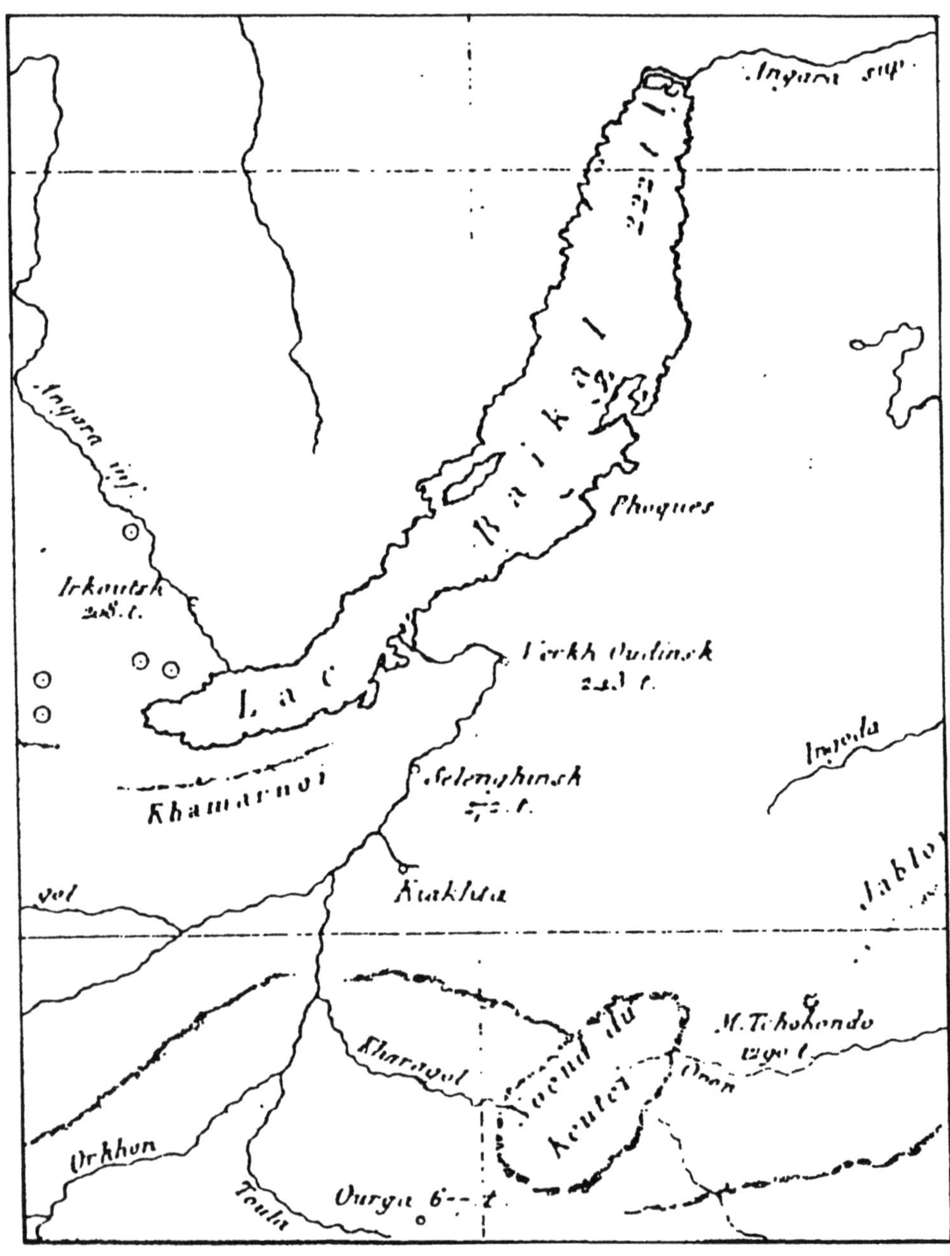

Fig. 4 Le Baïkal de la carte d'A. de Humboldt: 1843

Au milieu du XIX e siècle, l'Allemand Humboldt publie en français sa carte de l'Asie centrale, où le Baïkal est représenté à une petite échelle cartographique.

coutume d'appeler les phoques du Baïkal "lièvres", bien qu'Avvakoum employât aussi celui de "nierpa", signifiant en russe "phoque d'eau douce". Observant en outre les montagnes encadrant le lac et leur végétation, il en conclut qu'un tel paysage ne pouvait qu'avoir Dieu pour origine.

C - LE BAIKAL DÉCABRISTE

La période des deux premiers tiers du XIX e siècle fut caractérisée par un foisonnement de chercheurs. Elle fut le terreau idéal à l'éclosion, à la fin du siècle, de savants d'une envergure exceptionnelle.

1 - Le Baïkal des soldats fidèles

Jusqu'à la suppression de l'Amirauté d'Irkoutsk en 1839, la Flotte de guerre du Baïkal poursuivit ses recherches, avant tout topographiques et bathymétriques. Dès le début du XIXe siècle, on commençait à avoir une idée des profondeurs du bassin méridional. Il est vrai que, tant pour la voie commerciale vers Kiakhta et la Chine que pour l'armée gardant le passage vers le réseau de l'Amour, le sud du Baïkal était la portion utile à connaître.

Pour mener ces travaux à bien, la Flotte du Baïkal ne manquait pas de personnalités. Entre 1812 et 1815, elle fut dirigée par L.A. Hagemeister, qui, lors de trois tours du monde, avait étudié les côtes de l'Alaska et découvert des archipels océaniens. Quant au jeune lieutenant P.F. Anjou, qui faisait ses premières armes dans la Flotte de guerre du Baïkal, avant de devenir amiral de la Flotte Russe, il fut le premier, en 1820, à déterminer précisément l'altitude du plan d'eau, grâce à des mesures barométriques (Sgibnev, 1870). Ce fut d'ailleurs en partie grâce aux levés d'Anjou, baïkaliens et océaniques, que Pozniakov put publier sa carte de la Sibérie (Anonyme, 1825).

2 - Le Baïkal des soldats parjures

Ce 14 décembre 1825, quand les officiers péterbourgeois se soulevèrent, nul ne pensait que le lointain Baïkal en fût transformé. Pourtant, quelques mois plus tard, lors de la répression de Nicolas Ier, l'insurrection décabriste eut des répercussions durables sur le Baïkal. Condammés aux travaux forcés en Sibérie orientale, plusieurs dizaines de ces insurgés s'établirent à Irkoutsk, en Dahourie, ou encore passèrent par le Baïkal pour se rendre à Nertchinsk. Nobles et cultivés, il insufflèrent à la région un élan culturel certain.

Tel fut le cas du lieutenant Mikhaïl K. Kioukhelbeker, condamné aux travaux forcés en Transbaïkalie. Une fois qu'il eut purgé sa peine à Bargouzine (Skatchkova et Melesk, 1989), il resta en exil dans la région mais put reprendre son activité de prédilection. Explorateur, M.K. Kioukhelbeker avait en effet participé, avant sa condamnation par le tsar,

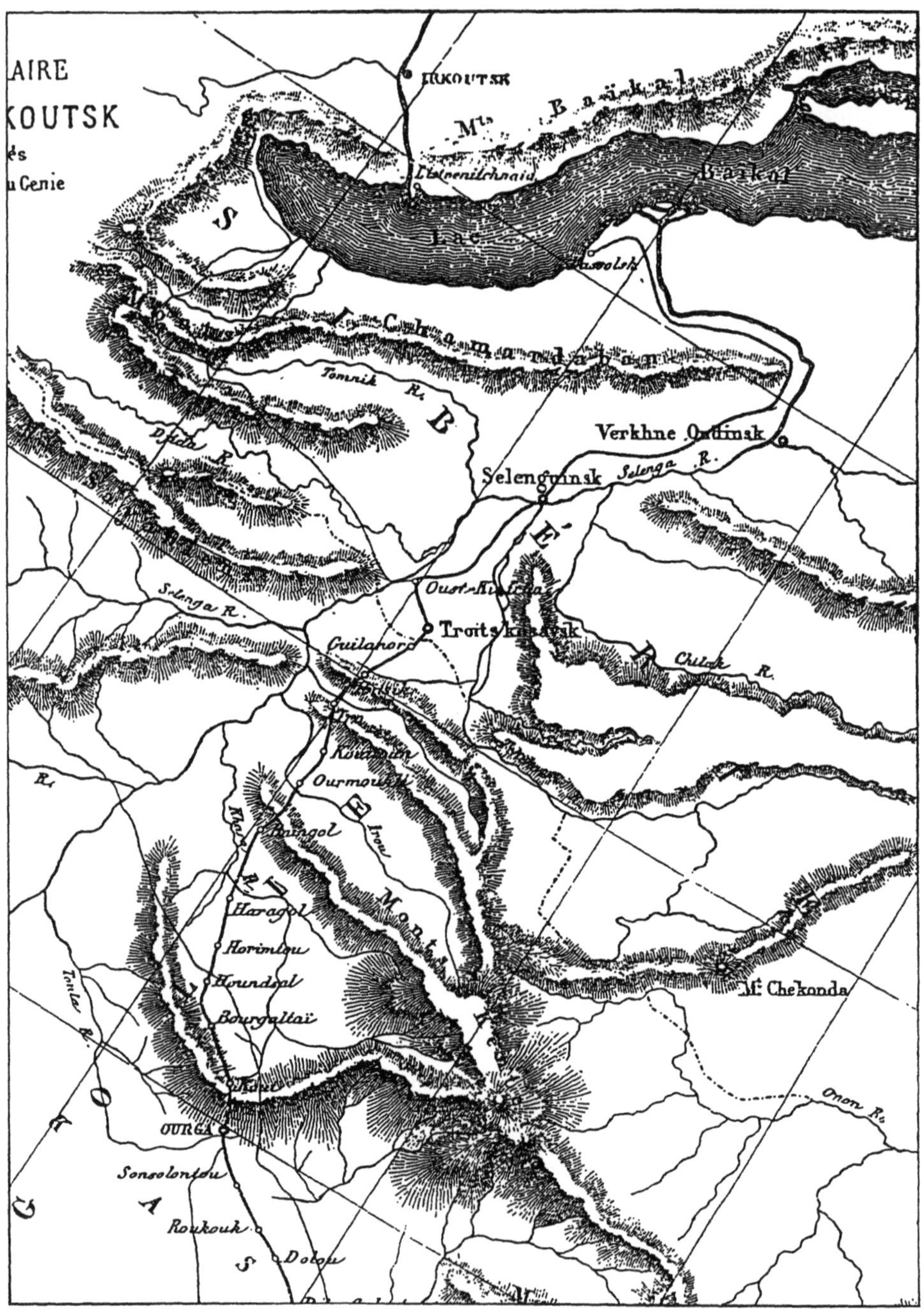

Fig. 5 La moitié sud du Baïkal de la carte d'A. Poussièlgue: 1866
Le voyage en Chine et en Mongolie du ministre de France de Bourboulon est accompagné, en 1860 et 1861, de relevés effectués par les militaires français.

à l'expédition polaire en Nouvelle Terre et avait effectué un tour du monde de 1821 à 1824. Marin aguerri, il organisa pourtant à la fin des années 30 la première campagne bathymétrique sans bateau. Il mit au point dans le golfe de Bargouzine la méthode des sondages hivernaux à partir de la banquise (Kolotilo, 1989), améliorant ainsi les quelques données de Pouchkarev sur le plus vaste golfe de la côte orientale du Baïkal. Il fit également progresser la connaissance biologique du lac.

3 - Le Baïkal des voyageurs et des étrangers

En cette même année 1825, en France, dans ce pays qui avait tant impressionné les futurs décabristes lors de leurs campagnes anti-napoléoniennes, le géographe Klaproth fit le point des connaissances du Baïkal, en traduisant une source russe inconnue. Son article d'une vingtaine de pages devint la plus ancienne étude du grand lac sibérien écrite dans la langue de Rabelais.

Le moindre intérêt de ce travail n'était point la carte hors texte, qui, fondée sur celle de Pouchkarev, ajoutait toutes les nouveautés apportées depuis par les géomètres militaires et insistait sur les échelles (fig. 3 bis). Dans un encart, Klaproth esquissait la première coupe bathymétrique du bassin méridional (fig. 3 bis), pensant alors que la profondeur maximale était de 1690 m. Il y faisait apparaître un curieux seuil, sans doute dû à une trajectoire recoupant le delta immergé de la Selenga avant de retomber dans le même bassin.

L'article faisait la part belle à la morphométrie, mais abordait la totalité des aspects, de la toponymie à l'hydrologie, en passant par la biologie. Quelques unes de ses pittoresques descriptions restent susceptibles d'éveiller la curiosité de chacun. Comment mieux exprimer encore aujourd'hui ce qu'est le poisson pélagique, ou limnétique, du Baïkal, la golomianka, l'hôte du large et des abîmes glaciaux qu'on ne peut normalement rencontrer ni en surface ni sur les littoraux? "Les pêcheurs racontent que jamais ils n'ont vu vivant ce dernier poisson; il est toujours étourdi ou mort, et jeté par les vagues sur les bords du lac pendant les orages. Le poisson ne consiste qu'en graisse, qui fond comme du beurre par la chaleur du soleil seule" (Klaproth, 1825, p. 303).

Les décennies 1820 et 1830 furent aussi celles du célèbre naturaliste allemand Alexandre de Humboldt. On se rend compte, à la lecture de Humboldt, combien étaient rares, encore au XIXe siècle, les personnes pouvant gagner la Sibérie et le Baïkal, hors les militaires et les exilés. Ebahi par la chance unique que lui avait offerte Nicolas Ier de pouvoir voyager librement dans cette région, Humboldt pensait que cette faveur valait bien trois pages de louanges. Le baron allemand, "de [...] sa majesté impériale, le très humble, très obéissant et très soumis serviteur" (Humboldt,1843, Tome I, p. IX), pouvait écrire : "Votre Majesté Impériale n'a rien voulu prescrire sur les régions que j'aurais à visiter" (idem p. VIII). Il publia en 1830 le récit de son voyage en Sibérie dans les deux volumes de *Fragments Asiatiques*. Il en fit une remise à jour en

1843 dans les trois volumes d'*Asie Centrale*. L'origine tectonique du Baïkal y était supputée.

Humboldt exprimait ainsi les relations entre l'origine du Baïkal et le volcanisme et la sismicité de la région: "c'est la crevasse plutonique du Baïkal en partie remplie de basaltes [...]. Au commencement du mois de mars 1829, la ville d'Irkoutsk et tout le bassin du Baikal éprouvèrent de fréquentes commotions" (Humboldt, 1843, tome II, p. 110-111). Pour réprouver les hypothèses de Hedenström, selon lesquelles le Baïkal n'aurait été qu'un simple élargissement de l'Angara, dont un séisme aurait agrandi le lit, Humboldt s'appuyait sur l'ancienneté apparente du plan d'eau et sur sa grande taille. Celle-ci interdisait déjà une continuité entre la Selenga et l'Angara. L'Angara supérieure et l'Angara n'avaient donc a fortiori aucune relation. "Le bassin du Baikal est une immense crevasse longitudinale préexistante sans doute à ce que nous appelons aujourd'hui Angara Supérieure et Selenga. Ces affluents se déversent dans des fentes latérales qui communiquent à la grande crevasse du Baikal" (Humboldt,1843, tome I, p.371-372, note 1). Au total pourtant, les renseignements donnés par Humboldt sur le Baïkal étaient évasifs (fig. 4).

Ceux de l'autre grand géographe allemand de l'époque, Karl Ritter, l'étaient aussi, sauf si l'on prend l'édition russe de la *Géographie de l'Asie Sibérie Orientale, lac Baïkal et Transbaïkalie*, publiée plus de trente ans après la mort du professeur prussien. La mise à jour avait en effet alors été faite par I.D. Tcherski. Le grand géologue sibérien de la fin du XIXe s. avait particulièrement bien étudié Ritter (Tcherski, 1881b), mais il avait aussi effectué de multiples recherches personnelles (cf infra), si bien que la réédition de Ritter était en fait un ouvrage nouveau.

4 - Le Baïkal des réformes

Piqué au vif par la défaite de la guerre de Crimée et conscient du retard qui séparait la Russie de l'Occident, Alexandre II mit au point un train de réformes, dont certaines allaient toucher le Baïkal. Très sensible à l'amélioration des transports et communications dans son pays, il suivit de près les progrès du télégraphe.

Or, pour unir la Cisbaïkalie et la Dahourie, il était nécessaire de poser un câble au fond du Baïkal. Cet événement obligea à des campagnes de sondages d'une certaine ampleur, quoiqu'elles fussent seulement localisées dans le tiers méridional du lac. C'était toujours la même partie du Baïkal, celle qu'il fallait traverser pour joindre Irkoutsk et l'artère angarienne au réseau sélenguien, qui intéressait le plus les chercheurs. Ce fut pour cette commande du télégraphe que le lieutenant Kononov dirigea la campagne bathymétrique de 1859. Sûr de son fait, il réalisa de multiples mesures en octobre, alors que la navigation baïkalienne ne dépassait d'habitude jamais le mois de septembre, forçant l'admiration de tous. Il reconnut précisément pour la première fois le seuil sélenguien, qui n'est autre que le delta immergé de la Selenga, et donna une première estimation de 1280 m puis de 1491 m à la profondeur maximale du Baïkal, qu'on pensait alors être dans le bassin méridional.

La fréquence des recherches augmentait et les recoupements devenaient possibles. L'ensemble de la Baïkalie était de plus en plus finement étudiée, grâce à P. Kropotkine, I. Poliakov, I.A. Lopatine, ou encore au zoogéographe estonien Alexander-Theodor Middendorff (Cabouret, 1994). Le naturaliste allemand G. Radde, alpiniste, dessinateur et soigneux descripteur de paysages, visita la chaîne du Saïane dans les années 1850. Premier homme à atteindre le point culminant du bassin-versant du Baïkal, le Mounkou Sardyk, en 1859, il recueillit aussi des informations sur le Baïkal lui-même, notamment l'amplitude des oscillations saisonnières, car il voulait relier les variations du niveau du lac avec le régime glaciaire et nival des cours d'eau qu'il avait observés dans les montagnes de l'ouest du bassin.

A la fin des années 1850, le Baïkal n'avait certes pas encore été étudié systématiquement, mais les conditions d'une explosion des connaissances étaient réunies. La question de la profondeur piquait la curiosité des savants, cependant qu'elle inspirait les littérateurs. Sur place, dans son carnet de voyage, Madame de Bourboulon griffonna ses quelques mots : "il faut attendre vent-arrière pour opérer la traversée qui n'est que de soixante verstes, et si le vent tombe ou change pendant qu'on est au milieu du lac, comme on ne peut jeter l'ancre dans ses eaux d'une profondeur inouïe, on retourne au rivage." (Poussielgue, 1866, p. 403 et fig.5). Quant à Jules Verne, il pouvait écrire depuis Amiens, en 1876, dans *Michel Strogoff* : "le lac Baïkal est situé à dix-sept cent pieds au-dessus du niveau de la mer. Sa longueur est environ de neuf cent verstes, sa largeur de cent. Sa profondeur n'est pas connue". Elle l'était pourtant.

"La bande de loups se renouvelait sans cesse, et il fallait que la rive droite de l'Angara en fût infestée" (id.). Sans doute le Baïkal était-il encore réellement un lac de l'est, un lointain lac pionnier, mais cette image était accentuée pour plaire au public. Depuis la fin des années 1850, les progrès avaient été considérables. En fait, n'en déplaise aux lecteurs européens avides d'impénétrables ténèbres, quatre très grands noms de la recherche du Baïkal, B.I. Dybovski, I.D. Tcherski, V.A. Obroutchev et F.K. Drijenko, accomplissaient alors un travail colossal à propos du Baïkal. Le grand lac sibérien était prêt à dévoiler nombre de ses mystères.

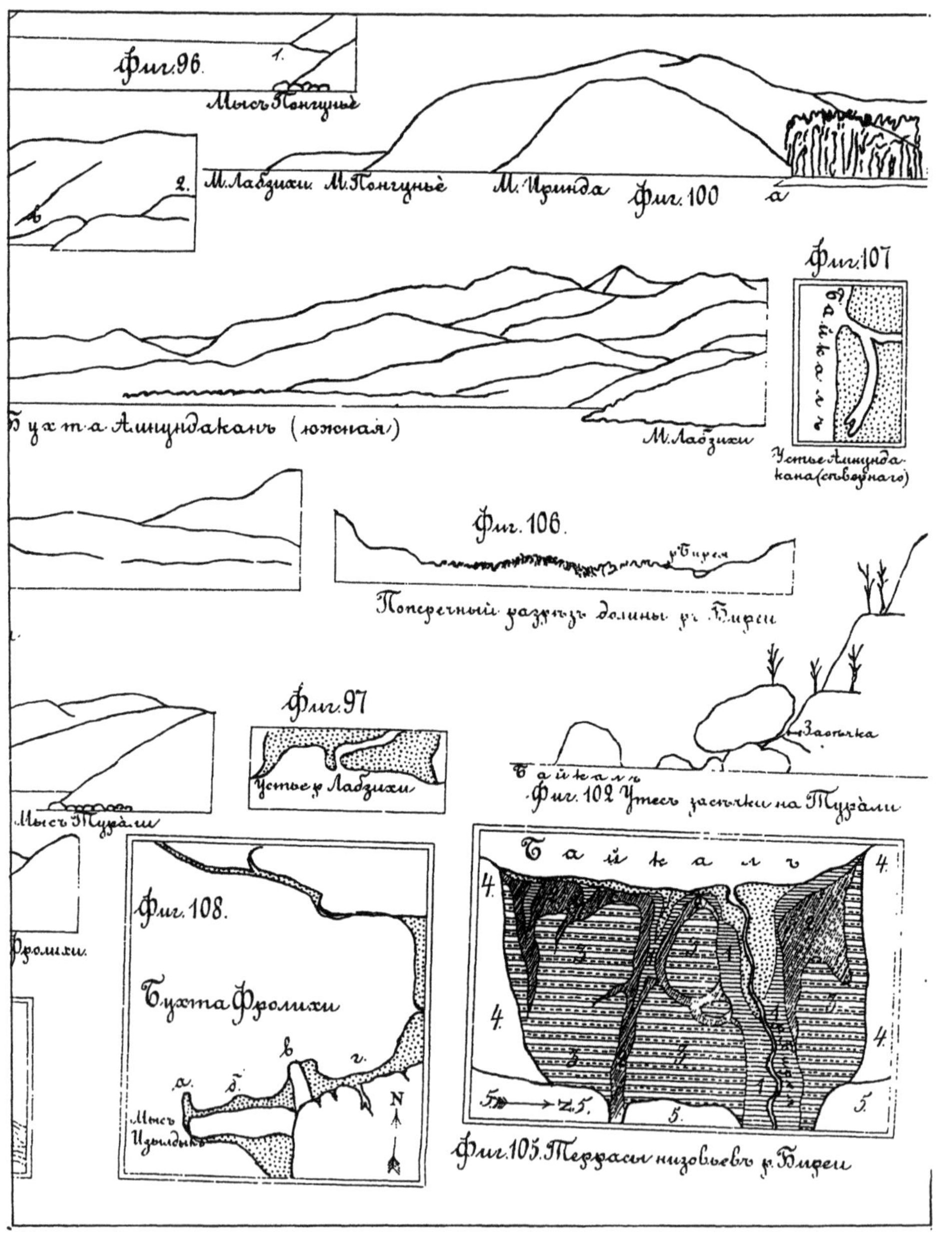

Fig. 5 bis Les travaux du premier géologue du Baïkal, I.D. Tcherski
extrait de la planche V de Tcherski (1886a)
Les principales préoccupations d'I.D. Tcherski transparaissent dans cette planche, les terrasses lacustres (Fig. 105), les repères taillés dans le roc (fig. 2), les coupes (Fig. 106), les cartes et les croquis paysagers en perspective

CHAPITRE 2

LES LIMNOLOGUES DES ANNÉES 1860 A LA SECONDE GUERRE MONDIALE

A partir de la fin du XIXe siècle, les chercheurs du Baïkal ne furent plus explorateurs en même temps. On put d'autre part les appeler désormais limnologues, puisque le Suisse François-Alphonse Forel avait tout juste créé le terme. Les Russes asseyaient peu à peu la situation de la contrée baïkalienne et les techniques s'amélioraient. Cependant, les progrès n'étaient pas réguliers et le milieu des années 10 forma une césure dans cette période historique. Ce fut l'époque où disparurent les très grands noms du tournant du siècle, comme Tcherski, ou Drijenko. Ce fut aussi le moment où naquit une commission d'étude du Baïkal, bientôt suivie de la création d'une station limnologique permanente. Avant la Première Guerre Mondiale, les recherches étaient en effet encore conduites par des hommes isolés et les expéditions scientifiques étaient ponctuelles. La diffusion de la recherche du Baïkal connut à partir de cette fondation une énorme croissance, la Station de Limnologie du Baïkal publiant, dès l'origine, une revue spécialisée traitant du lac sibérien.

A - LIMNOLOGIE ET AUTOCRATIE

Un changement essentiel dans le contexte des recherches s'était produit au deuxième tiers du XIXe siècle. Le rôle des scientifiques s'accroissait. L'Académie des Sciences avait certes pu jouer un rôle précédemment (Berg,1925), et la Société de Géographie déjà mener des opérations, comme celle dirigée par P.P. Semenov, mais il s'agissait d'explorations exceptionnelles. Or la société Impériale Russe de Géographie mit sur pied dans les années 1860 des expéditions annuelles pour l'étude du Baïkal, débordant parfois sur l'ensemble de la région. Revenant désormais tous les ans, ces expéditions constituaient ainsi la première étape avant l'établissement de recherches permanentes du Baïkal.

1 - Le Baïkal vu par les déportés polonais

Comme au temps des précurseurs, le Baïkal conservait son caractère de terre d'exil. "Je ne puis quitter Irkoutsk sans dire quelques mots des exilés politiques qu'on y envoie chaque année. [...] Ils y sont bien vus; les autorités ne s'en plaignent pas, au contraire". (Poussielgue,A., 1866, p. 412). Les insurgés polonais de 1863 et 1864 furent déportés en si grand nombre à Irkoutsk qu'il fut construit pour eux l'église catholique qu'on peut admirer aujourd'hui au centre de la ville, place Kirov. Deux des plus grands chercheurs du Baïkal, Dybovski et Tcherski, se trouvaient parmi eux, ainsi que Godlevski.

La puissance de la Société de Géographie Russe était telle que pratiquement tous les travaux de Dybovski et Tcherski des années 1860 et 1870 étaient financés et publiés par les expéditions annuelles et les revues de celle-ci. D'ailleurs, les revues géographiques concentraient les résultats de l'étude du Baïkal dans tous les domaines. Certes, à partir des années 1890, les bouleversements dus à la construction du Transsibérien provoquèrent une diversification des financements et des revues de publication. Mais la géographie garda une place primordiale, surtout avec Drijenko.

a - Le premier limnologue du Baïkal, B.I. Dybovski

Pendant plus d'un demi-siècle à partir des années 1860, Benedikt I. Dybovski déploya une activité herculéenne, entièrement tendue vers le Baïkal, étudié pour le compte de la Société Impériale Russe de Géographie. Quelque peu altier, le premier grand limnologue du Baïkal mettait volontiers son nom dans le titre de ses articles, au lieu d'en donner le sujet (Dybovski et Godlevski,1877). Après plus de trente ans de célébrité, il n'hésita pas à publier son autobiographie, agrémentée d'un superbe portrait (Dybovski, 1901).

L'étant lui aussi de formation, Dybovski travailla beaucoup avec les autres biologistes de l'époque, dont V.F. Godlevski. Ce dernier resta dans l'ombre du grand limnologue, quoique l'essentiel des travaux eussent été signés des deux noms. Amis, les deux savants étaient des déportés polonais. De par son origine, Dybovski maîtrisait le russe et l'allemand tout aussi bien que sa langue natale, mais il n'y eut qu'en son domaine de prédilection qu'il publia les résultats de ses recherches dans les trois langues. Une cinquantaine d'articles de Dybovski prirent ainsi place dans les revues biologiques polonaises de l'Empire Russe, allemandes et austro-hongroises du dernier tiers du XIXe siècle. Pour le reste, il n'écrivit qu'en russe.

C'était la faune qui passionnait Dybovski. Spécialiste des gammares, il en découvrit 191 dans le Baïkal, dont 185 étaient inconnus jusqu'alors (Galazi, 1984). Ce fut aussi lui qui attira l'attention des scientifiques du monde entier sur le caractère unique, endémique, de nombreuses espèces du Baïkal, insistant sur le phoque (Dybovski, 1873). Dybovski éclipsa les autres recherches biologiques de la fin du siècle. Pourtant, dans les années 1890, une minuscule Station de Zoologie avait vu le jour à Goloustnoïé (Parchine *et al.*, 1897, Voznessenski et Chostakovitch, 1899).

A partir de son intérêt pour le caractère biologique exceptionnel du Baïkal, qui ne pouvait provenir que d'une très longue évolution isolée, Dybovski glissa inévitablement vers l'étude la cuvette lacustre (Dybovski et Godlevski, 1872b, 1877). Il réalisa des sondages à partir de la banquise, les premiers de grande ampleur depuis ceux de Kononov, et fixa la profondeur maximale du Baïkal à 1373 m. La profondeur moyenne du Baïkal était encore plus sous-estimée, puisqu'il la tenait pour inférieure à 300 m. Dès 1869, ne négligeant point l'étude hydrologique, Dybovski et Godlevski avaient creusé une entaille sur un rocher du cap du Chamane, pour marquer un niveau anormalement haut du lac, suite à une année particulièrement pluvieuse. Ils inauguraient ainsi un procédé que Tcherski allait ériger en méthode scientifique dix ans plus tard.

Finalement, Dybovski arriva à une étude complète du Baïkal (Dybovski et Godlevski, 1871) et rangea l'ensemble de ses recherches sous l'étendard de la géographie physique. La hampe en fut la publication des *Recherches de géographie physique du Baïkal* (Dybovski et Godlevskij, 1897, en russe).

Dybovski et Godlevski firent donc énormément avancer les connaissances qu'on possédait du lac sibérien. En France, la synthèse du géographe Elisée Reclus utilisait essentiellement leurs premiers travaux. Elle montrait les très gros progrès effectués depuis les écrits de Humboldt et Ritter. Mais il restait encore beaucoup à faire. Reclus (1881) reprenait par exemple la profondeur moyenne de 250 m avancée par les chercheurs polonais, d'où on déduisait un volume de 8743 kilomètres cubes pour le Baïkal, soit seulement un tiers de la réalité telle qu'on la connaît aujourd'hui.

b - Le premier géologue du Baïkal, I.D. Tcherski

Ivan Dementevitch Tcherski fut le premier grand géologue du Baïkal, travaillant essentiellement dans les décennies 1870 et 1880. Contemporain de Dybovski, il publiait aussi dans les revues de la Société de Géographie.

Polonais de l'Empire Russe, il avait, comme de nombreux jeunes de son âge, pris part à 18 ans à l'insurrection de 1863 et 1864. Il fut alors déporté en Sibérie et enrôlé dans l'armée à Omsk. Libéré de ses obligations militaires pour cause de maladie en 1869, il devait rester en Sibérie. Il arriva à Irkoutsk en 1871.

Il n'est pas lieu de rendre compte ici de ses nombreux travaux sur la géologie de l'ensemble de la Baïkalie, qui datent de la même époque que ceux de Kropotkine (1873). L'important est que Tcherski étudia aussi le Baïkal, ne manquant de le confronter aux autres dépressions formant l'ensemble de ce qu'on appelle aujourd'hui la zone de rift du Baïkal (Tcherski,1873). Mais il expliquait plutôt l'origine de cette cuvette par la lente subsidence d'un pli synclinal depuis le Précambrien. L'essentiel de ses recherches porta sur la zone littorale du lac, qu'il étudia très en détail (Tcherski,1872, 1878, 1880, 1881a, 1882, 1886a). A l'affût du moindre lambeau de terrasse lacustre, il parcourait sans relâche les côtes baïkaliennes, les montagnes encadrantes et les vallées affluentes (fig. 5 bis). Quelque peu marri de découvrir des terrasses à plus de 300 m au-dessus de la surface actuelle du lac, il tenta une explication cumulant les variations de niveau du lac à des mouvements tectoniques d'importance, bien qu'il ne semblât y croire lui-même absolument. "La cause de cette très grande montée de niveau n'est pas parfaitement compréhensible, si on n'a pas recours à des oscillations du sol [...]. C'est une hypothèse que je serais heureux d'écarter à la première opportunité, car on ne peut pas ne pas y voir une part d'artifice." (Tcherski, 1886b, p. 43, en russe). Les recherches les plus récentes tendent pourtant à lui donner raison (Ossadchi, 1995). Finalement il résuma, dans une vue d'ensemble, ses recherches côtières baïkaliennes (Tcherski,1886b) et dressa la première carte géologique du lac.

Mais Tcherski s'éleva largement au-dessus de sa stricte spécialité de géologue. Il effleura la biologie, en supposant la pénétration du phoque du Baïkal par le système fluvial de l'Iénisseï et de l'Angara à partir de l'Océan Glacial Arctique (Tcherski,1877), hypothèse qui a reçu des confirmations ultérieures grâce à des recherches aux moyens modernes (Pastoukhov, 1993). C'est pourtant pour ses travaux d'hydrologie que ce géologue est aujourd'hui le plus connu sur le Baïkal, non que ceux-ci fussent plus nombreux mais parce qu'ils laissèrent des traces dans le paysage. Tcherski avait en effet décidé d'étudier les variations de volume du Baïkal. Pour ce faire, il chercha sur tout le pourtour du lac les meilleurs endroits pour creuser des marques dans les falaises. Il en trouva seize, où la côte abrupte lui offrait cette possibilité. De 1878 à 1881, il creusa dans la roche, au moyen d'un burin, des entailles d'environ vingt cinq centimètres de long, un de large et 0,5 de profondeur avec la date et la hauteur du lac à ce moment (fig. 5 bis).

Quatre de ces marques, appelées "repères de Tcherski" ("zassetchki Tcherskogo") ont disparu. Après la Seconde Guerre Mondiale, le géologue V.V. Lamakine les rénova et décida d'en sauver certaines de la montée des eaux (Lamakine,1953, 1959). Il fit de nouvelles entailles, un peu plus haut que les plus bas repères de Tcherski, si bien que la mise en service du barrage d'Irkoutsk, élevant de 80 cm le niveau du Baïkal, ne les inonda pas. Evidemment moins spectaculaires que le déplacement d'Abou Simbel, les repères de Tcherski n'ont longtemps intéressé que les chercheurs (Ladokhine, 1959). Mais l'attention portée à ces monuments de l'histoire de la limnologie s'élargit et le géologue Imetkhenov (1991) propose même de les inclure dans des circuits touristiques. Ce sera une occasion supplémentaire d'entendre parler du premier géologue du Baïkal. Tcherski est en effet déjà connu des vacanciers, puisque lui est dédié le sommet qui domine Listvianka, que chaque visiteur courageux gravit pour prendre un premier contact avec le Baïkal. Le savant russo-polonais est en outre régulièrement honoré par les chercheurs baïkaliens lors de conférences ou de colloques, comme il le fut lors du séminaire tenu à Irkoutsk en septembre 1995 (Bajenova *et al.*, 1996, Snytko, 1996).

2 - Le Baïkal du Transsibérien

La reconnaissance des conquêtes russes par la Chine, par les traités de 1858 et 1860, l'abolition du servage en 1861, qui n'incitait plus les nobles de Russie d'Europe à retenir sur leurs terres les paysans, l'autorisation par le tsar de l'immigration en Sibérie, sous réserve en

1896, par la création d'un bureau des migrations (Laran et Van Remorter, 1986), puis libre à partir de 1904, avaient été un bouleversement pour la Russie d'Asie, dont le point d'orgue devait être la construction du Transsibérien. Commencée en 1891, la voie ferrée avait atteint Irkoutsk en 1898, cependant que le tronçon transbaïkalien avait été achevé en 1900. Entre les deux, le hiatus était celui du lac Baïkal. La voie ferrée arrivait, sur la côte ouest, à la sortie de l'Angara du lac, à la localité actuelle de Baïkal, qui, à l'époque, s'appelait Petit Barantchik. Elle en repartait sur la côte orientale à Tankhoï, en face de Baïkal.

Avant que la difficile voie contournant le lac et joignant les deux morceaux de la voie transsibérienne ne fût achevée, en 1905, le lac était traversé en été par un bac assurant la liaison entre les deux parties du chemin de fer. En dehors de l'été, deux bacs brise-glace, le *Baïkal* et l'*Angara*, permettaient d'assurer la liaison entre Baïkal et Tankhoï. De 1900 à 1918, date à laquelle il fut détruit lors de la guerre civile, le *Baïkal* fut le bac brise-glace le plus grand du monde, avec ses trois hélices développant 3750 cv et ses trois ponts, dont le deuxième supportait trois aiguillages ferroviaires et 25 wagons (Cars et Caracalla, 1986). Le brise-glace *Angara*, lui, existe toujours, mais il ne navigue plus. Il a été transformé en musée et on peut l'admirer à Irkoutsk, sur le lac de barrage, accosté au quartier du Soleil.

Le trafic du Transsibérien est ainsi passé en plein lac pendant plusieurs années. Financièrement et stratégiquement, les enjeux étaient devenus trop importants pour que l'on se contentât de la carte de Pouchkarev sans indication de profondeur. Mais la bathymétrie n'était pas seule en cause. En hiver 1904, pendant la guerre russo-japonaise, des morceaux de voie ferrée avaient été posés sur la glace pour le transport de plus de 2340 wagons et de 65 locomotives sur le front. Une meilleure connaissance de la banquise du Baïkal devenait indispensable.

En fait, le moment était venu d'approfondir les connaissances du Baïkal dans tous les domaines. Le géologue V.A. Obroutchev et le géographe F.K. Drijenko furent les deux principaux chercheurs s'attelant à cette tâche. Avant même que ces deux savants n'eussent terminé leurs travaux, en Occident, E. Süss faisait une magistrale synthèse du Baïkal et de la Baïkalie (Suess, 1902 pour la traduction française). Il utilisait les résultats définitifs de B.I. Dybovski et I.D. Tcherski et les recherches en cours de V.A. Obroutchev et F.K. Drijenko. La richesse, l'abondance, la justesse des renseignements regroupés par Süss laissent le lecteur pantois. On a l'impression que plusieurs siècles se sont écoulés depuis les écrits d'Alexandre de Humboldt! Ces quatre savants sibériens avaient vraiment fait entrer le Baïkal dans l'ère scientifique.

Vladimir Obroutchev est aujourd'hui honoré sur le Baïkal. Son nom a été donné au grandiose escarpement de faille originel bordant le Baïkal à l'ouest. Le grand navire de recherche de l'Institut de Limnologie du Baïkal a été également baptisé le *V.A. Obroutchev*. Comme d'autres géologues moins connus de l'époque, tels Yavorovski (1898) ou Toultchinski (1900), Obroutchev travaillait sur le Baïkal en relation directe avec la construction du chemin de fer (Obroutchev, 1897b, 1899, 1905-1914, Obroutchev *et al.*, 1899). Le financement des recherches était ferroviaire et le Transsibérien avait sa propre revue de publication géologique.

Mais le "père de la Géologie sibérienne", comme il est parfois surnommé, était en fait arrivé sur les bords du Baïkal dès 1888 pour mener sur le terrain les recherches nécessaires à la rédaction de sa *Géologie de l'Empire Russe*, sous l'égide de la Société de Géographie.

Il conclut que l'origine du Baïkal était à chercher dans de grandes failles éventrant l'écorce terrestre et il fut le premier à énoncer clairement cette origine. Selon lui, le lac occupait deux graben séparés par un horst. Il faisait partie d'un système de graben s'étendant sur un territoire beaucoup plus vaste que le seul lac, l'ensemble de la Transbaïkalie, qu'il appelait la Dahourie sélenguienne. En étudiant les sédiments des autres graben, émergés, Obroutchev conclut que ces déchirures, formant ce qu'on appelle aujourd'hui la zone de rift du Baïkal, dataient du Tertiaire.

Pendant qu'Obroutchev terminait de visiter la Baïkalie pour mieux comprendre l'origine du lac, Drijenko travaillait à même le lac. Membre de la Société de Géographie, Fedor Kirilovitch Drijenko était un hydrographe reconnu dès les années 1880. La France l'avait déjà apprécié avant qu'il n'eût entrepris ses activités sur le Baïkal, puisqu'en 1889, à Paris, l'Exposition Universelle lui avait décerné la médaille d'or de l'Hydrographie. Mais ce fut l'expédition hydrographique du Baïkal qui lui conféra son plus grand titre de gloire. L'équipe dirigée par F.K. Drijenko effectua sa tâche de 1896 à 1902. L'Expédition - ce seul terme signifie, pour les Russes, l'expédition de Drijenko, tant il est sous-entendu qu'il a tout fait sur le Baïkal - accomplit un travail colossal.

La partie la plus gigantesque du labeur fut sans doute l'oeuvre bathymétrique. En donnant 274 369 coups de sonde, l'équipe de Drijenko permit de connaître précisément les profondeurs de l'ensemble du Baïkal pour la première fois. On mesure mieux l'aspect titanesque de la besogne lorsqu'on rappelle que la sonde était manuelle et coûta la vie à quatre membres de l'équipage. Maintes retouches ont certes été apportées plus tard à la carte bathymétrique. La profondeur maximale donnée par Drijenko n'était il est vrai que de 1522 m. Mais toutes les formes importantes avaient été reconnues. La profondeur moyenne du Baïkal et le volume du lac étaient pour la première fois évalués avec justesse. Pour que la carte bathymétrique se raccordât efficacement à la carte hypsométrique, Drijenko fit de nombreux nouveaux relevés géodésiques et confectionna un atlas de la région orientale adjacente au Baïkal, le Plateau du Vitime.

Mais l'oeuvre de F.K. Drijenko était loin de concerner seulement la mesure des profondeurs et des altitudes. Il prit la direction de l'étude du magnétisme terrestre dans la région du Baïkal, des relevés météorologiques, des mesures de la température de l'eau à différentes profondeurs, des prélèvements de sédiments sur le fond. Il dirigea aussi la construction de dix phares, servant également d'observatoires météorologiques. Il délega en outre ses pouvoirs à un membre de l'expédition, le docteur en médecine A.S. Botkine, pour la direction des recherches biologiques et ethnographiques. Non content de s'acquitter de cette tâche avec zèle, Botkine s'empressa d'étudier aussi la banquise du Baïkal dès l'hiver 1898-1899. S'étant adjoint deux astronomes réputés, V.V. Akhmatov et A.G. Pedachenko, Drijenko put effectuer les premières mesures gravimétriques du Baïkal.

On comprend dès lors que le nom de Drijenko soit aujourd'hui respecté sur le Baïkal et que la toponymie rende hommage à son expédition. Le "banc de l'Expédition", le "cap de l'Expédition" le commémorent. Un cap, un îlot et un haut-fond portent les noms de trois membres de son équipe. Mais, curieusement, les noms de lieu du Baïkal n'honorent pas directement Drijenko, alors que plusieurs caps de la Nouvelle Terre et de Sakhaline le font.

Les travaux des météorologues et climatologues contemporains de Drijenko témoignaient de l'importance de la demande due à la navigation, dont celle du Transsibérien pendant quelques années. Les études portèrent en effet essentiellement sur les tempêtes ou la nébulosité du Baïkal. La période d'avant la Première Guerre Mondiale connut donc un foisonnement de chercheurs. Les biologistes ne furent pas en reste avec les travaux des personnalités qui allaient entrer quelques années plus tard dans la Commission pour l'étude du lac Baïkal, comme L.S. Berg, le grand spécialiste des poissons du Baïkal, ou V. Tché. Dorogostaïski, ou encore le futur président de la Commission, N.V. Nassonov.

La période des premiers limnologues se termina par les travaux du géologue M.M. Tetiaev, homme très éloquent, dont les conférences ressemblaient, paraît-il, à des représentations théâtrales. Sa personnalité était totalement opposée à celle d'Obroutchev, connu pour son caractère laborieux et taciturne. Concentrées pendant un petit nombre d'années, celles de la Première Guerre Mondiale, les recherches de Tetiaev furent néanmoins importantes. Outre son intérêt pour la géologie de l'ensemble de la Baïkalie, Tetiaev travailla sur le lac lui-même. Il fut le dernier chercheur important à affirmer que le Baïkal avait une origine particulièrement récente.

Les savants occidentaux exerçaient certes moins leur verve en Sibérie qu'au début du XIXe siècle, mais continuaient cependant leurs travaux baïkaliens, le phoque étant alors le principal objet d'étude. On aura d'ailleurs remarqué le rôle assez grand des scientifiques de l'ouest pendant l'ensemble de l'époque tsariste, qui prend fin ici. Parmi eux, les Allemands avaient été les plus dynamiques, favorisés par les affinités culturelles et les traditionnelles relations entre la haute société russe et prussienne. En France, en 1932, le tome V de la *Géographie Universelle* publiée sous la direction de P. Vidal de la Blache et L. Gallois utilisait uniquement les écrits d'Obroutchev et Drijenko dans l'article du Baïkal (Camena d'Almeida, 1932), confirmant que les travaux de ces deux savants avaient fait date. Pourtant, il y avait une bonne quinzaine d'années qu'un autre chercheur, passé sous silence en France, faisait évoluer les connaissances à pas de géant.

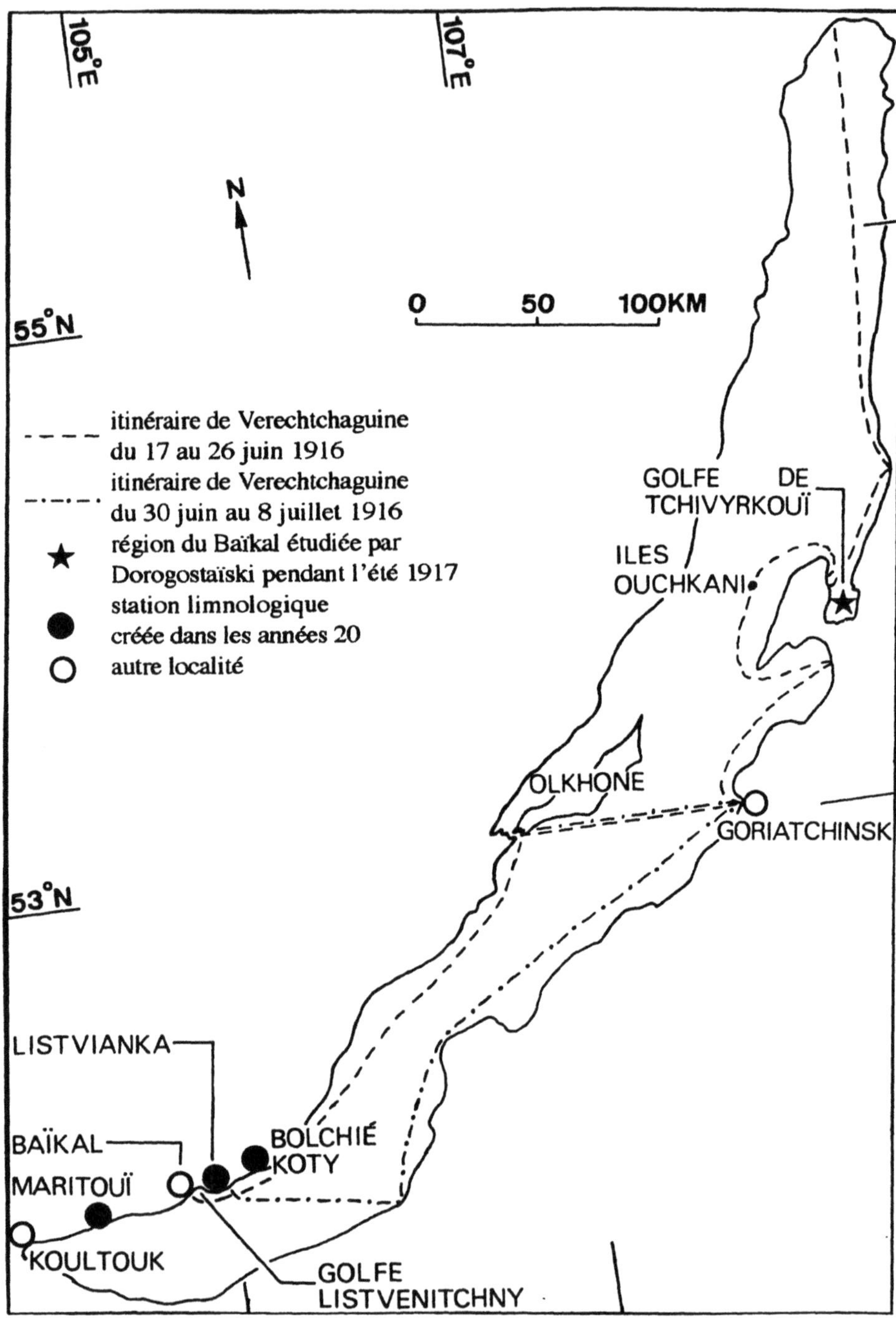

Fig. 6 Carte des recherches scientifiques baïkaliennes de 1916 à 1925

B - LE BAÏKAL VU PAR LES BLANCS ET VU PAR LES ROUGES

A la tête des équipes de recherche étudiant le Baïkal, un homme exceptionnel domina la période, Gué. You. Verechtchaguine. A la veille de la Révolution, en 1916, l'Académie des Sciences de la Russie prit une décision primordiale. Elle créa la Commission pour l'étude du lac Baïkal. Une nouvelle étape était franchie. Au lieu d'être décidées et menées par des organismes, comme la Société de Géographie, ayant de multiples autres intérêts, les expéditions baïkaliennes, qui étaient devenues annuelles, étaient désormais dirigées par un organe permanent et spécialisé dans l'étude du lac. La présidence de la Commission échut à N.V. Nassonov. Dans la pratique, Verechtchaguine menait dès 1916 les recherches sur place.

1 - Le Baïkal des guerres

Dès sa création, la commission tint plusieurs réunions, dans lesquelles elle proposa l'organisation d'expéditions scientifiques sur le lac, la construction au bord du Baïkal d'une station biologique, la publication d'une revue et l'établissement de programmes de recherches. Grâce au concours du Musée Zoologique de l'Académie des Sciences, une première expédition put être effectuée dès l'été 1916, puis le programme de la seconde fut entièrement préparé. Pendant ce temps, grâce au mécénat de N.A. Vtorovy et à l'énergie d'un membre de la Commission, le professeur Dorogostaïski, la construction de la Station biologique était commencée et certains équipements étaient acquis, dont un bateau à moteur (Nassonov, 1922a, p. I), fierté de la Commission. La révolution de février 1917 empêcha de se servir de ce matériel.

Bien qu'il n'y eût pas eu d'expédition officielle de la Commission en été 1917, Dorogostaïski parvint à travailler dans le golfe de Tchivyrkouï (fig. 6), avec une mission localisée, menée par l'Université de Moscou.

En octobre 1917, la révolution bolchevique amena un nouveau changement politique. Quelques mois plus tard, le régime communiste confirma la Commission pour l'étude du lac Baïkal dans ses prérogatives. Mais, alors que la Commission tsariste était de 10 membres, la nouvelle passait à 72 membres, les 10 anciens et 62 nouveaux, dont les grands limnologues de la fin du XIXe et du début du XXe siècle, comme Dybovski, Obroutchev, Drijenko ou Tetiaev. La direction théorique revenait toujours à N.V. Nassonov, comme en 1916. Bien que la nouvelle Commission existât officiellement depuis 1918, dans la pratique, la guerre civile l'empêchait de fonctionner. Les communications furent plusieurs fois interrompues entre Petrograd et le lac. Elle put néanmoins publier en 1918 la première livraison du premier tome des *Troudy Komissii po izoutchéniou ozera Baïkala*, les *Travaux de la Commission pour l'étude du lac Baïkal* (fig.7).

En 1918, le nouveau pouvoir créa à 15 km au nord-est de Listvianka, à Bolchié Koty, une station biologique pour l'Académie des Sciences (fig. 6). Pendant la Guerre Civile, l'Armée Blanche d'Alexandre

Vassiliévitch Koltchak contrôlait la Sibérie et Irkoutsk fut justement la dernière ville où se réfugia l'amiral monarchiste, avant d'y être exécuté par les bolcheviks en février 1920. Or les Blancs interrompirent les relations entre la station biologique de Bolchié Koty et l'Académie des

Отчетъ о работахъ, произведенныхъ на Байкалѣ во время командировки отъ Императорской Академіи Наукъ лѣтомъ 1916 года

Г. Ю. Верещагина.

Введеніе.

1. Маршруты.

Выѣхавъ изъ Петрограда 25 мая 1916 года, я прибылъ въ Иркутскъ 31 мая, а 1 іюня былъ на Байкалѣ въ с. Лиственичномъ; съ этихъ поръ начались мои гидробіологическія работы на Байкалѣ вплоть до 16 іюля, когда я долженъ былъ выѣхать въ Петроградъ, такъ какъ истекалъ срокъ командировки.

За проведенное на Байкалѣ время удалось произвести болѣе подробныя работы въ районѣ с. Лиственичнаго и бывшей фабрики Сибирякова въ 18 верстахъ къ сѣверу отъ с. Лиственичнаго, а также болѣе подробно былъ изслѣдованъ Чивыркуйскій заливъ. Болѣе отрывочныя наблюденія и сборы удалось произвести въ цѣломъ рядѣ пунктовъ вдоль береговъ всего Байкала отъ с. Лиственичнаго до Ангарска включительно. Кромѣ того, изслѣдованъ былъ въ общихъ чертахъ рядъ водоемовъ примыкающихъ такъ или иначе къ Байкалу на различныхъ пунктахъ его побережья; такъ были собраны данныя о рѣкахъ: Ангарѣ (нижней), Баргузинѣ, Кичерѣ и рядѣ ручьевъ между Н. Ангарой и фабрикой Сибирякова; озерахъ: Соленомъ и Кисломъ, Большомъ и Маломъ Сорахъ на перешейкѣ Св. Носа, озерѣ у Сосновки, затѣмъ обслѣдованъ прудъ въ Туркинскихъ минеральныхъ водахъ, соръ у Ангарска и нѣсколько болотъ и мелкихъ водоемовъ въ иныхъ мѣстахъ берега Байкала.

Благодаря отсутствію въ теченіе первой половины лѣта въ Экспедиціи хорошихъ средствъ передвиженія, пришлось производить работы въ районѣ

1

Fig. 7 Première page de la revue publiée par la Commission pour l'étude du lac Baïkal en 1922

Légende de la figure 7: Première page de la revue publiée par la Commission pour l'étude du lac Baïkal en 1922

On remarque aux caractères utilisés qu'il s'agit d'un texte écrit avant la réforme orthographique. La traduction est la suivante:

"Rapport concernant les travaux effectués sur le Baïkal pendant la mission de l'Académie des Sciences Impériale de l'été 1916

par Gué. You. Verechtchaguine.

Introduction.

1- Itinéraires.

Parti de Petrograd le 25 mai 1916, j'arrivai à Irkoutsk le 31 mai et, le 1er juin, j'étais au Baïkal, à la localité de Listvenitchnoïé; c'est à ce moment que commençèrent mes travaux hydrologiques sur le Baïkal, qui durèrent jusqu'au 16 juin, date à laquelle je devais rentrer à Petrograd, puisque la durée de la mission s'était écoulée.

Mais, après ce temps passé sur le Baïkal, je réussis à effectuer des travaux plus détaillés dans la région de Listvenitchnoïé et de l'ancienne fabrique de Sibiriakov, à 18 verstes au nord de Listvenitchnoïé; le golfe de Tchivyrkouï fut même étudié de manière encore plus détaillée. Je réussis à faire des observations, bien qu'elles fussent plus fragmentaires, et à prendre des échantillons en toute une série de points le long des rives du Baïkal de Listvenitchnoïé jusqu'à Angarsk incluse. En outre, une série de plans d'eau, qui sont, d'une manière ou d'une autre, contigus au Baïkal en divers points de la côte, ont été étudiés dans leurs grandes lignes. Des données ont ainsi été récoltées sur les rivières suivantes: l'Angara (inférieure), le Bargouzin, la Kitchéra, et sur une série de ruisseaux compris entre l'Angara inférieure et la fabrique de Sibiriakov, et sur les lacs suivants: Soleni et Kisli, la grande lagune et la petite lagune de l'isthme du Saint Nez, le lac de Sosnovka; puis on a étudié l'étang des eaux minérales de Tourka, la lagune d'Angarsk et quelques marais et plans d'eau peu profonds en d'autres endroits de la côte du Baïkal.

A cause de l'absence, pendant la première moitié de l'été, de bons moyens de locomotion dans l'Expédition, il fallut effectuer les travaux dans la région" [de Listvenitchnoïé avec une embarcation de type local].

Sciences, pour placer celle-là sous la dépendance de l'Université d'Irkoutsk.

En 1925, une fois que les Rouges eurent définitivement remporté la victoire, ils laissèrent la station de Bolchié Koty à l'université. Mais ils décidèrent de créer une nouvelle station de recherche pour l'Académie des Sciences, à mi-chemin entre Koultouk et Baïkal, à Maritouï (fig. 6).

En octobre 1928, elle prit le nom de Station limnologique du Baïkal. Pendant quelques années, la Commission pour l'étude du lac Baïkal et la Station Limnologique du Baïkal fonctionnèrent en même temps, la première ayant un rôle plus théorique, la seconde plus pratique. En octobre 1930, devant ce double emploi, la Commission disparut et la Station Limnologique continua seule, tout en étant transférée de Maritouï à Listvianka (fig. 6). En 1931, une nouvelle revue, les *Troudy Baïkalskoï limnologuitcheskoï Stantsii*, les *Travaux de la Station limnologique du Baïkal*, remplaça les anciens *Travaux de la Commission pour l'étude du lac Baïkal.* Contrairement à celle-ci, qui n'avait finalement paru que trois fois, en 1918, 1922 (fig. 7) et 1927, celle-là allait paraître régulièrement chaque année.

Gleb Yourevitch Verechtchaguine, se trouvant naturellement à la tête de la Station limnologique, expliqua les principales missions de celle-ci dans la préface du premier numéro: "La Station limnologique du Baïkal a comme assignation l'étude systématique du Baïkal et de son bassin dans tous les domaines. Les recherches embrasseront la nature du Baïkal ainsi que les questions d'utilisation de ses richesses naturelles. Les *Travaux de la Station limnologique du Baïkal* apparaissent comme la continuation des *Travaux de la Commission pour l'étude du lac Baïkal*;

on placera essentiellement dans ceux-ci les résultats des travaux menés par la Station, mais aussi d'autres articles consacrés à l'étude du Baïkal et de son bassin“ (Verechtchaguine, 1931, préface, page non numérotée. En russe).

En résumé, il était prévu que les travaux fussent à la fois de recherche appliquée et fondamentale. De plus, la Station limnologique s'identifiait non à une technique mais à un espace, le Baïkal et son bassin-versant. Tous les domaines étaient étudiés, pourvu que l'espace concerné fût le Baïkal.

2 - Au grand limnologue Gleb Yourevitch Verechtchaguine, le Baïkal reconnaissant

La vocation baïkalienne de Gleb Yourevitch Verechtchaguine fut éveillée en 1912, quand l'étudiant qu'il était rencontra B.I. Dybovski, venu faire des conférences parlant du grand lac sibérien à l'université de Varsovie (Votintsev, 1991). La carrière baïkalienne de Verechtchaguine commença le 1er juin 1916, alors qu'il avait 27 ans, quand il arriva sur les bords du lac après une semaine de Transsibérien. Il travailla sur l'hydrobiologie du Baïkal du 1er au 16 juin dans le cadre de la Commission pour l'étude du lac Baïkal de l'Académie des Sciences. Les conditions de recherche étaient difficiles. Le bateau à moteur n'était pas encore en service. Il fallut se faire prêter une embarcation de petite taille, mal adaptée à une partie du matériel lourd que Verechtchaguine avait amenée de Petrograd.

Mais, alors que son contrat se terminait le 16 juin, le jeune savant resta finalement sur le Baïkal jusqu'à la mi-juillet. Il sillonna alors le lac du nord au sud, empruntant le bateau postal de la Société de Navigation et de Commerce du Baïkal, qui lui transporta une partie de son matériel (fig. 6). Il effectua de nombreuses mesures de température et prit le plus d'échantillons possible (Verechtchaguine, 1922a). Aux escales du bateau postal, qui duraient d'une demi-heure à 28 heures selon l'importance de la localité, il étudiait les lagunes, les lacs et les marais côtiers (Verechtchaguine, 1922b). A la fin de son séjour, il put profiter pendant quelques jours du bateau de la Commission, mis en service à ce moment, et étudia le golfe Listvenitchny. Bien que cette année 1916 fût héroïque, Verechtchaguine ne fit pas de la recherche de valeur secondaire. Grâce à une grande adresse pour se sortir des situations difficiles, il utilisa les meilleures techniques de l'époque. Dès cette campagne, il apporta le plus grand soin aux données thermiques, fit plusieurs transects avec les mesures précises de température en surface et à un, deux, cinq, dix, vingt, trente, cinquante et cent mètres de profondeur.

Après les difficiles années de la première moitié des années 1920, une fois que la Station limnologique eut été créée, en 1928, Verechtchaguine eut enfin à sa disposition d'importants moyens pour étudier le Baïkal.

Le régime thermique du lac et de l'Angara à sa sortie du lac furent l'objet de nombreux articles de sa part. Malgré sa formation de biologiste, c'était ce thème qui le passionnait avant tout. Il fut ainsi le premier au monde à étudier en détail les températures de l'eau douce aux grandes profondeurs. Il élabora les premiers calculs de diminution de la température de densité maximale de l'eau douce avec l'augmentation de la pression, dès les années 20. Il retravailla à ce sujet dans les années 30, publiant l'article de référence, jusqu'à aujourd'hui, de la répartition verticale des températures dans le Baïkal (Verechtchaguine, 1936). Ce fut lui qui donna l'impulsion à l'étude de ce thème et il fut suivi dans les années 30 et 40 par les chercheurs japonais, notamment S. Yoshimura, et par le Norvégien K.M. Strøm. Mais ce dernier n'avait que le lac le plus profond d'Europe, le Hornindalsvatn et ses 514 petits mètres, pour vérifier la validité de ses calculs, alors que Verechtchaguine profitait des abîmes du plus profond de tous les lacs.

Limnologue complet, Verechtchaguine conduisit la grande campagne d'étude de la banquise du Baïkal dans les années 30, mena des recherches concernant la convection thermique du grand lac sibérien et son oxygénation et fut bien entendu, par sa formation, prolixe en biologie pure. Suivant la mission de la Station telle qu'elle avait été définie, il fit également de la recherche appliquée. Il étudia notamment les conséquences des premiers travaux de régularisation de l'Angara sur la montée du niveau du plan d'eau du Baïkal (Verechtchaguine, 1937b). Ses recherches sur le bassin-versant, et non le lac lui-même, furent en revanche peu abondantes, sauf celles concernant les autres lacs du bassin.

Finalement, Verechtchaguine ne laissa aucun aspect de côté. Sa recherche bibliographique, qu'on peut qualifier d'exhaustive avec 1252 titres se référant au Baïkal en 1933, en témoigne. Ses articles et ouvrages de synthèse traitant du lac sibérien montrent aussi cet état d'esprit. A la veille de la Guerre, il fit une courte synthèse du Baïkal, parue en français dans la revue officielle de l'Association Internationale de Limnologie, à l'occasion du Congrès de France (Verechtchaguine,1937c). Cela lui servit d'essai avant l'écriture de son ouvrage de référence (Verechtchaguine, 1949), publié cinq ans après sa mort. Avec le recul, "l'apôtre du Baïkal, le savant Verechtchagine" (Calic,1962, p.82) apparaît aujourd'hui comme un des plus grands limnologues de tous les temps et Martinson (1995) n'hésite pas à le présenter comme LE successeur de l'inventeur de la limnologie, le Suisse F.-A. Forel.

3 - Les contemporains du maître

Celle de Verechtchaguine exceptée, les synthèses de l'ensemble des aspects du Baïkal furent, pendant l'entre-deux-guerres, le fait de géographes allemands (Johansen, 1925, Fickeler, 1927, Halbfass, 1928). La plus imposante de ces synthèses était le travail bibliographique de Hans Johansen, thèse de Géographie soutenue à l'université de Munich et publiée en 200 pages dans le revue géographique bavaroise des *Mitteilungen der Geographischen Gesellschaft in München*. C'était un résumé détaillé de toutes les connaissances de l'époque, présenté de manière analytique, en commençant par la géologie de la cuvette et en terminant par la biologie des organismes vivants. Aucun aspect n'était laissé de côté.

Sur place, les savants soviétiques, dirigés par Verechtchaguine, continuaient les recherches scientifiques. Pendant l'entre-deux-guerres, le principal organisme de la recherche du Baïkal fut la Station limnologique. Elle était composée de biologistes et était en fait l'héritière de la Station d'Hydrobiologie dont la construction avait été prévue dès 1916. Dans les années 20, les programmes étaient d'ailleurs exclusivement hydrobiologiques, sauf quelques exceptions portant la griffe de leur instigateur, Verechtchaguine. La Station eut d'ailleurs une tendance prononcée à confondre la biologie avec la seule zoologie. Il est vrai que les relations entre la Station limnologique et l'Académie des Sciences se faisaient par l'intermédiaire du Musée Zoologique. Toute la faune était concernée, mais il y eut un certain penchant pour les mollusques. Les années 30 coïncidèrent en effet avec les premiers travaux du grand biologiste d'après guerre, Mikhaïl Mikhaïlovitch Kojov. Or ce dernier se spécialisa d'abord dans l'étude des mollusques (Kojov, 1936). Le Baïkal attirait alors les spécialistes étrangers en ce domaine, pour la qualité des travaux qui y étaient effectués (Lindholm, 1927). En été, Verechtchaguine se réservait le travail d'hyrologie physique et thermique. Ses collaborateurs, les autres chercheurs de la Station, menèrent des recherches approfondies concernant la banquise et le régime thermique des eaux subjacentes à la glace. Seule l'étude de la cuvette lacustre fut délaissée par la Station limnologique.

C'était une seconde école qui s'en occupait. Il s'agissait des géologues d'Irkoutsk, parfois de géologues d'autres universités venant sur les bords du Baïkal. Obroutchev continua à travailler pendant l'entre-deux-guerres mais il fallut attendre les années 30 pour qu'un nouveau grand géologue fît parler de lui à propos du Baïkal, E.V. Pavlovski. Ce dernier rénova la théorie de l'origine de la cuvette lacustre du Baïkal (Pavlovski, 1937a, 1937b et 1941), tout en suivant celle d'Obroutchev, admise jusqu'à aujourd'hui, selon laquelle le fossé d'effondrement du lac n'était qu'un maillon d'un ensemble de fossés, associés à un massif montagneux. Pavlovski travailla essentiellement à prouver, dans les années 30, le caractère unique de cet ensemble géologique. Il en fit la synthèse en développant la théorie de la formation d'un méga-anticlinal dès le Jurassique. Puis, au Tertiaire, des rifts se seraient formés dans son axe. Certes, à peu près tous les auteurs s'accordent à penser aujourd'hui exactement le contraire: la formation du rift précède le bombement parce qu'elle le provoque, selon le phénomène de l'intumescence thermique. Mais la théorie était solide et étayée par l'étude de paléovallées qui auraient connu une ligne de partage des eaux sur le faîte de l'anticlinal, antérieure à la formation des fossés, lesquels auraient ensuite renversé certains drainages. De plus, certains de ses points sont toujours acceptés aujourd'hui. Ainsi Pavlovski avait déjà souligné le caractère central du Baïkal dans le système du rift. C'est par exemple celui dont le fond est à la plus faible altitude. Vers le nord-est et vers le sud-ouest, les autres fonds de graben sont plus élevés. Pavlovski avait même déjà supputé l'antériorité de la formation du fossé d'effondrement du Baïkal sur les autres. Les dénivellations entre le fond du graben et les sommets des horst encadrants y sont plus fortes. Il voyait là une relation directe avec la valeurs des rejets, donc avec la date du début du fonctionnement. En outre, l'étude sédimentaire lui avait permis de distinguer un remplissage plus ancien dans le graben central que plus au nord -est.

Dans la lignée de V.A. Obroutchev, E.V. Pavlovski fit entrer le Baïkal dans la géologie moderne, celle qui allait s'épanouir après la Guerre. Comme Gleb Yourévitch. Verechtchaguine avait mené à bien une oeuvre encore plus colossale à propos de l'hydrobiologie du Baïkal au même moment, il n'est pas exagéré d'affirmer que l'entre-deux-guerres fut une période grandiose pour la connaissance du grand lac sibérien.

En conclusion, au cours de l'histoire, le Baïkal a toujours cultivé sa spécificité de lac de l'est. Il le fut à l'origine par la civilisation chinoise qui l'étudiait, puis, après sa conquête par les Russes, par sa position géographique de lointaine marche pionnière par rapport au foyer de peuplement européen; il le fut ensuite par ses particularités politiques, tsariste avant de devenir communiste. Enfin, il le reste aujourd'hui par son nouvel ancrage scientifique vers le Pacifique, avec l'arrivée des chercheurs japonais et californiens.

Etudiée en détail par ailleurs (Touchart, 1994a), la recherche baïkalienne d'après guerre jusque dans les années 80 a conduit à un si grand nombre de travaux scientifiques différents qu'il est impossible, sous peine de simplifications caricaturales, d'exposer sous un volume réduit l'évolution historique de ces études et leurs résultats.

Contentons nous de rappeler très brièvement que les conditions étaient celles de gigantesques organismes de recherche de plusieurs milliers de chercheurs et techniciens travaillant sur le Baïkal à partir du cadre très soigné de l'Akademgorodok, sorte de technopôle à la communiste, d'Irkoutsk (Touchart,1995b), auxquels on octroyait des moyens s'apparentant plus à l'océanographie qu'à la limnologie. Il en est ainsi des navires de recherche de l'institut de limnologie, comme le *Titov*, le *Papanine*, le *Dybovski*, le *V.A. Obroutchev* ou le *Gué. You. Verechtchaguine*. Ce dernier, long de 43,6 m, large de 7,8 m au pont et muni d'échosondeurs, radars et stations météorologiques, possède six laboratoires équipés, pouvant accueillir quinze chercheurs de spécialités différentes.

De même, le Baïkal est le seul lac de la planète où un submersible soit à la disposition des chercheurs En effet, l'institut d'océanologie de Moscou, propriétaire de l'engin, le cède très fréquemment à l'institut de limnologie d'Irkoutsk. C'est ainsi que *Pisces*, qui fait partie de la quinzaine de submersibles au monde permettant aux océanographes, et ici aux limnologues, de scruter les grandes profondeurs, a effectué des dizaines de plongée dans le grand lac sibérien depuis vingt. ans Dès la première année, en 1977, il fut utilisé 42 fois dans le Baïkal, dont cinq fois à plus de 1000 m, permettant, grâce à ses bras manipulateurs de prise d'échantillons et son équipement de prises de vue cinématographiques d'étudier in situ les grands fonds du lac sibérien (Mirline *et al.*, 1978). Il n'a cessé d'être utilisé jusqu'à aujourd'hui, par exemple lors de la campagne soviéto-américaine de 1990 d'étude des sources hydrothermales du Baïkal (Crane *et al.*, 1991). Et, le 28 juillet 1991, *Pisces* a plongé à l'est de l'île d'Olkhone, à 1637 m, atteignant ainsi avec des hommes à bord le point le plus profond du Baïkal.

Les difficultés soviétiques puis russes de la fin des années 80 à aujourd'hui ont en partie transformé ce contexte (Touchart, 1994a et b). Les équipements, qu'ils soient de terrain ou de laboratoire, vieillissent et ne sont plus renouvelés. Le vénérable navire *V.A. Obroutchev* date des années 50. Le *Verechtchaguine*, honneur de l'institut de limnologie, est tout de même sorti de l'usine des *Forges de Lénine* de Kiev en 1962. Dans les laboratoires, l'année 1992 fut la première depuis la création de l'institut de limnologie dans les années 20 où aucun équipement ne fut acheté (comm. or. de M.N. Chimaraev, chercheur à l'institut de limnologie, août 1993). En octobre 1996, aucun chercheur des instituts de l'Académie des sciences d'Irkoutsk n'avait reçu de paye depuis le moins de juin, ceux de l'institut de géographie travaillaient sans chauffage, par moins 17°C de température extérieure, celui-ci ayant été coupé parce que l'institut ne le payait plus.

Dans ces conditions, ce ne sont ni la fuite des cerveaux, ni celle des techniques (comme l'invention d'un appareil de mesure de courants lacustres unique, convoitée par l'Union Européenne), ni le cas des instituts de recherche louant une partie de leurs locaux à des entreprises privées sans aucun lien avec le monde scientifique, ni le fait que, de 640 chercheurs en 1991, l'institut de l'énergie d'Irkoutsk n'en possède plus que 300 en 1996 (comm. or. de V. Saviélev, octobre 1996), comme tous les autres instituts s'occupant du Baïkal, qui sont étonnants. Ce qui est surprenant est au contraire qu'il subsiste une recherche scientifique de qualité, qui réfléchit aux moyens de poursuivre ses travaux, par des partenariats étrangers, en premier lieu japonais et américains des Etats-Unis, et une intégration toute nouvelle avec le secteur privé, par l'intermédiaire de contrats signés sur des sujets précis. L'ensemble paraît conduire à une évolution vers une recherche plus appliquée et moins fondamentale que jadis et à terme plus court qu'auparavant.

Quoi qu'il en soit, les recherches baïkaliennes ont permis depuis la guerre une connaissance particulièrement poussée du Baïkal, dont seule la partie géologique traitant du rift a été largement publiée depuis des décennies en langue occidentale, c'est-à-dire dans les revues anglaises et américaines, ainsi que, dans une nettement moindre mesure, le thème biologique. Les autres données, hydrologiques, climatiques, glacielles, chimiques et autres, noircissent des milliers et des milliers de pages écrites en russe et peu accessibles aux lecteurs occidentaux. Les trente dernières années (1961-1992) de ces recherches ont été magistralement résumées dans l'Atlas du Baïkal, édité en 1993 par huits organismes scientifiques irkoutiens et deux institutions nationales (Académie..., 1993b, Galazi, 1995).

PARTIE II

LE BAÏKAL A L'ÉCHELLE MONDIALE

CHAPITRE 3

L'INFLUENCE DE LA LONGITUDE SUR LE BAÏKAL

Le Baïkal (tableau 1) se trouve dans la zone tempérée et s'allonge entre les latitudes de 51°27'N et 55°46'N. Cela correspondrait en Europe de l'ouest à une extension de Londres à Glasgow, taille peut-être encore plus parlante si on confronte cartographiquement le Baïkal et le plus grand lac d'Europe de l'ouest (fig.8). Le bassin-versant du Baïkal, qui s'étend à peu près uniquement au sud du lac, est compris entre 46°20'N et 56°40'N. Cela coïnciderait à un déploiement de Genève au nord de Dundee. Pourtant, le milieu naturel baïkalien est totalement différent des régions avec lesquelles il vient d'être comparé, car 100 degrés de longitude séparent l'Europe occidentale du Baïkal (fig. 9).

Les planisphères climatiques classent le Baïkal à l'endroit où le climat continental dessine une poche (fig.8), qui s'avance vers le nord-est à l'intérieur du climat hypercontinental (Estienne et Godard, 1970). Il faut cependant dépasser cette constatation. C'est le Baïkal lui-même qui repousse, sur les cartes d'échelle mondiale, cette limite vers le nord-est. Un logiciel traçant des isothermes à l'échelle d'un continent entier ou d'un hémisphère extrapole obligatoirement, entre la valeur irkoutienne, dont la station météorologique est forcément utilisée, et celles des autres stations sibériennes prises en compte. L'influence du Baïkal sur les températures de l'air n'est pourtant pas, dans la réalité, perceptible à l'échelle de l'Eurasie. Cela confirme le bien-fondé du maniement de plusieurs échelles géographiques pour étudier tout caractère baïkalien complexe. C'est pourquoi les températures seront également l'objet d'un développement à l'échelle du bassin (partie III) et de la région lacustre (partie IV).

Parmi les conséquences de la continentalité du climat sibérien, la plus importante est de loin son influence sur le régime thermique du lac. Le domaine continental se traduit par une forte amplitude thermique annuelle. Mais d'autres conséquences méritent l'attention, que ce soient les différences dans la durée d'insolation ou certains caractères des précipitations.

A - UN LAC DIMICTIQUE

L'étude de la distribution verticale des températures du Baïkal et de sa variation dans le temps diffère de celle de la plupart des autres lacs d'eau douce. Tandis que l'influence de la pression sur la température de densité maximale de l'eau douce est négligeable ailleurs et ne diminue presque pas la valeur de 4 °C, son rôle est important dans le Baïkal. Au fond du bassin central du lac sibérien, la pression dépasse 160 atmosphères.

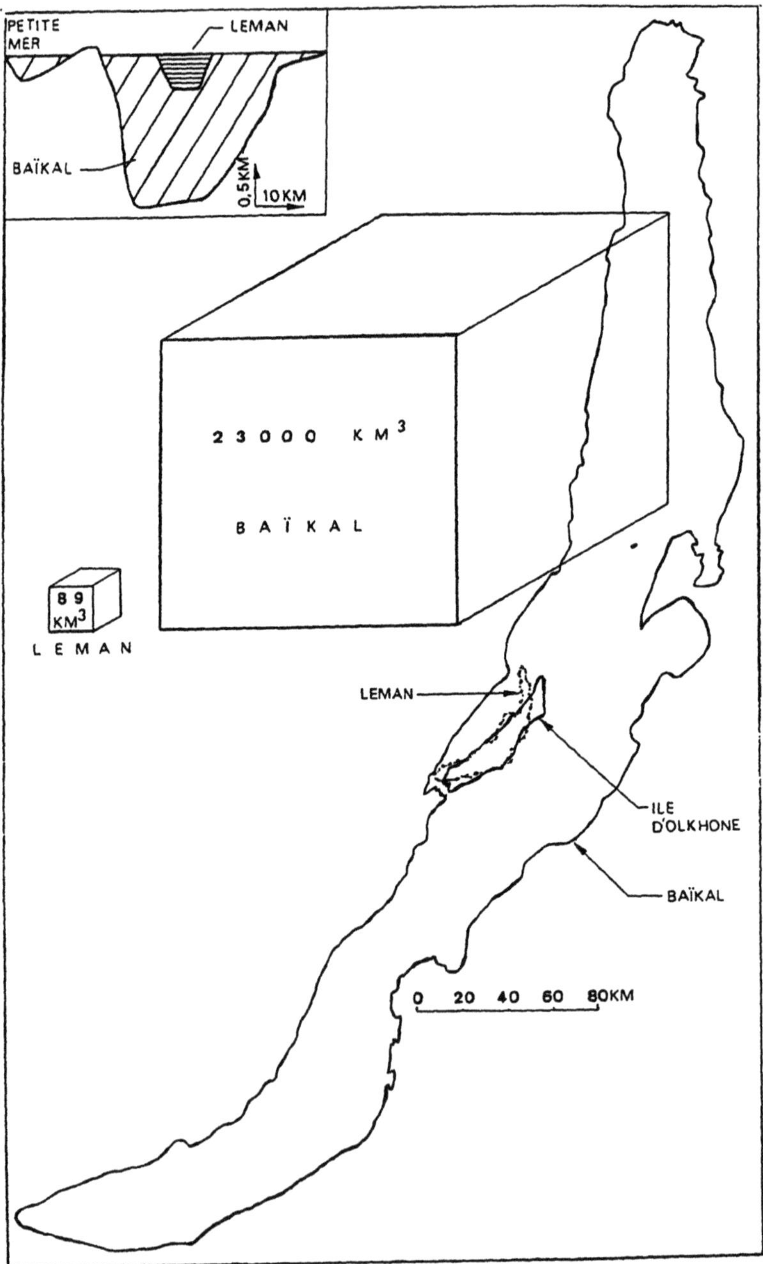

Fig. 8 Le Baïkal et le plus grand lac d'Europe de l'ouest à la même échelle
La carte élimine la latitude, la longitude et la direction du nord, afin de pouvoir positionner les deux lacs à l'endroit voulu, en tenant uniquement compte de l'échelle.
Le Baïkal est 5 fois plus profond, 54 fois plus étendu et 258 fois plus volumineux que le plus grand lac d'Europe de l'ouest, le Léman. Le volume du Baïkal est celui de la mer Baltique.

LAC	BASSIN	EFFLUENT
altitude moyenne actuelle	superficie sans lac	Angara, affluent de
455,34 m	539 500 km2	l'Iénisseï
idem avant barrage	point culminant	module brut sortie lac
454,54 m	Mounkou Sardyk	1 930 m3/s
amplitude annuelle	altitude culminante	débit avril
0,94 m	3 491 m	1 252 m3/s
longueur	1er affluent	débit mai
636 km	Selenga	1 352 m3/s
largeur maximale	module brut	débit juin
79,4 km	935 m3/s	1 701 m3/s
largeur moyenne	débit juillet	débit juillet
47,8 km	2 030 m3/s	2 152 m3/s
longueur trait de côte	débit janvier	débit août
2 000 km	165 m3/s	2 517 m3/s
profondeur maximale	module spécifique	débit septembre
1637 m	2 l/s/km2	2 674 m3/s
profondeur moyenne	2e affluent	débit octobre
730 m	Angara supérieure	2 576 m3/s
salinité	module brut	débit novembre
0,0096%	255 m3/s	2 187 m3/s
transparence maximale	module spécifique	débit décembre
42 m	9 l/s/km2	1 893 m3/s
hauteur max. vagues	3e affluent	module spécifique
6 m	Bargouzine	3,4 l/s/km2
tranche évaporée	module brut	longueur
328 mm/an	125 m3/s	1 826 km
tranche précipitée	module spécifique	module brut confl. Iénis.
295 mm	6 l/s/km2	4 150 m3/s
superficie	4e affluent	longueur Angara-Iénisseï
31 500 km2	Snejnaïa	3 800 km
volume	module brut	module brut embouchure
23 000 km3	50 m3/s	17 400 m3/s

Tableau 1 Le Baïkal en chiffres

Cette énorme profondeur, pour un lac, provoque donc une diminution de la température de densité maximale de l'eau qui ne se compte plus en dixièmes de degré mais en degrés. Cette dernière s'abaisse à environ 3 °C à 500m, 2°C à 900m, 1°C à 1300 m et est proche de 0°C aux plus grandes profondeurs. Une coupe thermique du Baïkal ne se présente donc pas comme dans les autres lacs (fig. 10).

Quoiqu'il ait été critiqué (Rossolimo,1957, Votintsev, 1961), le critère proposé par Verechtchaguine reste fort intéressant. Il prend en effet en compte le fait que la principale conséquence de la répartition des températures avec la profondeur est la diffusion ou non des éléments dissous dans l'eau dans l'ensemble du lac, et notamment la diffusion de

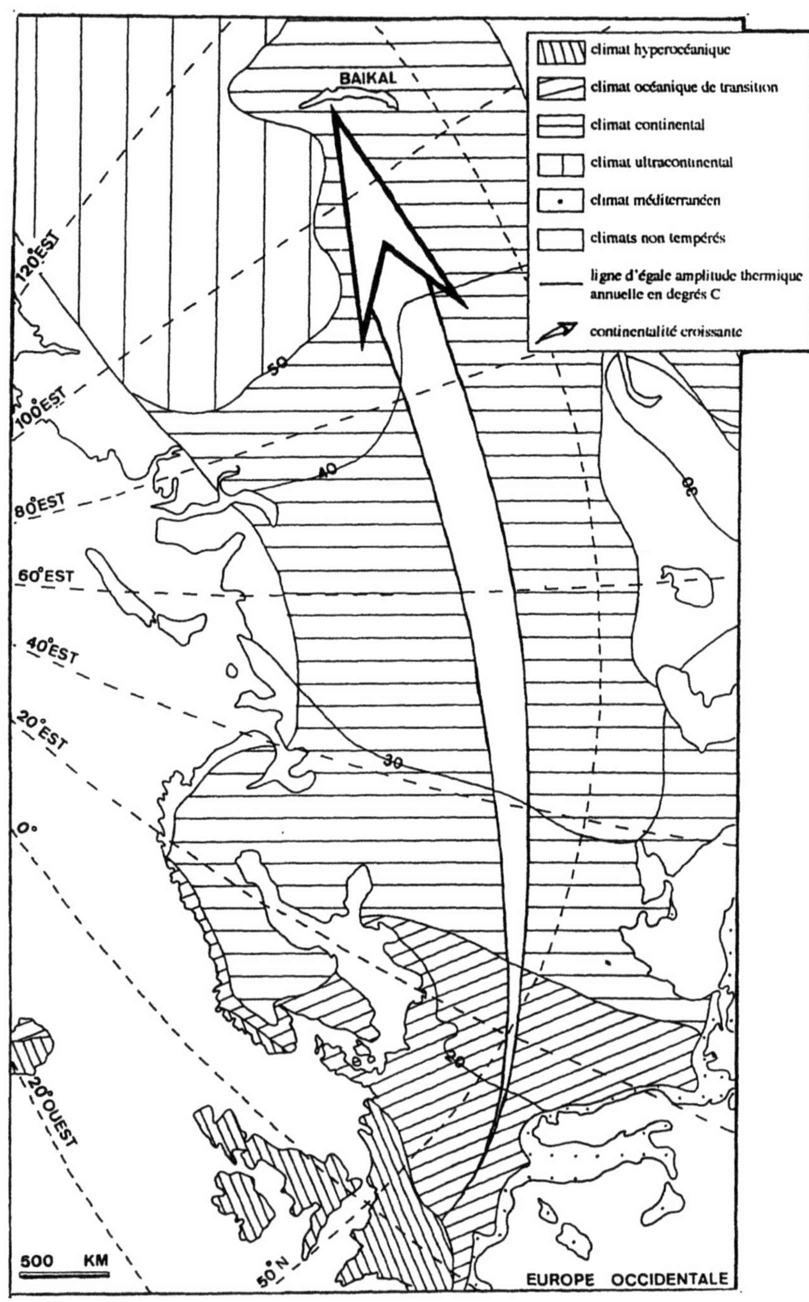

Fig. 9 Carte de l'Eurasie: l'écart de continentalité entre le Baïkal et l'Europe de l'ouest
La limite des climats est tirée d'Estienne et Godard (1970), les isothermes de divers atlas

l'oxygène de la surface vers les profondeurs. Le critère de la subdivision verticale des eaux du Baïkal est alors celui de la stabilité ou non de la stratification.

Trois étages peuvent ainsi être distingués, la limite entre les deux premiers ayant en outre une épaisseur suffisamment grande pour être considérée comme un quatrième étage à part entière.

L'étage des 250 à 300 premiers mètres (fig. 10) est caractérisé par le fait que c'est la seule partie du Baïkal qui connaisse une alternance entre une stratification thermique inverse en hiver, sous la banquise, et une stratification thermique directe en été. C'est pourquoi les Russes appellent cet étage "alternirouïouchtchaïa zona", la "zone de l'alternance" (Verechtchaguine 1927a, 1936, 1937c, 1949). Les deux stratifications sont séparées l'une de l'autre par deux homothermies, en automne et au printemps. Le Baïkal des 300 premiers mètres connaît donc systématiquement deux brassages par an. Ce caractère dimictique lui assure une excellente oxygénation.

En dessous de l'étage supérieur se trouve l'étage moyen. Son épaisseur, de quelques dizaines de mètres, est la plus faible de tous les étages. Il se situe aux alentours de 250 ou 300 m. C'est en fait la limite entre l'étage supérieur et l'étage profond, mais elle peut être considérée comme un étage distinct. Les températures de cet étage présentent l'originalité d'être celles de la densité maximale à cette profondeur, soit 3,60 à 3,70 °C à quelques centièmes de degré près. Ces températures sont, en hiver, quand l'étage supérieur connaît une stratification thermique inverse, les plus chaudes de tout le profil vertical. C'est pourquoi Verechtchaguine (1927a,1936,1937c, 1949) nomme cet étage "zona mezotermitcheskogo maksimouma", la "zone du maximum mésothermique".

En dessous de 250 ou 300 m se trouve l'étage profond. Sa limite inférieure ne peut être donnée en profondeurs absolues mais seulement en profondeurs relatives par rapport au fond. Elle n'est pas horizontale, comme la surface, mais est parallèle au fond, de quelques dizaines à une centaine de mètres, rarement plus, au-dessus de lui. L'étage profond est caractérisé par le fait qu'en toute saison la température y décroît régulièrement et lentement avec la profondeur. Vers la limite inférieure de cet étage, quand celle-ci est comprise entre 1200 et 1500 m, cas général dans les bassins méridional et central, la température est de 3,2 à 3,3 °C. Seule la décroissance importante de la température de densité maximale peut expliquer que les températures mesurées diminuent avec la profondeur alors qu'elles sont en dessous de 4 °C. Comme la décroissance de la température de densité maximale est plus rapide que celle des températures mesurées, les deux courbes sont de plus en plus écartées au fur et à mesure qu'on descend dans les grandes profondeurs (fig. 10). Il y a cependant stabilité de la stratification - si, du moins, on ne prend pas en compte les éléments extérieurs qui viennent troubler cette stratification fort peu prononcée - puisque les deux courbes décroissent dans le même sens, le fissent-elles à deux vitesses différentes. La stratification thermique reste donc finalement directe toute l'année dans

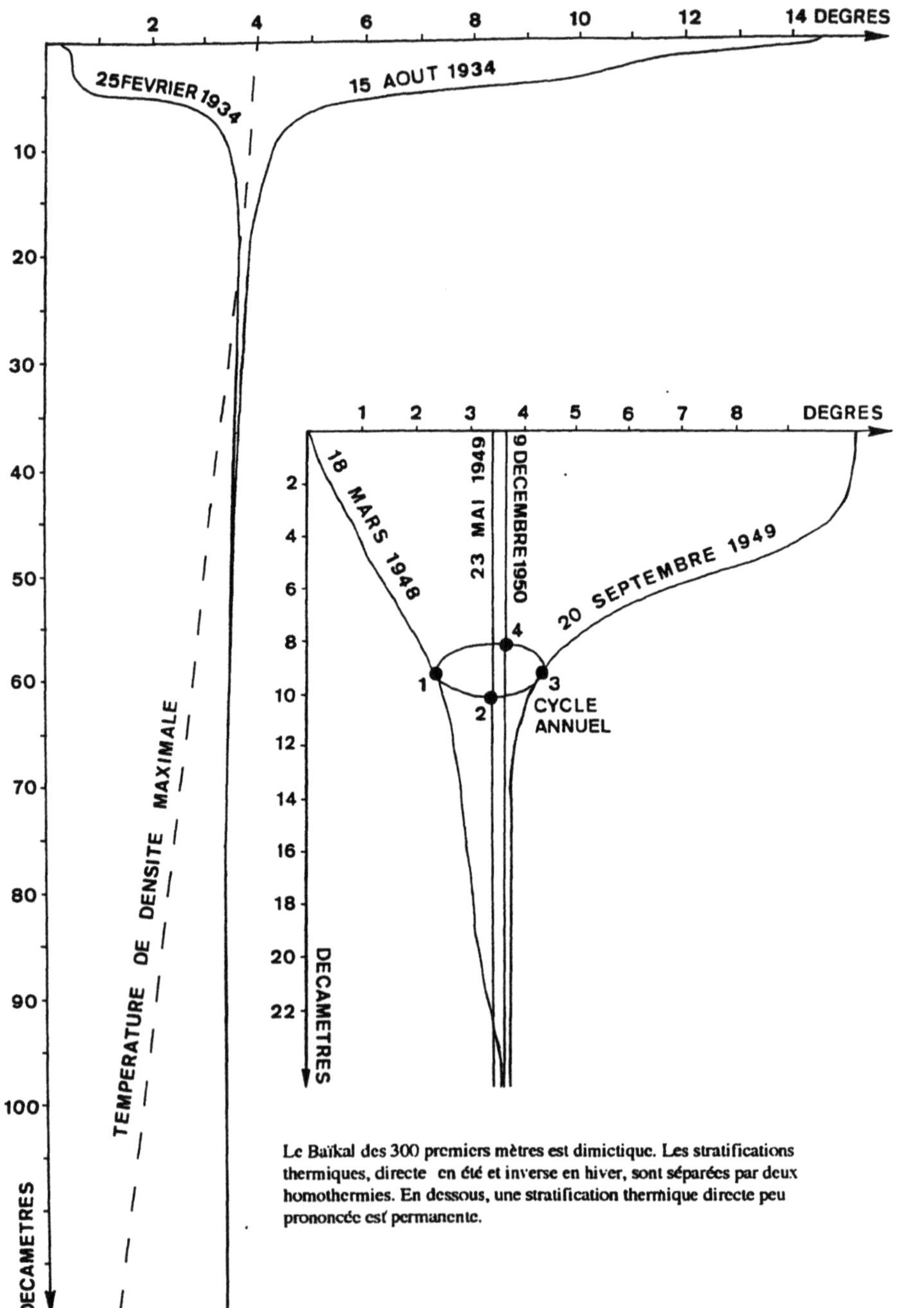

Fig. 10 Profils thermiques du Baïkal
Les profils ont été construits d'après les mesures effectuées par Verechtchaguine (1937c) et Votintsev (1961) dans le bassin méridional, au large de Listvianka et Bolchié Koty.

cet étage et c'est là sa spécificité. C'est pourquoi il est appelé par Verechtchaguine (1927a, 1936, 1937c, 1949) "perennirouïouchtchaïa zona", la "zone pérenne".

Le quatrième et dernier étage épouse la forme du fond sur les quelques dizaines ou la centaine de mètres qui précèdent celui-ci. Cet étage est caractérisé par un léger accroissement des températures, en général de 0,05 à 0,10 °C.

Cet accroissement est dû à l'action du fond, si bien que Verechtchaguine (1927a, 1936, 1937c, 1949) nomme cet étage "pridonnaïa zona", la "zone de fond". La courbe des températures mesurées prend alors un sens opposé à celui de la courbe de la température de densité maximale. L'étage des eaux de fond est donc instable. Celles-ci ont en effet tendance à être moins denses que certaines eaux de l'étage profond et de légers courants de convection rétablissent l'équilibre en faisant monter les eaux de fond.

Les quatre étages ainsi définis diffèrent par l'existence ou non de convection thermique. L'étage supérieur connaît une stratification instable parce que celle-ci est de deux types et s'annule entre chacun d'eux. L'étage moyen est une limite thermique sous la forme d'un point d'inflexion de la courbe des températures. L'étage profond connaît une stratification peu marquée mais stable. L'étage de fond n'est jamais stratifié de manière stable.

Ce critère original d'étagement a valu à Verechtchaguine des critiques fondées sur le fait qu'il serait formel, théorique (Rossolimo,1957) et ne correspondrait pas à des masses d'eau. C'est exact en un sens, mais il suffit de noter que cette subdivision est formée d'étages et non de masses d'eau. Ce compartimentage n'empêche pas la superposition d'une subdivision plus classique, où les masses d'eau sont séparées par des couches de saut thermique. Verechtchaguine avait d'ailleurs lui-même distingué aussi les masses d'eau du Baïkal et les thermoclines les séparant.

L'épilimnion du Baïkal, sa masse d'eau superficielle, fait 50 à 90 m d'épaisseur et peut varier de 7 à 11 m par jour (Kartouchinski, 1997). Il est constitué en été d'une masse d'eau surchauffée par la radiation solaire, par rapport aux couches subjacentes, en hiver d'une masse d'eau surrefroidie au contact de la banquise, laquelle est épaisse de 70 à 120 cm.

Le cycle thermique annuel de l'épilimnion est le suivant . En janvier et février, au début de la période pendant laquelle la surface du Baïkal est prise par les glaces, la température de l'eau dans la couche immédiatement sous-jacente à la banquise varie entre 0,0 et 0,2 °C. Elle augmente avec la profondeur sur la totalité de l'épilimnion, lequel est donc thermiquement stratifié de manière inverse, et elle atteint 0,5 à 0,7 °C à 25 m et environ 1,5 °C à 50 m. Dès début mars, la radiation solaire qui traverse la glace commence à réchauffer la couche des premiers mètres d'eau et en avril celle des 25 ou même 50 premiers mètres. Ainsi, au moment de la débâcle du lac, l'eau de l'épilimnion a partout une température supérieure à 1 °C, en général d'environ 1,1 ou 1,2 °C en surface à 1,5 °C vers 25 m de profondeur.

Après la débâcle du lac, la température de l'épilimnion croît très lentement pendant plusieurs semaines. L'homothermie complète de l'ensemble des 250 premiers mètres du Baïkal survient habituellement à la fin juin pour une température de 3,6 à 3,8 °C selon les années. Il n'existe alors plus d'épilimnion, ni de métalimnion, ni d'hypolimnion supérieur. Les températures sont rigoureusement homogènes sur les 250 premiers mètres.

Le réchauffement estival de l'épilimnion, pour aboutir à une stratification directe, se fait lentement, si bien que les températures maximales, rarement atteintes dès les derniers jours de juillet, sont généralement décalées dans la seconde quinzaine du mois d'août et parfois début septembre.

En plein lac, les eaux de surface ont alors une température de 12 à 13 °C mais elles ne dépassent guère 9 à 10 °C à seulement 25 m de profondeur. A la fin de l'été, en septembre, l'épilimnion a atteint son maximum d'épaisseur, jusqu'à 80 ou 90 m.

Le refroidissement automnal de l'épilimnion est particulièrement irrégulier, entre les différentes années, et, à l'intérieur de la même année, du fait des brusques variations de température dues aux bouffées de gornaïa. Le "vent de la montagne", soufflant transversalement au Baïkal, est en effet beaucoup plus fréquent à l'automne qu'aux autres saisons. Il chasse alors les masses d'eau chaudes superficielles vers l'est accroissant l'épaisseur de l'épilimnion dans cette direction. A l'ouest du Baïkal au contraire, l'épilimnion s'amincit et disparaît même parfois pendant un ou deux jours, tant qu'elle souffle. En septembre, il se reforme après que la gornaïa a cessé, mais quand l'automne est plus avancé, à partir de la mi-octobre, les coups de vent de la montagne peuvent anéantir définitivement l'épilimnion et rendre l'homothermie plus précoce, forçant en outre à un brassage plus intense.

En général, l'homogénéité parfaite des températures sur les 250 premiers mètres arrive, pour la seconde fois de l'année, dans les quinze derniers jours de novembre, pour des températures de 3,6 à 3,8 °C selon les années. L'épilimnion et le métalimnion ont disparu une nouvelle fois. Enfin, le refroidissement automnal se poursuivant, l'épilimnion réapparaît, devenant la partie la plus froide de la tranche d'eau du Baïkal, puisque la stratification thermique inverse se met progressivement en place à l'air libre avant de continuer à exister sous la banquise .

Le cycle annuel de la partie superficielle mérite d'être distingué de celui du reste de l'épilimnion étant donné qu'il est pris par la glace une partie de l'année. Il sera donc étudié à part.

Le cycle thermique annuel du métalimnion est associé à celui de l'épilimnion puisqu'il n'en est en fait que la frontière inférieure, une limite ayant l'épaisseur d'une petite couche. Ainsi décrit en même temps que celui de l'épilimnion, le cycle du métalimnion peut cependant être résumé plus spécifiquement. Le métalimnion se situe en général vers 50 m de profondeur en plein été et en plein hiver. C'est alors une thermocline nettement marquée (fig. 10), surtout en été. Mais, même en cette saison, la couche de saut thermique n'est jamais suffisamment prononcée pour se transformer en barrière infranchissable. Des échanges se produisent dès que le vent se lève, comme cela a été prouvé pour le bassin septentrional (Verbolov *et al.*, 1992 et 1993). A la fin de l'été, quand la stratification thermique directe (priamaïa termitcheskaïa stratifikatsia) commence à se changer en homothermie, et au crépuscule de l'hiver, quand la stratification thermique inverse (obratnaïa termitcheskaïa stratifikatsia) amorce sa transformation en homothermie, le métalimnion descend vers des profondeurs de 80 à 90 m. C'est alors une thermocline moins accentuée (fig. 10). En automne et au printemps, cette couche de saut thermique disparaît (fig. 10) et les 300 premiers mètres du Baïkal sont absolument homogènes, englobant ainsi la partie la plus haute de l'hypolimnion.

L'immense hypolimnion du Baïkal s'étend en dessous de cette profondeur de 80 à 90 m jusqu'au fond. La partie supérieure de l'hypolimnion, jusqu'à 600 m de profondeur environ, subit des variations saisonnières de température. L'amplitude se réduit de 0,2 °C vers 300 m de profondeur à quelques centièmes de degré vers 600 m. En dessous, les températures sont rigoureusement les mêmes entre l'été et l'hiver.

Les conséquences des caractéristiques de la répartition verticale des températures dans le Baïkal sont essentielles sur l'oxygénation des couches profondes. Grâce à sa situation en longitude et à l'intense froid hiémal du climat continental, le Baïkal des 300 premiers mètres est un lac à double brassage annuel, dimictique. C'est lors de l'homothermie automnale que les échanges avec l'atmosphère sont les plus intenses, l'absorption maximale d'oxygène se faisant en décembre et novembre (Mizandrontsev, Mizandrotseva, 1995). En revanche, lors de l'homothermie printanière, les vents sont en moyenne très faibles, les calmes pouvant atteindre 45% à cette période, si bien que le brassage est moins important (Mizandrontsev, 1996).

En dessous de 300 m, la statification thermique reste directe toute l'année. Un certain brassage s'effectue mais il est un peu moins complet, se faisant selon le processus de l'instabilité thermobarique (Weiss *et al.*, 1991, Killworth *et al.*, 1996) et les concentrations en oxygène sont moins élevées. Elles restent cependant exceptionnelles pour un lac de cette profondeur et la concentration moyenne en oxygène est de 10,2 mg/l à 1000 m et 10,1 mg/l à 1400 m (Galazi,1987). Même aux plus grandes profondeurs du bassin central, à plus de 1600 m, on mesure en moyenne plus de 9 mg d'oxygène par litre (Votintsev, 1990). Transformées en pourcentages, ces valeurs sont tout aussi fortes. Sur 1700 mesures réalisées par Votintsev (1961) pendant six ans à toutes les saisons et à toutes les profondeurs, le taux le plus bas relevé dans la couche des 80 premiers mètres a été de 87 % de la saturation en oxygène et le record de faiblesse a été mesuré à près de 1500 m, s'abaissant à seulement 75 %. De même, lors de la grande campagne de 1993, la valeur extrême la plus basse, relevée à 1375 m dans le bassin central, fut de 73% (Chimaraev *et al.*, 1996).

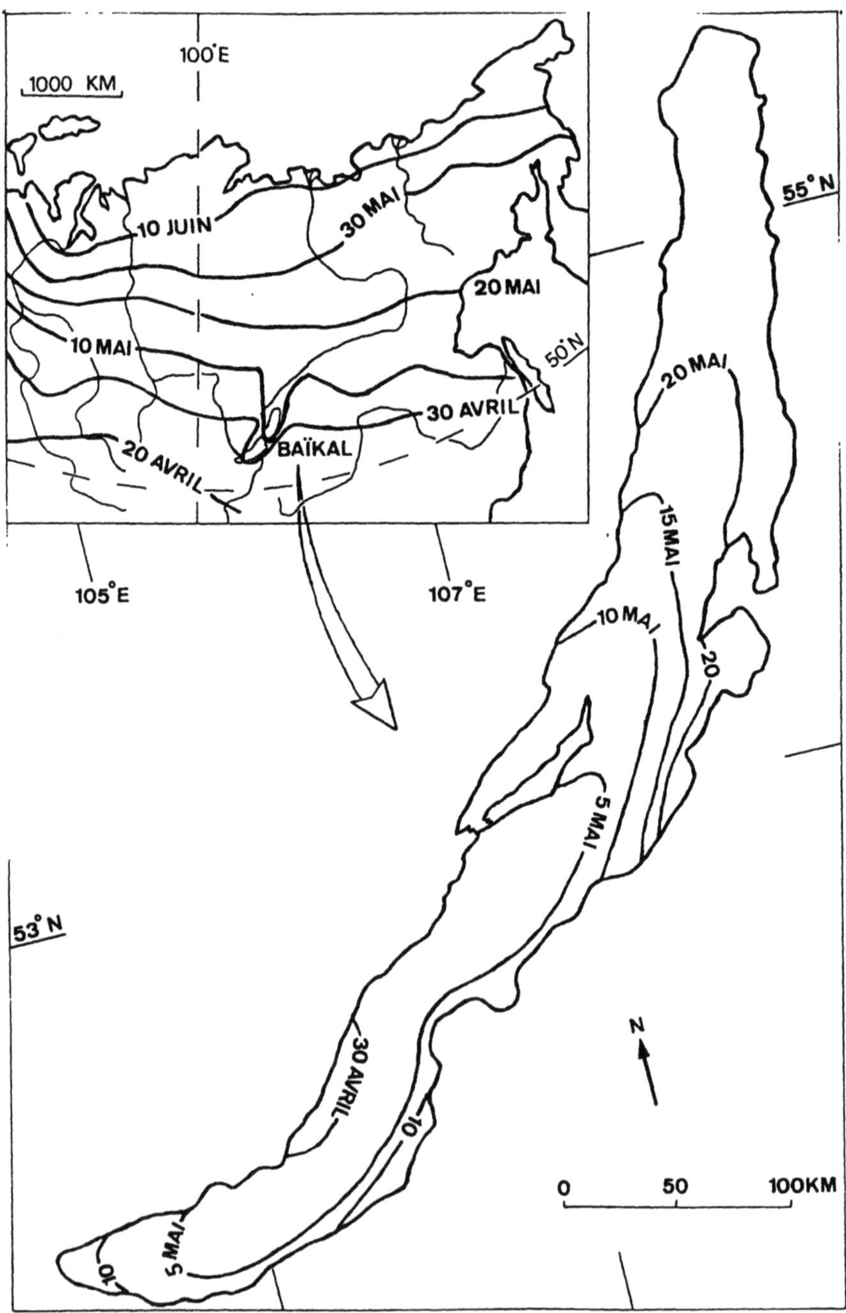

Fig. 11 Carte des isochrones de la débâcle baïkalienne à l'échelle du réseau hydrographique asiatique
essentiellement d'après Faculté de géographie (1962), Souslov (1947), Guilcher (1979)

Par comparaison avec les lacs d'Europe de l'ouest, à l'échelle mondiale, l'influence de 100 ° de longitude est énorme. Elle change le nombre de fois et l'amplitude du brassage par convection thermique, donc l'oxygénation, conditionne le cycle du plancton, modifie aussi l'état physique de l'eau.

B - LE CYCLE ANNUEL DE LA BANQUISE BAÏKALIENNE

Dès le mois de novembre, des glaçons et des radeaux de glace, qui se soudent parfois en "ossénets", dérivent en plein lac, tandis que les littoraux sont pris par la glace de rive, le "sokouï", qui peut, s'il y a eu tempête, monter à l'assaut de la côte jusqu'à plus de 5 m de hauteur, en un mur de glace. Les radeaux de glace qu'on observe au large proviennent d'abord du détachement de glace de rive et de l'apport des cours d'eau, puis, de plus en plus, de formation in situ.

En décembre, apparaît sur le Baïkal la légère bouillie de glace visqueuse, la "chouga", à la formation de laquelle participent les chutes de neige et les remontées de glace de fond, cette dernière étant caractérisée par sa structure spongieuse. La légère bouillie de glace visqueuse se transforme ensuite en bouillie de glace, le "salo" ("saindoux" en traduction littérale), formée de cristaux de glace, de fraisil.

Les radeaux de glace sont de plus en plus nombreux à flotter sur la bouillie cependant qu'apparaît la glace interne. En dessous de la surface se forment en effet des aiguilles, des lentilles et des pois de glace dont la taille varie d'un millimètre à deux centimètres. Les Baïkaliens surnomment ces particules de glace interne le "bruissement", le "chorokh".

En surface, le nombre de radeaux est tel, désormais, qu'ils s'entrechoquent sans cesse. Cela réduit leur surface tout en relevant et épaississant leur bord. Les radeaux se sont transformés en glace en crêpes, "blintchaty liod". Si des chocs violents et répétés ont largement émoussé les crêpes, parfois appelées aussi assiettes, on observe alors une glace en petites crêpes, le "kolobovnik", ou glace froissée, "miatik".

Les crêpes, si le lac était agité, les radeaux, si le lac était calme, ou les plaques de glace lamellaire, si le lac était étale, se soudent enfin en janvier. Le ciment glaciel, qui n'est d'abord qu'une croûte très mince, étant fragile, il se brise souvent quatre ou cinq fois, dès que l'eau s'agite, et se resoude autant de fois, avant de former finalement la banquise. La forme et la surface de celle-ci est différente selon les conditions climatiques de sa formation. Les Sibériens savent bien que le "kolobovnik" soudé est la banquise la moins régulière, donc celle qui provoque le plus de douleurs lombaires lors d'une traversée du lac en automobile ou en motocyclette.

Les tout premiers jours de la fermeture définitive, la banquise s'épaissit extrêmement rapidement, de cinq à sept centimètres par jour, puis, pendant environ deux semaines, de trois à quatre centimètres par jour. A la fin du mois de janvier, la banquise croît encore d'un à deux centimètres par jour. En février l'épaississement est en moyenne d'un centimètre par jour et il s'abaisse en mars à quelques millimètres par jour. La banquise fait alors 0,70 à 1,20 m d'épaisseur et elle supporte tous les moyens de transport. La glace du Baïkal, qui peut en général porter un homme dès le premier jour de sa formation, est plus solide que la glace de mer puisqu'elle ne comporte aucune bulle de saumure.

La banquise du Baïkal est accidentée de congères, de crêtes et de sillons de glace et de neige, les "zastrougui", et d'amas de glace de tailles et d'origine différentes. Elle est aussi percée de clairières de tailles et d'origines diverses. En général, la genèse des amas de glace et des clairières est commune et les deux formes sont couplées.

Les clairières les plus petites correspondent aux amas de glace les plus petits et elles caractérisent la banquise hivernale, celle de janvier et février. Leur origine est à chercher dans les sutures thermiques, les "températournyé chvy", qui sont en quelque sorte les articulations de la banquise. Sous l'effet des fluctuations de la température de l'air, la glace se dilate ou se rétracte, provoquant ainsi au niveau de ces joints un écartement ou une compression. Dans le premier cas se forme une crevasse, une "stanovaïa chtchel", dans le second une ride de pression, un "toross". Comme les deux mouvements opposés se produisent fréquemment sur la même articulation au cours de l'hiver, les deux formes peuvent coexister. Une crevasse est ainsi souvent bordée par deux murs de glace aux allures de vagues figées. Ces "torossy" s'élèvent en général de quelques décimètres à 1,50 m au-dessus de la banquise mais certains peuvent exceptionnellement atteindre une dizaine de mètres. Les crevasses forment des réseaux ramifiés où les "stanovyé chtcheli", longues de quelques décamètres à quelques hectomètres, s'entrecroisent. Leur largeur varie en général de 0,50 à 2 m, mais certaines crevasses atteignent 4 m. La largeur des fissures varie entre le jour et la nuit si bien que les Baïkaliens disent qu'elles respirent.

Parfois dès la fin de février, et plus souvent en mars et en avril, la banquise printanière se modifie. Elle se transforme sous l'action d'une alternance de plus en plus fréquente de gel et de dégel. Les sutures thermiques précédentes gèlent et cessent de jouer leur rôle de compensateur thermique sous la forme d'articulations. La glace tend à devenir une masse monolithique. Si le mouvement de la banquise rencontre un obstacle, un haut-fond, ou simplement la falaise côtière, les plaques de glace ne peuvent plus jouer, se déboîter. Elles résistent donc fortement avant de céder. Comme c'est en outre la saison où la banquise a atteint son maximum d'épaisseur, la compression met en présence des forces considérables. Il se forme alors des amas de glace de grande taille, les chevauchements de glace, les "nadvigui lda". Ils peuvent broyer des bateaux ou des pontons de bois. Si, échoués comme des stamoukhis, ils prennent appui sur le fond, ils peuvent, la compression et l'accumulation se poursuivant, assaillir la côte. En 1933, un tel chevauchement de glace coupa la voie ferrée transsibérienne au niveau de Tankhoï. Ce "nadvig lda", l'un des plus gros jamais observé sur le Baïkal, avait plus de 20 m de haut.

Contrairement aux formes précédentes, crevasses thermiques, rides de pression et chevauchements de glace, qui étaient saisonnières, les clairières les plus grandes existent et dans la banquise hivernale et dans la banquise printanière. Elles peuvent être de grande taille et se suivre sur plusieurs kilomètres. Elles sont donc visibles sur les photographies aériennes et les images satellitaires. Leur position est stable d'une année à l'autre car elle dépend de la remontée d'eaux chaudes, qu'il s'agisse de sources thermales, de courants ou de l'apport d'un cours d'eau (Tsourikov, 1939a).

Quand les clairières sont cachées par une fine couche de glace parfois recouverte de neige, ces morasses prennent le nom de "propariny". Ce sont les plus dangereuses pour les transports, bien que les régions concernées soient cartographiées et quoique les guides les plus aguerris sachent les déceler, aux concentrations de bulles visibles sous la glace et à quelques autres signes mineurs. Si elles se situent dans des régions du Baïkal fréquentées, les pêcheurs, les commerçants ou les scientifiques les signalent par un jalon ("viéchka"), ce signe de reconnaissance étant en général un tronc d'arbre.

Quand les clairières sont ouvertes, c'est-à- dire lorsque l'eau est visible, le danger est moindre, pour quelqu'un d'attentif. Les Russes appellent ces clairières ouvertes des "polyni", nom qui est entré dans le vocabulaire français sous la forme de polynies. C'est généralement à partir des polynies que la fonte gagne, au printemps, le reste de la banquise.

Alors que l'épaisseur maximale de la banquise est atteinte en mars, la couverture glacielle commence à s'amenuiser dès le mois d'avril. La perte moyenne lors de ce mois est de trois millimètres par jour. Puis la fonte s'accélère et, vers le 20 mai, la banquise a disparu des deux tiers méridionaux du Baïkal (fig. 11). La navigation commence dès le début du mois de juin, bien qu'on puisse encore rencontrer à cette époque des fragments irréguliers de banquise, des bourguignons, dans le nord.

A la latitude de l'Angleterre, le Baïkal est ainsi couvert chaque année d'un mètre de glace pendant cinq mois. L'effet de la continentalité à l'échelle de l'Eurasie est patent, bien que l'inertie de l'énorme masse d'eau baïkalienne perturbe localement les schémas d'ensemble, retardant par exemple la débâcle par rapport aux régions voisines (fig. 11).

C - LA BAÏKALIE, UNE RÉGION SÈCHE ET ENSOLEILLÉE

Aux latitudes tempérées, la durée d'ensoleillement est, même si c'est inégal et à nuancer, généralement un peu plus faible en domaine océanique qu'en climat continental. En Europe de l'ouest, à une latitude légèrement supérieure à celle du nord du Baïkal, les Orcades connaissent une insolation de moins de 1100 heures par an, et, à une latitude un peu inférieure à celle du sud du Baïkal, Brest est ensoleillé 1730 heures par an. L'insolation annuelle du centre du grand lac sibérien est quant à elle

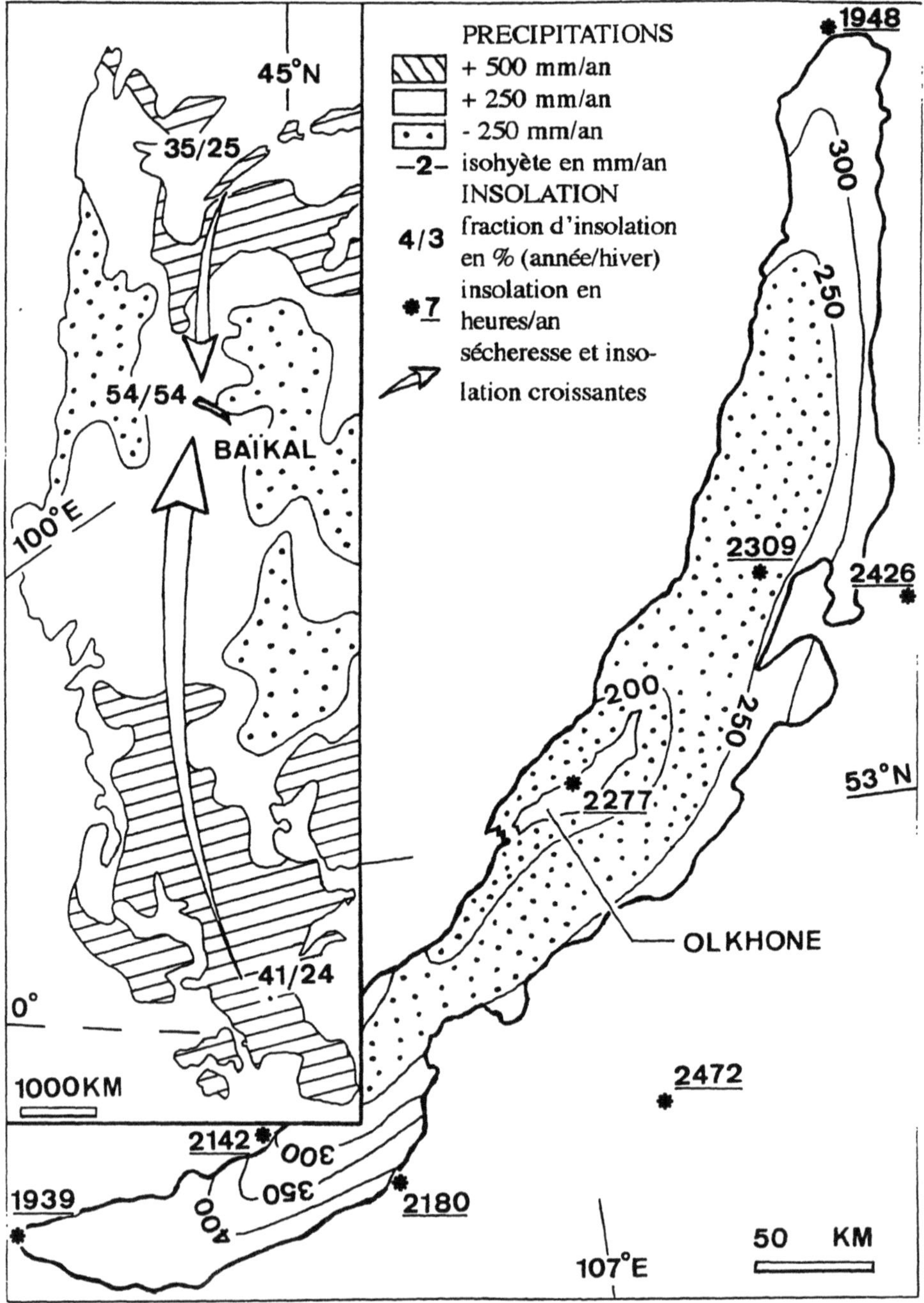

Fig. 12 Carte de la sécheresse et de l'insolation du Baïkal à l'échelle de l'Eurasie
Les données sont tirées de Bravard, 1991, pour le Léman (comparaison avec un lac occidental), Boufal et Ladeïchtchikov, 1966a, Mizandrontseva, 1985, et divers atlas.

de 2300 heures par an (Mizandrotseva,1985). Au sud du Baïkal, on approche même les 2500 heures par an (fig. 12). Le Baïkal et les vallées de ses affluents connaissent une insolation de 100 à 400 heures de plus que les moyennes mondiales de cette latitude (Bachalkhanova *et al.*, 1993).

En fraction d'insolation, soit la proportion d'ensoleillement par rapport au maximum possible d'un peu moins de 4400 heures par an là où il n'y a pas d'influence du relief, Brest est ensoleillé pendant 39 % du temps de l'année, les Orcades pendant 25%, le centre du Baïkal pendant 54 %. Au sud du Baïkal, dans la région d'Oulane-Oudé, on atteint même 59 %. A la latitude de 55° environ, la région du Baïkal coïncide avec un maximum de l'insolation sur le continent eurasiatique, puisque, en Extrême-Orient, les valeurs, à l'approche du Pacifique, redescendent à 30 ou 40 % (Boufal et Ladeïchtchikov, 1966a). Le Baïkal étant un lac dont la vocation touristique tend à s'affirmer, l'insolation est un des critères importants pour attirer les vacanciers. Le fait que la Baïkalie offre une durée sans soleil inférieure de 5 à 40 jours par an aux moyennes latitudinales est aujourd'hui mis en avant pour attirer les curistes (Bachalkhanova *et al.*, 1993) et les touristes étrangers (Belov *et al.*, 1993). Le nombre de jours sans soleil est de moins de 40 dans les îles du centre du Baïkal et, à Oulane-Oudé, il est même de seulement 26 (Mizandrotseva, 1985). Pour comparaison, la Russie d'Europe compte chaque année entre 60 et 100 jours sans soleil (Sokhrina, 1962, cité par Mizandrotseva, 1985).

Mais cet avantage est essentiellement hivernal, quand les températures sont de moins 25°C - on a mesuré jusqu'à moins 54,5°C à Pétrovsk-Zabaïkalski (Suslov, 1961) - donnée moins attractive pour le touriste. En été, l'insolation de Baïkalie et d'Europe de l'ouest est peu différente, aux environs de 55% en juillet et en août pour de nombreuses régions tempérées, qu'elles soient océaniques ou continentales. En hiver au contraire, l'opposition est totale. Au mois de février, par exemple, la fraction d'insolation est de 24% (18% en décembre) à Genève mais de 54% au centre du Baïkal (fig. 12).

La forte insolation hivernale du Baïkal est due à la stabilité de l'anticyclone sibérien. A Irkoutsk, la pression atmosphérique moyenne du mois de janvier, ramenée au niveau de la mer, est de 1033,5 hectopascals, de 1032,6 en février, de 1032,1 en décembre. Les moyennes mensuelles de juin à août sont les seules à n'être pas en hautes pressions. L'absence de perturbation en hiver s'accompagne d'une inexistence de nuages de pluie. Mais il n'y a pas non plus de brouillard au-dessus du Baïkal à cette saison, l'air, beaucoup plus froid que la banquise, n'étant en outre pas directement en contact avec la source d'humidité que représente l'eau du lac.

A l'intérieur de l'énorme masse terrestre eurasiatique, la continentalité croissante du climat de l'Europe de l'ouest vers la Sibérie orientale se traduit par une diminution du total annuel des précipitations. Le Baïkal correspond, avec ses 295 mm de précipitations annuelles sur l'ensemble du plan d'eau, descendant même à 150 mm dans l'île d'Olkhone, au minimum pluviométrique de ces latitudes, car, en continuant vers l'est, elles augmentent de nouveau, à l'approche du Pacifique (fig. 12). Ce sont surtout les précipitations de saison froide qui s'abaissent, pour presque disparaître sur le Baïkal. Sur la côte occidentale du lac, la station de Goloustnoïé enregistre des précipitations moyennes mensuelles de 0,7 mm en novembre et 1,2 mm en décembre. Sur le littoral oriental, la moyenne mensuelle de janvier est de 0,4 mm en janvier à Oïmour (Johansen, 1925). Dans de nombreuses stations météorologiques baïkaliennes, il tombe moins de 5 mm par mois de novembre à avril. Les froids extrêmes et les conditions anticycloniques hiémales permanentes de la Sibérie orientale en sont responsables.

Au total, la Baïkalie, par sa situation géographique à l'échelle mondiale, connaît un climat continental accentué tout à fait typique: une forte amplitude thermique annuelle, de faibles précipitations annuelles, un long hiver anticyclonique avec un air particulièrement transparent, sans vent important, très froid, extrêmement sec, avec un tapis neigeux peu épais mais qui ne fond pas pendant 150 (sud du Baïkal)à 190 jours (nord), un court été dépressionnaire, chaud, plus humide, un passage brutal de l'été à l'hiver pratiquement sans automne et une transition un peu plus longue de l'hiver à l'été.

Pourtant, à l'intérieur de ce cadre général, la région du Baïkal ne se conduit pas exactement comme le reste de la Sibérie Orientale. Le climat baïkalien est encore plus sec et ensoleillé que celui des autres contrées d'Asie centre-orientale, l'hiver y est un peu moins froid, l'anticyclone légèrement moins prononcé, l'été quelque peu moins chaud, la dépression moyenne un peu moins creusée, l'automne sensiblement plus long, l'amplitude thermique annuelle nettement moins forte. Mais l'origine de ces nuances, l'influence de l'abri du lac derrière la Chaîne Côtière (Primorski khrébiète) et les Monts du Baïkal (Baïkalski khrébiète), qui vient renforcer localement une tendance climatique d'échelle mondiale, ou encore le rôle de l'énorme volume d'eau, qui atténue au contraire la continentalité, sont des phénomènes climatiques qui s'appréhendent à une autre échelle (chap. 7 et 8).

Toutes ces conditions climatiques actuelles sont l'aboutissement d'une longue évolution. Ne serait-ce que depuis 10 000 ans, le climat baïkalien, comme ailleurs en zone tempérée, a connu plusieurs pulsations, notamment les conditions qui ont, ici, conduit à une avancée de la steppe au Boréal et au Subboréal, et, au contraire, une reconquête de la taïga à partir de ses refuges montagnards depuis 2200 ans (Imetkhenov, 1997). Mais, contrairement à la plupart des lacs de la planète, qui sont apparus à l'Holocène et disparaîtront avec lui, le Baïkal a connu une évolution paléogéographique bien plus longue. Le grand lac sibérien est, en effet, un grand volume structural et une forme durable de 25 millions d'années.

CHAPITRE 4

LE BAÏKAL, GRAND VOLUME STRUCTURAL ET FORME DURABLE DE 25 MILLIONS D'ANNÉES

Alors que la plupart des lacs de la planète sont des formes de modelé et ont une durée de vie de seulement quelques milliers ou dizaines de milliers d'années, le Baïkal ne se laisse appréhender dans la même gamme de grandeurs. A l'échelle spatiale, le Baïkal est un grand volume structural, et non un héritage morphoclimatique ou une forme actuelle morphodynamique comme de nombreux lacs. A l'échelle temporelle, le Baïkal est une forme durable qui se compte en dizaines de millions d'années. Pour comprendre le lac sibérien, il faut raisonner à l'échelle de la tectonique des plaques, c'est-à-dire à l'échelle mondiale, et au moins remonter au début de la collision de l'Inde et de l'Eurasie, puisque celle-ci serait la cause de la formation du rift du Baïkal.

A - UN LAC DE RIFT

L'Asie Centrale est loin de toute frontière de plaque et il été longtemps impossible d'expliquer "grondements et séisme, bouleversement sur la terre" (Livre d'Esther), bref la structure du Baïkal, qui est le rift de la planète le plus éloigné d'une dorsale océanique, par la théorie de la tectonique des plaques, pourtant conçue à l'échelle mondiale. En fait, la sismicité intracontinentale qui se développe le long des failles chinoises, mongoles et sibériennes, semble liée à la collision entre l'Inde et l'Eurasie, qui à débuté à l'Eocène. (Molnar et Tapponier,1975, 1979, Tapponier et Molnar,1979, Tapponier *et al.*, 1982).

La zone de rift du Baïkal, allongée du sud-ouest au nord-est, s'étend sur 2000 km, depuis le fossé d'effondrement de Boussingol, traversé par la frontière entre la Russie et la Mongolie (51°N-98°E), jusqu'à celui de Tokko (57°30'N-120°E). Entre les deux dépressions extrêmes, onze autres grands fossés et quelques graben plus petits se relaient. L'ensemble de ces étroites dépressions est associé à un vaste bombement montagneux qui culmine à 3491 m au Mounkou Sardyk. Le Baïkal est au centre du système. Il correspond aux fossés les plus profonds et les plus anciens, d'après les sédiments qui les emplissent à la base et sont oligocènes, ou, en de rares endroits, éocènes. Aux extrémités sud-ouest et nord-est, les sédiments des fonds des graben sont plus récents, miocènes, et même pliocènes.

Les failles limitant ces graben et hachant le massif montagneux sont en général normales, de direction nord-sud à l'ouest, sud-ouest- nord-est au centre et ouest-sud-ouest-est-nord-est à l'est. Plus elles sont récentes, plus la proportion de failles normales est grande, alors que les cassures

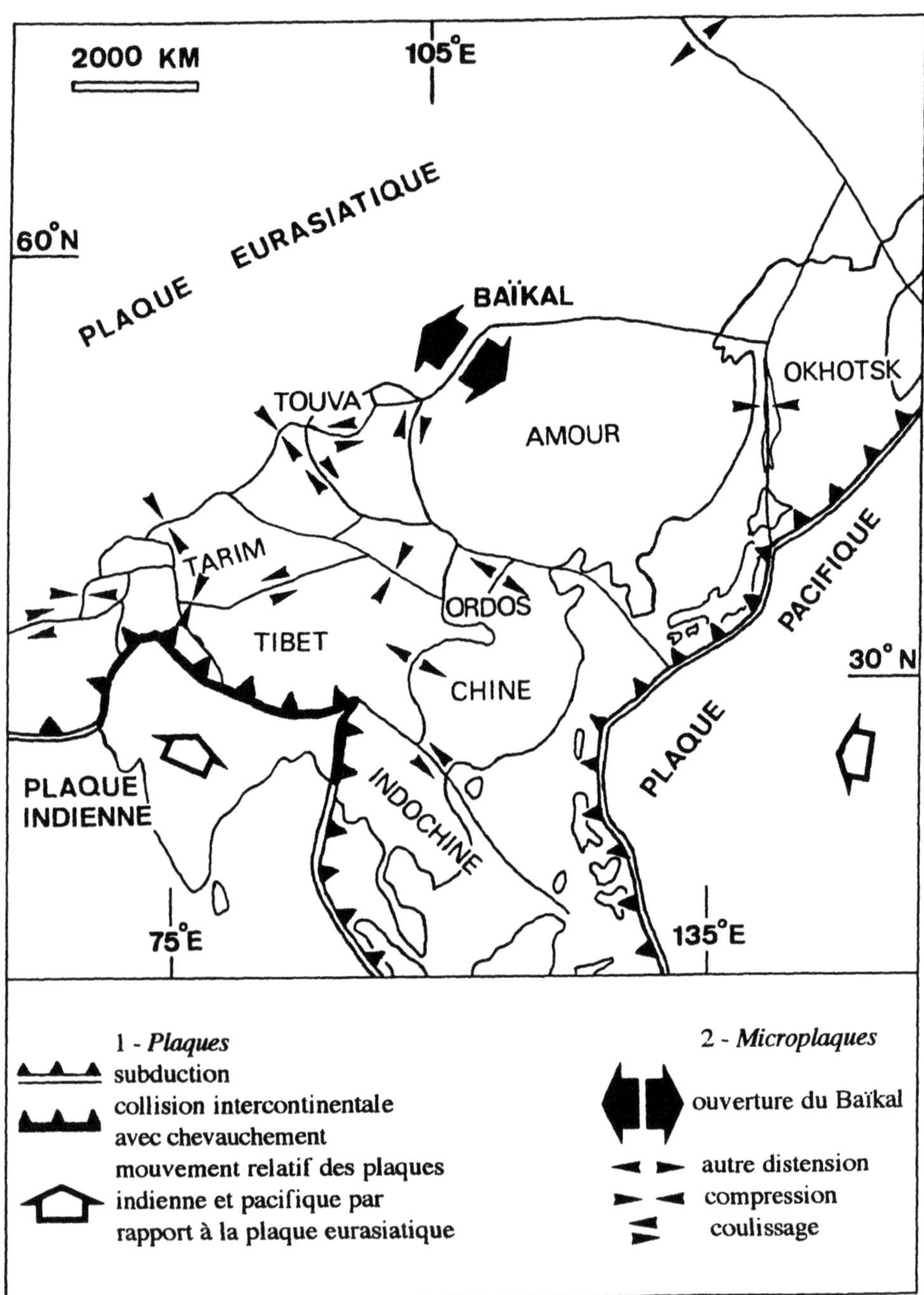

Fig. 13 Carte du Baïkal à l'échelle de la tectonique des plaques essentiellement d'après Zonenschein *et al.*, 1982, et Tapponier *et al.*, 1982

anté-miocènes comptent quelques failles inverses. L'activité tectonique récente, miopliocène et quaternaire, est plus forte qu'à l'Oligocène .

Les escarpements limitant les fossés d'effondrement sont tous nets, jeunes, et proches du plan de faille. Ce sont des escarpements de faille originels. Certaines dépressions ne sont pas des graben mais des demi-graben. C'est le cas de celui de Tounka, limité au nord par une faille qui, outre son jeu vertical, connaît un déplacement horizontal en décrochement sénestre. Il pourrait s'agir d'une faille transformante reliant le segment de rift du Koussougol à celui du Baïkal (Sherman,1978). On aurait alors en quelque sorte un début de progradation du rift. Au nord-est du système, les failles normales ouest-sud-ouest-est-nord-est sont recoupées par des décrochements, le plus souvent sénestres, nord-nord-ouest-sud-sud-est. Il en résulte le développement de bassins losangiques. Plus on s'approche de l'extrémité orientale du système, plus les déplacements horizontaux dominent par rapport aux déplacements verticaux.

Bref, la Baïkalie des montagnes et des dépressions, au centre de laquelle se trouve le lac lui-même, correspond au début de l'ouverture en rift du centre de l'Asie. La tectonique des plaques, à l'échelle mondiale, et des microplaques, à l'échelle asiatique, en donne une interprétation (fig. 13). L'Asie centrale subit le contrecoup de l'affrontement entre le Deccan et l'Eurasie, commencé il y a quelques dizaines de millions d'années et qui se poursuit de nos jours.

La poussée de l'Inde rencontre un obstacle différent à l'ouest et à l'est. Au nord-ouest de l'Himalaya, l'énorme masse du continent eurasiatique oppose un tel refus qu'il ne peut y avoir que compression. C'est le Tien Shan et l'Altaï, où on observe des chevauchements, de petits décrochements dextres où le déplacement ne dépasse pas quelques dizaines de kilomètres, un épaississement crustal et des altitudes très élevées, dépassant 7000 m.

A l'est au contraire, cette résistance est nettement plus faible, car la zone de subduction par laquelle la plaque Pacifique passe sous la plaque Asie est proche. Le déplacement vers l'est de l'Asie, par dessus le Pacifique, peut se faire. Comme le mouvement vers l'ouest est bloqué, le déplacement vers l'est n'en est que plus prononcé (Mascle *et al.*, 1990). En Mongolie on observe des décrochements sénestres où le déplacement atteint plusieurs centaines de kilomètres et en Baïkalie un amincissement crustal et des failles normales dans un régime de distension. Le mouvement s'est transformé du coulissage à l'écartement vers le nord.

Le mécanisme de formation se retrouve dans la structure profonde du rift baïkalien. Sous la surface de discontinuité séparant la croûte du manteau, la vitesse de propagation des ondes P est anormalement basse, de 0,4 à 0,5 km/s plus faible que sous le Moho de la plate-forme sibérienne (Logatchev, 1984). Cela traduit l'absence de la partie supérieure du manteau, qui forme ailleurs la base de la lithosphère. Au droit du Baïkal, l'asthénosphère remonte et entre directement en contact avec la croûte. La largeur de la remontée asthénosphérique correspond à celle de l'ensemble montagneux qui accompagne le rift en surface, soit

200 à 300 kilomètres. Mais, du fait de l'existence de l'épaisse et froide lithosphère de la plate-forme sibérienne au nord-ouest du rift, la remontée asthénosphérique est repoussée vers le sud-est. On retrouve cette dissymétrie en surface dans la disposition des failles, de même que dans la distribution du volcanisme, rejeté vers le sud-est.

Pour l'instant, cette cassure est uniquement continentale et il n'y a aucunement apparition de matériel océanique.

B - UNE LONGUE HISTOIRE GÉOLOGIQUE

Les chercheurs russes distinguent trois étapes de formation du relief de la zone de rift du Baïkal, l'étape d'avant le rift (doriftovy ètap), de l'Archéen au Crétacé, celle de préparation au rift (predriftovy ètap), pendant le fini-Crétacé et l'Eocène, et l'étape du rift (riftovy ètap), de l'Oligocène à aujourd'hui .

La première étape explique certains traits du relief actuel et, peut-être, le débat ayant été à ce sujet passionné entre les géologues russes, la localisation elle-même de la zone de rift du Baïkal. Celle-ci éventre en effet depuis le Tertiaire une région arquée, épousant grossièrement la limite méridionale de la plate-forme sibérienne, où s'étaient succédés auparavant plusieurs cycles orogéniques. Un gigantesque réseau de failles semble avoir également fonctionné ici depuis le Précambrien.

Depuis une quinzaine d'années, l'hypothèse la plus prisée est celle de la prédétermination de la localisation de la zone de rift, qui s'y est ensuite développée au Tertiaire, par l'intense activité tectonique qui s'est toujours produite à cet endroit auparavant, à l'opposé de la proche, mais stable, plate-forme sibérienne (Zamaraev *et al.*, 1979, Mats *et al.*, 1985). Cela n'empêche pas, néanmoins, la zone de rift de déchirer aujourd'hui plusieurs régions structurales, à l'ouest, les roches plissées à l'Ordovicien, les calédonides, du Saïane, éventrées par les fossés tectoniques de Boussingol, du lac Dood et du Koussougol, au centre, les roches plissées au Cambrien, les baïkalides, où se loge aujourd'hui le Baïkal lui-même, à l'est, le bouclier précambrien de l'Aldane, rompu par le fossé d'effondrement de Tokko. La plate-forme sibérienne est donc elle-même, quoique marginalement, touchée.

La deuxième étape, celle de préparation au rift, de 70 à 35 millions d'années, a directement précédé la genèse du rift. Elle s'est caractérisée par la formation d'une surface d'aplanissement suffisamment généralisée, au Maastrichtien et à l'Eocène, pour être le point de départ de l'évolution tertiaire ultérieure. C'est la surface initiale, la surface de départ (iskhodnaïa poverkhnost) qui a été ultérieurement découpée en blocs, portés à des hauteurs différentes (Vozkressenski, 1962), par l'activité du rift lors de l'étape suivante. On retrouve aujourd'hui un certain nombre de témoins topographiques de cette surface d'aplanissement. Elle est en outre fixée par une croûte d'altération kaolinique (Logatchev *et al.*, 1964, Plechanov et Romazina, 1985).

Les tout premiers épanchements basaltiques datent aussi de cette époque (Mats, 1993) et c'est pourquoi les auteurs russes nomment ainsi "l'étape de préparation au rift". Cependant, pour un rift de cette importance, la Baïkalie ne comporte qu'une faible quantité de matériaux volcaniques. On estime à seulement 6000 kilomètres cubes le volume volcanique de la zone de rift du Baïkal, contre 500 000 à son homologue d'Afrique de l'Est (Logatchev *et al.*, 1983a et b). Les littoraux du lac Baïkal lui-même ne comportent pas la moindre trace de roches volcaniques, la seule exception étant l'archipel des Ouchkani, pointement émergé du gradin tectonique qui sépare les deux fossés d'effondrement constituant le lac sibérien. Là, des porphyrites datées de 52 millions d'années affleurent (Logatchev, 1984).

La troisième et dernière étape, celle du rift, est subdivisée par les chercheurs russes en deux sous-étapes (Florensov, 1960, Logatchev et Florensov, 1978, Tolokhonov, 1981, Logatchev et Zorin, 1987), l'étape éo-orogénique (rannéoroguenny ètap), de l'Oligocène au Pliocène inférieur, et l'étape orogénique proprement dite (sobstvenny oroguenny ètap) ou étape néo-baïkalienne (novobaïkalski ètap), du Pliocène moyen à aujourd'hui.

Selon la conception, devenue classique, de N.A. Florensov et N.A. Logatchev, l'étape éo-orogénique, de 35 à 3,5 millions d'années, présentait des mouvements tectoniques peu violents et la sédimentation syntectonique des dépressions s'approfondissant arrivait à compenser la subsidence de leurs fonds. En effet, les sédiments oligo-miocènes et pliocènes inférieurs étudiés, d'ailleurs déposés dans des conditions climatiques encore chaudes, étaient uniquement fins, typiques d'une sédimentation lacustre en eau peu profonde et débordaient largement les cuvettes actuelles. Cela témoignait d'une subsidence lente du fond des fossés tectoniques, de bassins plus larges et moins bien individualisés qu'aujourd'hui, de contrastes topographiques encore assez faibles.

Une autre conception est née de la découverte, dans la moitié sud du Baïkal, de sédiments de cette époque présentant des faciès de dépôt dans une eau profonde de plusieurs centaines de mètres. Le Baïkal était-il alors déjà à l'Oligocène un lac profond et non un plan d'eau superficiel (Mats *et al.*, 1985)? En tout cas, son extension en plan était plus réduite qu'aujourd'hui, en ce sens que le bassin septentrional n'existait pas. Le Baïkal s'arrêtait au niveau de l'actuelle dorsale de l'Académie (Mats, 1993). Cela coïncide d'ailleurs avec l'hypothèse de certains biologistes, selon lesquels l'évolution de la famille de mollusques des Baicalidae aurait impliqué une eau profonde dès l'Oligocène (Popova, 1981). D'après les nouvelles estimations, par réflexion sismique à multifaisceaux, de l'épaisseur des sédiments entre les bassins central et méridional, sans compter l'effet de tassement des dépôts et en prenant un taux de sédimentation de 0,5 mm par an (Edington *et al.*, 1991), très difficile à évaluer dans cette région puisque celle-ci est concernée par les apports de la Sélenga, Scholz *et al.* (1993) estiment l'âge du Baïkal à 16 millions d'années, c'est-à-dire miocène inférieur à miocène moyen.

Une situation oligo-miocène, lors de laquelle le Baïkal serait déjà profond, sans que l'exhaussement des bourrelets montagneux encadrants ne se fût encore réalisé pleinement (Mats, 1993), a le mérite de réconcilier en quelque sorte les deux conceptions. Les récentes études des sédiments du bassin septentrional du Baïkal, lors des plongées de 1991 du bathyscaphe de l'institut d'océanologie de Moscou, ont apparemment confirmé cette vision, en permettant de dater du Miocène supérieur la transgression lacustre de la partie sud du Baïkal septentrional à partir du Baïkal méridional et central profond existant déjà.

L'étape orogénique proprement dite, ou étape néo-baïkalienne, a commencé il y a trois millions et demi d'années et se poursuit encore aujourd'hui. A partir du Pliocène moyen, les mouvements tectoniques deviennent violents, accompagnés d'une importante sismicité. Les contrastes topographiques sont désormais vifs. Les fossés tectoniques prennent leurs contours actuels. Sur les marges de ces dépressions, les sédiments qui se déposent sont grossiers, constitués de galets, graviers et sables. Ils proviennent de l'érosion, dans de nouvelles conditions climatiques, des parties soulevées, des épaules, du rift. La surface d'aplanissement crétacée-éocène, déjà cassée lors de la sous-étape précédente, est violemment soulevée en plusieurs grands gradins (Plechanov et Romazina, 1985).

Le refroidissement du climat au Pliocène supérieur et au Quaternaire provoque une météorisation glaciaire, périglaciaire ou tempérée continentale selon les moments et les endroits, dont les débris sont évacués par les cours d'eau et les glaciers. Un nouveau système morphogénique sculpte ainsi le modelé des parties soulevées et émergées, en déchiquetant les lambeaux de surface d'aplanissement, et fournit le matériel grossier s'accumulant au fond, ou sur les marges des fonds quand ils sont de grande taille, des fossés d'effondrement. La Baïkalie se présente ainsi comme un massif ancien profondément rajeuni par l'ouverture du rift et le refroidissement du climat.

La géologie du Baïkal ne se laisse embrasser qu'à l'échelle mondiale de la tectonique des plaques et réclame une longue durée. Au Quaternaire, au moment où la plupart des lacs actuels se sont entièrement formés, cependant que le destin compte déjà leurs jours, le Baïkal, lui, n'a connu que quelques retouches de détail et s'apprête à une longévité renouvelée. Mais cette échelle de temps lacustre exceptionnelle de plusieurs dizaines de millions d'années n'est pas seulement géologique. L'évolution des êtres vivant dans le lac en dépend aussi directement.

CHAPITRE 5

L'ENDÉMISME DES ORGANISMES BAÏKALIENS

Les lacs connaissent tous un isolement relatif, divers selon leur caractère endoréique ou exoréique, et, pour les lacs exoréiques, selon les particularités de l'émissaire, qui est le seul lien avec la mer et présente l'obstacle de n'être point une eau stagnante. Cette claustration, variable, est différemment mise à profit, en fonction de son ancienneté, par la vie, pour développer des formes originales. L'endémisme du Baïkal est le résultat d'une très longue évolution.

De nouvelles espèces ne cessant d'être découvertes, il faut fixer une date à l'inventaire de la richesse biogéographique du Baïkal. Dans les années 20, on avait recensé dans le lac 725 espèces vivantes (Verechtchaguine, 1925). Kozhov (1963) en dénombrait déjà 1947 et aujourd'hui, les biologistes décomptent plus de 3500 espèces et sous-espèces baïkaliennes, dont 2491 animales (Timochkine, 1995, et tableau 2) et 1085 végétales, les diatomées en fournissant 509 à elle seules. Pour comparaison, le Titicaca possède 200 espèces animales, le Biwa 600 et le Tanganyika, considéré comme d'une remarquable richesse, en abrite au total 1248.

Dans le Baïkal, les estimations concernant la proportion d'endémiques parmi ces espèces de plein lac oscillent de 60 à 90 % (Galazi,1984 et 1990b), 82% d'après Mazenova (1995). Le fait de considérer ou non certaines espèces plus ou moins littorales fait varier le pourcentage. Les 1500 espèces de plantes vasculaires et les quelques centaines d'autres espèces littorales n'étaient en effet pas comptées dans le total précédent. Elles sont souvent mises à part, cette ségrégation de la part des chercheurs provenant du fait qu'elles sont en majorité communes. La proportion d'endémiques la plus faible se trouve dans les baies peu profondes et presque fermées, les sory.

Le Baïkal, isolé en tant qu'organisme lacustre, ne l'est pas en tant qu'organisme hydrologique puisque ce lac est exoréique. Un fleuve et son affluent le relient à l'Océan Glacial Arctique. L'endémisme en a profité pour s'enrichir. L'influence mêlée de la très longue existence cloîtrée du lac sibérien et de la communication avec la mer de Kara, difficile pour les organismes puisqu'il s'agit d'une eau courante et d'une distance de plusieurs milliers de kilomètres, a provoqué plusieurs sortes d'endémisme à différents niveaux de la systématique.

A - LES INDIGÈNES

Chez les êtres vivants baïkaliens uniques au monde qui sont autochtones, l'endémisme se situe en général à un niveau élevé de la taxonomie, celui de la famille ou de la sous-famille. C'est vrai tant des espèces relictuelles que des prodiges, à l'origine énigmatique.

Nom de l'embranchement	Nombre d'espèces
Arthropodes	874
Protozoaires	495
Némathelminthes	299
Plathelminthes	293
Annélidés	223
Mollusques	180
Spongiaires	20
Acantocéphales	8
Coelentérés	3
Autres embranchements d'Invertébrés	34
Vertébrés	57

Tableau 2 Les 2491 espèces animales du Baïkal réparties par embranchement (d'après Timochkine, 1995, transformé et très simplifié)

1 - Les endémiques reliques

Certaines espèces, qui étaient communes au Tertiaire, ont ensuite disparu ailleurs et ne subsistent plus que dans le Baïkal. C'est le cas des mollusques de la famille endémique des Baicalidae, qui n'existent plus qu'ici.

Bien que des fossiles de coquilles de gastéropodes de la fin du Jurassique, trouvés dans des sédiments lacustres de Transbaïkalie, aient été rapprochés des Baicalidés et considérés comme leurs ancêtres (Verechtchaguine, 1940), ce n'est qu'au Tertiaire que les vrais Baicalidés se sont répandus en Asie. On les retrouvait en Chine, en Mongolie, en Asie Moyenne et plus à l'ouest. Une fois les vastes lacs tertiaires disparus ou moribonds, cette famille n'a résisté que dans le Baïkal. Ce sont des reliques, qui, depuis, ont pu évoluer dans le lac, pour être légèrement différentes des espèces tertiaires.

Mais l'exemple le plus frappant des endémiques reliques se trouve être celui des éponges ("goubki" en russe), accrochées aux fonds rocheux du Baïkal jusqu'à 600 m de profondeur. Il ne s'agit pas des Spongillides, répandues dans toutes les eaux douces et qui existent aussi dans le Baïkal, mais d'une autre famille, celle-là unique au monde: les Lubomirskiidae. Ces dix espèces, regroupées en trois genres, se distinguent surtout des éponges d'eau douce cosmopolites par l'absence d'une phase de reproduction asexuée par émission de gemmules. La goubka la plus visible est le "buisson vert" ("zeliony kouste"), *Libomirskia baikalensis* Pallas, qui peut dépasser un mètre de haut et dont les colonies semblent former de grandes forêts sous-lacustres.

Verechtchaguine (1940) qualifiait les Lubomirskiidae de "fossiles vivants" et il est sûr que les éponges du Baïkal n'ont pratiquement pas évolué depuis le Tertiaire. Selon certains, les Lubomirskiidae seraient les plus primitives et les plus anciennes des éponges d'eau douce, et les Spongillidae en proviendraient. Pour d'autres, les Lubomirskiidae seraient au contraire une branche qui ne se serait détachée des Spongillidae qu'au Baïkal, les conditions d'habitat stables en eau profonde de ce lac ayant permis une disparition de la période saisonnière de reproduction asexuée (Timochkine, 1995).

2 - Les monstres du Baïkal

D'autres espèces ont une origine obscure. On peut dire qu'elles proviennent d'une naissance et d'une évolution sur place dans le Baïkal. Ce sont les plus originales. Elles n'ont jamais ressemblé et ne ressemblent à rien d'autre dans le monde. C'est le cas des poissons sans écaille du Baïkal (fig. 14).

A l'intérieur de l'ordre des Scorpaeniformes, qui comprend à travers le monde environ 700 espèces, des différentes rascasses aux grondins, en passant par les crapauds de mer, le Baïkal abrite huit espèces du sous-ordre des Cottoidés, réparties en deux familles. Celle des Coméphoridés n'existe que dans le grand lac sibérien. L'autre, celle des Cottidés, comprend une sous-famille endémique au Baïkal, celle des Cottocoméphoridés, elle-même subdivisée en trois genres, *Paracottus*, *Batrachocottus* et *Cottocomephorus*. Les quatre espèces des deux premiers genres sont des poissons de fond, les deux espèces de *Cottocomephorus* sont pélagiques (Sideleva, 1995).

Ce sont *Cottocomephorus grewingki* (Dybowski, 1874), que les Sibériens appellent jeltokrylka (littéralement le "poisson aux ailes jaunes") et *Cottocomephorus inermis* (Jakowlew, 1890), que les Russes nomment dlinnokrylka (mot à mot le "poisson aux longues ailes"). En période de frai, les mâles se parent d'une toilette nutiale, qui s'exprime par la croissance des nageoires pectorales et leur coloration, en noir chez la dlinnokrylka, en jaune vif chez la jeltokrylka.

Mais les plus étonnants sont les "poissons nus" du Baïkal, la grande golomianka, *Comephorus baicalensis* (Pallas, 1776), espèce chez laquelle la femelle peut atteindre 25 cm et le mâle 16 cm, et la petite golomianka, *Comephorus dybowskii* (Korotneff, 1905) chez laquelle la femelle et le mâle ne dépassent pas respectivement 15 et 12 cm.

L'aspect extraordinaire de la golomianka évoque à lui seul un poisson unique, qui représente une famille distincte. Elle a un corps blanc transparent tirant sur le rose pâle, avec des reflets irisés et nacrés, sur lequel le tour des yeux, orange, ressort d'autant plus. On raconte sur les bords du Baïkal qu'on peut lire le journal à travers son corps. Il est vrai que des expériences amusantes ont montré qu'on distinguait de grosses lettres noires sur fond blanc à travers la partie caudale de ce poisson. Les grandes nageoires pectorales, qui voilent la moitié de son corps, sont, elles, vraiment transparentes.

La golomianka contient énormément de graisse. Chez la grande golomianka, la graisse représente 43 ou 44 % de son poids total (Galazi,1984). Mais sa principale particularité, celle qui en fait une famil-

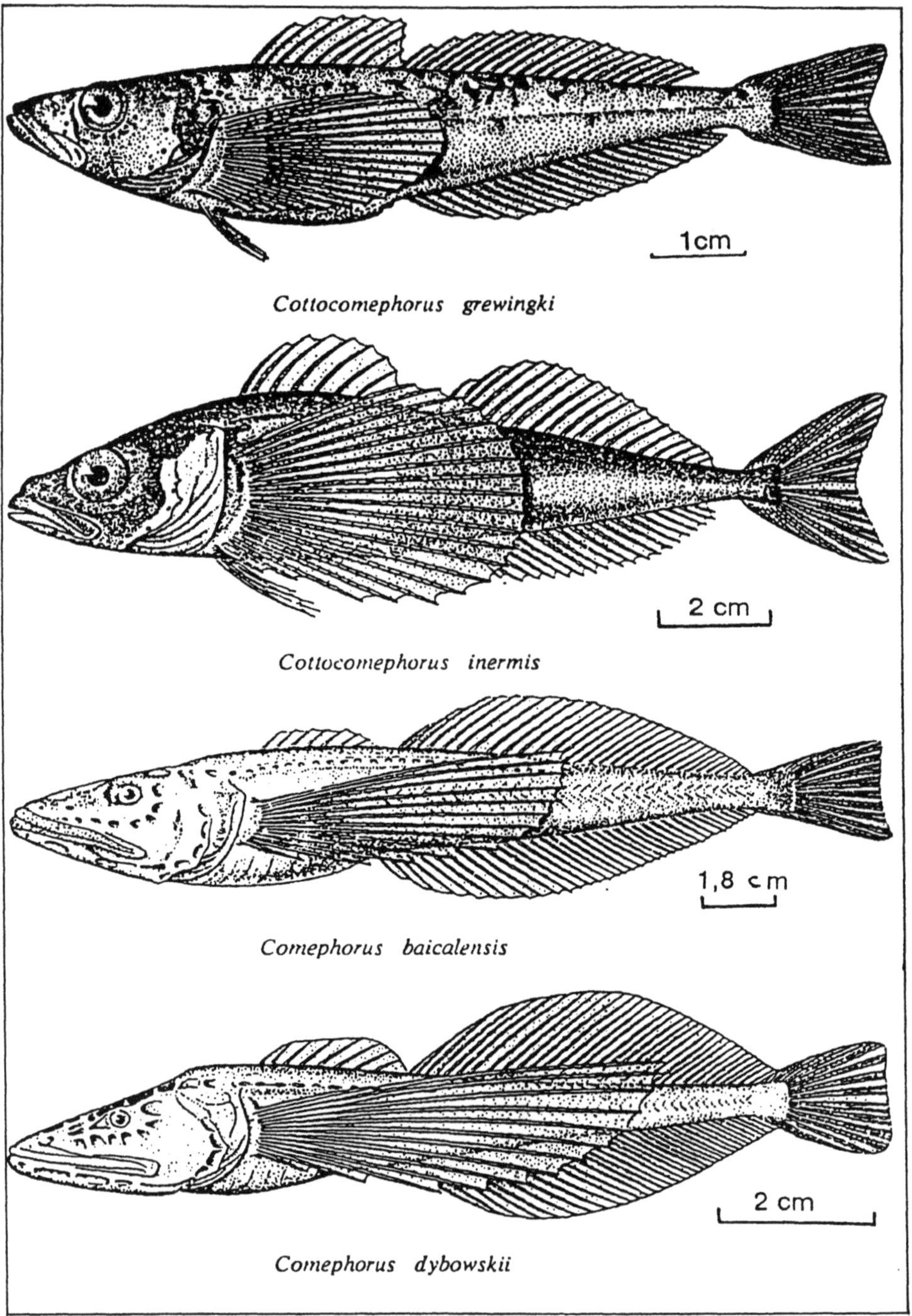

Fig. 14 Organismes baïkaliens uniques à l'échelle mondiale:
Cottocoméphores et Coméphores
d'après Sideleva, 1995

le distincte de poissons, se trouve dans son mode de reproduction. A la différence de tous les autres poissons vivant dans le Baïkal et de la grande majorité des poissons de la planète, la golomianka est vivipare. Elle donne naissance à des larves capables de mener une vie autonome et non pas à des oeufs. Elle ne migre donc pas pour frayer, ni à l'intérieur du lac ni en remontant les affluents. L'autre particularité est la mort des parents après la mise au monde, bien que les recherches de J. A. Tchernaev aient montré qu'une partie des mâles ne mourrait pas après la fécondation.

Il existe quelques autres poissons vivipares dans le monde. Il se trouve aussi quelques poissons ovipares qui meurent au moment de la mise au monde. Cette mort est utile, la décomposition du corps des parents servant à enrichir la région où les oeufs se développent. Mais la golomianka est le seul poisson de la planète à associer la viviparité et la mort au moment de la mise au monde de la progéniture.

D'autres espèces se sont formées dans le Baïkal, isolé, mais on ne sait encore si elles ont développé des caractères particuliers ou sont finalement assez proches de celles de l'océan. Ce sont les organismes vivant à proximité des sources hydrothermales, dont la découverte dans l'axe des dorsales océaniques avait révolutionné les idées sur la vie et le rôle de la photosynthèse dans la chaîne trophique. Ces biocénoses, constituées de tapis bactériens, d'éponges, de turbellariés, d'amphipodes, de gastropodes, existent aussi dans le Baïkal. Elles sont en cours d'étude, grâce aux campagnes effectuées à l'extrémité nord-est du Baïkal, dans la baie de Frolikha, où les sources hydrothermales se trouvent au pied de l'escarpement de faille, à 420 m de profondeur (Crane *et al.*, 1991).

B - LES GRANDES INVASIONS ARCTIQUES

D'autres organismes uniques proviennent d'une immigration dans le lac suivie d'une évolution sur place. Ils sont beaucoup plus nombreux que les espèces relictes et les auteurs russes les nomment "néo-endémiques". L'endémisme se trouve souvent à un niveau moins élevé de la systématique, celui du genre ou de l'espèce, parfois seulement la sous-espèce.

C'est le cas du poisson le plus apprécié du Baïkal, l'omoule, *Coregonus autumnalis migratorius* (Georgi, 1775), qui semble avoir migré depuis l'Océan Glacial Arctique par l'Iénisseï et l'Angara. C'est aussi la situation du phoque du Baïkal, la nierpa, *Phoca (Pusa) sibirica* (Gmelin, 1735), l'un des trois phoques d'eau douce de la planète, avec ceux des lacs Ladoga et Saïmaa, mais le seul à vivre si loin de la mer. L'apparence nonchalante, l'air bonhomme de la nierpa, le fait qu'il s'agit du seul mammifère du lac Baïkal l'ont rendu populaire dès le XIX e siècle et les travaux de Dybovski. Nous pouvons le choisir, laissant ainsi le cas de l'omoule, pour développer un exemple d'espèce endémique dont l'origine géographique allochtone a précédé une évolution sur place.

Pendant longtemps, la nierpa du Baïkal fut considérée comme une espèce à part entière du genre *Phoca*, au même titre que les cinq autres, *Phoca caspica*, le phoque de la Caspienne, *Phoca hispida*, le phoque annelé de l'Arctique, appelé l'akiba par les Russes, *Phoca vitulina*, le phoque chien de mer, que les Russes apostrophent sous le sobriquet de larga, *Phoca fasciata*, le phoque à bandes du nord du Pacifique, que les Russes nomment krylatka, et *Phoca groenlandica*, le phoque du Groenland. Puis on a regroupé, sur des critères morphologiques, la nierpa du Baïkal, le phoque de la Caspienne et l'akiba dans le sous-genre *Pusa*. Celui-ci a été élevé dans les années 70 au rang de genre par les chercheurs soviétiques, se fondant sur les travaux de Sokolov.

Que la nierpa soit classée en systématique *Phoca (Pusa) sibirica* (Gmelin, 1735) ou *Pusa sibirica* semble une question uniquement biologique, mais elle est en fait liée à un problème géographique de taille, celui de l'origine spatiale du phoque du Baïkal, qu'il faut étudier à l'échelle mondiale.

Deux hypothèses s'affrontent à ce sujet depuis le XIX e siècle. La première, déjà émise par Tcherski (1877), a toujours eu ensuite la faveur de la plupart des chercheurs. Elle n'est presque plus contestée aujourd'hui, bien qu'aucune certitude ne soit en fait établie. Selon cette opinion, la nierpa descendrait du phoque annelé de l'Arctique, qui aurait atteint le lac par le système fluvial de l'Iénisseï et de l'Angara. Une fois installé dans le lac, le phoque aurait progressivement évolué dans un nouveau contexte géographique, d'où sa morphologie actuelle. Les griffes de la nierpa seraient plus grosses et puissantes que celles des phoques de l'Arctique parce que la banquise lacustre d'eau douce est plus dure que la glace marine, l'implantation des dents et leur plus grand nombre d'aspérités correspondrait à une alimentation constituée de poissons plus petits que ceux de l'océan, l'accroissement de la taille des globes oculaires et les concentrations plus élevées en hémoglobine de leur sang coïncideraient à des plongées plus profondes que sur les littoraux arctiques pour trouver leur nourriture favorite.

La seconde conjecture insiste sur la possibilité d'une arrivée ancienne à partir de l'ensemble marin sarmato-pontique et l'Asie Centrale. Elle a notamment été défendue par Gernes au XIX e siècle et par S.I. Ognev pendant l'entre-deux-guerres.

L'écologie et la morphologie de la nerpa donnent déjà des renseignements intéressants. Pour corroborer la première hypothèse, il faut trouver des similitudes entre *Phoca (Pusa) sibirica* et *Phoca (Pusa) hispida*. Pour justifier la seconde, il convient de rapprocher *Phoca (Pusa) sibirica* et *Phoca (Pusa) caspica*. Mais certaines différences ne recevaient pas d'explication claire, comme le dimorphisme sexuel beaucoup plus fort chez la nierpa que chez les autres phoques, et, selon les auteurs, les conclusions étaient contradictoires, prouvant ainsi que la morphologie n'était pas un critère suffisant pour trancher. A partir de l'entre-deux-guerres, les savants soviétiques ont alors utilisé des critères moins classiques, la parasitologie d'abord, puis, après la dernière guerre, les tests génétiques.

Depuis un demi-siècle, les chercheurs montrent, avec de plus en plus d'exemples (Pastoukhov, 1982, 1993), que les affinités entre les parasites affectant les phoques sont importantes entre la nierpa et le phoque annelé de l'Arctique, alors que les parasites du phoque de la Caspienne sont totalement différents, attestant ainsi l'idée selon laquelle la nierpa proviendrait du phoque de l'Arctique.[1]

Les études génétiques réalisées à l'Institut de limnologie du Baïkal ont encore apporté quelques renseignements supplémentaires. A l'intérieur de l'ordre des Pinnipèdes, la similitude génétique entre les différentes familles, notamment entre les Otariidés et les Phocidés, est d'environ 18%. Parmi ces derniers, la similitude génétique est d'à peu près 35% entre les divers genres, par exemple entre *Callorhinus* et *Phoca*. Mais le plus intéressant est qu'à l'intérieur du genre *Phoca*, la similitude génétique est de 55% entre les quatre espèces *Phoca vitulina*, *Ph. hispida*, *Ph. sibirica* et *Ph. Fasciata*, prises deux par deux. La similitude génétique entre la nierpa et le phoque annelé de l'Arctique n'est ainsi pas plus forte qu'entre les autres espèces de phoques et n'exige pas de les regrouper dans un même sous-genre, choix qui avait été fondé sur des critères morphologiques. De plus, la divergence d'un même tronc commun conduisant à l'évolution séparée doit, d'après ce faible pourcentage (à l'intérieur d'un même genre, la similitude est souvent proche de 80%), être ancienne, sans doute miopliocène (Pastoukhov,

[1] Dès les années 30, M.A. Ass découvrait sur la nierpa le pou *Echnophtirius horridus*, propre aux Pinnipèdes des mers arctiques, dans une forme très proche, seulement qualifiée de sous-espèce, soit *Echnophtirius horridus baicalensis*.

Mais ce sont les vers parasites, les helminthes, qui fournissent les principales informations. Le phoque du Baïkal est parasité par quatre espèces d'helminthes (Pastoukhov,1982), six d'après les recherches les plus récentes (Pastoukhov,1993). Trois d'entre elles sont des nématodes. Ces trois espèces, *Contracaecum osculatum*, cette dernière ayant développé une forme endémique dans le Baïkal mais seulement au niveau de la sous-espèce, *Otostrongylus circumlitus* et *Parafilaroides krascheninnikovi*, existent toutes chez les phoques de l'Arctique et du Pacifique nord, que ce soient *Phoca (Pusa) hispida*, *Phoca fasciata* ou *Phoca vitulina*. En revanche, aucune des trois espèces de nématodes ni le quatrième helminthe, qui est un cestode endémique au Baïkal, n'affecte la phoque de la Caspienne.

Le problème pris dans l'autre sens mène aux mêmes conclusions. Les phoques de l'Arctique sont parasités par 25 espèces d'helminthes. Trois seulement ont été conservées par le phoque du Baïkal et une s'est transformée en endémique. La plupart des helminthes d'origine n'ont sans doute pas pu s'adapter aux nouvelles conditions de vie de l'eau douce et cela expliquerait que la nierpa fût la moins parasitée de tous les Pinnipèdes par les helminthes (Pastoukhov,1993). Sur les mêmes 25 espèces originelles, le phoque de la Caspienne n'en a conservé aucune mais a attrapé trois espèces locales affectant d'autres animaux de la région de la Caspienne et a développé neuf nouvelles espèces d'helminthes, endémiques.

Deux conclusions peuvent être tirées de ces études parasitologiques. La première concerne l'âge de la séparation des phoques du Baïkal et de la Caspienne du tronc commun des phoques. Les parasites initiaux ont tous disparu dans la Caspienne, non dans le Baïkal, les endémiques qui se sont formés sont en général au niveau de l'espèce dans la Caspienne et de la sous-espèce dans le Baïkal, alors que les conditions de vie dans les eaux saumâtres de la Caspienne, plus proches de l'océan que celles développées dans les eaux douces du Baïkal auraient dû au contraire provoquer une différenciation moins importante dans la Caspienne que dans le Baïkal (Pastoukhov,1982). Pour ces trois raisons, la nierpa du Baïkal semble s'être séparée du tronc général des phoques plus récemment que le phoque de la Caspienne.

La seconde conclusion, liée d'ailleurs à la première, concerne l'origine géographique de la nierpa. Les ressemblances parasitologiques avec le phoque annelé de l'Arctique appuient l'hypothèse selon laquelle elle aurait pénétré dans le Baïkal par l'Iénisseï et l'Angara à partir de l'Océan Glacial Arctique, alors que l'absence de tout parasite commun entre la nierpa et le phoque de la Caspienne tendrait à infirmer l'hypothèse selon laquelle celle-là descendrait de celui-ci.

1982). Finalement, l'absence de similitude génétique[2] particulière entre le phoque annelé de l'Arctique et la nierpa du Baïkal ne remet certes pas en cause l'hypothèse de sa venue depuis l'Arctique par l'Iénisseï et l'Angara mais elle rappelle que ce n'est pas une certitude.

D'autres néo-endémiques ont une origine moins lointaine que l'Océan Glacial Arctique. Il semble en effet qu'un certain nombre d'espèces proviennent des lacs de montagne asiatiques (Kozhov, 1963). Quelques unes d'entre elles sont restées semblables à celles qui vivent ailleurs, comme les cyclopes (Mazenova, 1995b), cependant que d'autres ont mis à profit leur évolution en vase clos pour développer des particularités uniques. C'est le cas de l'épischure du Baïkal. Constituant une bonne part du zooplancton baïkalien, le copépode endémique *Epischura baicalensis* (Sars, 1900) est un petit crustacé mesurant 1 à 1,6 millimètre (Afanassieva, 1995). Comme les autres espèces du genre *Epischura* qu'on rencontre dans certains lacs de Sibérie et d'Extrême-Orient ainsi qu'en Amérique du Nord, celle du Baïkal aime les eaux froides. Mais l'important est qu'il s'agit d'un organisme filtreur, grâce auquel le grand lac sibérien a quelque capacité d'épuration.

Lac remarquablement oxygéné malgré sa très grande profondeur, grâce au brassage bisannuel qui affecte sa tranche d'eau, lac d'origine tectonique de très grande taille et particulièrement ancien, le Baïkal se trouve dans une région faiblement peuplée. Pendant des millions d'années, une lente évolution des organismes vivants a construit l'endémisme actuel. C'est l'exceptionnelle longévité de ce lac et la relative stabilité de son état sur une si vaste période qui ont permis une telle diversification, aboutissant à la richesse biologique actuelle, à partir d'un petit nombre d'espèces initial (Androussov, 1902). Mais, depuis très peu de temps, l'homme fait évoluer rapidement l'écosystème lacustre et de nombreuses espèces uniques au monde, fragiles, sont menacées. C'est à une autre échelle que doivent s'étudier ces rejets anthropiques, véhiculés par les eaux courantes du bassin-versant.

[2] Le principe de l'Index de Similitude Génétique est de déterminer l'affinité génétique entre deux espèces prises deux par deux, à partir de l'étude de protéines.

On prélève d'abord chez les phoques des échantillons de sang, de muscle et de foie. Ces échantillons sont placés en présence d'une solution-tampon, dont le rôle est de maintenir le pH fixe. Deux électrodes sont disposées de manières à provoquer un champ électrique, sous l'effet duquel les particules électriquement chargées migrent à des vitesses différentes selon leur taille, leur forme et leur charge. Cela permet de séparer les albumines et autres variétés de protéines en plusieurs fractions. La méthode est en fait la même que celle de l'électrolyse, mais on parle ici d'électrophérèse parce que les molécules sont de grande taille.

Les travaux de Bogdanov, Koval, Tchernoivanov et Pastoukhov, de la fin des années 70 à aujourd'hui, ont permis de recueillir chez les phoques de nombreux spectres d'estérases de muscles, de péroxydases de sérum sanguin, d"hémoglobine, d'albumine de sérum sanguin, de myoglobine, de transferrine (ou sidérophiline, la protéine du plasma sanguin qui fixe le fer et le transporte aux différents organes), de séshydrogénase lactique de muscle, d'isocitrate-déshydrogénase, d'alpha-glycérophosphate-déshydro-génase de foie et d'une mutase. Toutes ces substances sont des composés protéiniques, que ce soient l'hémoglobine et la myoglobine, union d'une protéine incolore et d'un composé ferreux, dans le globule rouge pour la première, dans le muscle pour la seconde, ou que ce soient toutes les enzymes. On comprend donc la nécessité de l'électrophorèse pour les distinguer.

Puique la synthèse des protéines dépend des gènes situés sur les chromosomes, cette étude permet de remonter jusqu'aux gènes. Les systèmes de gènes sont alors comparés entre les espèces de phoques. Un calcul mathématique permet de déterminer l'Index de Similitude Génétique, qui est en quelque sorte la proportion de gènes communs à deux espèces. C'est cet Index, calculé par les chercheurs de l'Institut de limnologie d'Irkoutsk, qui est de 55% entre le phoque du Baïkal et le phoque de l'Arctique.

PARTIE III

LE BAÏKAL A L'ÉCHELLE DE SON BASSIN

CHAPITRE 6

LES APPORTS DU CONTINENT AU BAÏKAL : LE BASSIN D'ALIMENTATION

Les affluents du lac méritent toute l'attention et ils sont à la source même de la définition du bassin-versant. C'est par eux que transite l'eau tombée sur le bassin d'alimentation qui, après une éventuelle rétention dans les nappes phréatiques, atteint le lac. Le régime saisonnier du lac et les variations interannuelles de son niveau en dépendent. Mais cette eau est aussi, dans le système morphogénique tempéré, le principal agent de transport. L'érosion est donc calquée sur le bassin hydrographique. Les modalités du comblement du lac en proviennent. Enfin, cette eau est le vecteur des rejets anthropiques, qui aboutissent inévitablement, après traitement ou non, au lac.

A - LES APPORTS EN EAU ET LE RÉGIME HYDROLOGIQUE

Ce sont les apports en eau d'alimentation qui expliquent pour une part prépondérante les variations de volume du lac, c'est-à-dire son régime hydrologique. Cependant, toute la partie méridionale du bassin-versant du Baïkal, qui confine au désert de Gobi, est particulièrement sèche, si bien que la part due aux précipitations tombées directement sur le lac est assez importante.

Le bassin-versant du Baïkal, sans le lac, a une superficie de 539 500 kilomètres carrés, dont 83 % sont drainés par le principal affluent du Baïkal, la Sélenga, et 5 % par l'Angara supérieure. La Sélenga vient du sud et l'Angara supérieure du nord-est. Tous les autres affluents de quelque importance viennent de l'est du Baïkal. Il en résulte une forme particulièrement dissymétrique du bassin-versant (fig. 15). Au nord-ouest, la ligne de partage des eaux entre les bassins-versants de la Léna et du Baïkal n'est qu'à quelques kilomètres de la côte du lac, puisqu'elle se trouve au sommet de l'escarpement de faille. La Léna elle-même prend sa source à seulement 7 km du Baïkal, mais, sans doute par dédain et arguant de ce que l'aval-pendage du bloc exhaussé et basculé entraîne son cours vers le nord-ouest, elle tourne le dos au lac sibérien, préférant franchir près de 4300 km pour se jeter dans le mer des Laptev.

Le module brut de la Sélenga juste avant sa division en plusieurs bras est de 935 m^3/s, soit 47 % des apports de tous les affluents. C'est beaucoup en absolu mais peu eu égard à la taille de son bassin-versant. Son module spécifique n'est en effet que de deux litres par sec/km^2, car les précipitations de Transbaïkalie méridionale et surtout de Mongolie sont faibles.

L'Angara supérieure apporte, elle, 255 m^3/s au Baïkal en moyenne annuelle, soit 14 % du total. Le débit spécifique, d'un peu plus de 9 litres par seconde par km2, est près de cinq fois plus élevé que celui de la Sélenga, cas de la plupart des autres tributaires du Baïkal. Les affluents suivants sont le Bargouzine et la Snejnaïa (fig. 15), dont les modules bruts sont de 125 et 50 m3/s (Afanassiev,1976) et les modules spécifiques de 6 et 17 l/s/km2. Quatre autres affluents ont un module brut qui excède 25 m3/s (fig. 15).

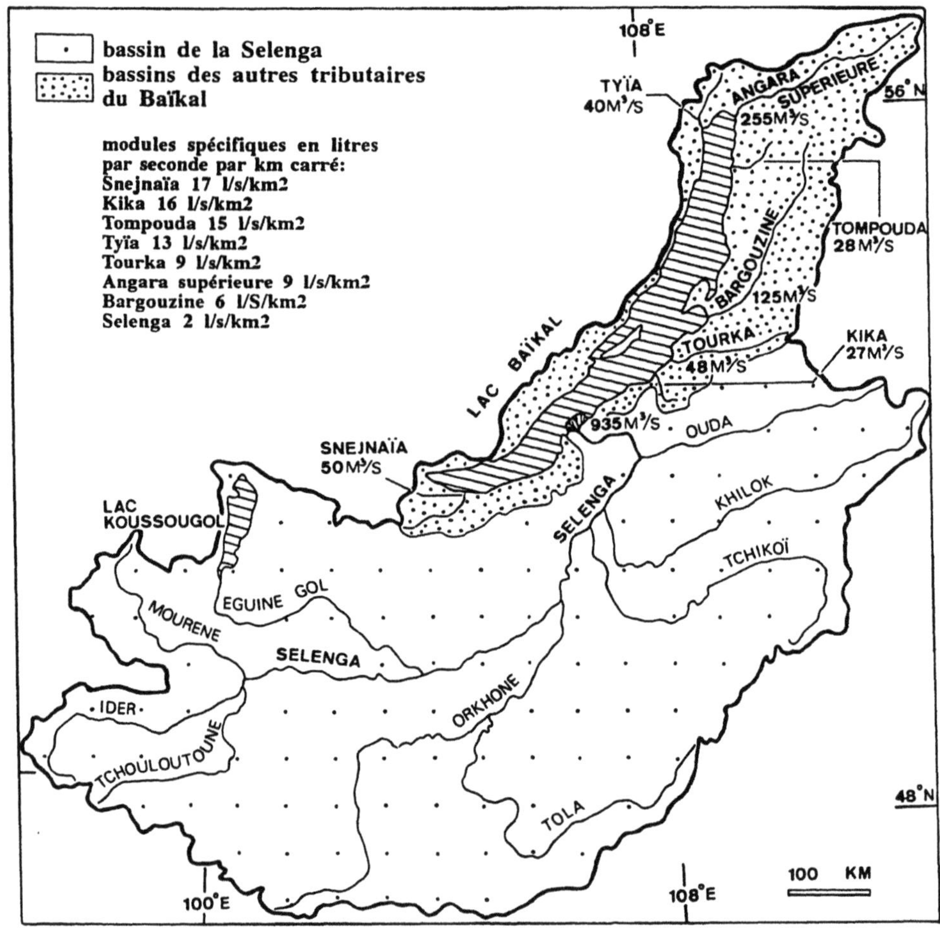

Fig. 15 Carte du bassin d'alimentation du Baïkal
Les débits moyens annuels (modules bruts sur la carte, modules spécifiques dans l'encart) sont donnés à l'embouchure, d'après les chiffres d'Afanassiev, 1976 (années 30 à 60). Le bassin de la Sélenga occupe 83% des 539 500 km2 du bassin d'alimentation total du Baïkal. La faiblesse des précipitations se retrouve dans celle des modules spécifiques. Le bassin du Baïkal a une forme particulièrement dissymétrique. Au nord-ouest, la ligne de partage des eaux avec les bassins de l'Angara et de la Léna n'est qu'à quelques km du trait de côte du lac.

La très grande faiblesse des précipitations hivernales de ce climat continental et la prise en glace des cours d'eau causent une grande différence de débit entre la saison chaude et la saison froide. La Sélenga apporte ainsi 74,8 m3/s au Baïkal en mars, mais 1935,5 m3/s en juillet, soit un coefficient R de 25,9. Pour l'Angara supérieure, les débits moyens mensuels extrêmes sont de 61,2 m3/s en mars et 782,9 m3/s en juin (R = 12,8). Le Bargouzine écoule 27,5 m3/s en mars, mais 252,5 en août (R = 9,2). Quant à la Snejnaïa, ce n'est qu'un filet d'eau sous la glace en mars (3,5 m3/s), mais à la fonte des neiges elle se transforme en un torrent fougueux qui débite 128,5 m3/s en juin, méritant ainsi bien son nom (Snejnaïa signifie la Neigeuse). Son coefficient R est de 36,7.

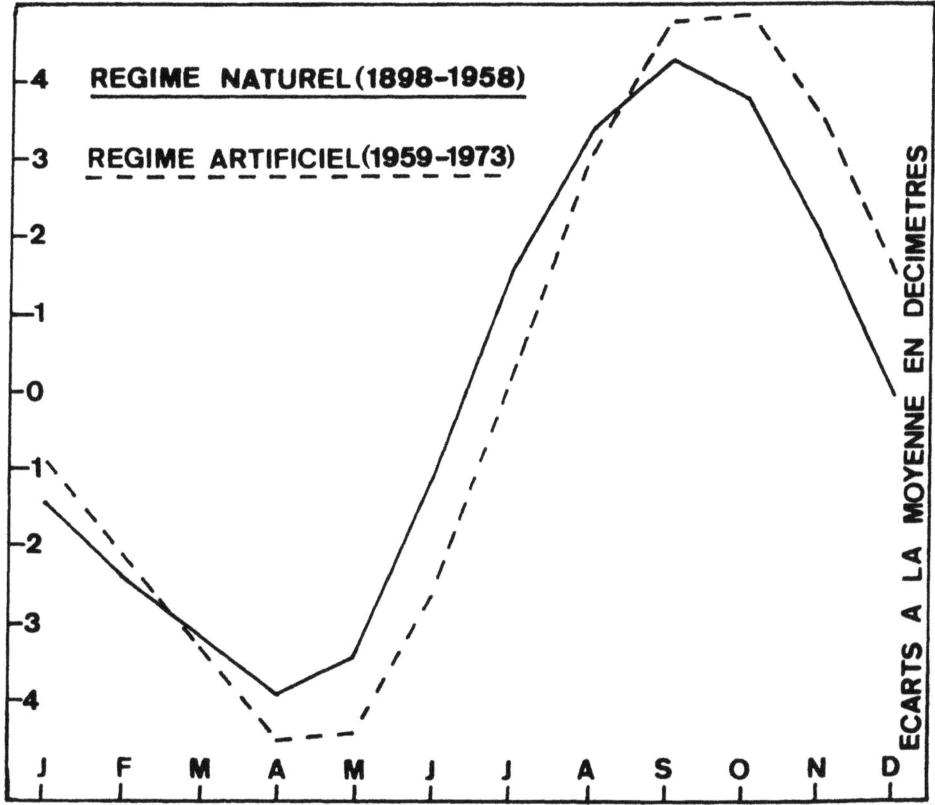

Fig. 16 Courbes du régime hydrologique du Baïkal
Les valeurs qui ont servi à la construction de ce graphique sont tirées d'Afanassiev,1976. Ce sont des valeurs relatives, y compris le zéro (moyenne). Celui-ci correspond à 454,54 m pour le régime naturel et à 455,34 m pour le régime artificiel. Le niveau le plus bas est atteint en avril. La fonte des neiges et les pluies d'été le font monter jusqu'en septembre. L'inexistence de précipitations en hiver et leur stockage sous forme solide font ensuite rebaisser le niveau.

Mais, comme le volume du Baïkal est énorme, les variations de niveau du plan d'eau qu'elles provoquent sont très atténuées. Entre le niveau le plus élevé, en septembre ou en octobre, et le plus bas, généralement en avril, l'amplitude annuelle est habituellement d'un peu moins d'un mètre (fig. 16), les records n'ayant jamais dépassé 1,40 m. Cette très faible variation de hauteur correspond cependant à une différence de 44 km3 entre l'automne et le printemps. En octobre, le Baïkal contient un lac Tchad de plus que six mois auparavant! Et c'est presque imperceptible...

Mais ce régime est artificiel depuis 1958 et la mise en service du barrage d'Irkoutsk sur l'Angara, à 60 km en aval du lac. Le barrage a réduit l'amplitude entre les mois exceptionnels de plus d'un demi mètre, essentiellement en soutenant les étiages. Mais, si l'amplitude entre les hautes eaux et les basses eaux exceptionnelles, c'est-à-dire entre les crues et les étiages, a diminué - effet très classique pour un barrage - l'amplitude entre les hautes et les basses eaux moyennes, celles qui reviennent chaque année, a au contraire augmenté de plus d'un décimètre (fig. 16). L'explication réside dans l'extrême rigueur de l'hiver dans la région d'Irkoutsk. C'est la saison où cette grande agglomération industrielle consomme beaucoup d'énergie, pour continuer à fonctionner malgré le froid intense. Or c'est malheureusement, mais non fortuitement puisque le froid en est aussi la cause, le moment des plus bas niveaux naturels des eaux. On stocke par conséquent les eaux derrière le barrage en été, accentuant ainsi les hautes eaux naturelles, pour les utiliser en plus grande quantité possible en hiver (Afanassiev, 1960, 1967, 1976). Finalement, l'Homme a changé quelque peu le régime du Baïkal, la courbe ayant été accentuée et retardée pour la rapprocher de celle des besoins en électricité.

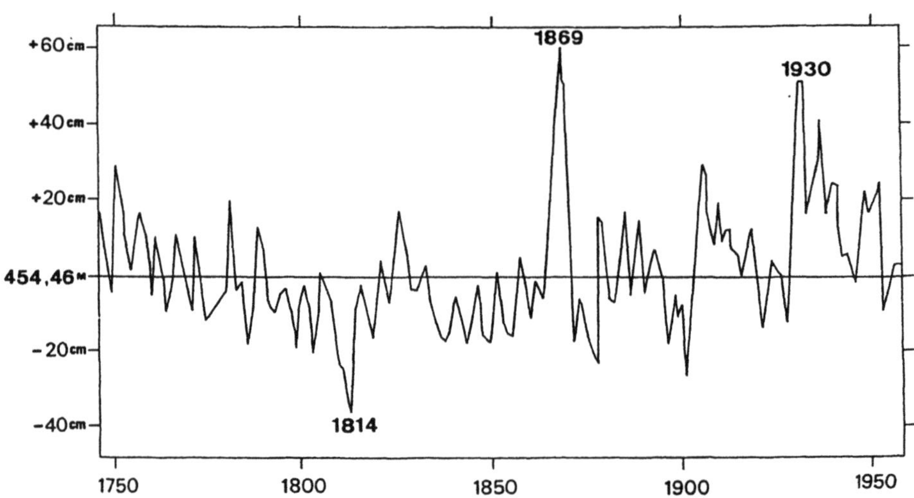

Fig. 17 Graphique des fluctuations du niveau moyen annuel naturel du Baïkal d'après Afanassiev, 1976, simplifié. Les écarts sont notés en centimètres par rapport à la moyenne du niveau de 1746 à 1958, soit 454,46 m au-dessus du niveau de la mer.

A une échelle de temps plus longue, le niveau moyen annuel a fluctué d'un mètre vingt pour les 200 dernières années de régime naturel (fig. 17). De 1930 à 1958, le niveau était dans une phase générale de baisse. Cependant, à partir de la mise en service du barrage d'Irkoutsk en septembre 1958, le niveau moyen annuel a été relevé de plusieurs décimètres. En décembre 1958, la surface du Baïkal était à 16 cm au-dessus de son altitude naturelle, à 60 cm à la fin de l'année 1960, à 1m en 1963 et à 116 cm en 1964, année du plus haut niveau artificiel du Baïkal. Puis les valeurs ont été révisées à la baisse, le niveau régulé du lac sibérien oscillant entre 40 et 80 cm au-dessus du niveau naturel selon les années (Sinioukovitch, 1993).

Bien que cette montée artificielle du niveau restât dans la fourchette des fluctuations naturelles de ces derniers siècles, elle fut très critiquée par les écologistes et les chercheurs, si bien qu'en 1988 les autorités soviétiques édictèrent les "lois fondamentales d'utilisation des ressources en eau des retenues d'eau de la cascade de barrages angaro-iénisseïenne", exigeant que la production d'électricité ne soit plus le seul critère des variations de niveau du lac de barrage d'Irkoutsk, donc du Baïkal, mais obligeant la prise en compte des facteurs écologiques. Ainsi, le barrage doit garantir un niveau stable du 15 mai au 25 juin et pendant le mois de septembre, qui sont les périodes de frai (Ministère de la protection du milieu..., 1995). Enfin, en septembre 1995, la recommandation n°4 du ministre A. Yablokov demandait d'abaisser encore le niveau du barrage d'Irkoutsk (Conseil de sécurité, 1995). Aujourd'hui, faire revenir le plan d'eau baïkalien pratiquement à son altitude naturelle est à l'ordre du jour (communication orale de Saveliev, V., chercheur à l'institut de l'énergie d'Irkoutsk, octobre 1996).

Sur une période de près d'un siècle, d'après le bilan établi par Afanassiev (1976), les affluents fournissent en moyenne 82,7 % des apports et les précipitations à la surface du lac 13,1%. Les 3% des sources sous-lacustres et la contribution de la condensation à la surface du lac sont donc tout à fait marginales. Saisonnièrement, c'est aux mois de mai (86,9%), juin (85,5%) et avril (85,4%), c'est-à-dire lors de la fonte des neiges, que la prédominance des tributaires est la plus écrasante. Dans l'autre partie du bilan, l'émissaire est en moyenne annuelle à l'origine de 85% des pertes et l'évaporation de 15 %, mais, en novembre et décembre celle-ci concourt à un tiers des pertes.

En conclusion, ce sont les cours d'eau qui sont responsables du régime lacustre, le bilan entre les précipitations et l'évaporation jouant dans une proportion beaucoup plus faible. Du fait du climat continental, le relief tenant néanmoins quelque rôle, le régime des cours d'eau a une forte influence nivale. Il en résulte que les tributaires ont des hautes eaux et des basses eaux toujours au même moment chaque année, c'est-à-dire que leur régime est régulier, mais il en résulte aussi que l'amplitude entre les hautes et les basses eaux est forte, c'est-à-dire que leur régime est immodéré. Le lac suit le régime de ses affluents, mais il retarde le mois des hautes et des basses eaux et en atténue l'amplitude du fait de son volume. Le caractère immodéré du régime des affluents ne se retrouve donc pas dans le régime lacustre. Cependant, l'utilisation du barrage d'Irkoutsk en fonction des besoins en électricité a légèrement augmenté l'amplitude pendant quelques décennies.

B - LA FAIBLESSE DES APPORTS SÉDIMENTAIRES

Le comblement des lacs se réalise à des vitesses différentes, mais la fourchette des valeurs du taux de sédimentation reste généralement comprise entre 0,01 et 1 g/cm2/an (Lerman,1979). Cette vitesse dépend habituellement des charges des cours d'eau du bassin-versant. Mais, dans le Baïkal, l'arrivée de sédiments par des coulées boueuses tombant directement dans le lac est si répandue qu'elle doit être prise en compte.

1 - La sédimentation naturelle

Depuis la fin du Tertiaire, la Sélenga, l'Angara supérieure et le Bargouzine ont amputé le Baïkal de plusieurs dizaines de kilomètres (Gouroulev, 1975), nettement plus si on compte les anciens lacs adjacents (fig. 18). Mais c'est beaucoup plus le fait de la longue durée que de l'abondance annuelle des apports sédimentaires. Le taux de sédimentation actuel pour la totalité du Baïkal est de 0,25 mm/an (Afanassiev, 1976), soit moins de 0,02 g/cm2/an. C'est un taux de sédimentation lacustre très bas. Les valeurs sont évidemment plus faibles au large et plus fortes près des embouchures.

Le taux de sédimentation en plein lac est de 41,7 mm par millénaire, soit 0,0417 mm/an (Votintsev *et al.*, 1965, Galazi,1987, 4,2 cm par millénaire pour Mazenova, 1995). Devant les deltas, les taux sont beaucoup plus élevés et on peut atteindre plusieurs dizaines de millimètres par an. Au total, littoraux et centre du lac réunis, le remplissage du Baïkal est estimé à 0,1 mm/an (0,116 mm/an selon Mizandrontsev, 1978, 0,109 mm/an selon Laperdine, 1993). Ces valeurs sont particulièrement faibles et, à ce rythme, il faudrait encore plus de 15 millions d'années avant de combler le Baïkal, du moins si la dépression tectonique ne continuait pas à s'agrandir pendant ce temps.

Ces taux très bas proviennent des très faibles charges des cours d'eau du bassin. En année moyenne, les tributaires du lac sibérien apportent dans leur ensemble aux alentours de 5 millions de tonnes de charge dissoute (2,9 selon Afanassiev, 1976, 6,013 selon Votintsev *et al.*, 1965, 8 selon Galazi, 1984), qui ressortent en grande partie du Baïkal par l'Angara, et 3 millions de tonnes de matières en suspension (2,6 selon Galazi,1984, 2,907 selon Agafonov, 1994, 3,87 selon Koudeline *et al.*, 1996, 4 selon Afanassiev, 1976). Les estimations concernant le matériel charrié sont très variables, de 0,917 (Agafonov, 1994) à 8 millions de tonnes (Afanassiev, 1976).

Tout compris, Agafonov (1994) parle de 9,837 millions de tonnes aboutissant annuellement au Baïkal, dont 82,7% de mai à septembre. C'est particulièrement peu eu égard à la taille du bassin-versant. La faiblesse des précipitations et des débits spécifiques s'associe à la protection des sols par la taïga et à la nature cristalline des roches pour concourir à ce résultat.

Il faut tout de même ajouter l'arrivée directe dans le Baïkal de coulées boueuses et autres mouvements de masse, du fait du caractère escarpé de l'encadrement montagneux dominant le lac sibérien et du pergélisol qui affecte ces régions. Tout Baïkalien d'un certain âge a encore en tête le terrible glissement de terrain ("splyv") de juin 1938, qui dévala la pente lors du passage d'un train de voyageurs au 53e kilomètre de la voie ferrée circabaïkalienne et tua 42 personnes. Pourtant, sur le plan morphologique, il s'agissait d'un glissement bien inférieur (4000 mètres cubes) à ce que peut connaître le Baïkal. On sait par les études de B.F. Lout, de V.I. Galkine ou encore d'Agafonov (1975), que l'extrémité sud-ouest du Baïkal et le littoral ouest du bassin septentrional sont largement exposés à ces processus, qui affectent la chaîne de Khamar-Dabane et les Monts du Baïkal. C'est ainsi que la coulée de la Chartla a apporté au Baïkal 500 000 m3 de sédiments en 1959; celle de la Slioudianka en a fourni au bassin septentrional plus de 100 000 m3 en 1934, cette dernière vallée ayant concentrée sept coulées boueuses de grande taille de 1915 à 1975. Les paysages côtiers de ces régions montrent d'ailleurs nettement des cônes de coulée boueuse (les "sélévyé konoussy") récents au débouché de la plupart des petites vallées.

Ces exemples, ici cités ponctuellement, concernent en fait, tous réunis, une bonne moitié du périmètre du Baïkal et Laperdine (1993) n'hésite pas à avancer le chiffre de 15 à 20 millions de tonnes de sédiments apportés au lac certaines années pluvieuses, quand les coulées boueuses, particuliculièrement nombreuses, se cumulent avec les apports par les crues des cours d'eau du bassin. Les très fréquents séismes qui affectent en permanence la région baïkalienne accentuent encore le nombre de ces glissements. D'après Perevoznikov (1995), 5 à 38% des mouvements de masse, selon les régions du Baïkal, sont consécutifs à de petits tremblements de terre. A l'échelle du déplacement particulaire, ceux-ci augmentent aussi la reptation sur les versants baïkaliens, notamment sur le flanc nord de la chaîne de Khamar-Dabane qui domine le lac (Makarov, 1995).

Suite aux crues et aux arrivée directes des glissements dans le lac, la sédimentation normale est fréquemment dérangée par les courants de turbidité. Ils semblent qu'ils soient suffisamment fréquents dans le Baïkal pour, à certains endroits, participer plus au remplissage de la cuvette lacustre que la sédimentation fine. "L'épaisseur d'une seule séquence de turbidite baïkalienne peut [...] atteindre 30 cm. Cela signifie qu'un seul courant de turbidité, dont l'action dure quelques heures, peut apporter et déposer dans la partie profonde du lac une couche de sédiments qui, dans les conditions de sédimentation normale, "particule par particule", se serait formée en 3 à 7000 ans. Dans certaines parties du fond du lac, on a recueilli des carottes qui se composent de séquences alternées de turbidites [...], c'est-à-dire qu'en ces endroits les courants de turbidité agissent si souvent qu'ils détruisent presque entièrement la sédimentation normale“ (Karabanov et Fialkov, 1987, p. 83, en russe).[1]

Au total, malgré tout, le comblement du Baïkal est extrêmement lent, à tel point qu'il ne s'effectue pas plus rapidement que la formation de la cuvette qui continue de s'élargir et de s'approfondir de nos jours. C'est d'ailleurs la grande particularité géographique du Baïkal et elle conditionne toutes ses autres caractéristiques (voir partie IV).

2 - L'homme et les apports sédimentaires

L'homme a récemment provoqué le léger accroissement de la vitesse de comblement du Baïkal. Primo, la montée de plusieurs décimètres du niveau du lac suite à la construction du barrage d'Irkoutsk à la fin des années 50 a ravivé l'abrasion lacustre (Rogozine, 1993). Encore au début des années 80, les vagues arrachaient sur les pourtours du Baïkal 400 000 tonnes de débris par an (Koudeline *et al.*, 1996), ensuite repris en charge et remodelés par la dynamique lacustre.

Secundo, le pâturage des troupeaux sur certains versants baïkaliens a aidé à la formation systématique de pieds-de-vache (la "tropintchatoste" des versants, pour les auteurs russes) et cela a augmenté l'érosion de ces flancs de montagne, atteignant 0,2 à 0,3 mm/an, et l'arrivée de particules dans le Baïkal (Perevoznikov, 1996).

Tertio, le sol de toute la partie nord du bassin du Baïkal est à l'état naturel protégé de l'érosion par la taïga. Or, les prises de vue aériennes du milieu des années 80 montraient qu'environ un million d'hectares étaient coupés. Il s'ensuivit une érosion accrue, accentuant encore la quantité de laves torrentielles et de glissements de terrain arrivant directement dans le lac et accroissant la charge sédimentaire des affluents. Le défrichement de la vallée du Bargouzine a ainsi transformé le bilan sédimentaire de la partie nord du bassin central du Baïkal (Chargaev, 1991, Atanov *et al.*, 1995). D'autre part, les feux accidentels de taïga sont fréquents. La Transbaïkalie, où l'été est aussi chaud mais beaucoup plus sec qu'en milieu méditerranéen européen, est une des régions les plus gravement touchées de Russie. Les années 1978, 1979 et 1987 ont été à

[1] Ce sont les courants de turbidité et quelques autres processus morphodynamiques sous-aquatiques qui créent les ravins sous-lacustres prodeltaïques du Baïkal, mais les ravins tectoniques ne sont, eux, que remodelés, et parfois seulement très légèrement, par ces processus.

Le processus le plus lent est le mouvement particule par particule de la couche sédimentaire recouvrant le fond du ravin sous-lacustre. Il s'agit simplement d'une reptation subaquatique, le "krip" des auteurs russes. Les mouvements de masse sont représentés par différentes sortes de glissements, auxquels est appropriée la richesse lexicale de la langue russe ("spolzanié, skoljénié, opolzen, opolzanié, obval, ssypanié"), provenant de l'amont, ou par l'écroulement ("obrouchénié") des bords affouillés du ravin sous-lacustre, et, plus plastiques, par des coulées boueuses. Les glissements spontanés ("samoproizvolnyé skoljenia") des sédiments, sous l'action de leurs propres poids, à force d'accumulation sur la forte pente, sont plus rares que ceux dus à une secousse sismique, dans cette région de tremblements de terre fréquents qu'est le Baïkal, ou au choc de vagues de tempête, à l'arrivée d'une crue, d'une lave torrentielle ou d'une coulée boueuse (Agafonov, 1975) à partir des versants escarpés dominant directement le lac.

Tous ces glissements peuvent, en aval, si la limite de liquidité est dépassée, donner naissance à un flux de turbidité ("moutny potok" ou "souspenzionny potok"). Comme dans les océans, les chercheurs russes distinguent dans le Baïkal les flux de turbidité à haute concentration et ceux à faible concentration en suspensions. Seuls les premiers ont une action érosive dans les canyons, les seconds se contentant de transporter dans le ravin avant d'accumuler sur un vaste lobe sur le fond de la plaine bathyale. Il semble que les principaux flux de turbidité à haute concentration soient, dans le Baïkal, provoqués par l'arrivée de coulées boueuses à partir des petites vallées tombant dans le lac.

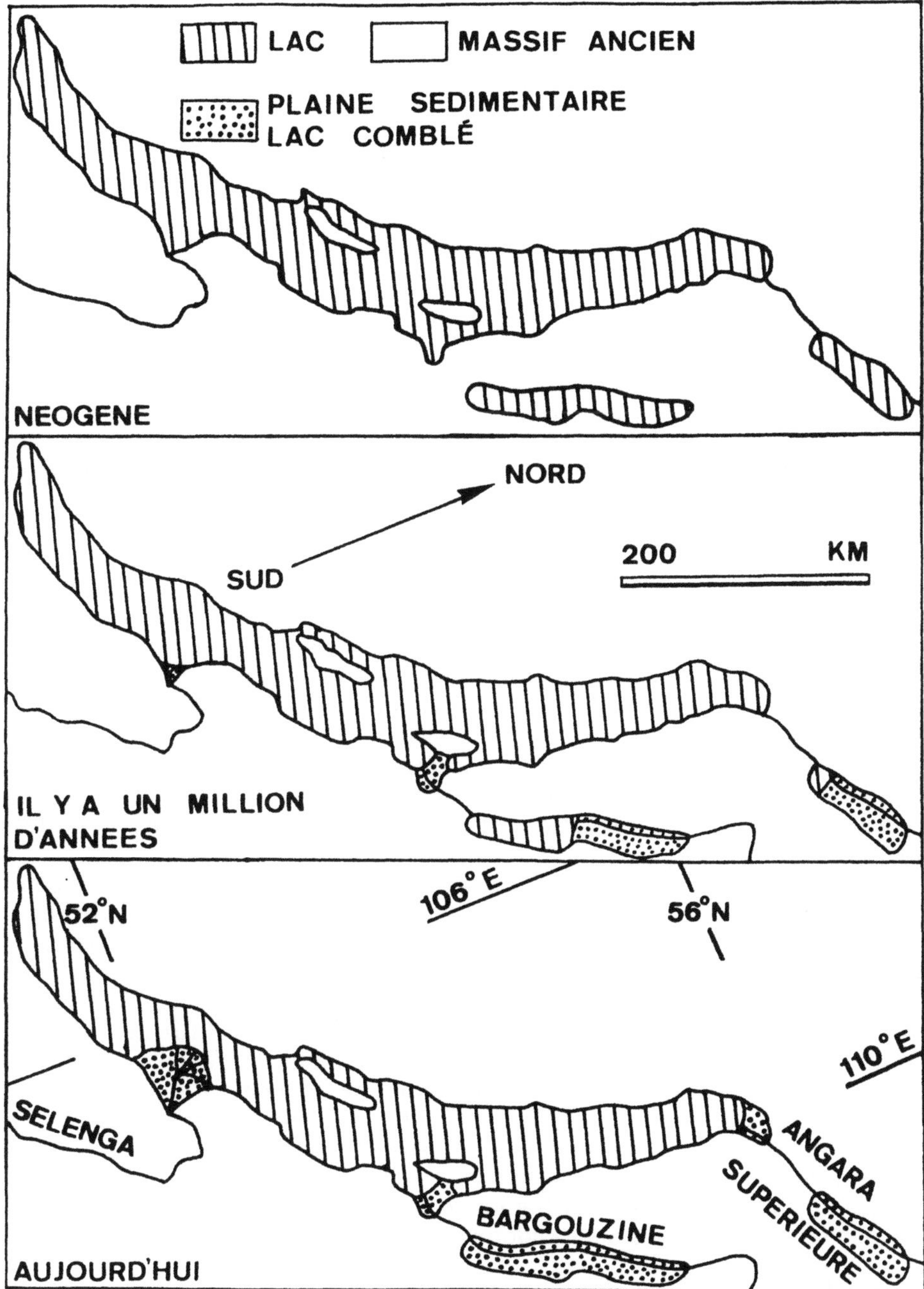

Fig. 18 Carte du comblement du Baïkal par les affluents de son bassin (essentiellement d'après Gouroulev, 1975, et Khrenov, 1983)
Malgré des apports sédimentaires assez faibles, sur la longue durée, les cours d'eau ont comblé les lacs des fossés d'effondrement adjacents et des portions du Baïkal lui-même

cet égard catastrophiques (Valendik, 1995).

Des mesures de protection ont fort heureusement été prises. Dès 1985, le ministère des Eaux et Forêts avait essayé d'interdire les coupes de bois autour du Baïkal. Mais le Ministère de l'Industrie, soutenant les Goloustinski i Bougouldeïski Mekhleskhozi, sociétés s'occupant des coupes de bois industrielles pour le Combinat de papier et cellulose de Baïkalsk, fit retarder l'interdiction effective jusqu'en 1987. Depuis, toute coupe industrielle de bois est interdite sur une bande littorale de 40 km de largeur, soit 3 millions d'ha. Cette loi est bien respectée, malgré certains débordements, comme celui qui consiste à profiter quelque peu abusivement de l'autorisation de couper les arbres malades (communication orale de L.L. Kalep, institut de géographie d'Irkoutsk, juillet 1993). Les reboisements ont commencé dès 1988 et 160 000 hectares de nouvelles plantations étaient prévus par le douzième plan quinquennal. On a, de plus, commencé à installer des champs en courbes de niveau, à transformer des champs cultivés en pâturages, à construire de petits ouvrages protégeant de l'érosion, tous travaux qui diminuent l'alimentation sédimentaire du lac russe (Wein,1989).

C - LES REJETS ANTHROPIQUES ET LA QUALITÉ DE L'EAU

A l'exception des éventuelles retombées de pollution atmosphérique, provenant de la conurbation qui s'étire, de 60 à 200 km en aval du Baïkal, entre Irkoutsk et Tcheremkhovo (Vorobiev, 1988), l'échelle du bassin-versant convient exactement à l'étude des problèmes de pollution et d'eutrophisation. C'est en effet l'eau du bassin hydrographique qui véhicule la quasi-totalité des rejets anthropiques. L'étude fine de la pollution du Baïkal réclame cependant l'examen d'autres échelles (Touchart,1995c).

La dégradation de l'environnement en ex-U.R.S.S. étant un thème particulièrement à la mode en Occident depuis la chute du régime soviétique, les journalistes, américains des Etats-Unis, allemands, français, de la presse écrite, de la télévision, se sont emparés du problème du Baïkal, ainsi que les associations culturelles, ou écologiques (Belt,1992, Altekruse, 1992, Arjakovski(y), 1992, 1994, Halioua, 1992, Mandeville,1992, David, 1994, Kempf, 1994, Cans, 1994, 1995, Ruffier-Reynie, 1995, Afanassieff, 1997). Même les livres pour enfants européens participent à cet exercice (Mc Millan,1992). Le sujet est donc brûlant et semble intéresser le grand public. Il est vrai que le Baïkal n'est pas un lac comme les autres. Sa pollution est susceptible de causer des pertes beaucoup plus graves pour l'humanité que celle d'un autre lac, puisque des centaines d'espèces sont endémiques.

1 - Un bassin très peu peuplé, un lac oligotrophe

La très faible occupation urbaine et rurale du bassin du Baïkal est à l'origine de rejets domestiques et agricoles peu abondants, n'apportant que très peu de phosphates et d'azote au lac.

a - Des résidents permanents et des touristes très peu nombreux

L'urbanisation du bassin d'alimentation du Baïkal est très faible. Il ne possède que deux villes notables, la capitale de la Mongolie indépendante, Oulane-Bator, qui a environ 600 000 habitants mais se trouve très loin du Baïkal, et la capitale de la Mongolie russe, de la Bouriatie, Oulane-Oudé, qui compte 366 000 habitants et se trouve à 140 km du lac (fig. 19). Sur l'ensemble du bassin-versant russe, littoral excepté, il existe une seule autre ville, Petrovsk-Zabaïkalski, située à 200 km du Baïkal et peuplée de 28 300 habitants. En territoire mongol, donc à des distances telles que les substances anthropiques ont de grandes chances d'être piégées avant d'arriver au lac, les villes sont aussi rares. La plus grande, Darkhane, compte 70 000 habitants. En ajoutant la population rurale et en comptant celle d'Oulane-Bator, la moitié de la population de la Mongolie vit certes dans le bassin d'alimentation du Baïkal (Vorobiev, 1995), mais cela ne représente guère plus d'un million d'habitants.

Comprises dans le bassin, les côtes du Baïkal elles-mêmes sont très peu peuplées; elles ne présentent, sur un périmètre de plus de 2000 km, qu'une dizaine de localités de plus de 2000 habitants, séparées de longs segments littoraux vierges. Trois seulement ont le statut de ville, Slioudianka, Baïkalsk et Sévérobaïkalsk, cette dernière, la plus grande, ne comptant que 28 600 habitants (Lappo, 1994). Au total, l'ensemble de la population côtière permanente du Baïkal n'atteint que 100 000 habitants.

Quant au flux touristique annuel, les Japonais n'ayant jamais pu mettre à exécution leurs projets de grande ampleur (Radvanyi,1990) et l'intérêt allemand pour la création d'infrastructures touristiques dans l'île d'Olkhone étant encore théorique (Vorobiev, 1994) , il ne dépassait pas 200 à 300 000 personnes au début des années 80 (Galazi, 1987), des estimations de 300 à 500 000 individus étant avancées aujourd'hui (Lioubtsova, 1995). En outre, comme il s'agit presque uniquement d'un tourisme de proximité, le séjour de ces Sibériens est court et se résume le plus souvent au congé de fin de semaine passé au bord du Baïkal. Le passage à l'économie de marché a quantitativement changé peu de choses. Certes, une centaine de toutes petites entreprises de tourisme privées ont éclos, proposant l'encadrement par une personne de petits groupes de promeneurs intéressés par une excursion au bord du Baïkal, mais elles disparaissent aussi vite qu'elles sont nées. C'est pour ordonner la profession, lui donner plus de crédibilité et améliorer la qualité des services offerts que l'Association du tourisme écologique du Baïkal s'est constituée à Irkoutsk en 1993 (Vorobiev *et al.*, 1994). Malgré tout, le flux touristique reste toujours aussi faible. Côté bouriate, seuls 4000 personnes, essentiellement des Russes d'Europe et des Ukrainiens, étaient venus de loin en 1992, par l'intermédiaire d'organismes touristiques. Les étrangers à la CEI n'étaient que 755 (Toulokhonov et Khantachkeeva, 1994)! Du côté nord-ouest, 6% seulement des touristes de l'oblast d'Irkoutsk viennent de l'étranger (Belov *et al.*, 1993).

Au total, le bassin d'alimentation du Baïkal, qui s'étend sur 540 000 kilomètres carrés, n'abrite que 2,9 millions d'habitants (Soukhodolov, 1996), et la densité ne dépasse guère 5 habitants par kilomètre carré. Il était essentiel, pour relativiser l'importance des rejets anthropiques, de rappeler que, sur un territoire de la taille de la France, ne se trouvent qu'une douzaine de villes, dont deux seulement ont plus de 100 000 habitants, séparées par les immensités de taïga et de steppe (fig. 19).

b - Une agriculture extensive

Les défrichements agricoles ne sont pas largement répandus et la mise en valeur, en général extensive, comporte peu d 'engrais phosphatés ou

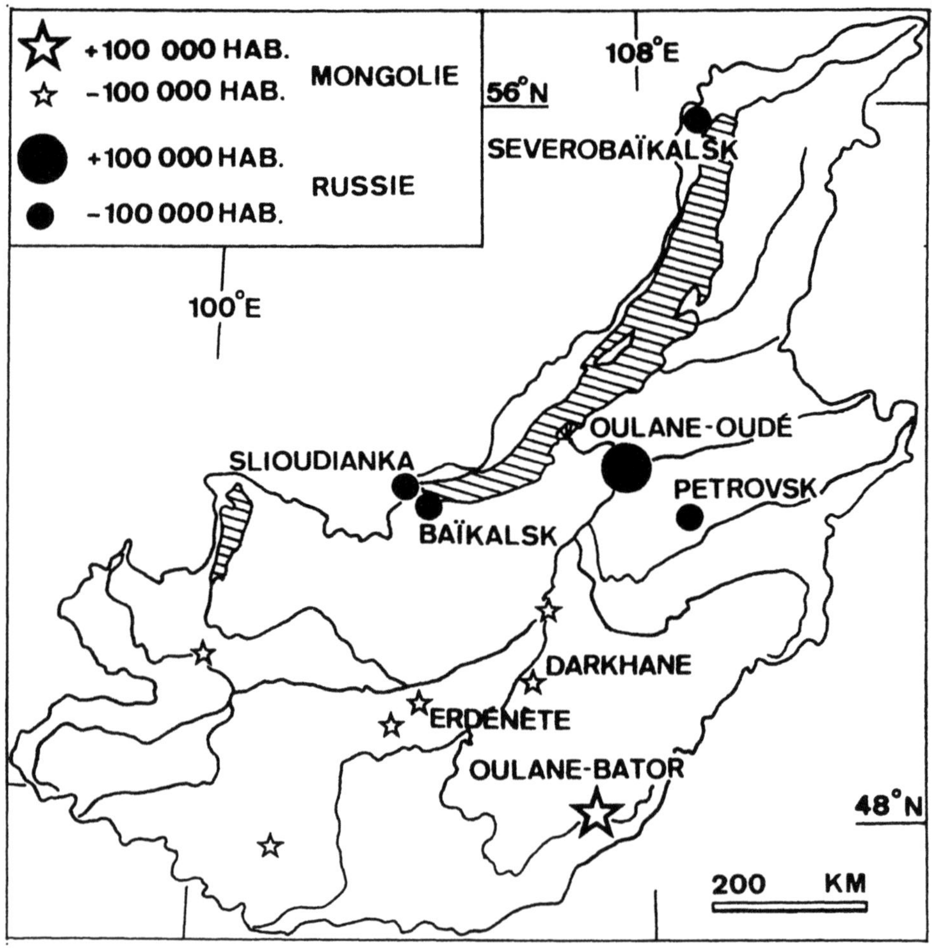

Fig. 19 Carte de la population urbaine du bassin d'alimentation du Baïkal

azotés. Dans ces conditions, la moindre parcelle plus ou moins intensément occupée est traquée par les chercheurs comme étant une source d'eutrophisation. C'est ainsi que la dépression du Bargouzine est présentée comme une véritable région à problèmes (Pokatilov,1983, Chargaev,1991, Kotchourov *et al.*, 1993), menaçant le nord du bassin central du Baïkal. Certes, cette vallée, où les prairies naturelles sont à l'origine pauvres (Skoukovski et Yérémenko, 1994) et où les engrais $N_{120}P_{60}K_{60}$ donnent les meilleurs résultats pour augmenter la production de fourrages (Yeremenko, 1994), a connu une expansion et une intensification de l'agriculture et surtout de l'élevage, notamment dans la région de Kouroumkane (Atanov *et al.*, 1995). Malgré tout, sur les 5200 km2 sur lesquels s'étend la dépression de Bargouzine, seuls 2080 sont en cultures ou en herbages (Ryjov, 1994) et le plus gros point de peuplement n'est qu'une bourgade de 5300 habitants.

Au total, l'occupation très lâche du bassin est assurément favorable à une faiblesse certaine de la quantité des rejets anthropiques. Tout à fait logiquement, les eaux usées domestiques et agricoles représentent très peu de chose.

Le résultat se ressent à la faiblesse des concentrations de l'eau du Baïkal en phosphore. Sur la tranche d'eau des 1300 premiers mètres dans l'ensemble du lac, la concentration moyenne annuelle est de 0,027 mg/l (Tarassova et Mechtcheriakova,1992). Les Occidentaux confirment ces chiffres. Les Américains Weiss *et al.* (1991) ont mesuré 0,2 mmol/kg en surface à 0,5 mmol/kg à 1500 m de profondeur en juillet 1988, soit de 0,019 à 0,048 mg/l. Or, dans le cycle annuel du phosphore dans le Baïkal, fonction de la consommation par le phytoplancton, juillet est l'un des deux maxima de concentration dans l'eau (Galazi,1987). Les concentrations en phosphore n'ont donc pas augmenté par rapport à l'état naturel du lac. Les mêmes chiffres étaient déjà donnés par Verechtchaguine pendant l'entre-deux-guerres. Lors de ses mesures dans les années 50, Votintsev (1961) arrivait aussi aux mêmes résultats (tableau 4). Le problème du Baïkal n'est donc pas celui de l'eutrophisation, résultat logique de la grande faiblesse de la population baïkalienne, ou, du moins, il ne l'est pas à court terme (Votintsev, 1992b).

2 - L'industrie du bassin et le problème de la pollution

La nature des rejets anthropiques du bassin du Baïkal diffère sensiblement de ce qu'il en serait en Occident. Héritages de plusieurs décennies de communisme, les villes sibériennes et mongoles, fussent-elles de très petite taille, sont industrielles. Hors Oulane-Oudé et Oulane-Bator, agglomérations importantes, Baïkalsk a été créé ex nihilo pour le combinat de papier et cellulose et Darkhane, tout comme Erdénète, a été fondé pour abriter les travailleurs du complexe d'industrie lourde. Les rejets anthropiques du bassin-versant du Baïkal sont donc beaucoup plus industriels que domestiques. Mais la grande originalité baïkalienne est le caractère extraordinairement ponctuel de ces rejets. Par exemple, une seule ville, Oulane-Oudé, et une seule usine, le combinat de Baïkalsk, sont à l'origine de 96,7% (respectivement 54,6 et 42,1) des rejets d'hydrocarbures de toute la partie russe (260 000 km2) du bassin du Baïkal (Snytko et Afonina, 1993). Comme ces sources de pollution sont

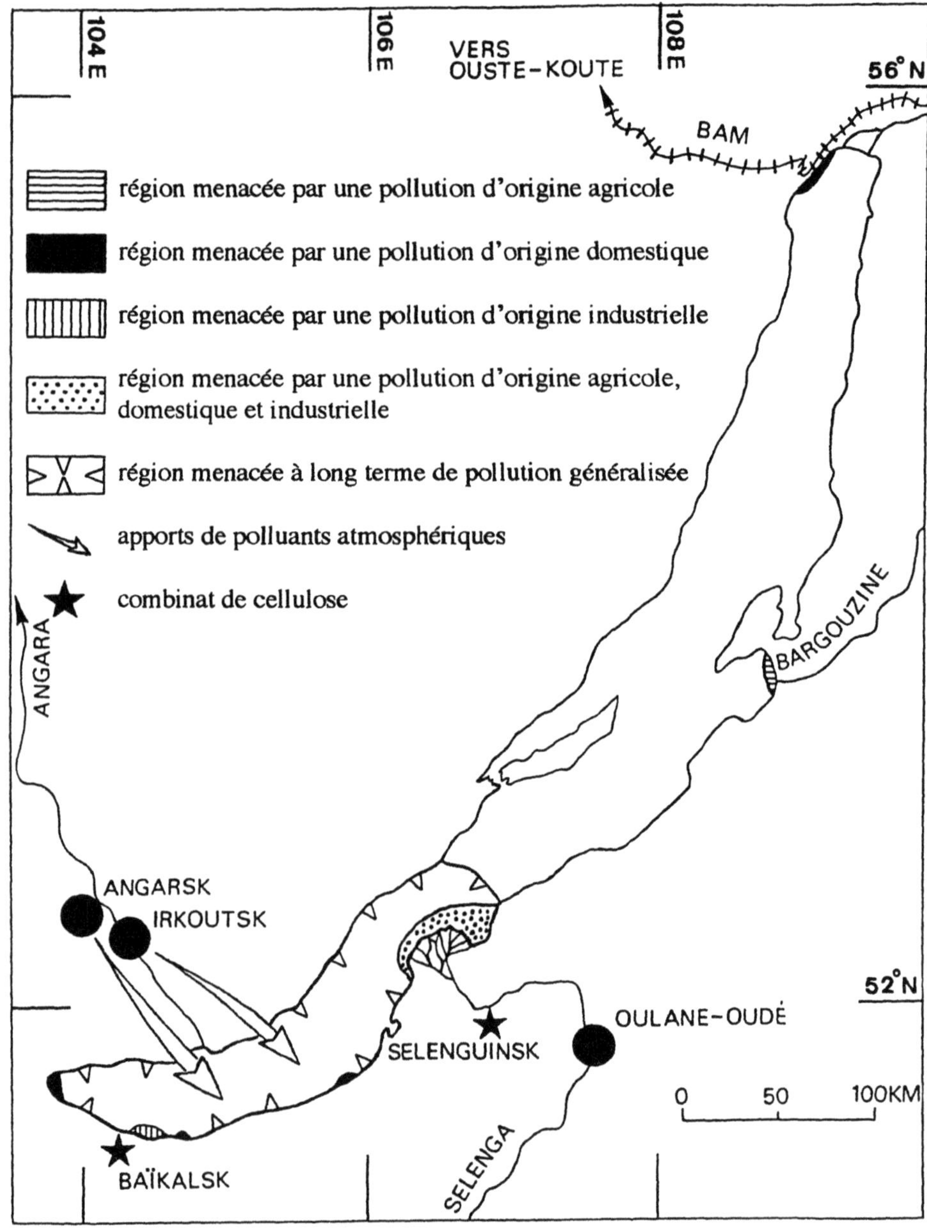

Fig. 20 Carte des sources de pollution du bassin du Baïkal et des régions du lac menacées

rares et très localisées, elles sont facilement identifiables et au nombre de trois (fig. 20).

a - La voie ferrée Baïkal-Amour

La source de pollution la moins importante se trouve à l'extrême nord du Baïkal. A l'écart du développement jusqu'au début des années 70, cette région a connu une croissance rapide à partir de 1974, quand fut commencée la construction de la voie ferrée Baïkal-Amour (BAM), doublant le Transsibérien entre Ouste-Koute et Komsomolsk.

La nouvelle ville de Sévérobaïkalsk ("Baïkal septentrional" en russe) devint alors rapidement la plus grande ville côtière de tout le Baïkal. Après l'achèvement, en 1984, de ce tronçon du BAM, Sévérobaïkalsk, ville-champignon née de sa construction, se reconvertit dans la fabrication de matériel ferroviaire. Les projets soviétiques étaient de la faire participer au développement industriel accompagnant cette nouvelle voie, par l'intermédiaire d'un Complexe Territorial de Production. Bien que les ressources minières fussent importantes, avec des gisements de fer, de manganèse, de molybdène (250 millions de tonnes), de zinc, de plomb, de chrysotile, d'or, de même que les richesses potentielles en bois et en hydroélectricité, le développement du Complexe Territorial de Production du Baïkal Septentrional (SBTPK en abréviation russe) n'était envisagé qu'à long terme.

La chute de l'U.R.S.S. a encore éloigné cette perspective et, aujourd'hui, parmi les huit Complexes Territoriaux s'égrénant le long de la voie ferrée, le SBTPK "est un des plus faiblement mis en valeur de la zone du BAM" (Soumaneeva, 1995b, en russe). Seulement 9% des richesses naturelles existantes de cette région sont effectivement exploités, soit le deuxième plus faible taux des douze Unions Territoriales de Ressources Naturelles du BAM (Soumaneeva, 1995a). D'ailleurs, la carte "démoécologique" de la Bouriatie classe cette région au taux le plus faible des huit échelons de problèmes médicaux liés à la situation écologique (Riachtchenko, 1996).

Petit centre régional de la république de Bouriatie, isolé à 1050 kilomètres au nord de la capitale, Sévérobaïkalsk n'est pas d'un grand danger pour la perle de la Sibérie.

b - La Sélenga

Le plus grand affluent du Baïkal, la Sélenga, apporte au sud-est du lac les eaux où se sont déversés les rejets industriels mongols et surtout bouriates. Tous les rejets urbains d'Oulane-Oudé, soit 120 000 à 180 000 mètres cubes par jour, se font dans la Sélenga. Parmi les 70 entreprises industrielles que compte la ville, le principal problème est celui de la centrale thermique et de l'usine de construction aéronautique. Cette dernière, de taille gigantesque, employait 50 000 salariés au temps de l'URSS et n'est pas prête de fermer, puisqu'elle produit les avions d'attaque SU-39, dont l'intérêt hautement stratégique a été confirmé par

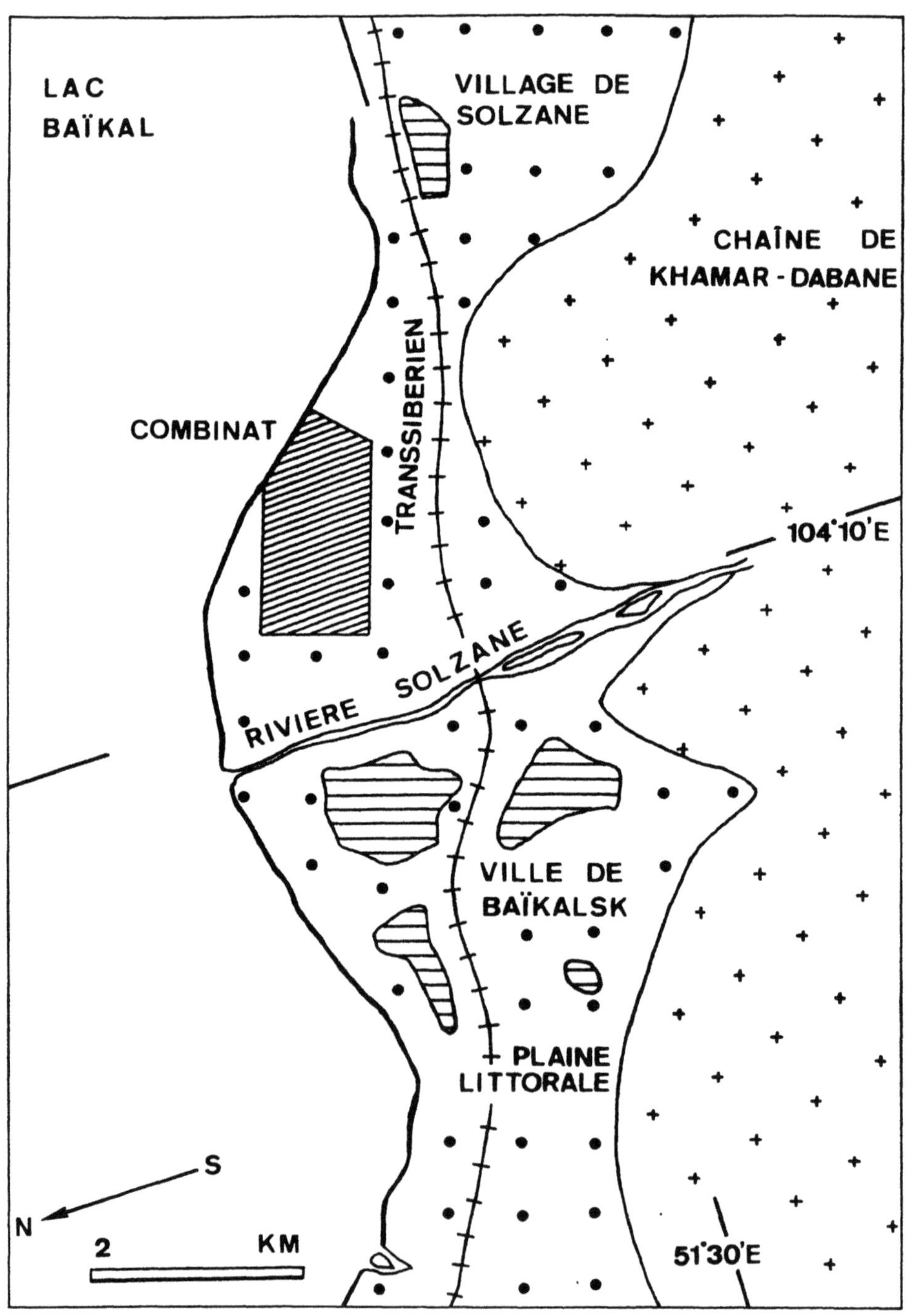

Fig. 21 Carte de localisation du combinat de papier et cellulose de Baïkalsk

B. Eltsine en novembre 1995 (Doineau, 1996). Or elle ne possède pas d'installation d'épuration (Snytko *et al.*, 1996). Les deux plus gros problèmes sont les produits pétroliers et certains métaux lourds (Galazi, 1990a). L'ensemble de l'agglomération d'Oulane-Oudé rejette 21 kg de chlore organique par jour (Belâvtseva et Doubovenko, 1993) et 49,3 tonnes d'hydrocarbures par an (Snytko et Afonina, 1993). On a mesuré jusqu'à 0,25 mg d'hydrocarbures par litre d'eau de la Sélenga (Snytko et Afonina, 1995). Les concentrations en nickel passent de 5,6 microgr/l en amont de la ville à 9,4 en aval (Kachine, Ivanov, 1997).

A 85 km en aval d'Oulane-Oudé, ces effluents sont grossis par ceux de Sélenguinsk, localité de 15 000 habitants qui, outre une cimenterie et des industries agro-alimentaires (Etat-major général, 1986a), possède le Sélenguinski tsellioulozno-kartonny Kombinate ("Estsékaka"), le Combinat de carton-cellulose de Sélenguinsk. Avant la construction d'un système fermé d'utilisation de ses eaux terminé en 1992 (cf infra), le STséKK rejetait 60 000 mètres cubes d'eaux usées par jour, contenant 32 tonnes de matières minérales, soit 12 000 par an, 9 t de matières organiques, soit 3400 par an, et 370 kg de matières en suspension, soit 135 t par an (Galazi,1990a). Le STséKK rejette également dans l'atmosphère des aérosols et des gaz acides.

A une vingtaine de kilomètres à l'ouest de Sélenguinsk, les 10 000 habitants des localités limitrophes de Kamensk et Timliouï, qui n'ont même pas le statut de ville, travaillent dans la cimenterie, l'usine de fabrication de produits amiantés et la centrale thermique (Argoutchintseva, 1994), dont les rejets aboutissent dans un défluent du delta de la Sélenga.

Ainsi, le panache naturellement trouble de la Sélenga, qui pénètre dans les eaux limpides du lac, est désormais affecté par une pollution anthropique. Elle porte préjudice aux bassins méridional et central du lac, avec une prédilection sur ce dernier puisque les courants de la rive sud montent vers le nord, sur environ 1500 kilomètres carrés (Galazi, G.I.,1990a). Certains produits sont décelables jusqu'à 130 km vers le nord-est contre seulement 20 km vers le nord-ouest (Galazi, 1990a).

c - Le combinat de papier et cellulose de Baïkalsk

La principale source de pollution du Baïkal est de très loin le Baïkalski tsellioulozno-boumajny Kombinate ("Bétsébéka"), le Combinat de papier-cellulose de Baïkalsk, qui se trouve à l'extrême sud du lac. Il rejette à lui seul 59% des eaux usées du bassin. Le STséKK et la grande agglomération d'Oulane-Oudé réunis déversent dans la Sélenga une quantité d'eaux usées inférieure à la moitié de ce que déverse le BTséBK dans le lac! En fait, la pollution du lac sibérien se résume pratiquement à cette usine.

Le contexte de la création du combinat baïkalien était celui de la guerre froide. Les Américains fabriquaient déjà depuis plusieurs années la supercellulose, matériau de qualité supérieure destiné à l'aviation, quand Nikita Sergueïevitch Khrouchtchev prit la décision, en 1954, de

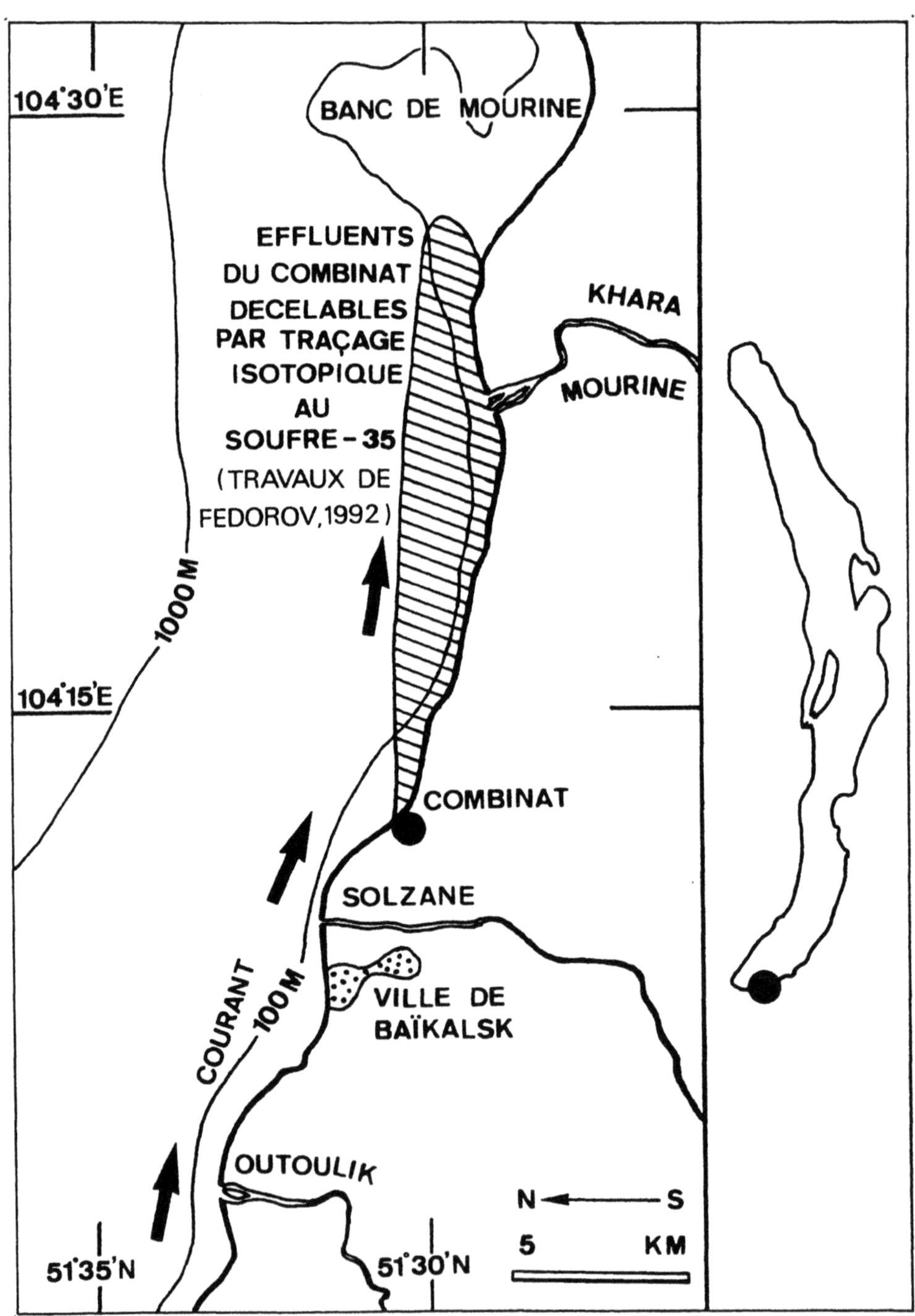

Fig. 22 Carte de la propagation de la pollution du combinat de papier et cellulose de Baïkalsk

faire de même. Mais l'élaboration de cette viscose nécessitait impérativement une eau très peu minéralisée en grande quantité, la proximité de vastes forêts de conifères servant de matière première et de bonnes infrastructures pour exporter le produit. Plusieurs lacs furent étudiés, dont le Ladoga et l'Onéga, mais le Baïkal fut évidemment choisi, associant la taïga sibérienne à perte de vue (formée ici d'essences plus adaptées qu'ailleurs à la fabrication de supercellulose) avec le volume unique au monde d'une eau dont les qualités étaient proches de celles de l'eau distillée (salinité de 0,0096%). Il suffisait de construire l'usine au sud du lac, là où la voie ferrée transsibérienne permettait l'évacuation facile.

Le site précis fut arrêté en avril 1959, à côté de la gare du village de Solzane (fig. 21). La construction du combinat était accompagnée de celle d'une ville-nouvelle, qui allait prendre le nom de Baïkalsk. L'usine fut mise en service en 1966. Entre-temps, les fibres synthétiques en polyamides et polyesters avaient détrôné les fibres artificielles comme produit militaire le plus recherché, si bien que l'usine perdit très rapidement son caractère stratégique. Cela n'a pas empêché le BTséBK de produire bon an mal an 200 000 t de cellulose jusqu'au milieu des années 80. Depuis, la production a diminué en continu pour atteindre 147 000 t en 1994. En 1995, cependant, elle a remonté pour la première fois depuis 1986. Quand il tournait à plein, le BTséBK devait pomper quotidiennement 400 000 mètres cubes d'eau pure du Baïkal (Wein,1989). En 1994, la prise d'eau est tombée à moins de 220 000 mètres cubes (Soukhodolov, 1996).

Environ 70% de ces eaux sont rejetées dans le lac, à 150 m de la côte et à une profondeur de 40 m, après être passées par le système d'épuration du BTséBK. Le reste est évacué sans épuration parce qu'il est, selon le BTséBK, propre. Mais certains limnologues ne sont pas de cet avis (Galazi,1990a).

Les effluents industriels du BTséBK contiennent un certain nombre de substances nuisibles (tableau 3), dont les concentrations sont supérieures aux normes d'eau de boisson: ce sont les hydrocarbures, les polychlorobiphényles, les phénols, l'aluminium, le cobalt, le fer, le nickel, le magnésium et les sulfates. Les chiffres précis de concentrations de ces produits et de ceux inférieures aux normes sont donnés par Galazi (1990a), IUCN (1991), Vetrov et Kouznetsova (1983), Tarassova et Merechtcheriakova (1992), Gosguidromet (1987), Lenguiprogor (1990), Mejdounarodny Tsentr (1987), Touchart (1994a, 1995c). Les données ponctuelles des organismes indépendants, russes et étrangers (tableau 3), sont du même ordre que celles publiées par le BTséBK lui-même, moyennées avec des mesures plus nombreuses. La toute petite ville de Baïkalsk est ainsi au 65e rang russe pour les rejets de polluants (Reznikov, 1995), au même niveau que des villes d'un demi million d'habitants.

Le BTséBK rejette également d'importantes quantités de substances nuisibles dans l'air (tableau 3), dont le détail chiffré est donné par Lenguiprogor (1990), Touchart (1994a et 1995c). Au total, le combinat rejetait plus de 20 000 tonnes de poussières et de gaz par an dans l'atmosphère au milieu des années 80.

En outre, les conditions climatiques locales provoquent le transport des poussières vers l'est-nord-est, c'est-à-dire le lac, en saison chaude (Agroutchintsev *et al.*, 1995) et la stagnation de la pollution en hiver. Le calcul du potentiel de dispersion des polluants de l'atmosphère, par la prise en compte du nombre de jours de calmes et de brouillard, qui conservent les polluants, et au contraire des fortes pluies et des vents de plus de 6m/s, qui les évacuent, situe malheureusement l'extrême sud-ouest du Baïkal au premier rang des régions littorales du lac sibérien gardant sur place leur pollution atmosphérique (Vizenko, 1993). De fait, la transparence de l'air du Baïkal méridional a baissé de 4,1% en été et de 4,6% en hiver entre 1977 et 1986 (Martianova, 1994). Parmi ces rejets atmosphériques, plus de 6000 tonnes de SO_2 étaient concernés chaque année. Or l'anhydride sulfureux se transforme dans l'atmosphère, au contact de l'humidité, en acide sulfurique (H_2SO_4) et provoque des pluies acides. Celles-ci retombent sur les forêts, si bien que la taïga est détruite sur 160 kilomètres carrés dans la région de Baïkalsk. En outre, les pluies acides qui retombent directement sur le lac et le ruissellement sur le bassin-versant amènent finalement les composés du soufre qui avaient été rejetés dans l'air dans le lac.

rejets dans l'eau concentrations en mg/l		rejets dans l'air tonnages annuels	
bicarbonates	390	poussières	14 810,48
sulfates	520?	anhydride sulfureux	6 058,59
chlorures	110	hydrogène sulfuré	797,67
calcium	25,3	méthylmercaptan	171,46
magnésium	8,5	diméthylsulfite	30,86
phosphates	0,038	diméthyldisulfite	37,34
nitrates	0,79	térébenthine	47,71
ammoniaque	0,05	aérosols d'alcali	55,61
nitrites	0,01	acide sulfurique	0,174
polychorobiphén.	$2,8.10^{-4}$	acide chlorhydrique	$3,6.10^{-5}$
mercure	1.10^{-4}	oxyde d'azote	849,11
fer	10	dioxyde d'azote	3457,98
manganèse	1	oxyde de carbone	1604,00
cobalt	1	méthanol	3,257
nickel	0,5	dioxyde de chlore	10,57
zinc	1	chlore	4,58
aluminium	5	ammoniaque	33,513
phénols	$1,2.10^{-2}$	phénol	$6,2.10^{-3}$
hydrocarbures	5,2	pentoxyde de	
sulfures de méthy.	0,2	vanadium	2,954

Tableau 3 Les rejets du combinat de papier et cellulose de Baïkalsk dans les années 80 (d'après Tarassova et Mechtcheriakova, 1992, pour les premiers produits, Vetrov et Kouznetsova, 1983, pour les métaux lourds, Gosguidromet, 1987, pour les trois derniers, Lenguiprogor, 1990, pour les rejets atmosphériques)

Dans l'eau, la pollution se propage surtout en direction du nord-est, jusqu'à 160 km pour certains produits (IUCN,1991), en suivant la côte sud (fig. 22): c'est le sens des courants du bassin méridional (Sokolnikov, 1964). Certains auteurs, en utilisant le soufre-35 comme traceur isotopique des eaux usées du BTséBK, estiment qu'une pollution nette existe dans la couche superficielle de l'eau lacustre jusqu'à plus de 15 km à l'est de l'usine (Fedorov, 1992). En revanche, la propagation vers l'ouest est inexistante. Au total, on trouve trace de l'eau des effluents du BTséBK sur 200 kilomètres carrés pour les données les plus larges. Dans les sédiments du fond du lac, certains composants se retrouvent sur 3 à 14 kilomètres carrés (Soukhodolov, 1996) et les composés organochlorés sur 20 kilomètres carrés, décelables jusqu'à 10 km du combinat vers l'ouest et 20 km vers l'est (Beliavtseva et Doubovenko, 1994).

d - Le bilan chimique et biologique de la pollution

A l'issue de la présentation des trois sources ponctuelles de pollution du Baïkal, il convient de dresser un bilan. Les données récentes des concentrations moyennes annuelles dans les eaux des 336 affluents du Baïkal réunis, permettant d'embrasser les apports du bassin-versant tout entier, ont des valeurs chiffrées (Tarassova et Mechtcheriakova, 1992, Vetrov et Kouznetsova, 1983, Touchart,1994a) analogues à celles fournies par Votintsev *et al.* (1965) il y a 30 ans, les eaux de la Selenga étant la seule exception. Il faut en effet relativiser ces rejets. Leur comparaison avec l'Europe de l'ouest ne doit pas être occultée, surtout quand il s'agit de la production de cellulose, de très loin la principale activité industrielle baïkalienne. La Finlande, dont le territoire est beaucoup plus petit que le bassin du Baïkal, possède 89 usines de cellulose, qui produisent chaque année 9,1 millions de tonnes de cette matière (données de 1992). Le bassin du Baïkal possède 3 usines et produit 0,3 million de tonnes, dont 2/3 pour le BTséBK. Les usines de cellulose finlandaises rejettent dans un volume lacustre 23 fois plus faible 37,5 fois plus d'eaux usées que celles du bassin du Baïkal (Soukhodolov, 1996). Proportionnellement, les rejets finlandais sont 862 fois plus forts que ceux du bassin du Baïkal.

Il reste à étudier l'influence de ces rejets, remis à leur juste place, sur le lac lui-même. Le résultat des déversements anthropiques effectués dans le bassin-versant sur la pollution du lac doit être nuancé. Il convient au moins de dissocier le résultat sur la composition de l'eau du Baïkal et celui sur la santé des organismes qui y vivent.

Malgré les rejets de gaz sulfureux, responsable de pluies acides, par le BTséBK, le pH du Baïkal, légèrement basique, variant de 7 à 8,5 selon la saison et la profondeur (Galazi,1987), n'est pas plus acide aujourd'hui qu'à l'état naturel, représenté par les mesures de Votintsev (1961).

Les concentrations des eaux du Baïkal, en moyenne lacustre (tableau 4) ou bien par la prise d'échantillons au centre du lac, attestent d'une pollution inexistante, bien que certaines concentrations augmentent régulièrement depuis les années 50, comme les sulfates (Galazi et

Tarassova, 1993). Les analyses bactériologiques de l'eau baïkalienne permettent aussi de la classer comme une eau potable de qualité (Drioukker *et al.*, 1993). On comprend dès lors mieux que la mise en bouteille d'eau du Baïkal, prise en profondeur, qui est restée longtemps un projet, soit maintenant effective, telle quelle en eau minérale, ou bien pour entrer dans la composition de sodas, le tout sans aucun traitement.

Et pourtant, le fait que certains organismes vivant dans le Baïkal souffrent de la pollution est tout aussi vrai. Mais le paradoxe n'est qu'apparent. Il faut en effet tenir compte de l'échelle du bassin, objet de ce chapitre non pas pour des considérations théoriques de changement d'échelle géographique mais parce qu'elle correspond à des incidences tout à fait pratiques. Ainsi, la plus grande cause de la diminution de la quantité d'omoules dans le Baïkal ne doit pas être recherchée dans la pollution du lac lui-même, trop faible, mais dans celle de la Selenga.

Principaux éléments	1961	1982-83
HCO_3	66,5	66,5
Ca^{2+}	15,2	15,7
SO_4^{2-}	5,2	5,2
Na^+	3,8	3,0
Mg^{2+}	3,1	3,1
K^+	2,0	0,9
Si	1,07	?
Cl^-	0,5	0,4
Nutriments		
PO_4^{3-}	0,024	0,027
NO_3^-	?	0,39
Métaux (microéléments)		
Al	0,047	0,072
Co	0,0023	0,001
Cr	0,0055	?
Cu	0,0046	?
Fe total	0,035	0,034
Hg	?	0,00005
Mn	0,0015	0,0012
Ni	0,003	0,00038
Zn	?	0,0037

Tableau 4 La composition chimique des eaux du Baïkal (en mg/l)
Les valeurs de la première colonne, tirées de Votintsev (1961), sont moyennées à toutes les saisons et de 0 à 250 m de la fin des années 40 à la fin des années 50. En ce qui concerne les nutriments et les microéléments, ces valeurs doivent être considérées comme celles du Baïkal à l'état naturel. Les valeurs de la seconde colonne, tirées de Tarassova et Mechtcheriakova (1982) et de Vetrov et Kouznetsova (1983), sont moyennées de 0 à 1300 m.

Bien que les concentrations actuelles de quelques substances, les nutriments par exemple, aient baissé dans la Selenga pendant la dernière décennie (chiffres comparés de Galazi, 1984, et Grocheva *et al.*, 1996), d'autres concentrations, comme celles de certains métaux lourds, restent préoccupantes en aval de la capitale bouriate (surtout en ce qui concerne le mercure, qui passe à 0,25 microgramme par litre à la sortie de la ville contre 0,09 à l'entrée, Grocheva *et al.*, 1996). Les concentrations des eaux de la Selenga inférieure en chlore organique adsorbé oscillent entre 2 et 30 microgrammes par litre, mais peuvent dépasser 100 microgrammes par litres lors d'étiages printaniers prononcés (Belâvtseva et Doubovenko, 1993). Dans les sédiments de fond du cours d'eau, les concentrations varient entre 0,1 et 2,5 mg de chlore par kilogramme de sédiment sec.

La pollution piégée dans la rivière bouriate elle-même est ainsi responsable de la destruction de 98,4 % des frayères d'omoule de la Selenga, l'un des quatre types d'omoule du Baïkal (Galazi,1990a). C'est la raison pour laquelle celui-ci est menacé de disparition. Au contraire, les espèces qui ne remontent pas frayer dans les cours d'eau pollués du bassin-versant ne souffrent pas. Par exemple, la golomianka, qui reste dans le lac pour mettre au monde, ne voit pas ses effectifs diminuer.

Mais, si la pollution n'est pas décelable à l'échelle du lac tout entier, elle l'est au sud-ouest, à côté du BTséBK, dont les substances rejetées ont déjà produit des dégâts, faisant disparaître plusieurs espèces de crevettes d'eau douce et de mollusques qui vivaient à proximité du combinat et provoquant des dégénérescences de type leucémie chez certains poissons, dont l'omoule (Galazii, 1990b). Les polychlorobiphényls se retrouvent dans la chaîne trophique, se concentrant de plus en plus jusqu'au prédateur se trouvant au sommet de cette chaîne, le phoque du Baïkal. On a même pu mesurer jusqu'à 38 microgrammes de polychlorobiphényls par gramme dans la graisse d'une nierpa (Agafonov *et al.*, 1995).

En outre, la plupart des espèces du Baïkal sont endémiques et ont souvent des conditions de vie très strictes (Galazii,1990b). Leur fragilité étant grande, l'équilibre biogéographique est délicat.

En revanche, il n'y a pas de problème de surpêche dans le grand lac sibérien. L'oblast d'Irkoutsk ne représente même pas 1% des prises de poissons des plans d'eau douce de Russie et il n'y a que deux centres de pêche industrielle pour tout le Baïkal, celui de la Petite Mer et celui du Baïkal méridional (Bezroukov et Missiourkeev, 1995).

L'inertie du Baïkal, par son seul gigantesque volume, mais aussi par sa capacité d'autoépuration, notamment grâce aux épischures (Afanassieva, 1977, Votintsev, 1987 et 1992), ne doit pas être un prétexte pour ne pas prendre de mesures, mais bien au contraire considérée comme une chance. Le Baïkal peut tout à fait être sauvé.

D - LES MESURES DE PROTECTION DU BASSIN

S'il est justifié d'opposer le combinat de papier et cellulose de

Baïkalsk à tout le reste du bassin d'alimentation quant aux sources de pollution, son cas est aussi à mettre à part dans les mesures prises pour lutter contre la pollution.

1 - L'histoire institutionnelle et les réalisations concrètes de protection

Contrairement à ce qui est parfois écrit, les résolutions et les actions de protection du Baïkal ne datent pas de l'époque gorbatchevienne, mais sont bien plus anciennes. En fait, elles accompagnèrent dès l'origine l'industrialisation de son bassin-versant, pour la modérer. Le cas baïkalien eut une portée considérable, puisqu'il fut à la source de la prise de conscience des problèmes écologiques dans l'ensemble de l'Union Soviétique (Cabane *et al.*, 1997).

a - Les décrets de protection d'avant les années 80

A partir du début des années 60, le Comité Central du PCUS et le Conseil des Ministres de l'URSS, dans l'Etat centralisé qu'était l'Union soviétique, mais aussi le Conseil des Ministres de la RSFS de Russie et celui de la RSSA de Bouriatie prirent des résolutions destinées à protéger le Baïkal.

Le décret du conseil des ministres de la RSFSR du 9 mai 1960 "De la protection et de l'utilisation des richesses naturelles dans le bassin du lac Baïkal" ("Ob okhranié i ispolzovanii prirodnykh bogatstv v basseïnié ozera Baïkal") s'intéressait surtout, malgré son intitulé, au lac lui même et à son littoral. Son voeu de préserver le lac des effluents industriels ne fut pas exaucé à l'époque, puisque le BTséBK fut construit. Son régime strict de protection des forêts côtières et sa surveillance de la pêche furent en revanche suivis dans les faits et ce fut pour faire respecter ces deux clauses que fut mise sur pied en 1965 l'Inspection du bassin du Baïkal. La résolution du conseil des ministres d'URSS du 21 janvier 1969 "Des mesures de protection et d'utilisation rationnelle des complexes naturels du bassin du lac Baïkal" prit réellement en compte l'ensemble du bassin d'alimentation, délimita pour la première fois une zone de protection spéciale tout autour du lac et rendit plus sévère la réglementation de l'exploitation forestière.

La résolution du conseil des ministres d'URSS du 16 juin 1971 "Des mesures complémentaires pour garantir l'utilisation rationnelle et la protection des richesses naturelles du bassin du lac Baïkal" chargea les instituts de recherche de réfléchir à une meilleure protection du bassin-versant du Baïkal. Suivant les recommandations de l'institut de géographie d'Irkoutsk, le flottage du bois sur les affluents du Baïkal fut interdit et on s'attaqua efficacement pour la première fois à la pollution industrielle et domestique, en construisant des stations d'épuration dans tout le bassin d'alimentation.

En 1974, les "Règles provisoires de protection du lac Baïkal et des ressources naturelles du bassin de ce lac" furent édictées et, la même année, le praesidium du conseil central de la société russe de protection de la nature créa la "Commission pour l'étude et la diffusion des questions de protection de la nature du lac Baïkal", qui recensa les différents territoires à protéger. Les curiosités naturelles de petite taille reçurent le statut de monuments de la nature. Quand il s'agissait de régions où des espèces vivantes étaient à protéger, elles devinrent territoires préservés. Les territoires préservés constituèrent le fondement territorial des parcs naturels créés de 1986 à 1989.

b - Une protection circumlacustre

A partir du milieu des années 80, la protection du Baïkal devint à la fois plus populaire, s'appuyant sur le "Mouvement du Baïkal" créé par l'écrivain sibérien Valentine Raspoutine, et conduisant à des manifestations dans les rues d'Irkoutsk, et plus politique, Mikhaïl Sergueïevitch Gorbatchev considérant l'écologie comme l'un des symboles de la "restructuration" et de la "transparence". Le fait qu'un chapitre entier (Artsibachev *et al.*, 1990) était consacré au Baïkal dans l'ouvrage soviétique *Restructuration: transparence, démocratie, socialisme. L'alternative écologique* n'était pas fortuit.

Dès 1985, le ministère des eaux et forêts de l'URSS avait réclamé l'interdiction absolue des coupes de bois tout autour du Baïkal, mais celui de l'industrie, soutenant les combinats de cellulose, réussit à retarder l'interdiction effective jusqu'en 1987, date à partir de laquelle cette mesure a été réellement appliquée.

Le 13 avril 1987, le comité central du PCUS et le conseil des ministres de l'URSS publièrent la résolution n° 434 "Des mesures pour la sauvegarde et l'utilisation rationnelle des ressources naturelles dans le bassin du Baïkal de 1987 à 1995", qui relança les travaux des instituts de recherche d'Irkoutsk dans la lignée du décret de 1971. L'institut de géographie forgea alors la notion de zonation circumlacustre, qui définissait trois zones concentriques de protection croissante, en fonction de la proximité du lac (fig. 23). Ce plan de zonation, le "Schéma de protection de la nature du Complexe Territorial du bassin du lac Baïkal" (Territorialnaïa Kompleksnaïa Skhema Okhrady Prirody basseïna oz. Baïkal, TerKSOP en abréviation), englobait les 260 000 km2 du bassin appartenant à l'URSS et des pourparlers furent engagés dès ce moment avec la Mongolie, qui possède, plus en amont, les 280 000 km2 restants.

De 1987 jusqu'à la chute de l'URSS, les suites de la résolution n° 434 furent de trois types: les travaux, les interdictions et les recommandations. Pour les premiers, les efforts portés à l'épuration furent les plus représentatifs, bien que la construction d'ouvrages anti-érosifs eût aussi pu être citée. En 1987, le système d'égout de la seule grande ville de la partie soviétique du bassin d'alimentation, Oulane-Oudé, fut refait, et les stations d'épuration existantes furent rénovées. En 1988, 46 nouvelles stations d'épuration étaient en construction dans le bassin-versant du Baïkal, essentiellement le long de la Selenga (Vorobiev, 1988), et en 1990 le système d'épuration de la cimenterie de Timliouï, dans le delta, était achevé (Snytko *et al.*, 1996). Les stations à systèmes de déphosphatation d'Oulane-Oudé pourraient sans doute être encore améliorées, mais il est à noter qu'aujourd'hui la traversée de l'agglomération ne provoque pas d'augmentation importante de la concentration en phosphore dans les eaux de la Selenga. Les mesures comparées effectuées en 1993 en amont et en aval de la ville donnaient une hausse de 33% en juin et de 14% en août, mais une diminution de 21% en juillet, le tout pour des valeurs absolues faibles, de l'ordre de 20 à 25 microgrammes de phosphore par litre (Sorokovikova *et al.*, 1995).

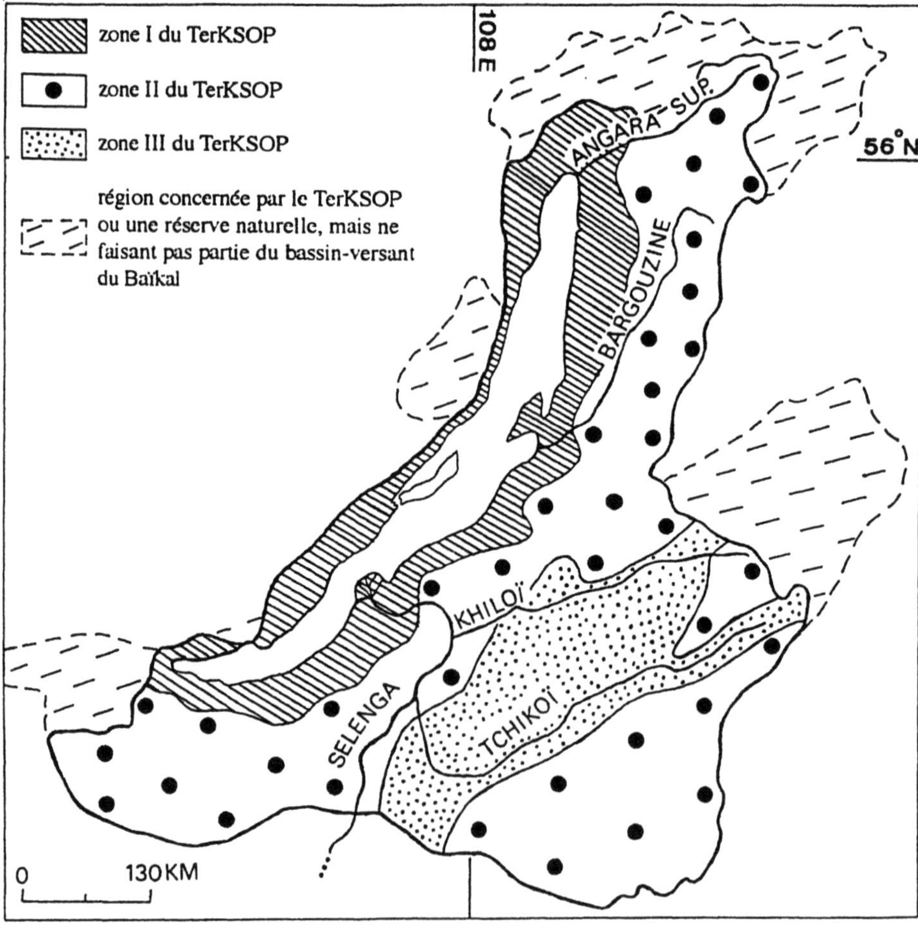

Fig. 23 Carte de la protection circumlacustre de la partie russe du bassin du Baïkal d'après Vorobiev, 1988, modifié
La protection du bassin est définie par le Schéma de protection de la nature du Complexe Territorial du bassin du lac Baïkal (TerKSOP en abréviation russe) de 1987. Les interdictions et obligations sont de plus en plus contraignantes de la zone III, la plus éloignée du lac, vers la zone I.

Les interdictions et obligations édictées en 1987 étaient de plus en plus fortes de la troisième zone, la plus éloignée du lac, vers la première zone, qui borde le Baïkal. Dans la zone lointaine, seule la construction de nouvelles usines polluantes était interdite et l'unique obligation était celle faite aux industries existantes de s'équiper d'une station d'épuration. La zone intermédiaire devait respecter les interdictions et obligations de la troisième zone, mais on y ajoutait l'interdiction d'ouverture de toute nouvelle mine et de construction de toute installation hydroélectrique. En agriculture, l'utilisation des pesticides était interdite, celle des engrais réglementée, de même que la coupe de la taïga. En 1989, l'abandon du projet d'ouverture d'une mine, qui avait été planifiée depuis longtemps, dans la deuxième zone, devint le symbole du respect des règles de 1987. Mais c'était dans la première zone, sur plusieurs dizaines de milliers de kilomètres carrés, que les interdictions et obligations étaient les plus nombreuses. Il était interdit de construire toute nouvelle infrastructure, qu'elle fût destinée à l'agriculture, à l'industrie, aux transports ou à l'agrandissement d'une ville, et d'enfouir sous terre des déchets industriels. Les exploitations minières et les industries traitant le minerai devaient fermer. En agriculture, tout engrais minéral et tout pesticide était prohibé. A l'interdiction absolue de coupe de bois s'ajoutait le caractère obligatoire du reboisement. Toute nouvelle installation, quelle qu'elle fût, était interdite au bord des affluents du Baïkal dans leur cours aval, celui de la première zone.

Dans les trois zones, outre les travaux, interdictions et obligations, les recommandations étaient innombrables: les "Normes d'influence admissibles" furent envoyées en 1987 à toutes les administrations et entreprises du bassin-versant soviétique du Baïkal. Les industries reçurent des conseils pour la modernisation des stations d'épuration existantes et les autres systèmes destinés à réduire la pollution, les sovkhozes et les kolkhozes furent mis au courant des recommandations concernant les changements des plantes cultivées et des modes de culture, etc. Les entreprises respectant ces normes se voyaient délivrer un "passeport du Baïkal"(Doumova, 1994).

Depuis la chute de l'URSS, c'est la continuité qui prévaut dans le domaine de la protection du Baïkal. La réflexion se poursuit, s'appuyant sur les progrès réalisés depuis trente ans. C'est ainsi que les Soviétiques avaient décidé d'améliorer le TerKSOP en lançant en 1991, en collaboration avec les Etats-Unis, le plan Davis. Or la forme définitive de celui-ci a été présentée en mars 1993. Son originalité est d'accentuer la prise en compte, pour la pollution, du bassin atmosphérique et non pas seulement du bassin hydrographique, précisant en cela les recherches russes des années 80 (Tchebanenko, 1988, Vorobiev 1988, Vlassenko *et al.*, 1990). Le projet de "loi du Baïkal" au niveau fédéral a été rendu public le 5 août 1993 (Vorobiev *et al.*, 1994). Quelques mois plus tard, en janvier 1994, la Russie a édicté le "programme Fédéral complexe pour garantir la protection du lac Baïkal et l'utilisation rationnelle des ressources naturelles de son bassin", tout en lançant la construction d'un cadastre des ressources naturelles baïkaliennes (Kouzmine, 1995). A Irkoutsk, la conférence des pays de la CEI du 12 mai 1994, "le Baïkal, laboratoire naturel pour la recherche du changement global", accentua le suivi informatique du TerKSOP, l'Institut de géographie et le Centre de calcul d'Irkoutsk présentant leurs résultats dans la mise au point de Systèmes d'Informations Géographiques et de Systèmes d'Expertises adaptés à la modélisation du Baïkal (Vorobiev *et al.*, 1995a). Enfin, la conférence internationale d'Oulane-Oudé du 12 au 16 septembre 1994, où se trouvaient des représentants de l'UNESCO, a jeté les fondements du classement du Baïkal au patrimoine naturel de l'humanité (Vorobiev, 1995).

Certes, les difficultés économiques actuelles de la Russie et l'autonomie politique locale croissante ne favorisent pas toujours la prise en compte sur le terrain des recommandations, ni l'application effective de certains projets, comme celui de la création de nombreuses patrouilles de prévention des feux de taïga. Mais certains travaux de l'Etat se poursuivent. C'est ainsi que le circuit fermé d'eau du combinat de carton et cellulose de Selenguinsk (STséKK), commencé sous le régime soviétique, a été terminé avec promptitude par la Russie en 1992. De même, les interdictions et obligations du TerKSOP continuent pour l'essentiel à être respectées. Ainsi, même dans la région baïkalienne la plus riche en ressources du sous-sol, celle de Slioudianka (mica, titane, apatite, graphite, pyroxène, marbre, etc.), aucune nouvelle mine ou carrière n'a été ouverte depuis plus de dix ans (Vassiliev *et al.*, 1995) et plusieurs sont au contraire en voie de fermeture (Reznikova *et al.*, 1996). On peut aussi prendre l'exemple de l'interdiction de la coupe de la taïga sur 40 kilomètres de largeur autour du Baïkal, soit trois millions d'hectares, qui est toujours suivie. De fait, le taux de boisement de 62% du haut bassin de la Léna et des littoraux du nord-ouest du Baïkal est aujourd'hui le deuxième plus élevé des douze districts d'exploitation forestière de l'oblast d'Irkoutsk (Malykh et Tolmatcheva, 1996). D'autre part, les autorités locales peuvent maintenant prendre aussi des mesures écologiques sans forcément passer par Moscou, de nouveaux liens se tissent, certains pouvoirs se recomposent et le Baïkal n'est pas forcément oublié de cette période transitoire. C'est ainsi qu'en 1992 les députés de l'oblast d'Irkoutsk et de la République de Bouriatie ont créé le "Parlement écologique pour le Baïkal" (Arjakovsky, 1994).

c - Les parcs naturels et les autres espaces à régime spécial

Sur ce fond en trois zones couvrant la totalité du bassin russe du Baïkal se surimposent localement des territoires régis de manière encore plus stricte (fig. 24), avec quatre statuts de protection croissante: les monuments de la nature (pamiatniki prirody), les territoires préservés (zakazniki), les parcs naturels nationaux d'Etat (gossoudarstvennyé prirodnyé natsionalnyé parki) et les réserves naturelles d'Etat (gossoudarstvennyé prirodnyé zapovedniki), sans compter la réserve de la biosphère de Sokhondine, qui mord sur le bassin baïkalien (Kondratenko, Oulybina, 1996).

Les premiers monuments de la nature, ont été créés en 1971 et leur nombre ne cesse de croître. L'année de la chute de l'URSS, ils étaient 267 dans le bassin du Baïkal (Imetkhenov, 1991). Ce sont des objets naturels protégés, comme des cascades, des escarpements, des marais, dont la plupart s'étendent sur 100 à 200 hectares. Le plus grand, le lac de Kotokel, fait cependant 69 km2. Ils sont soumis en général à un régime de préservation (zakazny rejim). Cela signifie qu'ils sont interdits à certaines périodes de l'année, mais ils peuvent recevoir des visiteurs à d'autres moments. Quelques rares monuments de la nature connaissent un régime de réserve (zapovedny rejim), pour lequel les interdictions sont permanentes. Les monuments de la nature sont les seuls des quatre statuts à n'avoir aucun personnel de surveillance engagé par l'Etat. Au temps du communisme, c'étaient les exploitations collectives, soviétiques ou forestières (kolkhozes, sovkhozes, leskhozes) qui étaient chargées de protéger les monuments de la nature se trouvant sur leur territoire. Depuis la chute de l'URSS, les terres collectives continuent à former ici une grande part des exploitations, mais, à terme, on peut se poser la question de l'avenir de monuments de la nature qui se trouveraient sur des propriétés devenues privées.

Créés eux aussi il y a 25 ans, les territoires préservés sont soumis au même régime que les monuments de la nature: les interdictions sont temporaires, par exemple en période de reproduction, si des espèces animales sont protégées. Mais ils sont plus étendus que les monuments de la nature et, surtout, un personnel payé par l'Etat les surveille. Le bassin du Baïkal compte 26 zakazniki (Mikheev, 1994).

Les parcs naturels nationaux d'Etat, demandés par les scientifiques depuis les années 60, ont vu le jour au milieu des années 80. Trofimouk et Gerassimov (1965) réclamaient la constitution d'un "combinat-parc naturel national du Baïkal", "combinat" étant entendu au sens de "combinat naturel pour le renouvellement de l'eau particulièrement pure qui s'accumule dans le lac" (Trofimouk et Gerassimov, 1965, p. 57, en russe). Dans le contexte de développement ubiquiste des forces productives de l'époque, ce n'était autre qu'une demande bienséante de protection d'une partie du bassin du Baïkal. Mais les dossiers traînèrent pendant une vingtaine d'années, du fait de la définition même du parc naturel, qui admet, tout en les contrôlant, certaines activités humaines. Plusieurs ministères et départements étaient dès lors concernés et se renvoyaient le financement (Vorobiev *et al.*, 1990).

Finalement, le parc national de Baïkalie (Pribaïkalski natsionalny park) et celui de Transbaïkalie (Zabaïkalski natsionalny park) ont été respectivement créés de 1986 à 1988 et de 1987 à 1989 et s'étendent sur 4180 et 2090 km2. Ils sont tous deux littoraux. Le premier englobe, sur plusieurs centaines de kilomètres, presque toute la côte occidentale, englobant la Chaîne Côtière (Primorski khriébiète) et l'île d'Olkhone. Le second, sur le littoral oriental, comprend le sud de la chaîne de Bargouzine, la péninsule du Saint Nez (polouostrov Sviatoï Nos), de petites îles et des portions lacustres. L'originalité de leur statut est d'accepter l'agriculture (Kalep, 1988), ainsi que l'activité touristique, favorisant même cette dernière et l'organisant de manière à ce qu'elle soit compatible avec la protection de la nature.

Depuis la chute de l'URSS, l'importance du personnel a été ici conservée et les parcs naturels restent, malgré leur taille, remarquablement

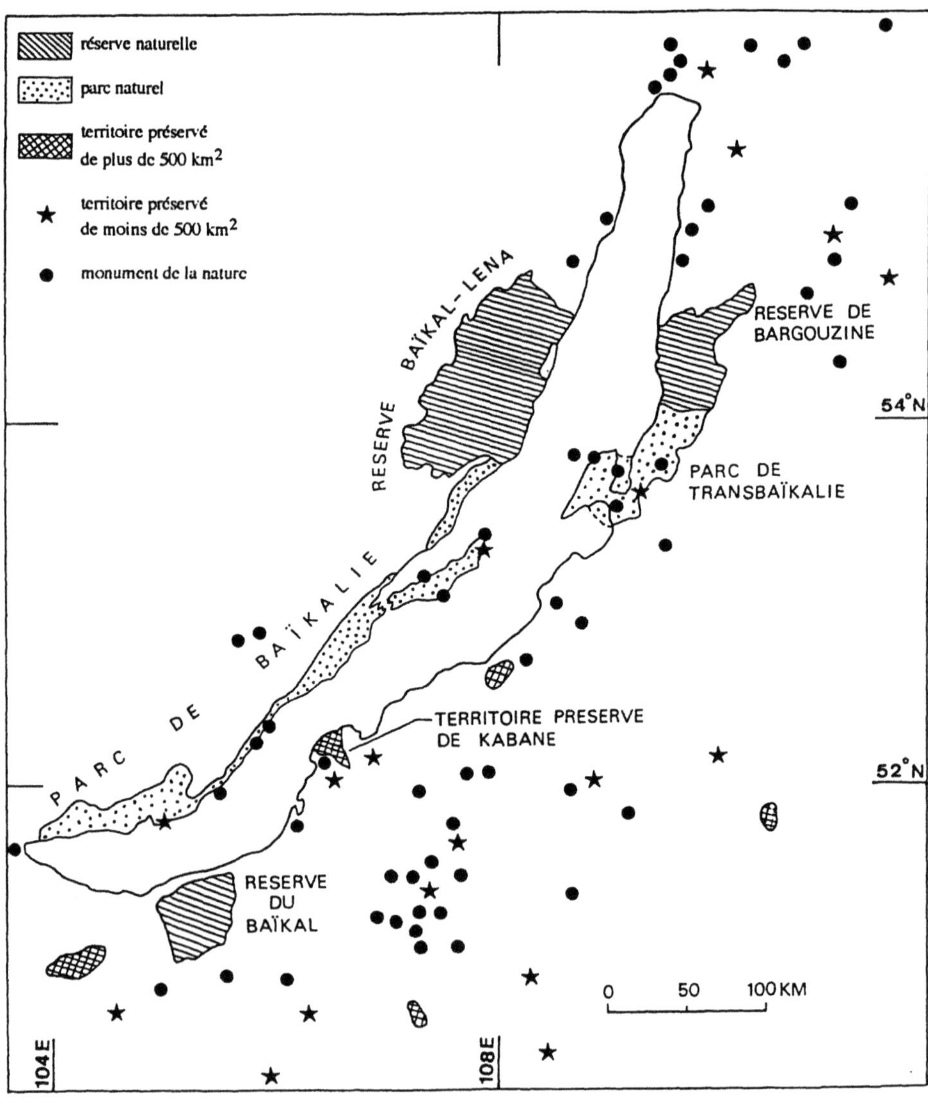

Fig. 24 Carte des espaces protégés du Baïkal à régime spécial
essentiellement d'après Vorobiev et Martynov, 1988, et Atoutov et Martynov, 1990
La protection la plus stricte est celle des trois réserves naturelles d'Etat, où toutes les activités autres que scientifiques sont interdites en permanence

surveillés. Bien que cette expérience personnelle n'ait aucune valeur scientifique et ne puisse remplacer enquêtes et traitements statistiques, nous pouvons témoigner n'avoir jamais pu franchir la limite d'un parc national sans contrôle et remise du réglement intérieur contre perception du droit d'entrée, même par les sentiers qui semblent les plus isolés. Les transformations de la Russie ces dernières années ont cependant influé sur les parcs. La chasse au phoque pour les touristes étrangers fortunés n'est plus une interdiction incontournable (Teulade-Ness, 1995). Devant la diminution du pouvoir central et l'émergence de décisions locales plus importantes, des villages réclament, pour pouvoir développer leur économie, leur sortie des parcs naturels. C'est le cas de Listvianka, qui voudrait s'agrandir et augmenter sa quantité de bétail. D'autre part, la loi de la Fédération de Russie de mars 1995 assouplit les contraintes à l'intérieur des parcs naturels, en prévoyant la possibilité de développement de la propriété privée à l'intérieur des limites de ces espaces protégés, le projet de "loi du Baïkal" (zakone o Baïkalié) préconisant quant à lui le droit privé de succession pour les habitants des parcs naturels baïkaliens de la deuxième génération (Toulokhonov, 1996).

Le statut le plus rigoureux est celui des réserves naturelles d'Etat, dans lesquelles toutes les activités humaines sont interdites en permanence (Goussev, 1982, Oustinov,1979). Seuls les scientifiques sont admis à y pénétrer. Il existe ainsi par exemple un accord entre les chercheurs de l'institut de géographie d'Irkoutsk et la réserve de Bargouzine (Kouzmine, 1994).

La plus ancienne, la réserve de Bargouzine (Bargouzinski zapovednik), fut créée en 1916 pour sauver la zibeline de l'extermination. Devant la chute des prises entre 1880 et 1910, à la lecture alarmiste du gouverneur général d'Irkoutsk en 1910 et 1911 et sous la pression des firmes allemandes de commerce de gros, qui pressentaient l'imminence d'une catastrophe pour la pelleterie, le gouvernement avait en effet pris un décret le 16 avril 1912, admettant l'urgence de la création de réserves protégeant ce mustélidé. Cette prise de conscience aboutit, après quelques années de mesures interdisant rigoureusement la chasse à la zibeline dans tout le pays, à la création d'un territoire réservé au bord du Baïkal. Transformée depuis, la réserve de Bargouzine couvre aujourd'hui 2632 km2.

Une deuxième réserve naturelle fut créée en 1969 dans la chaîne de Khamar-Dabane, entre les rivières Vydrinaïa et Michikha. La réserve du Baïkal (Baïkalski zapovednik) était réclamée depuis longtemps par les scientifiques, pour protéger la forêt moussue de Khamar-Dabane, cas unique de nebelwald de taïga. La requête officielle fut adressée le 25 mai 1968 par des professeurs et présidents des universités et instituts d'Irkoutsk et le conseil des ministres de la RSSA de Bouriatie donna son accord le 5 juillet, la réserve entrant en vigueur le 26 octobre de l'année suivante. S'étendant à l'origine sur 1740 km2, elle fut ensuite réduite à 1657 km2, mais les scientifiques réclament son agrandissement au sud et à l'ouest (Goussev, 1986, Roubtsov, 1987). C'est la seule de toutes les réserves à n'être pas contiguë au trait de côte, puisque sa frontière occidentale passe à quelques kilomètres en arrière, laissant ainsi en dehors du territoire protégé la route et la voie ferrée transsibérienne.

Une troisième réserve fut créée en 1989 au nord-ouest du lac sibérien, la réserve du Baïkal et de la Léna (Baïkalo-Lenski zapovednik). Demandé par les scientifiques dès 1957, appuyé en 1958 par le président de la section baïkalienne de la Société de géographie de l'URSS, V.V. Lamakine, accepté par la résolution du conseil des ministres du 9 mai 1960, le projet de création d'une réserve protégeant la principale région baïkalienne peuplée d'ours resta en fait lettre morte pendant quinze ans. En 1976, une résolution du conseil des ministres de RSFSR relança l'idée de manière éphémère. Il est vrai que ce littoral était proche de celui de la construction de la voie ferrée Baïkal-Amour, qui préoccupait plus l'administration centrale. Au milieu des années 80, le BAM terminé, sous la pression de la direction générale de la chasse de la RSFSR, le projet reprit rapidement de la vigueur, pour aboutir en 1989. La réserve du Baïkal et de la Léna préserve le milieu naturel des ours bruns sur 5600 km2, c'est-à-dire la mosaïque de forêts et de formations herbacées des monts du Baïkal, notamment les “mariany”, clairières naturelles de steppe dans la taïga, dont ont besoin les ours.

Au fil du temps, toutes ces réserves ont vu s'élargir leur mission (Oustinov *et al.*, 1986) et sont aujourd'hui chargées d'étudier et de protéger totalement l'ensemble des écosystèmes de taïga sur les 10 000 km2 concernés, et, “en fin de compte, de protéger le lac Baïkal lui-même” (Goussev,1986, p.55, en russe). Depuis la chute de l'URSS, le gouvernement poursuit la politique de création de réserves sur le littoral baïkalien. C'est ainsi que, dans le delta de la Selenga, l'Etat soviétique avait créé un zakaznik de 180 km2, le territoire préservé de Kabane (Vorobiev *et al.*, 1990). Puis le projet de sa transformation en réserve, passant ainsi d'une interdiction partielle à une interdiction absolue, avait été inscrit au XIe plan. Or le gouvernement actuel, dans la continuité, achève la mise en place de la quatrième réserve du bassin du Baïkal.

Au total, l'existence de quatre statuts différents a le mérite de tenir compte de la diversité géographique des régions à protéger dans un espace qui est très vaste. Mais son inconvénient a toujours été la concurrence se développant entre les différents services dirigeant ces territoires et le morcellement des régions sous protection leur fait perdre de leur efficacité (Mikheev, 1995). C'est ainsi que les monuments de la nature appartiennent aux exploitations collectives, les parcs naturels dépendent du ministère des forêts de la fédération de Russie, les réserves de la direction de la chasse de la fédération de Russie, cependant que la réserve du Baïkal est directement affiliée à la république de Bouriatie. Il est vraisemblable que le projet soviétique, qui était d'unifier tous ces territoires, pour les soustraire aux querelles entre les différents niveaux administratifs, ne se réalisera pas, eu égard à la croissance de l'autonomie politique de ces dernières années, tant dans les services nationaux que locaux. Cependant, la Russie a redéfini l'organisation des différents statuts en mars 1995, en les regroupant sous le terme commun de territoires naturels à protection spéciale (“ossobo okhraniaiémyé prirodnyé territorii", OOPT). Afin de mieux faire coïncider les espaces concernés et l'aspect institutionnel, cette loi a prévu que des régions administratives entières devinssent OOPT. C'est ainsi que, sur le littoral sud-ouest du Baïkal, le raïone de Slioudianka, circonscription administrative, épouse maintenant un OOPT, à l'intérieur duquel les différents statuts précédents et hiérarchisés sont maintenus (Reznikova *et al.*, 1996).

Finalement, la protection, tant institutionnelle que pratique, du bassin du Baïkal, sur des centaines de milliers de kilomètres carrés, est exceptionnelle. Elle tient en grande partie au travail des chercheurs irkoutiens, reconnu au niveau international. De 1979 à 1991, 56,4% de la production scientifique publiée en URSS à propos du Baïkal a concerné la qualité des eaux et leur protection (Mandrinina, 1994). Les limnologues d'Irkoutsk ont d'ailleurs reçu, par l'intermédiaire du prix spécial des Nations Unies attribué à l'Académie des sciences de l'U.R.S.S. pour sa primauté dans la défense de l'environnement tout particulièrement appliquée au cas du Baïkal, la consécration qu'ils méritaient (Sergeyev, 1989). Malheureusement, ces réussites considérables sont gâchées par le seul et grand échec des mesures de protection, le fait que le combinat de papier et cellulose de Baïkalsk (BTséBK) rejette toujours ses eaux souillées dans le lac.

2 - La lutte contre le combinat de papier et cellulose

Dès la construction du combinat de cellulose de Baïkalsk, certains scientifiques avaient émis de vives réserves (Trofimouk et Gerassimov, 1965), relayées par une campagne de presse menée par la *Literatournaïa Gazeta* en février 1965 (Giroux, 1971). Mais le BTséBK ayant, en cette période de guerre froide (ou plus précisément de "coexistence pacifique"), les faveurs du ministère de la défense, on passa outre le problème écologique.

Pour traiter les eaux usées du BTséBK, on construisit à la fin des années 60 une première station d'épuration à installation double, transformée à la fin des années 70 en une triple station à épuration mécanique, chimique et biologique. Son coût financier et les techniques utilisées alors montraient bien que le gouvernement voulait en faire un exemple, voire un symbole. La propagande la présenta comme la meilleure du monde et l'usine continue de le proclamer aujourd'hui, affirmation dont se gaussent en général les media occidentaux, bien que certains, beaucoup plus rarement, la reprennent au contraire à leur compte (Belt, 1992), dans les deux cas sans chiffre à l'appui. Chez les scientifiques, personne, ni même les plus virulents à l'égard du BTséBK (Galazii, 1990), n'a jamais contesté la valeur de ce système d'épuration, qui a des normes plus strictes que les standards d'Europe de l'ouest.

Les chiffres concernant les organochlorés, les matières en suspension et les matières organiques rejetés par le BTséBK, respectivement 0,9, 1,1 et 0,7 kg par tonne de cellulose produite au début des années 90, étaient à cette époque 6, 8 et 29 fois plus faibles que la moyenne finlandaise et environ 1,5 à 2 fois plus faibles que les usines les plus performantes de ce pays (Soukhodolov, 1996). Les concentrations en chlorophénols sont de 1 à 10 microgrammes par litre à la sortie du système d'épuration du BTséBK, soit 220 g à 2,2 kg par jour en absolu, contre 1 à 20 microgrammes par litre en Allemagne de l'ouest (Beliavtseva *et al.*, 1993).

Mais il ne s'agit pas de partir à la recherche puérile d'un quelconque record. Quelles que soient ses qualités, la station d'épuration du BTséBK n'a pas effacé miraculeusement la toxicité de certains produits rejetés. Il fallait donc faire plus. C'était tout le sens du projet de construction d'une longue canalisation de dérivation des eaux usées du BTséBK vers un affluent de l'Angara, la rivière Irkoute, pour épargner les eaux du Baïkal. Déjà en 1962, alors que le BtséBK ne fonctionnait pas encore, le Conseil des Ministres de l'URSS avait fait mener une étude pour réaliser cette conduite, puis une autre, plus poussée, en 1965. Mais, du fait des reliefs montagneux à traverser, des stations de pompage à installer, des 70 km de canalisation à poser dans des conditions difficiles, le coût de revient avait été jugé trop important et le projet était resté sur la papier, malgré l'insistance des scientifiques Trofimouk et Gerassimov (1965), puis, en 1971, celle de l'institut de géographie d'Irkoutsk.

En 1987, cette vieille idée fut reprise par M. Gorbatchev, cependant que, contrairement aux fois précédentes, la construction commença effectivement. Mais les manifestations véhémentes et répétées des habitants d'Irkoutsk, qui ne voulaient pas de la pollution de ce cours d'eau, sur les bords duquel se situaient nombre de résidences secondaires, de maisons de repos et de camps de pionniers, et les critiques acerbes des écologistes, qui, tout en gagnant le combat médiatique, imposaient l'alternative de la fermeture du combinat ou rien, contraignirent les autorités à cesser les travaux en cours et à abandonner le chantier. Ce fut donc le Baïkal qui continua à recevoir les effluents du combinat et l'Etat soviétique fut partout honni pour avoir commencé la construction d'une canalisation conduisant des eaux passant dans des systèmes d'épuration vers l'émissaire, afin de sauver le lac. Plusieurs années après, chacun continue de conspuer le gouvernement déchu pour cette idée saugrenue. Entre-temps, la France avait construit autour du lac d'Annecy une canalisation conduisant des eaux passant dans des systèmes d'épuration vers l'émissaire et avait sauvé le lac.

La résolution du conseil des ministres de 1987 et le TerKSOP demandèrent ensuite la réduction progressive de la consommation de l'eau du BTséBK et l'arrêt de la production de cellulose était prévu pour 1993. Le BTséBK devait alors soit être converti en une fabrique de meubles ou d'autres produits, réduisant ainsi la pollution tout en préservant les 4000 emplois sur place, soit être fermé, stoppant alors la pollution, mais condamnant aussi de ce fait une ville de 16 000 habitants à l'exode vers Ouste-Ilimsk, où la production de cellulose devait être transférée.

Cependant, les autorités de cette ville angarienne obtinrent le soutien de la Commission d'Etat pour la Nature pour refuser l'ajout d'une usine de cellulose au combinat d'industrie du bois existant déjà dans cette localité, s'appuyant sur des expertises écologiques affirmant qu'une augmentation de la pollution de l'Angara dans cette région aurait des conséquences catastrophiques. C'est pourquoi, le 10 novembre 1988, le conseil des ministres de l'URSS publia un décret abandonnant l'idée de transfert du BTséBK à Ouste-Ilimsk. En revanche, la possibilité de fermeture du BTséBK restait valable et plusieurs organismes furent chargés d'estimer les pertes financières que cela engendrerait pour l'économie du pays dans les industries chimiques, les industries de peumatiques, les industries textiles, etc. Le chiffre de 19 milliards de roubles fut suffisamment parlant pour relancer le projet de transfert du BTséBK et, en 1991, Boris Eltsine demanda officiellement à la Biélorussie de prendre à sa charge une partie du transport des unités dans ce pays, prétextant que l'usine de fibres chimiques de Svetlogorsk, ville biélorusse, était le principal client du BTséBK.

Le refus de la Biélorussie arriva au moment de la chute de l'URSS. Ce dernier événement apporta trois principales nouveautés. D'abord, les difficultés économiques, qui existaient depuis plusieurs années, se sont accrues et cela a provoqué un désintérêt envers les problèmes de pollution, à la fois de la part du gouvernement, qui pare désormais au plus pressé dans ses dépenses, et de la part de la population baïkalienne, qui, absorbée dans les problèmes matériels quotidiens, ne manifeste plus dans les rues ni ne participe plus aux grandes réunions écologiques comme dans les années 80.

Le deuxième changement réside dans la décentralisation. Engagée par Mikhaïl Gorbatchev, elle a été accentuée par le nouveau régime. Ce sont les impôts locaux et les amendes payées par les industries polluantes qui doivent aider au financement de la lutte contre la pollution (Yablokov, 1993, et communication orale de L.L. Kalep, chercheur à l'institut de géographie d'Irkoutsk, juillet 1993). Mais comment attendre une décision locale de fermeture du BTséBK, alors qu'il fait vivre une ville entière?

Le dernier changement est lié à la nouvelle manière d'aborder les problèmes socio-économiques et aux nouveaux rapports à l'emploi. Le chômage ne doit pas être exagéré et il est statistiquement faible dans la région, mais il est devenu, au moins dans les esprits, un frein supplémentaire à la fermeture du combinat. En outre, en décembre 1992, d'après nos propres renseignements, ou en 1993, d'après Mnatsakanian (1994), le BTséBK a été transformé en une société par actions. Enfin, dans la continuité des décisions de la perestroïka, qui, en 1990, avait ouvert au BTséBK le marché des pays occidentaux, l'usine exporte maintenant une partie de sa production en Europe de l'ouest, au Japon ou encore en Corée du sud.

Il résulte de l'évolution de ces dernières années que la fermeture prochaine de l'usine de Baïkalsk est désormais une hypothèse à peu près abandonnée. Or, pendant quelques années, la modernisation de l'usine avait cessé, puisqu'elle devait fermer ses portes. Ainsi, curieusement, l'annonce gorbatchevienne de la fermeture du BTséBK a finalement été néfaste à l'écologie du Baïkal, en faisant perdre un temps certain. Il reste cependant que sa reconversion en une usine moins polluante fabriquant d'autres produits reste envisagée et a été reconfirmée lors du classement en Territoire naturel à protection spéciale de la région de Slioudianka, dont dépend administrativement la ville de Baïkalsk (Reznikova *et al.*, 1996). Un premier atelier a d'ailleurs été démonté, celui de la production du "levain" par hydrolyse (communication écrite de L.L. Kalep, avril 1995), pour être reconverti en fabrique de lits pour enfants.

D'autre part, la modernisation a maintenant repris. Le combinat pompe et rejette de moins en moins d'eau, les déchets sont encore plus réutilisés qu'avant en circuit interne, notamment la lignine, bref le BTséBK cherche à fonctionner de plus en plus en circuit faiblement ouvert. Les rejets diminuent ainsi nettement par tonne de cellulose produite, à quoi il faut ajouter que la production absolue de cellulose baisse elle aussi (tableaux 5 et 6). Quant aux rejets du combinat dans l'atmosphère, ils sont passés de plus de 20 000 tonnes en 1987 à 14 000 tonnes en 1991 et la diminution s'est poursuivie depuis, pour atteindre seulement 11 800 tonnes en 1995. En outre, le projet de la construction d'une nouvelle station d'épuration est bien avancé, confirmant l'objectif de constitution d'un circuit fermé. En effet, jusqu'à présent, la même station épurait les eaux usées du BTséBK et celles de la ville de Baïkalsk. Or, si l'usine ferme ou peut réaliser un circuit interne, la station ne pourra plus fonctionner en perdant 95% de son alimentation. Une nouvelle station d'épuration serait alors indispensable, adaptée à la faiblesse des rejets domestiques de la ville.

Une seule usine, mais de grande taille, est donc aujourd'hui à l'origine de l'essentiel des rejets dans le Baïkal, car des solutions ont été trouvées pour la plupart des autres sources de pollution du bassin.

année	1986	1987	1988	1989	1990	1991
production de cellulose, t	224 000	219 000	217 790	213 869	191 141	175 278
consommation d'eau lac, m3/j	110 160	106 910	89 805	83 285	81 376	79 804
consommation d'eau usée, m3/j	229 632	218 466	214 413	214 366	209 889	201 647
DBO_5, mg/l	2,5	1,7	1,4	1,8	1,3	1,6
matières en suspension, mg/l	6,4	3,2	2,3	2,7	3,0	2,6
minéralisation totale, mg/l	606	568	521	485	448	462
phénols, mg/l	0,011	0,011	0,009	0,009	0,008	0,007
chlorures, mg/l	105,0	101,0	97,3	93,8	91,0	86,0
sulfates, mg/l	301,0	250,0	234,0	230,4	211,0	183,0

Tableau 5 Evolution de la production et des rejets du BTséBK pendant la perestroïka (chiffres de Soukhodolov, 1996)

année	1992	1993	1994	1995
production de cellulose, t	185 174	153 301	147 412	184 879
consommation d'eau lac, m3/j	77 765	69 409	59 194	69 998
consommation d'eau usée, m3/j	203 035	188 511	158 953	191 725
DBO_5, mg/l	1,7	1,6	1,9	0,5
matières en suspension, mg/l	2,8	2,3	2,8	2,0
minéralisation totale, mg/l	431	387	428	414
phénols, mg/l	0,008	0,01	0,02	0,01
chlorures, mg/l	101,5	98,0	107,5	107,0
sulfates, mg/l	201,0	185,0	165,7	157,0

Tableau 6 Evolution de la production et des rejets du BTséBK depuis la chute de l'URSS (chiffres de Soukhodolov, 1996)

Quand on connaît la qualité de la protection hors cette verrue, on peut être optimiste quant à l'avenir du lac. Mais lorsqu'on se penche sur la décision qui a finalement été prise de ne pas fermer à court terme le BTséBK, et sur les difficultés économiques actuelles de la Russie, qui pourrait être tentée de relâcher ses efforts dans l'ensemble du bassin, le sort du Baïkal semble plus sombre.

3 - La protection du bassin atmosphérique

Pour des raisons tectoniques, le bassin hydrographique du Baïkal est presque inexistant à l'ouest. C'est une chance pour le lac, puisque le seul gros foyer urbain et industriel s'en trouve ainsi exclu. Il s'agit de la conurbation qui part d'Irkoutsk, à 65 km en aval du Baïkal, pour s'étirer jusqu'à Tcheremkhovo, à 190 km du lac (Touchart, 1995b).

Seule une pollution atmosphérique pourrait éventuellement retomber sur le Baïkal, puique les vents dominants sont, à échelle moyenne, des flux d'ouest. Or cette possibilité a été envisagée par les Soviétiques dès les années 70, grâce à des études détaillées réalisées sur les poussières contenues dans la neige baïkalienne par l'institut de l'énergie d'Irkoutsk (Tchebanenko, 1988) et des campagnes aériennes de l'institut d'optique de l'atmosphère (Belane *et al.*, 1996). On décèle dans l'air surmontant le Baïkal des aérosols provenant de la conurbation d'Irkoutsk, mais aussi des grands centres industriels de Sibérie occidentale (Khodjer *et al.*, 1996). En fait, en hiver, les conditions anticycloniques sont si stables que la pollution reste au-dessus des grandes villes et épargne totalement le Baïkal (Agroutchintsev *et al.*, 1995). Au printemps, en revanche, des particules peuvent être transportées jusqu'au-dessus du lac. Au total, 25% des aérosols de l'atmosphère du Baïkal méridional pourraient avoir une origine humaine (Obolkine *et al.*, 1994).

Afin de ne rien négliger, les Normes d'influence admissibles furent envoyées dès 1987 aux entreprises se trouvant au nord-ouest du Baïkal, en dehors du bassin hydrographique mais à l'intérieur d'un éventuel bassin atmosphérique. D'après les chiffres de 1985 (*Vestnik statistiki*, 1986, 11, cité par Vorobiev, 1988), les rejets atmosphériques des industries et centrales thermiques de la conurbation étaient captés et traités à environ 75% (82% pour Angarsk, 77% pour Irkoutsk). La résolution de 1987 prévoyait d'augmenter cette proportion et préconisait l'utilisation plus importante du gaz pour les installations industrielles et domestiques.

Depuis le passage à l'économie de marché, la tendance est à la diminution des industries lourdes et à la fabrication croissante de produits finis dans la région d'Irkoutsk (Tarakanov, 1996), phénomène plutôt favorable au Baïkal. On a pu chiffrer à 100 000 tonnes la diminution de matières polluantes rejetées dans l'atmosphère par la conurbation entre 1993 et 1994 par la seule crise de l'activité économique (Vorobiev *et al.*, 1995). L'amélioration du captage des rejets atmosphériques se poursuit, bien que ce soit désormais avec une certaine lenteur. Les 115 milliards de roubles dépensés à ce sujet entre 1993 et 1994 ont toutefois permis de baisser de 19 000 tonnes les rejets aériens (Vorobiev *et al.*, 1995). Pour fournir un appoint moins polluant aux centrales thermiques, à l'origine de 38% des rejets atmosphériques de la région (Karnaoukhova, 1997), les projets d'utilisation des énergies éolienne et solaire, ainsi que de la petite hydraulique, se précisent (Novojilov et Solomine, 1994, Solomine, 1995).

Pour parfaire la protection du lac sibérien, la dépression de Tounka fut prise en compte dans les années 80. Proche du Baïkal, celle-ci n'appartient pourtant pas à son bassin d'alimentation, puisqu'elle est drainée vers l'Angara par l'Irkoute. Néanmoins, pour éviter les risques de pollution atmosphérique, ce fossé d'effondrement reçut dès 1988 les recommandations du TerKSOP. Puis, après plusieurs années d'études, le gouvernement ouvrit en 1991 le parc naturel national de Tounka. Le plan Davis de 1993 l'inclut aussi dans ses études de protection.

En conclusion, l'influence hydrologique, géomorphologique et anthropique du bassin est notable, mais a tendance à l'être moins que dans un autre lac. La faiblesse des précipitations sur une grande partie du bassin, impliquant celle des modules spécifiques, augmente la part relative des pluies tombant directement sur le lac et diminue celle du bassin dans le budget hydrologique. L'indigence de la charge sédimentaire des rivières accroît le rôle géomorphologique relatif de la dynamique lacustre indépendante, qui reprend en charge, redistribue d'anciens dépôts. Quant au problème du combinat de cellulose, il ne doit pas occulter l'insignifiance de l'occupation humaine du bassin du Baïkal, lac qui, en outre, du fait de son énorme volume, oppose une forte inertie aux outrages que l'Homme peut lui faire subir. Enfin, la protection de ce bassin est de haut niveau, bien qu'il soit impossible de prendre des mesures draconiennes et absolues sur 550 000 km carrés. Dans tous les domaines, le Baïkal est ainsi plus indépendant que de nombreux lacs. Il le doit à la fois à ses dimensions propres, colossales, et au caractère assez effacé de son bassin.

CHAPITRE 7

LES APPORTS DU BAÏKAL AU CONTINENT: LE BASSIN DE RÉCEPTION

Par rapport à la domination du bassin-versant sur le lac, l'influence réciproque est restreinte. Mais cette faiblesse n'exclut pas la variété des aspects concernés. Le lac a un effet sur une partie plus ou moins petite du continent, qu'on peut appeler "bassin de réception", dans tous les domaines. C'est en climatologie que l'espace concerné est le plus grand, mais l'influence géomorphologique et biogéographique n'est pas inexistante.

A - LE MICROCLIMAT LACUSTRE

Vu les dimensions du Baïkal, le terme de microclimat est impropre, mais il continue à être utiliser couramment, par habitude de la plupart des plans d'eau, de taille nettement moindre. Au sens strict, les états moyens de l'atmosphère au-dessus du grand lac sibérien devraient pourtant être qualifiés de mésoclimat (Boufal *et al.*, 1990), à l'intérieur duquel s'insèrent de multiples microclimats.

Le climat local dont jouissent la région bordière du lac et l'air qui le surmonte n'est pas seulement dû à la présence de la nappe d'eau lacustre. Certains caractères climatiques essentiels de la région, par exemple ceux procédant du phénomène d'abri, proviennent de la morphologie de la partie émergée de la cuvette (Boufal *et al.*, 1976). Mais c'est bien le lac qui est à l'origine des traits essentiels du climat local, à tel point que les Russes le nomment "limnoclimat" (Ladeïchtchikov, 1982).

1 - L'influence de la nappe d'eau sur les températures

Les 23 000 kilomètres cubes du Baïkal sont susceptibles d'emmagasiner et de restituer des quantités de chaleur importantes et de définir ainsi un mésoclimat lacustre assez net (fig. 25).

Les stations qui sont situées à une distance comprise entre 3 et 5 km du trait de côte, comme Oïmour, à 3 km du golfe Proval, ou Douchkatchane, à 5 km au nord du lac, dans la plaine de l'Angara supérieure, présentent une température moyenne annuelle égale à celle des stations beaucoup plus lointaines, non influencées par le lac. Celle de Douchkatchane est ainsi de -3,2°C, comme celle de Kirensk, -3,1°C, ou d'Omoloï, -3,3°C, ces deux dernières étant situées à 230 km du Baïkal. Cela signifie-t-il qu'à seulement 5 km du lac, l'énorme nappe d'eau n'exerce déjà plus aucune influence sur le climat ? Certainement pas. Douchkatchane et Oïmour ont une amplitude moyenne annuelle de 5 à

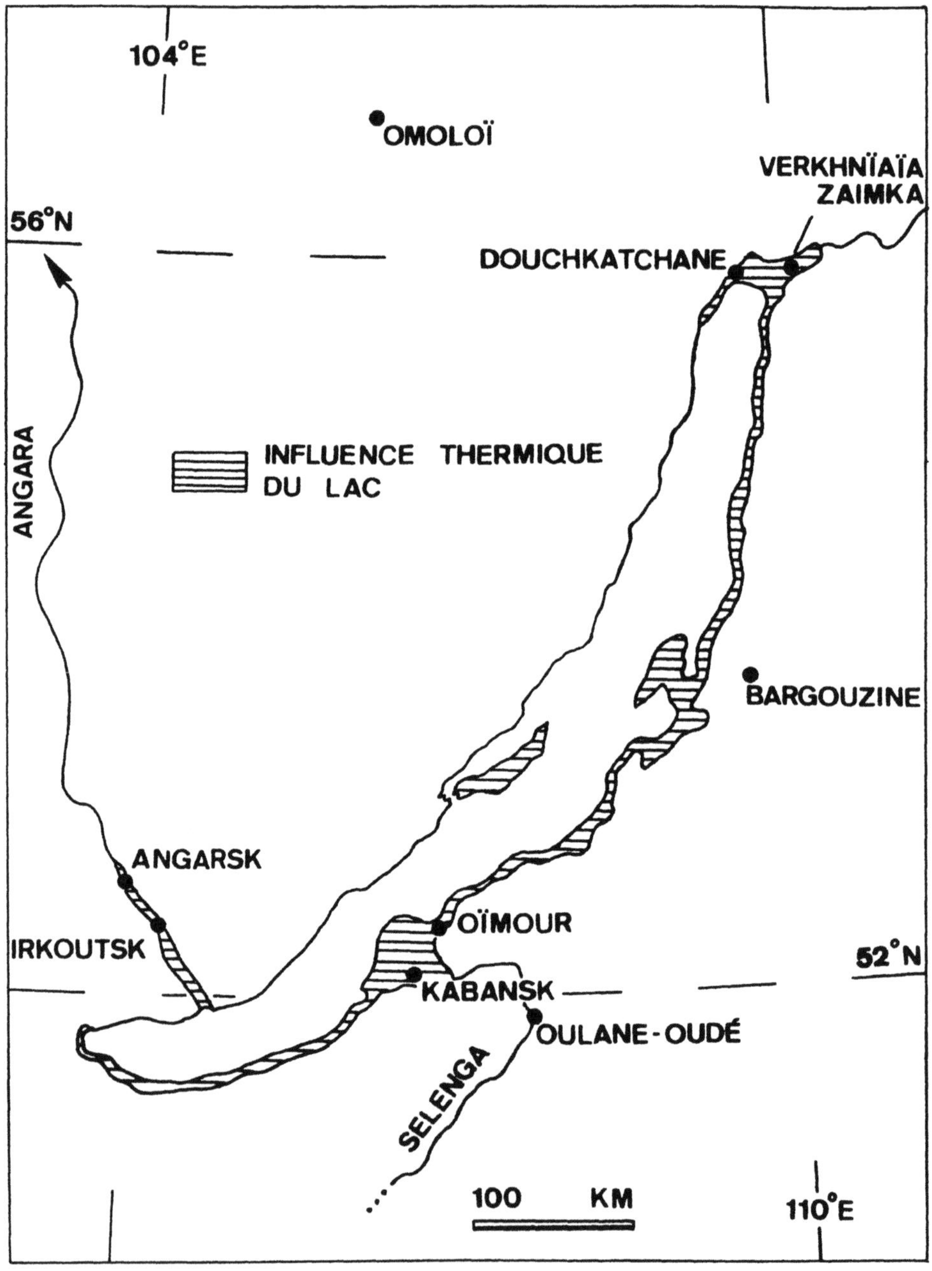

Fig. 25 Carte du bassin de réception thermique du Baïkal
carte construite d'après les données chiffrées des stations, de Drijenko, 1908, de Johansen, 1925, et d'extrapolations faites à partir de la topographie de la région

8°C plus faible que les stations de l'intérieur comparables, qui ne sont pas influencées par le lac.

On peut l'expliquer par le fait que l'adoucissement de l'air hivernal par le Baïkal, qui dépasse 10°C sur les côtes, décroît très vite dans sa propagation vers l'intérieur et n'est plus que de 3°C vers 3 à 5 km à l'intérieur des terres, alors que le raffraîchissement estival modéré du lac sur ses côtes, qui dépasse à peine 5°C, décroît lentement dans sa propagation vers l'intérieur, pour être encore d'environ 3°C vers 3 à 5 km à l'intérieur des terres.

Ainsi, en absolu, l'influence du lac est la même en été qu'en hiver à une distance de 3 à 5 km du trait de côte, si bien qu'elle s'annule pour le calcul de la température moyenne annuelle. Cela signifie qu'en relatif l'influence du lac se propage moins loin en hiver qu'en été. Les températures estivales des lieux situés entre 3 et 5 km du lac sont plus proches des températures des stations côtières que de celles des régions non influencées par le lac, mais leurs températures hivernales sont plus proches de celles des régions hors d'influence du lac que de celles des stations côtières.

Finalement, l'influence importante du Baïkal, avec une réduction de l'amplitude thermique annuelle d'au moins 5°C, se propage jusque sur les premières pentes des reliefs encadrant le lac, soit seulement quelques hectomètres sur la côte occidentale et quelques kilomètres sur la côte orientale. Selon Boufal (1990), la largeur moyenne de cette ceinture littorale à forte influence lacustre est de 5 km et remonte les premières pentes jusqu'à 200 à 300 m au-dessus de la surface du plan d'eau.

Ainsi, la ville de Bargouzine, qui se trouve seulement à 29 km du Baïkal à vol d'oiseau, a une amplitude thermique annuelle de 45°C, la même que celle de Kirensk, à 230 km au nord du Baïkal, ou d'Oulane-Oudé, à une centaine de kilomètres au sud. Bargouzine a un maximum de juillet et un minimum de janvier, comme dans le reste de la Sibérie orientale, avec des moyennes mensuelles allant de +19°C à -26°c, les mêmes que celles des stations lointaines hors d'influence du lac.

A dire vrai, on ne distingue à Bargouzine aucune influence du Baïkal. Cette ville, bien qu'elle soit proche du lac, en est en effet séparée par la chaîne de Bargouzine, qui culmine à près de 2700 m d'altitude. Or c'est le cas partout autour du Baïkal; les reliefs encadrant le lac empêchent l'influence de celui-ci de se propager à plus de quelques kilomètres du trait de côte en Transbaïkalie, encore moins en Cisbaïkalie où l'escarpement de faille qui limite les chaînes côtières tombe dans le lac.

Aux rares endroits où de larges vallées le permettent, l'influence du Baïkal remonte beaucoup plus loin. C'est le cas au niveau des deux grands affluents et de l'émissaire. Dans le graben de l'Angara supérieure, la forme du relief est favorable à la diffusion du mésoclimat lacustre jusqu'à plus de 40 km à l'intérieur des terres, au-delà de la localité de Verkhnïaïa Zaïmka (fig. 25). En ce qui concerne le plus grand tributaire du Baïkal, l'influence est nette jusqu'à la cluse par laquelle la Selenga traverse la chaîne de Khamar-Dabane, en aval de laquelle, soit à plus de 50 km du lac, s'épanouissent son delta ancien et son delta récent. Les

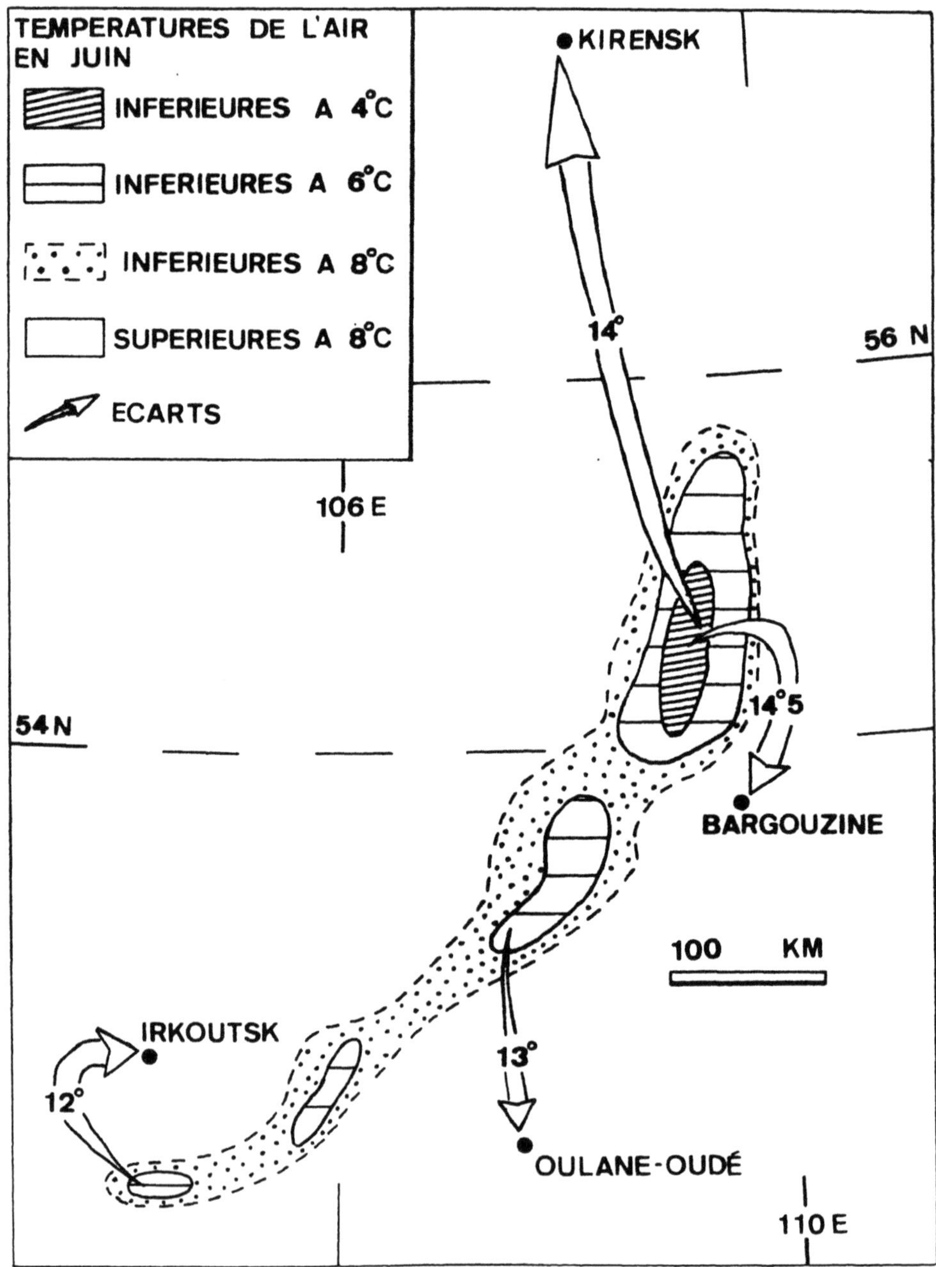

Fig. 26 Carte des écarts thermiques de juin entre l'air surmontant le Baïkal et les régions non influencées par le lac
d'après des chiffres des stations, de Drijenko, 1908, de Johansen, 1925, et des isothermes de Faculté de géographie, 1962

températures de ces régions sont sous la dépendance du lac, comme en témoignent, à 30 km du trait de côte, les relevés météorologiques de la station de Kabansk (fig. 25).

Le cas de l'Angara est différent de celui des deux autres. Il s'agit en effet de l'émissaire, lequel véhicule de l'eau baïkalienne. L'influence lacustre a donc tendance à se propager plus loin, puisqu'elle est relayée par celle de ce grand cours d'eau, d'autant qu'il est aujourd'hui transformé en une succession de lacs de barrage. Ainsi, à 65 km en aval du Baïkal, à Irkoutsk, l'amplitude annuelle est de seulement 37°C, soit 7 à 8°C de moins que dans les stations comparables non influencées par le lac. Il semble que, grâce à l'Angara, on puisse déceler l'influence de l'eau baïkalienne sur les températures au moins jusqu'à Angarsk, pour la voir disparaître progressivement au-delà d'Oussolié Sibirskoïé, à 120 km du Baïkal. Osmolovskaïa (1964a) a ainsi calculé que l'émissaire soutirait au Baïkal cinq calories par centimètre carré et par seconde en octobre.

A part cette exception, le limnoclimat est confiné à proximité du lac à cause du relief. Ce sont donc les localités côtières, et plus encore la couche atmosphérique surmontant le lac, qui manifestent un mésoclimat lacustre clairement exprimé.

Dès le mois d'avril, la couverture nivale a disparu du continent alors que la banquise existe toujours sur le Baïkal. L'air est donc plus froid sur la côte qu'à l'intérieur des terres, d'environ 1°C en général. En mai, la destruction de la banquise prélève de grandes quantités de chaleur à l'air baïkalien et en juin, quand la banquise a disparu, l'eau, proche de zéro degré, refroidit l'air. C'est pourquoi en mai et en juin, les températures côtières sont de 3 à 5,5°C plus basses que celles de l'intérieur des terres.

En juillet, la stratification thermique des eaux du lac commence juste à se mettre en place. L'épilimnion en formation est encore froid et abaisse les températures de l'air des stations côtières de 5°C sur celles des stations hors de l'influence du lac. Juillet n'est le mois le plus chaud d'aucune localité côtière du Baïkal, alors que c'est le cas partout ailleurs dans la région. Ce n'est qu'en août que l'eau du Baïkal, du fait des qualités physiques de l'eau et du brassage opéré sur une certaine tranche d'eau, atteint son maximum de température, alors que l'air sibérien, lui, est déjà moins chaud qu'en juillet. Les stations côtières, dont c'est le mois du maximum thermique, voient donc leur air seulement faiblement raffraîchi d'1 à 2°C par rapport à celles de l'intérieur.

Dès septembre, il y a renversement. La surface du Baïkal est encore chaude. Certaines années, le maximum thermique de l'eau est d'ailleurs atteint début septembre. A l'intérieur des terres en revanche, l'air est déjà assez froid et les premières gelées apparaissent. Les stations côtières sont donc déjà réchauffées par le lac par rapport au reste de la Sibérie orientale. Mais en général la différence n'est que de quelques dizièmes de degrés. Pendant les trois mois d'automne, plus l'air est froid au-dessus de la Sibérie plus le lac lui restitue de la chaleur. L'écart maximum est atteint en décembre, où les stations côtières présentent une température mensuelle supérieure de 11°C à celles de l'intérieur des terres. Cet écart était de 3°C en octobre et 6,5°C en novembre.

En janvier l'écart de plus de 8°C, entre la côte et les localités hors de l'influence du Baïkal, en faveur des premières est encore fort, bien qu'un peu moins qu'en décembre. C'est un mois de transition. L'écart est fort parce que c'est le mois de la prise en glace du lac, processus physique qui restitue à l'air de la chaleur, alors qu'au contraire l'air sibérien de l'intérieur des terres est très froid, atteignant même son minimum pour un certain nombre de stations météorologiques non influencées par le lac. Mais cet écart est moins fort qu'en décembre parce que la couverture glacielle qui se met en place progressivement commence à construire une barrière entre l'eau et l'air.

En février et en mars la couverture glacielle est totale. Il n'y a donc apparemment plus de raison pour que le Baïkal réchauffe l'air de la région. Or c'est pourtant le cas, puisque les stations côtières ont une température moyenne supérieure de 4,5°C et 1,5°C aux stations éloignées du lac pour ces deux mois respectifs. On peut faire intervenir le fait que la neige qui recouvre le continent réfléchit les rayons solaires du fait de son fort albédo. En revanche, la couleur bleue sombre du lac sous la glace transparente attire plus le rayonnement. En outre, en février, la banquise continue de s'épaissir.

Au total, pour l'ensemble de l'année, la côte du Baïkal se distingue des régions environnantes par au moins cinq caractéristiques. L'amplitude thermique annuelle est plus faible de 12 à 14°C. Elles est de 30 à 31°C au bord du Baïkal contre 43 à 45°C à l'intérieur des terres. Les températures hiémales sont plus douces d'une dizaine de degrés, les températures estivales sont plus fraîches de cinq degrés. La température moyenne annuelle est finalement plus chaude d'un degré et demi, grâce à la capacité de l'eau d'emmagasiner la chaleur sur une épaisseur beaucoup plus grande que la terre avant de la restituer. Le maximum thermique mensuel est décalé d'un mois en été et d'un mois et demi à deux mois en hiver. L'amplitude diurne est nettement plus faible à toutes les saisons, avec un écart maximum en été (Drijenko, 1908). L'écart entre les températures des stations côtières et celles des stations sibériennes hors de l'influence du lac est donc élevé. Le nombre de degrés est considérable à certaines saisons. Or les stations côtières ont un limnoclimat déjà dégradé par rapport à l'air surmontant le lac lui-même.

Grâce aux nombreuses mesures effectuées par les instituts de Limnologie et de Géographie d'Irkoutsk sur des bouées ou des stations météorologiques installées sur la banquise, une cartographie précise de la température de l'air au-dessus du lac lui-même a pu être réalisée. En automne et en hiver, l'air surmontant le centre du lac est nettement moins froid que celui des littoraux et c'est l'inverse au printemps et en été. La différence peut approcher les 10°C à certaines saisons. Le principe et la marche saisonnière en sont les mêmes que pour la différence entre les stations côtières et celles non influencées par le lac, comme il vient d'être décrit.

Au total, le Baïkal modère le climat sibérien et les Irkoutiens n'hésitent pas à parler de "climat faiblement continental" ("slabokontinentalny klimate", Boufal, 1990, p. 32) pour qualifier le régime thermique des localités côtières. Tout est relatif! Mais il est vrai que certains traits classiques qui forgent la personnalité même de la Sibérie sont ici amoindris. On connaît par exemple la quasi-absence de mi-saison en Russie d'Asie et la brutalité du passage de l'été à l'hiver et de l'hiver à l'été. Or le limnoclimat baïkalien assure des transitions plus longues entre les deux saisons principales. Ainsi, les mi-saisons, définies par Boufal (1990) comme étant les périodes pendant lesquelles la température quotidienne moyenne est comprise entre moins 5°C et plus 10°C, ne représentent qu'une centaine de jours à quelques kilomètres du Baïkal, mais 130 à 135 sur les côtes et 170 à 180 au milieu du lac. Si la durée de l'automne est augmentée d'un tiers, le printemps baïkalien, lui, peut voir sa longueur plus que doubler par rapport aux régions sibériennes hors de l'influence du lac.

Mais le Baïkal ne se contente pas de bouleverser les moyennes. Il travaille aussi grandement à modifier les extrêmes. Il est connu qu'en dehors de toute influence lacustre les maxima absolus du climat continental sibérien sont très élevés, par exemple 39,4°C à plus de 1000 km au nord du Baïkal, dans la vallée du Viliouï, à Yélguiaï (Camena d'Almeida, 1932). En revanche, sur la côte orientale du Baïkal lui-même, on n'a jamais mesuré plus de 33°C et même 26°C sur l'île d'Olkhone (Vikoulov *et al.*, 1990).

En conclusion, sauf en de rares endroits très précis, le mésoclimat lacustre du Baïkal ne se propage que sur quelques kilomètres à l'intérieur des terres, souvent moins. On peut être surpris de cette influence très réduite dans l'espace, sachant que le Baïkal constitue le plus grand volume d'eau intérieur de la planète après la Caspienne. Mais les reliefs enserrant le Baïkal de toute part empêchent les potentialités calorifiques de ces 23 000 kilomètres cubes d'eau d'être diffusées. Emprisonnée sur un faible espace, l'influence du Baïkal sur les valeurs des températures est alors particulièrement élevée. En juin, l'air surmontant le centre du Baïkal est 15°C plus froid que celui des stations météorologiques situées hors du rayon d'influence du lac (fig. 26), en octobre il est 8 à 9°C plus chaud. Le limnoclimat du Baïkal est donc extrêmement prononcé, en liaison avec le fait qu'il est circonscrit à un faible espace.

L'influence de la nappe d'eau sur les autres facteurs du climat est plus faible.

2 - L'influence de la nappe d'eau sur l'humidité

L'influence du lac sur l'humidité de la région se réduit à son rôle sur l'existence ou non des brouillards. Elle a donc un effet sur l'insolation .

Au début de la période froide, d'octobre à décembre, l'évaporation du lac, plus chaud que l'air le surmontant, peut provoquer des brouillards de drainage ("toumany ispariénia", "brouillards d'évaporation"). Le lac se met à fumer. En plein hiver, de janvier à mars, les brouillards sont à peu près inexistants au-dessus du Baïkal. L'air est limpide. Il est plus froid que la banquise, laquelle s'interpose en outre entre l'eau et l'atmosphère. Pendant la saison chaude, d'avril à septembre, les jours de brouillards sont au contraire plus nombreux. La nappe d'eau fournit en effet à la fois l'humidité et la paroi froide nécessaires à la condensation. Ces brouillards d'advection ("toumany okhlajdiénia", "brouillards de refroidissement") sont précisément localisés sur le lac et ne pénètrent pas à l'intérieur du continent.

3 - L'influence de la nappe d'eau sur les vents

L'influence de la nappe d'eau sur les vents se réduit à l'existence de flux de faible vitesse, les brises. Quand les conditions sont stables, les journées estivales sont ainsi agrémentées de brises de lac.

On décèle dans les moyennes estivales une pression un peu plus forte au-dessus du Baïkal, à l'intérieur des basses pressions sibériennes, et dans les moyennes hivernales une pression un peu plus basse, à l'intérieur de l'anticyclone sibérien. Cette dépression relative, qui correspond à un déficit de 4 à 9 hectopascals (Boufal, 1990) est d'ailleurs constituée de deux cellules distinctes, l'une pour l'ensemble des bassins septentrional

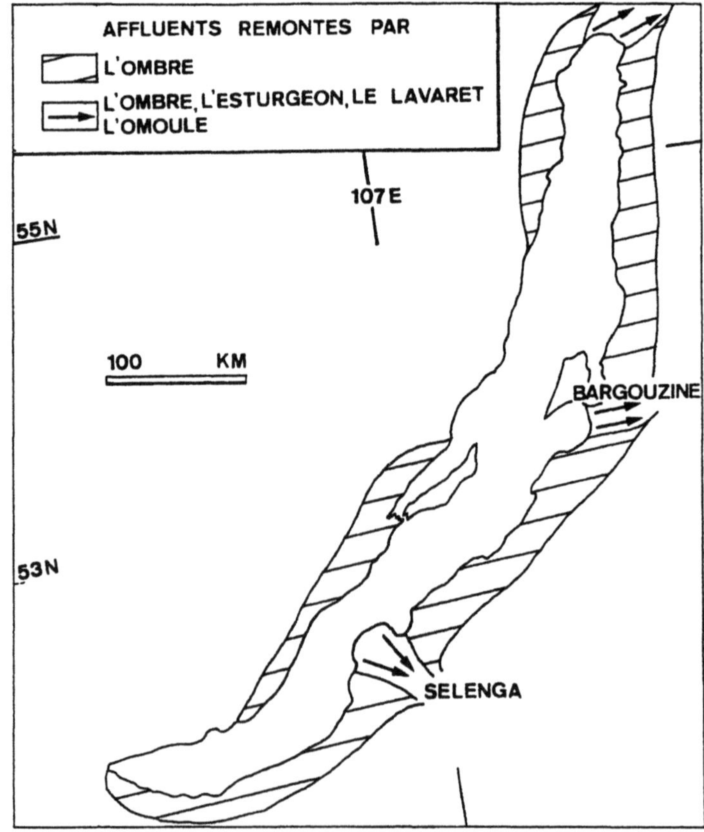

Fig. 27 Carte de la remontée des poissons lacustres dans le bassin d'alimentation du Baïkal

et central, l'autre pour le bassin méridional, témoignant ainsi du fait que c'est le lac qui en est à l'origine (Krotova et Lout, 1966a). La température de l'eau du Baïkal parvient donc à influencer les pressions et les flux qui leur sont associés dans les basses couches de l'atmosphère.

C'est en ce sens de renversement saisonnier de la direction des vents, allant du lac vers le continent en été et du continent vers le lac en hiver, que certains auteurs emploient, abusivement, l'expression de mousson baïkalienne (Bachalkhanova *et al.*, 1993).

Au total, le microclimat baïkalien rend beaucoup moins rigoureuses les conditions continentales de la Sibérie orientale, quels que soient les critères choisis (traitement mathématique de Sorokina, 1996).

B - LES TERRASSES LACUSTRES

Tous les grands limnologues du Baïkal se sont intéressés aux terrasses lacustres du Baïkal, Tcherski (1889) dans la presqu'île du Saint Nez, Tetiaev (1915), Verechtchaguine (1937e), Obroutchev, Lamakine (1952) dans les îles Ouchkani, etc.

L'interprétation des terrasses lacustres est complexe. Certaines sont d'accumulation, comme les basses terrasses de Severobaïkalsk (Mats *et al.*, 1975; elles représentent vraisemblablement d'anciens deltas. D'autres semblent au contraire être des banquettes d'érosion, comme aux îles Ouchkani, et représentent peut-être d'anciennes plates-formes littorales lacustres, d'anciennes beines (Lamakine,1952, Palchine,1959). Leur position actuelle au-dessus du Baïkal paraît être due à un abaissement du niveau du lac pour certaines, à un soulèvement tectonique du rivage pour d'autres (Mats et Levi,1991).

Les deux terrasses les plus basses, qui ne sont qu'à quelques mètres au-dessus du niveau actuel du plan d'eau, se rencontrent à peu près partout au bord du Baïkal. Elles sont manifestement dues à d'anciens niveaux du Baïkal plus élevés que l'actuel (Mats, 1993). En revanche, d'autres terrasses à galets lacustres sont seulement très localisées et se trouvent à des altitudes particulièrement élevées au-dessus de la surface actuelle du plan d'eau, jusqu'à 80 m au cap Kourla, 216 m aux Ouchkani (Lamakine, 1952), plus de 300 m dans la péninsule du Saint Nez (Tcherski, 1886b, 1889) et plus de 400 m dans la vallée du Bargouzine.

Le lac donne alors l'impression d'avoir assailli les montagnes qui l'enceignent. Pourquoi le Baïkal influence-t-il un territoire géomorphologique plus étendu que la plupart des autres lacs exoréiques, où les variations du niveau d'eau ne sont jamais très fortes ? La réponse est sans doute à la fois dans l'extrême vigueur du soulèvement récent des bordures du rift, pouvant porter en altitude des cailloutis lacustres et dans l'ancienneté du Baïkal donc du façonnement des beines. Les théories les plus récentes font jouer ensemble les variations du niveau du lac, d'origine paléoclimatique, et les pulsations tectoniques du contenant, les lèvres du rift (Ossadchi, 1995).

C - LA VIE HORS DU LAC

Certains poissons qui vivent habituellement dans le lac remontent les affluents pour y frayer. Ainsi ces organismes baïkaliens influencent-ils temporairement les affluents du bassin-versant, en les peuplant momentanément. Si l'ombre (*Thymallus arcticus*) remonte de très nombreux tributaires, la plupart des poissons préfèrent les grands cours d'eau, l'esturgeon (*Acipenser baeri stenorhynchus natio baicalensis*) se rencontrant dans la Selenga, le Bargouzine et l'Angara supérieure, le lavaret (*Coregonus lavaretus*) seulement dans les deux derniers (fig. 27). Quant à l'omoule (*Coregonus autumnalis migratorius*), il migre dans une huitaine de cours d'eau, hors les trois précédents.

Dans d'autres cas, l'influence biogéographique est indirecte. Puisque le mésoclimat lacustre baïkalien est suffisamment prononcé, les régions influencées par le lac voient se développer une végétation différente de celle du reste de la Sibérie orientale, avec, parfois des communautés floristiques particulières (Sipyh, 1993). Le réchauffement de l'hiver ne change pas la végétation. Il fait si froid que les 10°C gagnés ne servent à rien pour la vie des plantes. En revanche, sur les côtes du Baïkal, la saison végétative, déjà courte partout ailleurs en Sibérie, subit une baisse de 5°C de température moyenne mensuelle et une diminution de sa durée. Si les mi-saisons sont plus longues, c'est que l'été est plus court. Ainsi, le nombre de jours pendant lesquels la température quotidienne est supérieure à 5°C est d'environ 150 dans le sud de la Sibérie orientale à l'écart de l'influence lacustre, alors qu'il n'est que de 121 dans l'île de la Grande Ouchkane (Boufal, 1990).

Il semble que les arbres en souffrent. La limite supérieure de la forêt est généralement comprise entre 500 et 800 m sur les versants du Baïkal, alors qu'elle s'élève à 1300 m dans les régions voisines (Johansen,1925). Curieusement, le Baïkal a ainsi une influence plutôt néfaste sur la végétation. Bachalkhanova *et al.*(1987) traduisent ce fait bioclimatique en affirmant que la “période de confort” annuelle pour l'Homme est plus courte sur les bords du Baïkal qu'ailleurs en Sibérie méridionale.

En conclusion, à l'échelle du bassin, il faut rappeler que, même si les apports hydrologiques des affluents et les apports sédimentaires et anthropiques transportés par leur eau constituent l'essentiel des apports au lac, ils ne sont pas absolument exclusifs. C'est ainsi le cas des apports atmosphériques qui tombent directement sur le lac. S'il fallait définir un bassin-versant atmosphérique du lac, il serait différent du bassin hydrographique. Cette différence serait même plus grande sur le Baïkal que sur beaucoup d'autres lacs parce qu'il se trouve dans la zone des vents d'ouest, alors que son bassin hydrographique s'étend surtout, voire uniquement, à l'est et au sud. Quant à l'influence rétroactive du lac sur son environnement, elle peut elle aussi donner lieu à une tentative de délimitation d'une sorte de bassin de réception. Le Baïkal y distille une emprise prononcée, circonscrite à un espace réduit.

PARTIE IV

LE BAÏKAL A L'ÉCHELLE DE LA RÉGION LACUSTRE

CHAPITRE 8

LA PROBLÉMATIQUE BAÏKALIENNE

L'étude à l'échelle régionale est l'aboutissement de la présentation du Baïkal. Le but est de cerner l'individualité géographique du lac dans son ensemble. Chaque trait du Baïkal, sa bathymétrie, sa géologie, sa géomorphologie, son hydrologie physique, son hydrologie dynamique, sa phytogéographie, sa zoogéographie, est susceptible de montrer de franches oppositions, ou simplement de subtiles différences, entre les diverses parties du Baïkal. L'intérêt réside non dans les valeurs elles-mêmes mais dans la localisation des limites entre elles. Il convient alors de faire la part des frontières exceptionnelles, propres à un seul aspect, et de celles qui se répètent dans de nombreuses cartes thématiques. Leur récurrence doit conduire à la prise de conscience que cela n'est pas fortuit. Elle provient d'un caractère dominant, qui est à considérer comme la problématique lacustre et sera en ce cas représentée en une carte synthétique, située, contrairement aux cartes analytiques, en aval de la recherche.

A - LA DISCUSSION DES CRITÈRES DE DÉCOUPAGE REGIONAL

Afin d'aboutir à une étude des différentes régions du Baïkal (chap. 9), il convient de discuter des multiples critères possibles d'un découpage, car la personnalité géographique de chaque région doit être déterminée par celle du lac tout entier, confirmant finalement la validité du critère choisi.

1- Le critère hydroclimatique: le gradient nord-sud

Grand lac allongé sur quatre degrés vingt minutes de latitude, le Baïkal est plus sensible que d'autres au gradient zonal, dans ses températures et ses échanges avec l'atmosphère. En revanche, les mouvements de ses eaux sont organisés en fonctions des bassins et des seuils et présentent une nette opposition de façades.

a - Le critère hydrophysique, une différenciation par la latitude et l'influence des littoraux et des embouchures

La répartition des températures de l'eau de surface non gelée du Baïkal présente un intérêt particulier trois fois dans l'année. Juin est le premier mois où le lac est totalement libéré des glaces, si bien qu'il s'agit du moment où l'eau liquide est la plus froide. Août correspond aux températures maximales de l'eau. Octobre est le dernier mois pendant le-

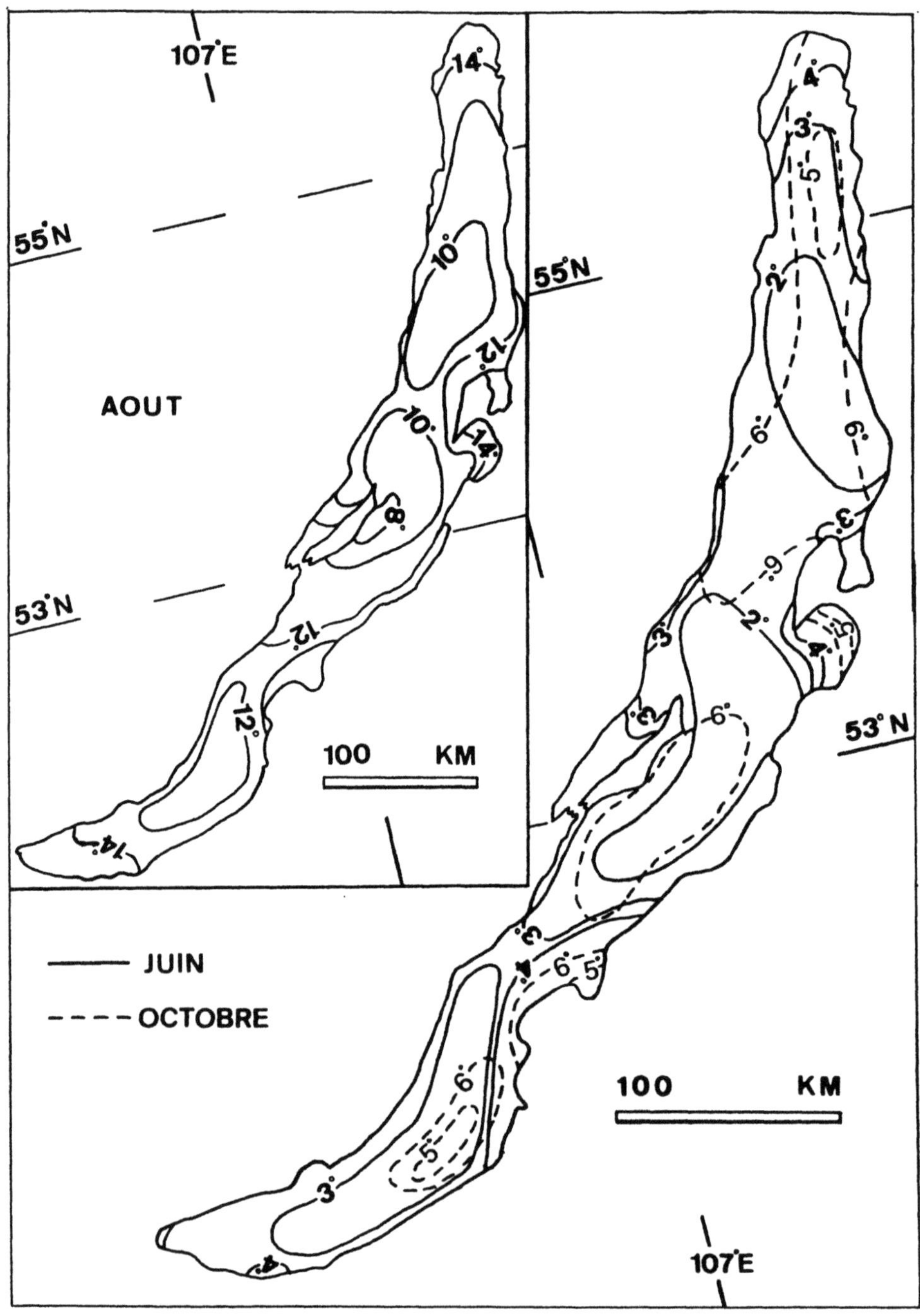

Fig. 28 Carte descriptive des températures de l'eau de surface du Baïkal d'après Faculté de géographie, 1962, très transformé

quel il n'existe aucun radeau de glace dérivant sur les eaux du Baïkal, ni glace de rive.

En plein lac, les températures sont toujours plus froides que sur les littoraux. Mais l'amplitude thermique étant plus faible au large, le centre du lac est nettement plus froid que les littoraux en été et seulement légèrement plus froid au printemps et en automne (fig. 28). Cependant, les fonds des grands golfes, comme ceux de Tchivyrkouï et de Bargouzine, forment un cas particulier. Par leur amplitude, la plus forte de tout le lac, ils ont les records de chaleur en août, avec des températures de surface qui, atteignant 16 à 18 degrés, sont 10 degrés plus élevées qu'en plein lac. Au contraire, en automne, ce sont les seuls endroits, avec l'autre cas particulier, qui arrivent à être légèrement plus froids que le centre du lac. La seconde exception est formée par les embouchures des grands cours d'eau. Au printemps et en été, la Selenga, l'Angara supérieure et le Bargouzine apportent au lac des eaux plus chaudes, alors qu'en automne elles sont au contraire déjà plus froides que celles du lac.

Ainsi les aspects locaux, comme l'arrivée des cours d'eau, la bathymétrie, l'action du brassage par les vents, les courants, jouent un grand rôle et ont tendance à cacher les aspects généraux. Si on fait abstraction de toutes les perturbations locales, on peut cependant observer deux dissymétries. L'une oppose l'ouest à l'est. En automne et au prin-

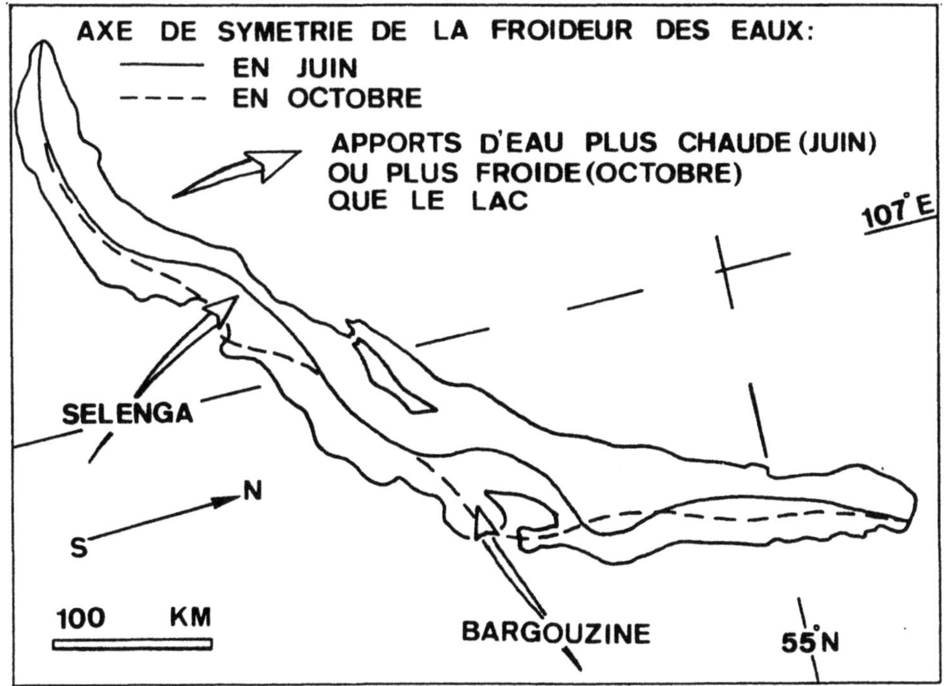

Fig. 29 Carte interprétative des températures de l'eau de surface du Baïkal

temps, l'ouest est plus chaud que l'est (fig. 29). En été, les choses s'équilibrent, voire s'inversent, et les minima thermiques sont plutôt décalés vers l'ouest. L'autre dissymétrie oppose le nord au sud: c'est un gradient latitudinal. Il est plus net en automne qu'aux autres saisons, où les phénomènes locaux tendent à le masquer, que le septentrion du Baïkal est plus froid que le midi.

Les échanges entre le lac et l'atmosphère forment le principal élément d'explication de la distribution des températures de l'eau de surface du Baïkal (fig. 30). Ces échanges atteignent des extrêmes en juin, pendant lequel l'eau du lac est la plus froide, alors que le soleil, en ce solstice d'été, est au plus haut, et octobre, l'écart thermique entre l'eau chaude et l'air froid étant le plus grand. Au-delà du cycle saisonnier[1] , des différences régionales sont notables.

Le bilan radiatif diffère surtout à l'automne entre le nord et le sud. En octobre, il est clairement plus faible au nord qu'au sud, mais, en juin, il est difficile de déceler l'influence de la latitude. En fait, une fine augmentation du bilan radiatif existe vers le sud, mais elle concerne seulement l'ensemble des bassins septentrional et central. Dans le bassin méridional, les facteurs locaux, dont les brouillards, qui diminuent la radiation incidente, prennent le pas sur la climatologie générale. Hors le gradient entre le nord et le sud, le bilan radiatif, au moins au printemps, présente une dissymétrie entre l'ouest du lac, plus bénéficiaire, et l'est.

Les échanges entre l'eau et l'air par évaporation et condensation présentent aussi quelques différences régionales. En juin, les échanges par évaporation et condensation sont très faibles. La quasi-totalité du lac est homogène et les différences régionales sont presque inexistantes. Les seules régions qui se distinguent du reste du lac sont quelques golfes et les embouchures, où l'eau est déjà chaude. Là, il y a déjà une perte de chaleur par évaporation alors que l'ensemble du lac en gagne un peu,

---

[1] En juin, sur le Baïkal, la somme algébrique de la radiation incidente et du rayonnement effectif, soit le bilan radiatif, est très positive.

En outre l'eau de surface est extrêmement froide, puisque la banquise vient tout juste de fondre. Il en résulte un air plus chaud que l'eau sur l'ensemble du lac. L'eau gagne donc de la chaleur par convection thermique et par condensation. La condensation est généralisée sur le Baïkal à cette période. Certes ces deux gains de chaleur pour l'eau sont faibles parce que le gradient thermique entre l'air et l'eau est finalement assez peu élevé et parce que ces transferts de chaleur de l'air vers l'eau ont tendance à s'arrêter d'eux-mêmes assez rapidement, l'air saturé et refroidi se stabilisant au contact de l'eau. Mais ces deux gains, fussent-ils faibles, s'ajoutent à l'important bénéfice du bilan radiatif. La somme algébrique de ces trois bilans, le bilan thermique, est donc largement positive. En plein été, les conditions sont intermédiaires entre celles de juin et celles d'octobre. En octobre, le bilan radiatif du Baïkal est nul ou légèrement négatif. En outre, l'eau de surface conserve encore une certaine chaleur. Or l'air, en ce début d'automne sibérien, est déjà très froid. Il en résulte une eau plus chaude que l'air sur l'ensemble du lac. L'eau perd donc de la chaleur par convection thermique et par évaporation. L'évaporation est générale sur le Baïkal et atteint de fortes valeurs à cette période. Il en est de même lors des deux mois suivants, si bien que 83 % de l'évaporation annuelle à la surface du Baïkal s'effectuent d'octobre à décembre (Afanassiev, 1976). Ces deux pertes de chaleur subies par l'eau du Baïkal, la convection thermique et l'évaporation, sont fortes parce que le gradient thermique entre l'air et l'eau est élevé et parce que le mouvement tend à s'entretenir de lui-même sans s'arrêter, l'air chauffé au contact de l'eau s'élevant et étant remplacé par un nouvel air froid et non saturé qui s'apprête à subir le même sort. Ces deux pertes, élevées, s'ajoutent à un bilan radiatif nul ou légèrement déficitaire. La somme algébrique de ces trois bilans, le bilan thermique, est donc négative pour le mois d'octobre. Au total, cependant, le bilan thermique d'octobre est moins négatif que le bilan thermique de juin n'est positif .

partout ailleurs, par condensation. Dès le mois d'août, la majeure partie du Baïkal perd de la chaleur par évaporation, mais le maximum est atteint en octobre, moment où les différences régionales sont les plus nettes. Le centre des trois bassins, où l'eau de surface reste la plus froide du fait des échanges avec la masse profonde, connaît deux fois plus d'évaporation que les eaux au-dessus des seuils et des talus. L'évaporation est encore plus forte dans les golfes surchauffés.

Les différences régionales des bilans thermiques résultent des différences précédentes. En juin, les échanges de chaleur par convection thermique et par évaporation et condensation sont presque nuls, si bien que le bilan thermique est pratiquement calqué sur le bilan radiatif. La dissymétrie entre l'ouest et l'est reprend celle du bilan radiatif, accentuée par le fait que les pertes de chaleur par évaporation se concentrent à l'est. Les grands affluents apportant des eaux chaudes et les golfes de faible profondeur sur des surfaces importantes sont tous à l'est. En octobre, en revanche, le bilan radiatif est presque nul, si bien que le bilan thermique dépend des différences régionales des échanges par convection thermique et par évaporation.

Le cycle saisonnier de la banquise, de sa formation à sa disparition, a été étudié à l'échelle mondiale (Partie II), comme une conséquence du régime thermique de la Sibérie. Le Baïkal y était alors considéré comme un point homogène, sans différence régionale. Il convient maintenant, à l'échelle du lac, de distinguer des régions glacielles (fig. 31).

La prise en glace automnale s'effectue du nord vers le sud, rapidement, en deux ou trois semaines et le dégel printanier progresse aussi, mais plus lentement, en quatre ou cinq semaines, du sud vers le nord. L'autre dissymétrie, plus faible, reste notable: la prise en glace de la côte orientale est plus précoce que celle de la côte occidentale et le dégel de la côte orientale est plus tardif que celui de la côte occidentale. Il s'ajoute à ces deux dissymétries le fait que les littoraux, peu profonds, gèlent avant - ils sont pris par la glace de rive, le "sokouï", dès le mois de novembre - et dégèlent après le centre du lac. Le dernier aspect important concerne les endroits du lac influencés par l'arrivée des cours d'eau. En automne, ceux-ci charrient des glaçons et apportent une eau très froide bien avant la prise en glace du lac. Les trois plus grands d'entre eux sont définitivement recouverts par la glace deux mois avant le gel du lac, l'Angara supérieure dès la deuxième décade d'octobre, le Bargouzine dès la fin octobre et la Selenga dès la première décade de novembre en général (Johansen, 1925). Les régions du lac où se jettent ces cours d'eau ont tendance à geler plus précocement que les endroits voisins.

Au coeur de l'hiver, l'épaisseur de la banquise lacustre du Baïkal offre d'autres différences régionales. Le bassin central se distingue par l'épaisseur plus grande de sa banquise. Les moyennes y sont partout supérieures à 1 m et les valeurs maximales atteignent 1,40 m, sans compter les torossy et autres amas de glace. Pour l'ensemble du bassin septentrional, du bassin central et de la partie nord du bassin méridional, l'est du lac est surmonté d'une banquise plus épaisse que l'ouest. Les différences d'épaisseur de la couche de neige isolant la banquise de l'air

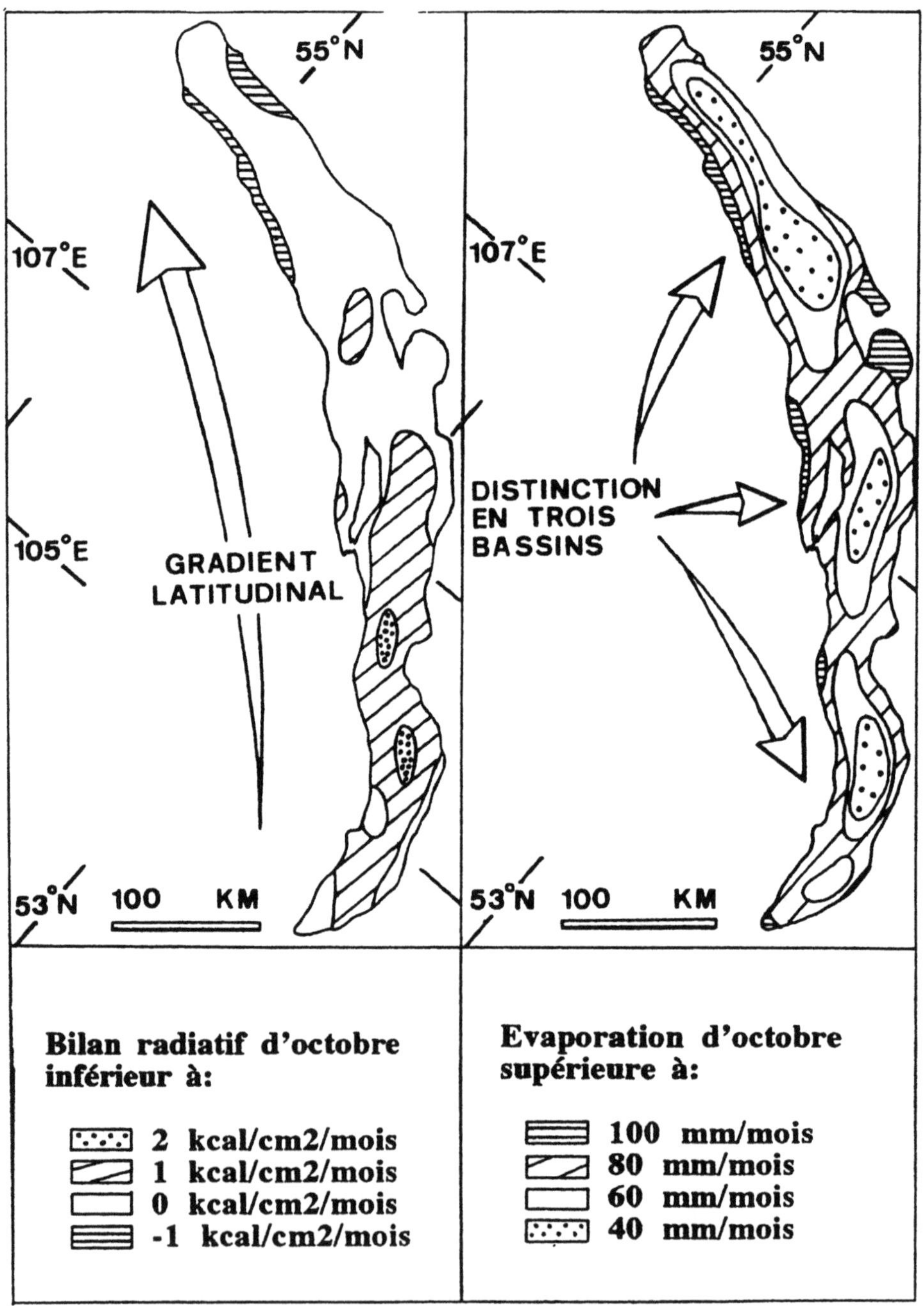

Fig. 30 Carte des échanges entre l'eau du Baïkal et l'atmosphère
Les isolignes sont tirées de Faculté de géographie, 1962

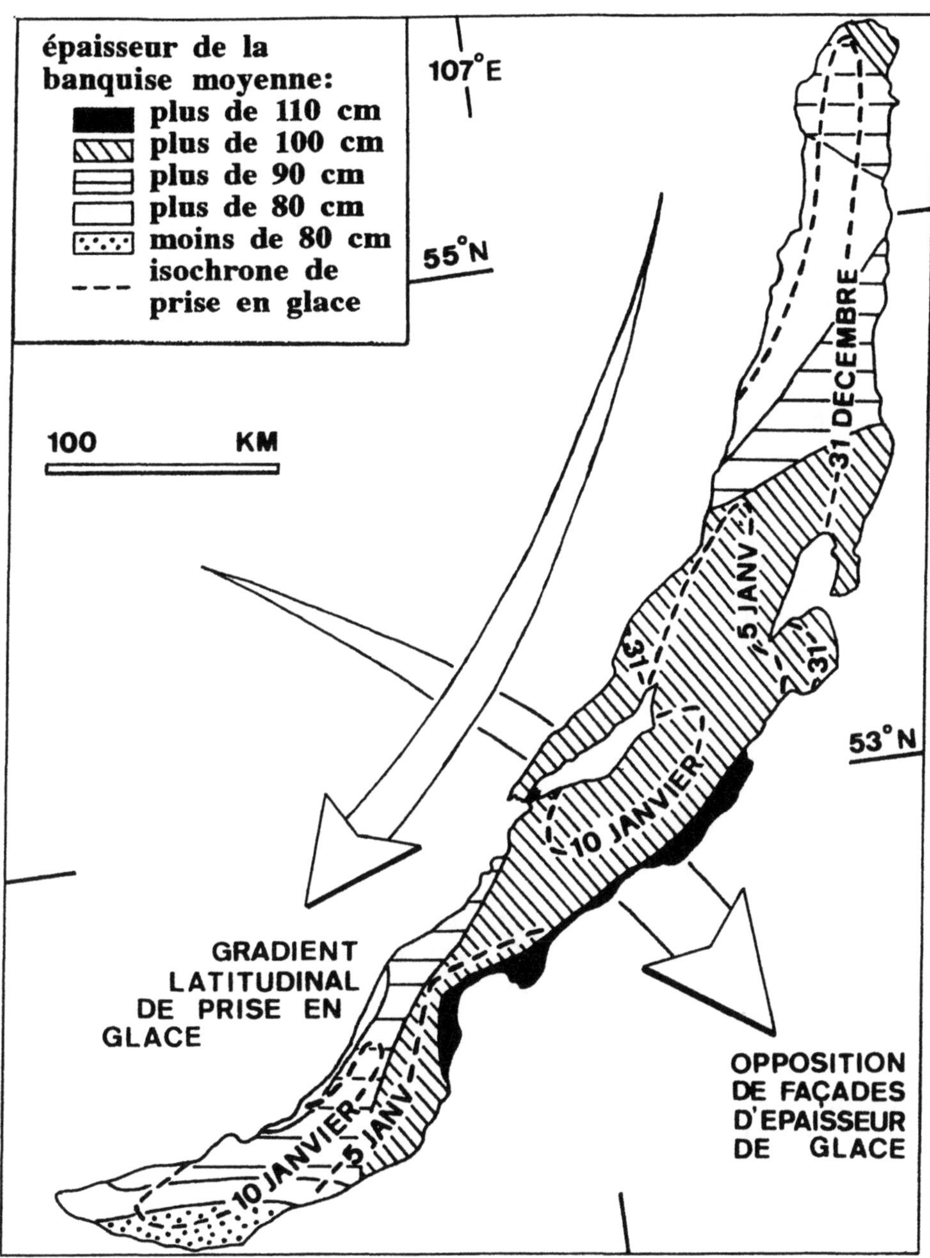

Fig. 31 Carte de la banquise saisonnière du Baïkal
construite d'après des données tirées de Faculté de géographie, 1962

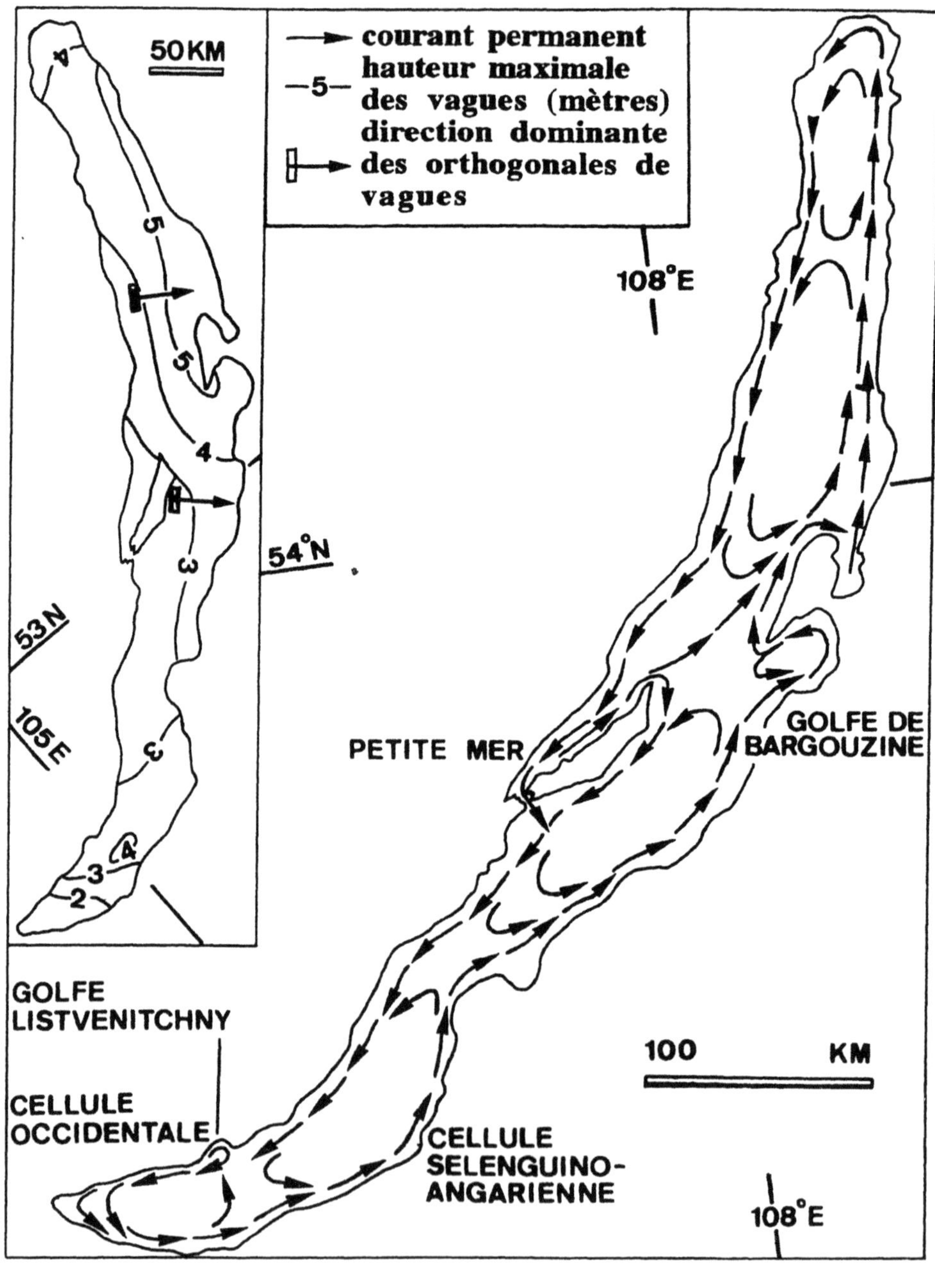

Fig. 32 Carte des vagues et des courants du Baïkal
d'après Faculté de géographie, 1962, Sokolnikov, 1964, et Académie des sciences, 1967

froid jouent sans doute un rôle dans cette dissymétrie (Dybovski et Godlevski 1897), mais il faut aussi tenir compte des vents chasse-neige, les “métiéli”, qui ne provoquent pas toujours l’accumulation là où les chutes sont les plus fortes.

b - Le critère hydrodynamique, une différenciation en bassins et une opposition de façades

Les grands courants permanents du Baïkal s’organisent en cellules cycloniques qui épousent les trois vastes bassins lacustres (fig. 32). Entre le bassin septentrional et le bassin central, la Petite Mer, par sa forme, canalise les courants linéairement. Les golfes les plus importants, comme celui de Bargouzine, possèdent leur propre cellule cyclonique. Seul le golfe Listvennitchny, avec sa petite cellule anticyclonique influencée par la sortie de l’Angara, fait exception.

La partie orientale du Baïkal est affectée de vagues plus importantes que la région occidentale et cela est en conformité avec l’observation des directions les plus fréquentes des vagues, de l’ouest vers l’est. Le bassin septentrional se distingue par une hauteur maximale des vagues, presque partout supérieure à 4 m, plus élevée que dans le reste du lac (fig. 32).

c - *Les vents longitudinaux et transversaux*

Hors la bathymétrie du lac, ce sont les vents qui expliquent les principaux caractères hydrodynamiques du Baïkal (fig. 33). Lac peu venté en début d’été et surtout au printemps, connaissant 79% de calmes en mai et juin (Weinberg *et al.*, 1995), le Baïkal souffre d’un automne généralement agité.

Les flux les plus durables sont le verkhovik et le koultouk. Ce sont des vents longitudinaux, qui épousent la forme en croissant du Baïkal parce que le relief de fossé d’effondrement leur impose ce chemin. Le verkhovik, mot à mot “le supérieur”, l’”amont“ parce qu’il débouche de la vallée de l’Angara supérieure, souffle d’ailleurs déjà en amont du lac dans toute la partie émergée du fossé d’effondrement baïkalien, où les reliefs encadrants le guident tout autant. Le koultouk, le “cul-de-sac”, vient en sens opposé, depuis l’extrémité sud-ouest du lac.

Les moyennes et les maxima moyens ont pour origine ces deux vents mais les maxima maximorum des vitesses sont le fait, très ponctuel dans le temps et très localisé dans l’espace, de vents transversaux du nord-ouest qui descendent l’escarpement de faille par des vallées qui les accélèrent. La terrible sarma, canalisée en amont du lac par la vallée de la Sarma et sur le lac lui-même par le détroit des Portes d’Olkhone, en est l’exemple le plus redouté, pour les vagues forcées, très dangereuses pour la navigation, qu’elle génère. Tout habitant du Baïkal frémit à sa seule évocation et ne souffre aucune plaisanterie à ce sujet. La gornaïa, littéralement la “montagneuse”, est du même type, ainsi que la kharakhaïkha, le “vent noir” qui dévale de la gorge de la Golooustnaïa (Sergeev, 1990). Ce sont ces vents de tempête du nord-ouest, soufflant surtout d'octobre à décembre, qui expliquent que les hauteurs maximales des vagues se trouvent sur la côte orientale.

Il y a cependant quelques exceptions, comme le Bargouzine, débouchant de la vallée du même nom, un des rares vents importants soufflant de l'est. Il affecte obliquement le bassin central. Le chelonnik, quant à lui, souffle de la vallée de la Sélenga. Venu du sud-est, il est le seul vent chaud notable du Baïkal.

L'efficacité hydrodynamique de ces vents dépend de la longueur de la course qu'ils opèrent au-dessus du lac, qu'on peut approcher par le calcul de la longueur effective[2] . Le Baïkal étant un très grand lac, les valeurs sont élevées. Les courses du vent théoriques sont partout, sauf en quelques endroits abrités, de plusieurs centaines de kilomètres. Les régions aux plus fortes valeurs sont l'orée septentrionale du lac et la côte de la presqu'île du Saint Nez. L'extrémité sud-ouest du lac est à l'opposé la partie la plus abritée. Or la comparaison avec les observations réelles des hauteurs maximales des vagues montre bien que la presqu'île du Saint Nez et le nord du Baïkal se distinguent par leurs fortes vagues, alors que le sud-ouest est la région connaissant les ondes les plus faibles de tout le plan d'eau.

2 - Le critère biogéographique: l'opposition entre le littoral et le plein lac

Les critères biogéographiques d'un découpage régional sont toujours assez mouvants du fait des déplacements de certains organismes vivants. La distinction entre le domaine littoral, néritique, et le domaine de plein lac, pélagique, ne doit pas occulter que le premier peut servir de lieu de reproduction, ou, à certaines périodes, d'alimentation, aux poissons vivant en temps normal dans le second. Ce critère de régionalisation reste cependant pertinent à maints égards.

La répartition de la quantité de phytoplancton dans le Baïkal en été permet de distinguer différentes régions (fig. 34). L'influence des apports nutritifs des grands cours d'eau, la Selenga et le Bargouzine, est manifeste. Les fortes valeurs du bassin méridional peuvent être imputées, outre le rôle de la Selenga, à sa température plus élevée et au fait que ses côtes sont la seule partie humanisée du Baïkal. On peut tenir les trois raisonnements inverses pour expliquer les faibles valeurs du bassin septentrional.

Hormis certaines espèces, comme l'omoule, dont les quatre races se distribuent dans le Baïkal en fonction des bassins et du contraste entre le nord et le sud, la répartition de la plupart des poissons du lac sibérien

[2] La définition mathématique de la longueur effective est la ligne droite joignant tout point du lac au point de la ligne de côte le plus distant sans recouper la moindre île. Dans son application géographique, c'est en fait la mesure de la course du vent théorique la plus longue pour chaque point du lac. A l'opposé des lacs très ouverts, qui ne sont pas encastrés dans un cadre montagneux abrupt, et aux lacs presque aussi larges que longs, où les longueurs effectives sont des valeurs trop théoriques, le Baïkal entre tout à fait dans le type de lacs pour lesquels ce calcul est utile. Ce serait au contraire la prise en compte du "fetch effectif maximum", créé pour les lacs suédois et américains dans le but de se rapprocher de la réalité (Hakanson,1981), qui s'en écarterait dans le cas du Baïkal. Les vents du Baïkal étant remarquablement canalisés, la variation de 84 degrés qu'elle réclame dans son calcul serait ici beaucoup trop théorique.

montre une remarquable opposition entre les littoraux et le large (fig. 35). La province néritique est riche en espèces, comme l'ombre, *Thymallus arcticus*, qu'on peut pêcher sur tout le pourtour du lac. D'autres espèces littorales connaissent une localisation plus sélective, comme l'esturgeon du Baïkal, *Acipenser baeri stenorhynchus natio baicalensis*, beau poisson d'1,5 à 1,8 m pesant 100 à 130 kg et vivant jusqu'à 50 ou 60 ans, qui se rencontre aux embouchures de la Sélenga , de l'Angara supérieure et du Bargouzine. Le lavaret, *Coregonus lavaretus*, s'observe aux mêmes endroits, mais on peut en outre trouver ce Salmonidé dans la Petite Mer. A l'inverse, le centre de chacun des trois bassins est le monopole de la golomianka, qu'on peut trouver de la surface jusqu'à plus de 1000 m de profondeur. Comme le poisson pélagique par excellence du Baïkal ne supporte pas des températures supérieures à 6 ou 7°C, on ne le rencontre près de la surface, rarement d'ailleurs, qu'en hiver, sous la banquise (Galazi,1984).

Quant au critère de la répartition des plantes aquatiques littorales, il individualise deux régions. Les littoraux ouverts vers le large, battus par les vagues, à la beine réduite, donc rapidement profonds, où l'eau a la même composition, pauvre en nutriments, que l'eau en plein lac, se distinguent par la faiblesse de la biomasse. Ils sont seulement colonisés par des algues vertes. L'influence anthropique peut cependant nuancer légèrement cette description, comme dans la région de Baïkalsk, où, du fait des rejets du combinat de papier, la biomasse tend à s'accroître. Le second type de littoraux est constitué par les baies de faible profondeur s'enfonçant largement à l'intérieur des terres et surtout par celles qui sont pratiquement fermées par des barres d'avant-côte immergées voire des cordons émergés, c'est-à-dire dans ce que les Russes appellent des "sory", surchauffés en été et très différents des eaux froides du large. La faible profondeur, la richesse en nutriments de ces littoraux en font les seuls du Baïkal à être naturellement eutrophes, peuplés de macrophytes communes à la plupart des lacs, dont, pour la flore émergée, les roseaux, du genre *Phragmites*, et, pour la flore immergée enracinée sur la beine, des espèces de *Potamogeton*.

Au-delà de la prise en compte séparée de la répartition du phytoplancton, des poissons et des plantes littorales, le plus important réside dans la régionalisation de la grande originalité de la biogéographie baïkalienne, l'importance de l'endémisme. Or une zonation géographique de ce critère existe. Elle distingue le plein lac, où la proportion d'endémiques est très forte, les littoraux ouverts, où elle est moyenne, et les baies peu profondes, surtout celles qui sont presque fermées, où la proportion est la plus faible.

3 - Le critère géologique: l'opposition de façades ouest-est

La géologie du Baïkal a été appréhendée à l'échelle mondiale quant aux causes de l'ouverture du rift (partie II). A l'échelle du lac, la dépression topographique est en fait assez rarement, à part dans le bassin méridional, un graben et la structure en demi-graben est la plus fréquen-

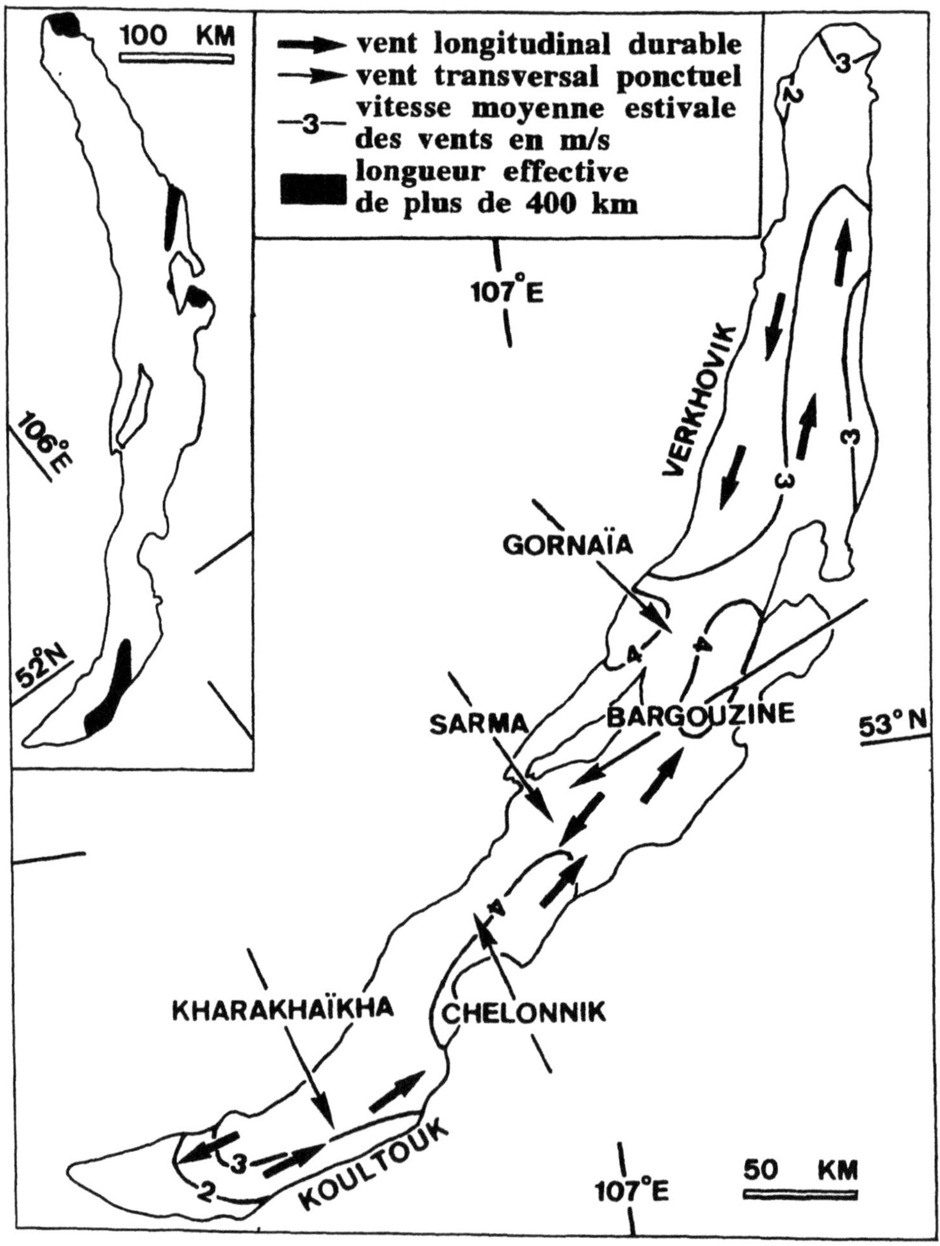

Fig. 33 Carte des vents du Baïkal
La vitesse des vents est tirée de Chimaraev, 1964, et Académie des sciences, 1967

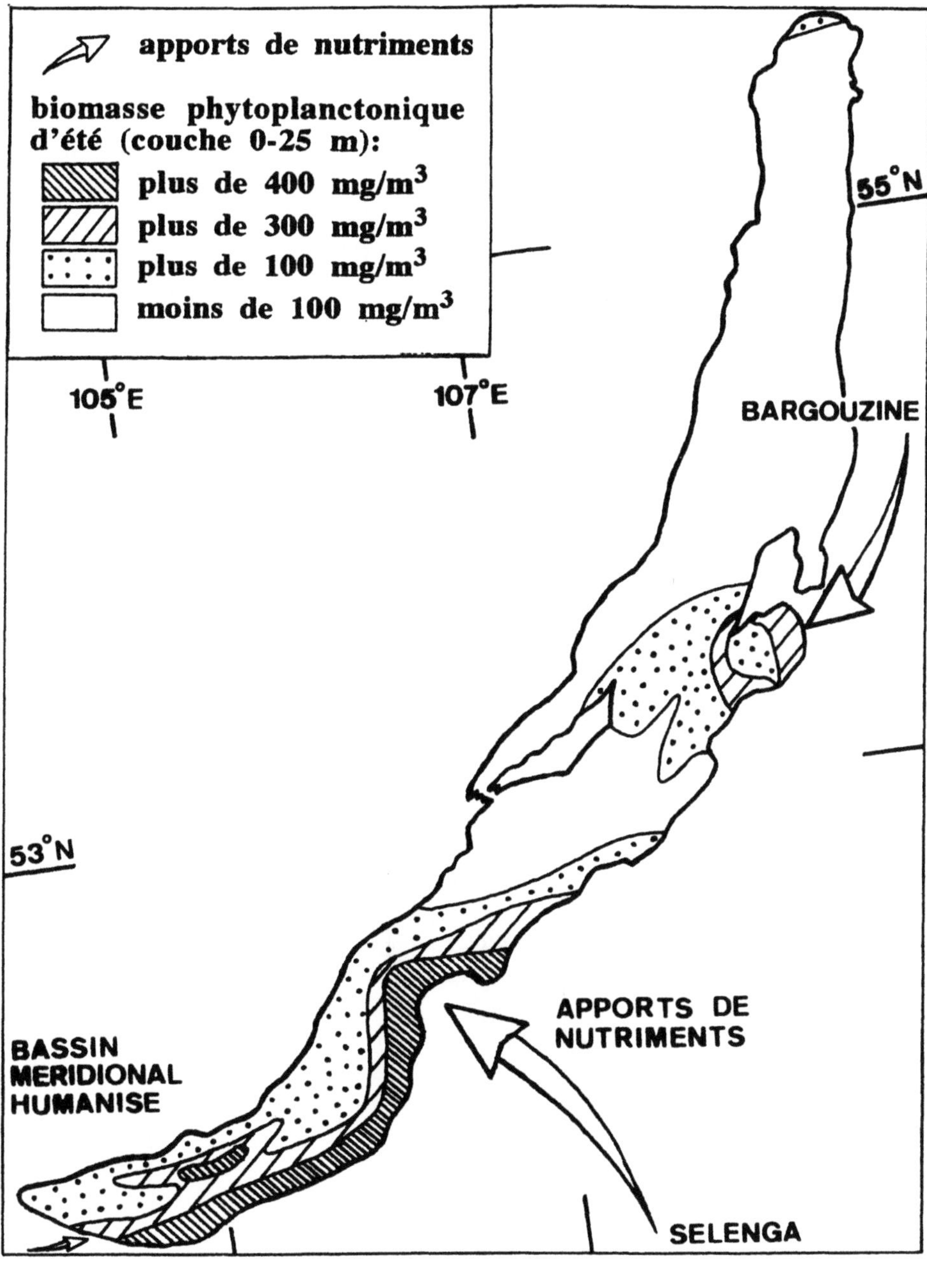

Fig. 34 Carte de la biomasse phytoplanctonique des eaux de surface du Baïkal en été d'après Académie des sciences, 1967, simplifié et transformé

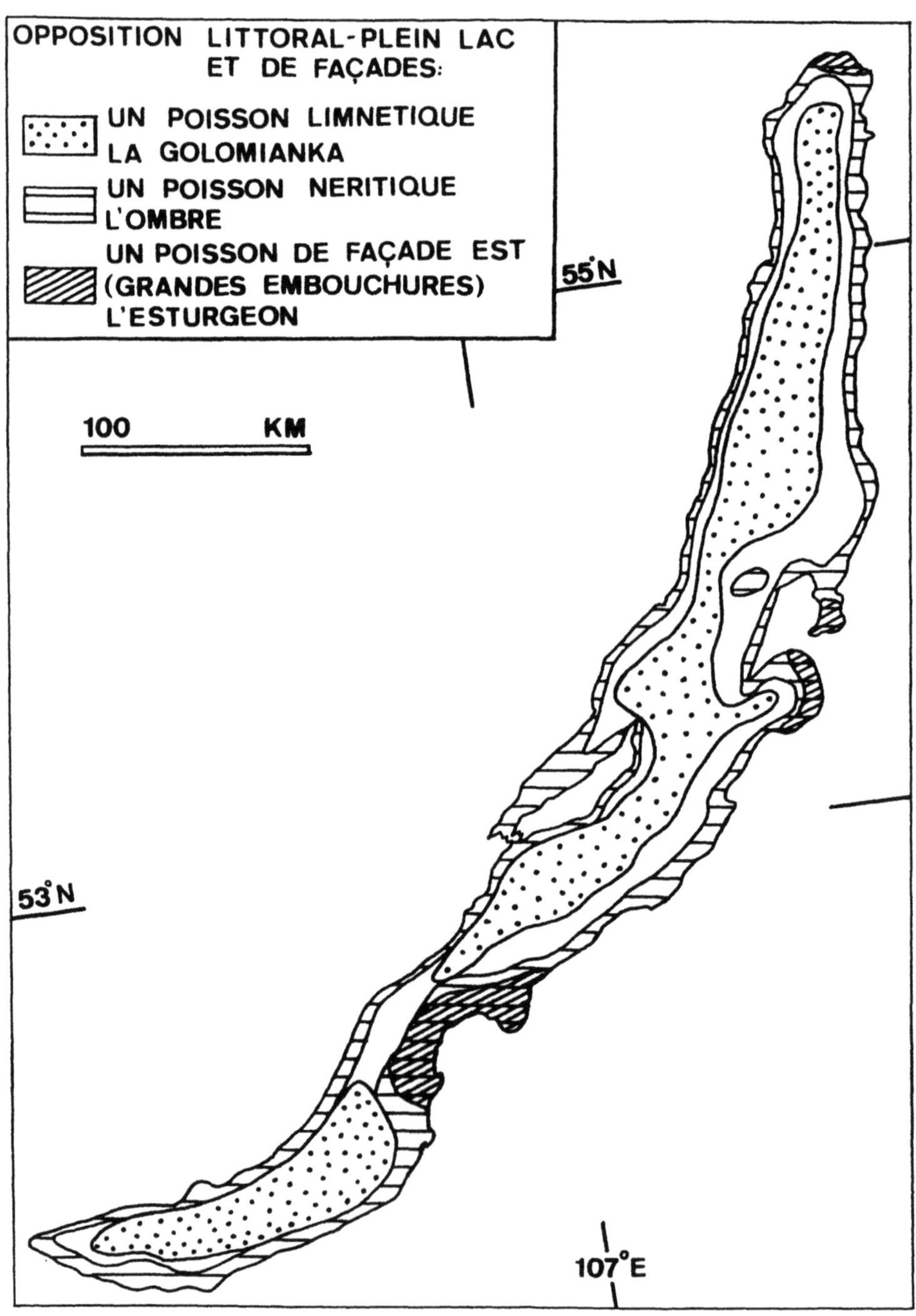

Fig. 35 Carte de la répartition de quelques poissons du Baïkal
d'après Faculté de géographie, 1962, très transformé

te. Le lac profite simplement d'une structure en failles normales contraires, la formation de la dépression étant favorisée par le fait que le regard de la faille de la côte occidentale est tourné vers l'amont-pendage du bloc effondré. Autant dire que la dissymétrie de façade est générale. Elle se reconnaît aussi là où il y a perturbation par de petits horsts intermédiaires, comme la péninsule du Saint Nez, et par des demi-graben en gradins, comme celui qui est responsable d'Olkhone et de la dorsale de l'Académie (fig. 36).

La dissymétrie de façade se retrouve dans l'épaisseur des sédiments remplissant la cuvette du Baïkal, qui est presque partout d'autant plus forte qu'on s'approche du pied de l'escarpement de faille originel occidental (fig. 36). Trois des quatre centres d'accumulation sédimentaire maximale du Baïkal sont plaqués contre cet escarpement et ne se trouvent donc absolument pas au centre du lac. La localisation de la sédimentation confirme la structure en demi-graben avec le bloc effondré basculé vers l'ouest, soit une faille normale contraire regardant vers l'est.

La nature des sédiments superficiels est constituée de vases argileuses dans les grands fonds, ourlées de limons et limons grossiers à l'approche des marges du lac, beaucoup plus largement à l'est qu'à l'ouest, puis de sables, notamment au droit des principaux affluents du Baïkal, qui viennent également tous de l'est.

Au total, l'opposition de façades du Baïkal due à la géologie est patente. La dissymétrie structurale a provoqué celle de l'épaisseur des sédiments déposés au fond du bloc effondré, cependant que, la dissymétrie du lac correspondant avec celle du bassin-versant, les dépôts actuels accusent aussi, près des littoraux, une opposition entre le nord-ouest et le sud-est.

4 - Le critère géomorphologique: l'émergence de cinq régions

La bathymétrie de la cuvette du Baïkal fait apparaître trois bassins séparés par deux seuils (fig. 37). Le bassin septentrional, beaucoup moins profond que les deux autres, atteint à peine 1000 m. Les bassins central et méridional sont comparables par leur profondeur. Leur dissymétrie est nette entre l'ouest et l'est. A l'ouest, le talus est raide et l'isobathe 1000 m se trouve à 2 ou 3 km du trait de côte. A l'est, il est moins abrupt et l'isobathe 1000 m se situe à 5 ou 10 km du trait de côte.

Les deux seuils séparant ces trois bassins sont très différents. Celui du sud est transversal aux bassins méridional et central et il est dissymétrique, sa profondeur s'accroissant de l'est vers l'ouest. L'isobathe 100 m s'avance dans le lac jusqu'à 17 km de la côte. Le bassin central et le bassin septentrional sont au contraire séparés par un seuil oblique à eux, assez bien délimité par l'isobathe 500 m, mais qui émerge par endroit, formant l'île d'Olkhone et l'archipel des Ouchkani.

L'interprétation géomorphologique de ce relief prend en compte un important caractère présenté à l'échelle du bassin (partie III). Le Baïkal fait preuve d'une certaine indépendance face aux apports sédimentaires actuels de son bassin-versant. Cela se remarque par exemple au fait que les deltas immergés occupent, en comparaison de la plupart des lacs, une place réduite relativement à la superficie totale; le corrolaire réside dans le large développement du plafond du lac.

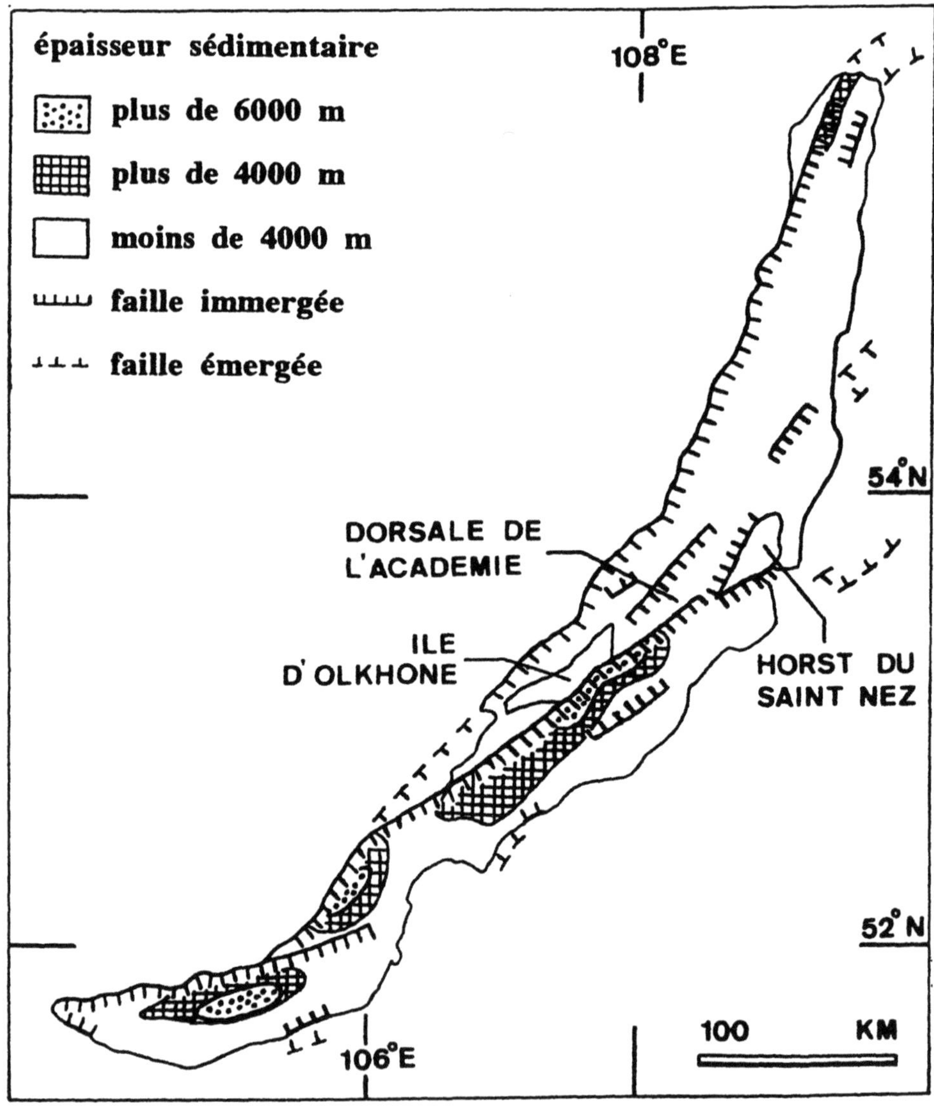

Fig. 36 Carte géologique du Baïkal
essentiellement d'après Khrenov, 1983, Logatchev, 1984, Logatchev et Zorin, 1987, Hutchinson *et al.*, 1992a

a - Le plafond du Baïkal, trois plaines bathyales séparées par deux seuils

Le fond du Baïkal est constitué de trois grandes plaines bathyales distinctes (fig. 38). La plaine septentrionale, si on suit une ligne centrale, descend régulièrement de 800 m au nord à 850 m 100 km plus au sud et atteint 900 m au sud, avant que les profondeurs ne remontent assez brutalement vers la dorsale de l'Académie. La plaine septentrionale offre en outre une légère pente de l'est vers l'ouest, les profondeurs maximales se trouvant toutes à quelques kilomètres seulement de la côte occidentale. La plaine bathyale centrale offre une légère pente du sud vers le nord et de l'est vers l'ouest. L'essentiel se trouve à plus de 1500 m de profondeur. La plaine bathyale méridionale a une forme de bassin; sa profondeur maximale se trouve au centre. La quasi-totalité de cette plaine est à plus de 1300 m de profondeur.

La couche sédimentaire superficielle des trois plaines bathyales est une vase argileuse. Mais de nombreux lits de granulométrie plus grossière s'intercalent dans ces dépôts pélitiques. Ce sont des sablons limoneux, les aleurites des auteurs russes, des sables, des graviers et même des blocs plus gros. L'épaisseur de ces lits grossiers n'est parfois que de quelques millimètres mais elle peut aussi atteindre plusieurs décimètres. Ces intercalations comprenant parfois des débris végétaux, il est manifeste que la sédimentation calme des boues à diatomées est souvent dérangée par l'arrivée de flux transportant des matériaux littoraux jusque dans les plaines bathyales (Kniajeva, 1954). On peut rencontrer jusqu'à une dizaine d'intercalations de granulométrie grossière dans le premier mètre de sédiment. Localement, la structure en séquences de flysch est nette (Goldyrev, 1977).

Outre ces trois vastes plaines bathyales, une quatrième s'individualise au nord de la péninsule du Saint-Nez. Le seuil la séparant du bassin septentrional est assez étroit, cependant qu'il s'élève à plus de cent mètres au-dessus du fond de la plaine. Elle est de petite superficie par rapport à ses trois soeurs et ressemble à une annexe de la plaine bathyale septentrionale, mais sa légère pente est d'ouest, où elle est limitée par l'isobathe 700 m, en est, où les profondeurs atteignent 750 m. Ce cas est unique dans le Baïkal, allant à l'encontre de la dissymétrie de toutes les autres formes. Beaucoup moins profondes, les plaines néritiques ne dépassent pas 300 m. La Petite Mer les atteint, tandis que le golfe de Tchivyrkouï présente un fond à moins de 50 m, limité au nord par un talus sous-lacustre conduisant à la plaine bathyale du nord de la presqu'île du Saint-Nez.

Malgré le comblement sédimentaire, la géomorphologie du Baïkal reste en grande partie conforme à la structure profonde. Le seuil séparant le bassin septentrional du bassin central, la dorsale de l'Académie, correspond à un escarpement de faille et les plaines bathyales, dissymétriques, ont une pente d'est en ouest rappelant celle des blocs abaissés par des failles normales contraires.

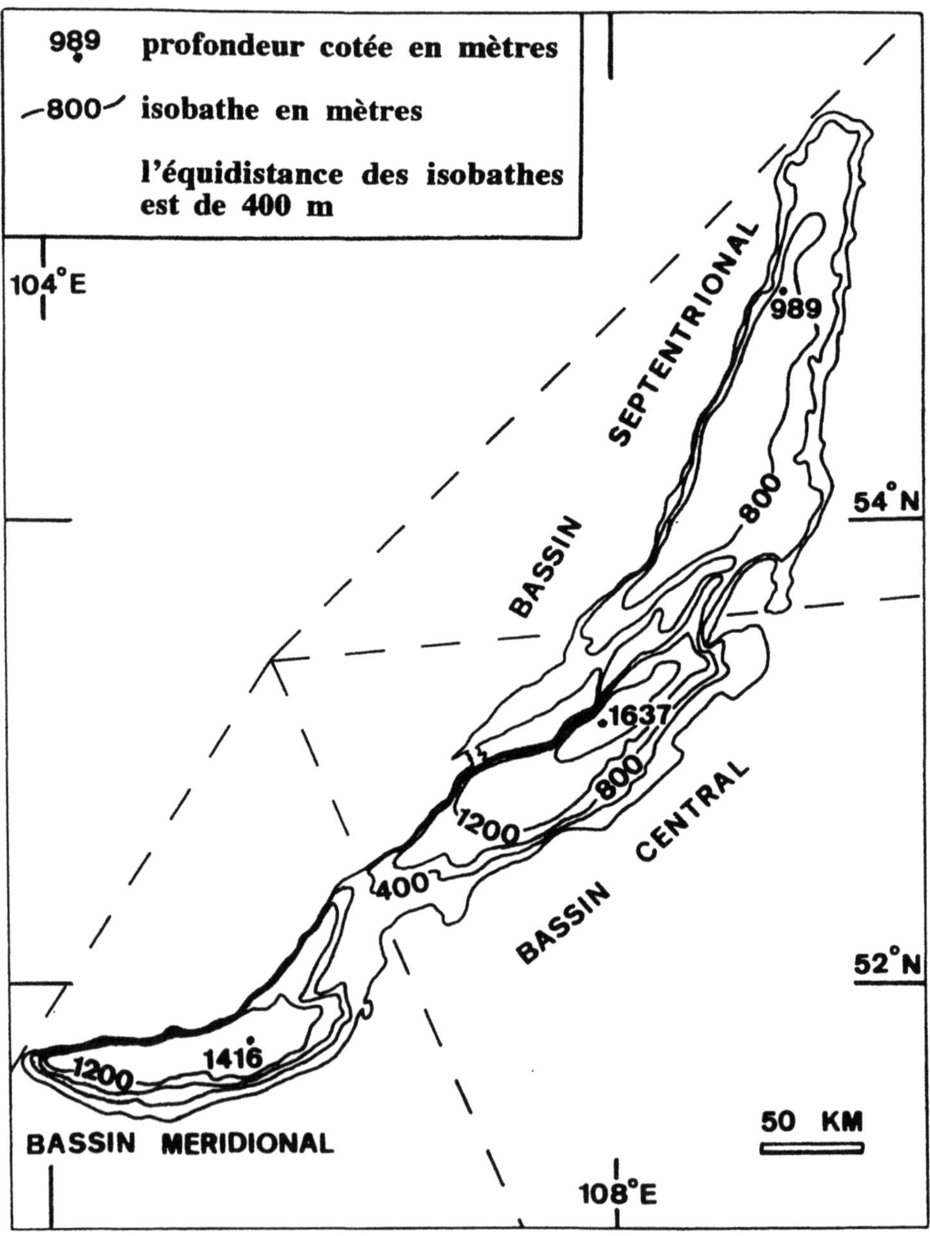

Fig. 37 Carte bathymétrique du Baïkal
d'après les cartes d'état-major, Baïkal Tour (1990) et des documents militaires

b - Les marges du lac, une opposition de façades et de seuils

Les plaines bathyales se terminent brutalement à l'ouest contre l'escarpement de faille originel, qui forme le talus sous-lacustre occidental (fig. 38). Court et abrupt, les angles de pente pouvant atteindre 30 et même 40 degrés, il est recouvert d'une couche de sédiments fins peu épaisse et accidentée de petits monticules et creux de dimension décimétrique (Mirline *et al.*, 1978). Quant aux replats, ce sont peut-être d'anciennes beines, des sortes de terrasses lacustres en négatif, témoins d'une époque où le niveau du Baïkal était plus bas (Lout, 1964, Mats,1993). Par sa forte déclivité, le talus est favorable au déclenchement de processus gravitaires. En revanche, la faible épaisseur sédimentaire, la granulométrie fine, le tassement prononcé des sédiments et le fait que les vagues de tempête n'influencent pas le talus, qui commence à une vingtaine de mètres de profondeur, sont défavorables aux mouvements de masse. Ceux-ci ne se produisent finalement que dans les ravins qui strient le talus, mais prennent leur source sur la beine.

Le talus limitant les plaines bathyales à l'est est plus long et moins raide. Sa pente varie généralement entre 7 et 10 degrés. Il correspond à l'inclinaison du bloc faillé abaissé ou, par endroit, à un autre escarpement de faille originel, dont le regard est opposé à celui de la côte ouest. La pente du talus oriental est largement perturbée par les deltas des grands affluents. L'influence du bassin-versant est en effet beaucoup plus forte à l'est qu'à l'ouest du lac.

A l'ouest, le talus sous-lacustre est certes abrupt parce que la structure faillée le commande, mais aussi parce que celle-ci, très jeune, impose un minuscule bassin-versant. La ligne de partage des eaux se trouve en effet au sommet de l'escarpement de faille, si bien qu'il n'existe pas de cours d'eau puissants dont les apports sédimentaires pourraient atténuer la pente.

A l'est, au contraire, la structure faillée du lac est certes directement responsable d'un talus moins raide, mais elle semble aussi favoriser une plus grande largeur du bassin-versant, donc une action plus grande des cours d'eau.

C'est au sommet des talus que commencent les littoraux. Outre les littoraux d'accumulation fluviatile, les deltas, les littoraux de genèse proprement lacustre se divisent en deux familles (fig. 38).

Les littoraux d'accumulation lacustre se trouvent le plus souvent assez près des deltas, celui du Bargouzine pour le golfe du même nom, ou celui de la Selenga pour les golfes Proval, Tcherkolovo et Possolski, car ce sont les cours d'eau qui fournissent l'essentiel des sédiments ensuite repris en charge, remodelés et redistribués par la dynamique lacustre. L'exception concerne le fond du golfe de Tchivyrkouï, où n'aboutit aucun cours d'eau important. Mais les sédiments sont ici piégés par la profondeur (non bathymétrique mais dans un plan horizontal) du golfe et la diffraction des vagues dominantes d'ouest derrière la péninsule du Saint-Nez. Les littoraux d'accumulation lacustre peuvent être ouverts au large, comme le tombolo double du Saint-Nez, ou fermés (constituant alors des

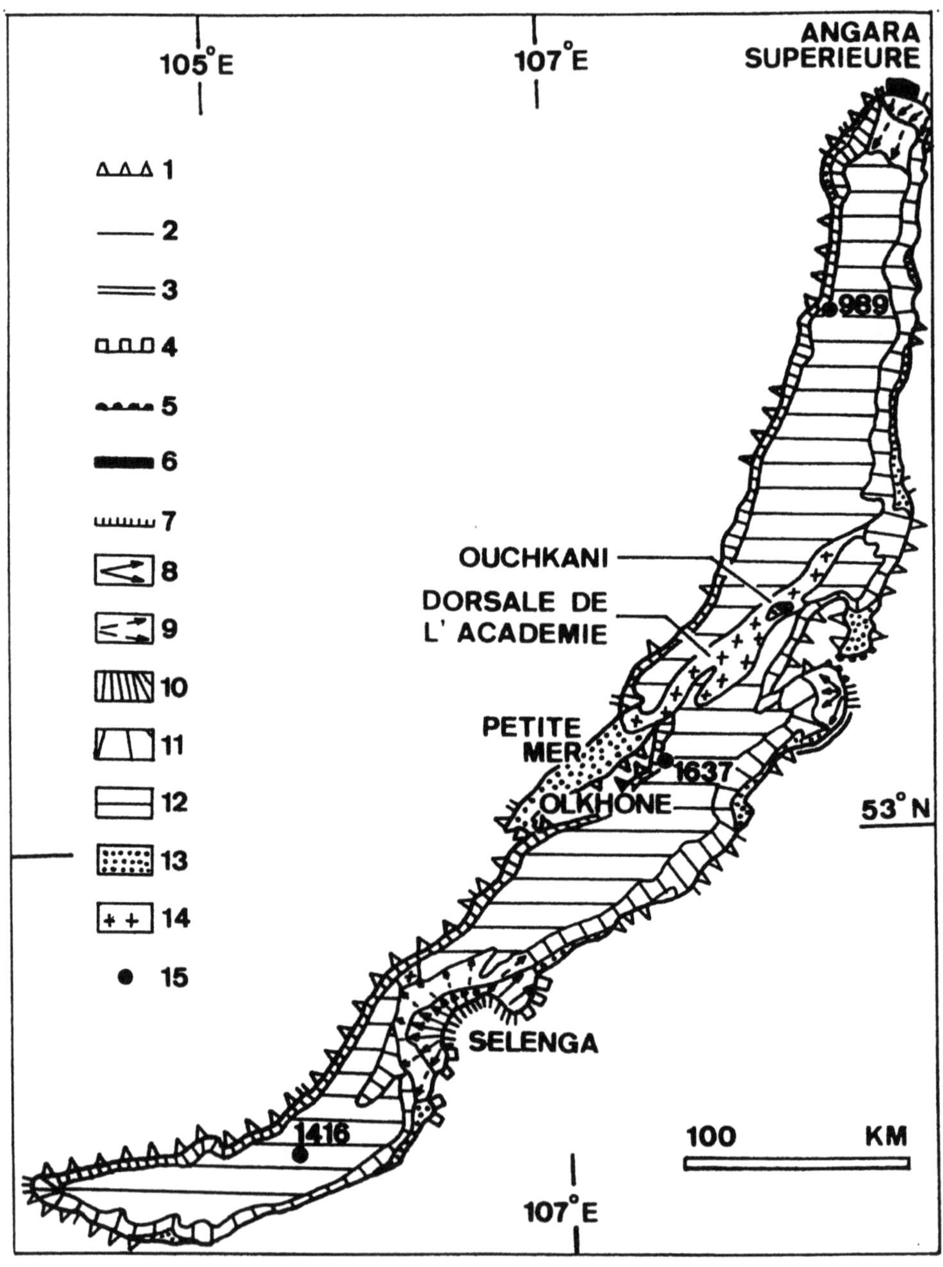

Fig. 38 Carte géomorphologique du Baïkal
d'après des planches du musée écologique du Baïkal (Listvianka), Faculté de géographie, 1962, Académie des sciences, 1967, et des travaux personnels de terrain

Légende de la figure 38: carte géomorphologique du Baïkal:

1 à 8: formes littorales

1: littoral à falaise plongeante (escarpement de faille) ou littoral d'abrasion à petites falaise et beine taillées à la base d'une fausse falaise (escarpement de faille) en roche dure
2: littoral d'abrasion à falaise et beine taillées en roche tendre
3: littoral d'accumulation lacustre en plage de fond de baie
4: littoral d'accumulation lacustre à flèches d'entrée de baie ou à barres immergées
5: littoral d'accumulation lacustre à tombolo double
6: littoral d'accumulation lacustre à lido
7: delta émergé
8: delta immergé de grande taille

9 à 15: formes de plein lac

9: glacis sous-lacustre
10: talus sous-lacustre raide en escarpement de faille
11: talus sous-lacustre peu déclive
12: plaine bathyale de profondeur supérieure à 700 m
13: plaine de profondeur inférieure à 300 m
14: seuil sous-lacustre
15: point coté en dessous de la surface du lac, laquelle se trouve à 456 m au-dessus de la mer

"sory"), par des barres d'avant-côte immergées, comme le golfe Proval, par des flèches d'entrée de baie, comme le golfe Possolski, par des flèches d'entrée de baie et de mi-baie, comme le golfe Tcherkolovo.

Les littoraux d'ablation forment le reste du pourtour baïkalien. Ils sont constitués du couple de l'abrupt côtier ("bérégovoï oustoup") et de la plate-forme ("chelf" ou "melkovodié") qui lui fait suite vers le large et témoigne du recul de celui-ci, bref de l'association de la falaise ("bérégovaïa skala" ou "bérégovoï outioss") et de la beine d'abrasion ("bientch").

L'observateur ne doit pas être leurré par les magnifiques abrupts littoraux de plusieurs dizaines de mètres qui tombent dans le Baïkal. Ce sont des escarpements de faille. Au mieux, seule la base de ces fausses falaises est taillée en falaise stricto sensu par les agents morphodynamiques lacustres. Par leur dureté lithologique et par leur raideur, les escarpements de faille baïkaliens sont souvent immunisés face aux attaques lacustres et la beine d'abrasion est très réduite; les Russes appellent ce type de littoral "strukturno-abrazionny béreg". Dans un certain nombre de cas, la falaise vive basale et la beine manquent même totalement. L'abrupt émergé se poursuit par le talus immergé et l'isobathe 1000 m est atteinte à moins de 2 km de la côte. C'est alors une falaise plongeante ("zatoplénny bérégovoï oustoup").

A d'autres endroits néanmoins, là où les conditions de pétrographie et de déclivité sont plus favorables, c'est-à-dire sur la façade orientale, surtout dans le bassin méridional, le vrai couple de la falaise et de la beine d'abrasion se développe aux dépens du versant initial. La largeur des beines baïkaliennes ne dépasse cependant pas quelques hectomètres et des valeurs de quelques décamètres sont fréquentes. Selon la profondeur d'action des vagues sur le fond, la rupture de pente séparant la beine du talus sous-lacustre se situe entre 10 et 25 mètres, avec une médiane proche de 20 mètres. La pente des beines baïkaliennes varie de quelques dizièmes de degrés à quelques degrés.

Quand les falaises et les beines existent, c'est l'abrasion lacustre qui à avant tout à l'origine de leur développement. Supérieure à 5 m, la hauteur maximale des vagues du Baïkal se compare facilement à celle de certaines mers et l'abrasion est d'autant plus efficace que les gélifracts se trouvent en abondance sur le rivage. Cette érosion lacustre, toutefois, ne se situe pas en permanence au même niveau. L'abrasion maximale a lieu en septembre et en octobre, quand le niveau du lac est au plus haut et demeure stable pendant sept à huit semaines. C'est en outre la saison des vents les plus violents. Dans certaines régions du Baïkal, comme le détroit des Portes d'Olkhone, on peut observer à la base de la falaise une encoche avec surplomp ("volnopriboïnaïa nicha"), justement au niveau des hautes eaux automnales. En outre, l'abrasion baïkalienne est secondée par les processus glaciels, notamment le pied de glace.

Au total, les marges du Baïkal présentent une remarquable opposition de façades, entre le talus sous-lacustre occidental, escarpement de faille raide et se poursuivant sur le littoral par de fausses falaises ou falaises plongeantes, et le talus oriental, en pente plus douce de bloc basculé et se continuant sur le littoral par une beine d'abrasion et une falaise vive taillées dans des roches plus tendres. Ce schéma est perturbé par l'énorme delta de la Sélenga, qui sépare les bassins méridional et central et apparaît, en tant que seuil, comme une véritable région à lui seul.

c - Les ravins sous-lacustres en cinq régions

Les ravins sous-lacustres (les "podvodnyé kaniony" des Russes) font le lien entre les marges et le plafond du lac, car leur tête entaille souvent la plate-forme d'abrasion lacustre, c'est-à-dire la beine, et toujours le talus sous-lacustre, cependant que le cône de déjection du ravin s'épanouit dans la plaine bathyale. Outre leur bathymétrie, on les reconnait au fait que les sédiments tapissant la tête du canyon sont plus fins que ceux de la beine qu'elle incise, mais ceux du cours moyen du ravin sont plus grossiers que le talus qu'il indente.

C'est parce que leur tête est si souvent proche du trait de côte et participe activement à son recul que les Soviétiques ont fait tant de recherches les concernant, notamment à l'époque de la préparation scientifique de la construction de la Grande voie ferrée Baïkal-Amour (BAM) sur la côte nord-ouest du Baïkal. Pendant une dizaine d'années, les chercheurs du laboratoire de "dynamique et d'histoire de la cuvette lacustre" de l'institut de limnologie d'Irkoutsk ont travaillé pratiquement à temps complet sur les canyons sous-aquatiques du grand lac sibérien, en liaison permanente avec les ingénieurs ferroviaires. C'est ainsi, par exemple, que le ravin sous-lacustre à trois têtes qui entaille le delta immergé de la Tyïa, situé juste au droit du lieu où le BAM, venu du nord-ouest, atteint le littoral baïkalien, a été étudié avec une précision extrême (Karabanov et Fialkov, 1987).

Puisque plus de cent ravins sous-lacustres entaillent tout le pourtour du Baïkal, ce critère de découpage régional se révèle intéressant et permet d'individualiser cinq régions[3].

Le bassin septentrional comporte les plus grandes quantité et variété de ravins, grâce à des conditions très favorables. Le delta de l'Angara supérieure permet en effet à de grand ravins prodeltaïques, longitudinaux à la direction du lac, de se développer et de nombreux affluents plus petits, comme la Tyïa, offrent la possibilité de construction de ravins transversaux au lac. La raideur et la fracturation du talus sous-lacustre permettent la formation de ravins tectoniques, qui ne manquent pas de sédiments puisque les coulées boueuses et les laves torrentielles descendent des versants les plus élevés de tout le Baïkal, dépassant 2500 mètres d'altitude dans les monts du Baïkal. Le bassin septentrional est également le seul où certaines têtes de ravins sous-lacustres sont un fjord remodelé. Il se distingue enfin par les processus gravitaires qui empruntent et remodèlent ces ravins. Il semble que ces derniers concentrent en effet plus de flux de liquéfaction que de flux de turbidité stricto sensu, car les dépôts ne comportent souvent, surtout dans la partie sud-ouest du bassin septentrional aucun triage et sont beaucoup plus épais qu'ailleurs. Les particules hétérométriques sont intimement mêlées. La très nette rupture de pente basale du talus sous-lacustre du bassin septentrional est sans doute responsable, au moins en partie, de cette

[3] Le Baïkal comprend deux sortes de ravins sous-lacustres. Les premiers accidentent les deltas immergés. Seuls ceux de la Selenga et de l'Angara supérieure possèdent des ravins de grande taille, larges de plusieurs hectomètres et longs de 10 à 20 km. Ailleurs, les dimensions sont beaucoup plus faibles. La seconde sorte de ravins sous-baïkaliens est représentée par ceux entaillant la roche en place, en général cristalline, localement sédimentaire. Situés sur une faille, leur point de départ est structural. Mais ils sont empruntés et remodelés par des processus morphodynamiques lacustres actuels, et ils peuvent éventuellement l'avoir été par d'anciens processus subaériens ne fonctionnant plus aujourd'hui et constituent alors un héritage. En fait, plusieurs sous-types sont susceptibles d'être distingués. Certains, comme ceux du sud-ouest du bassin méridional, ont une origine tectonique de faille seule, que retouchent à peine les processus morphodynamiques lacustres. Ce sont presque plus des escarpements de faille secondaires, transversaux au talus sous-lacustre, qui, lui, est l'escarpement de faille principal, que des ravins sous-lacustres à proprement parler. Pour d'autres, la zone de broyage, de fracture s'est contentée de guider l'établissement d'un ravin, mais les processus lacustres l'ont tellement exploitée que c'est aujourd'hui plus un ravin sous-lacustre de ligne de faille qu'un escarpement de faille. La partie émergée de la faille elle aussi peut être modelée, en général par un cours d'eau, si bien que la partie supérieure est une vallée de ligne de faille et la partie inférieure un ravin sous-lacustre de ligne de faille, ce dernier profitant des apports sédimentaires du cours d'eau. L'évolution peut être compliquée par les fluctuations paléogéographiques du niveau du lac, liées aux conditions climatiques passées. Lors de la montée des eaux postglaciaire, la portion inférieure de certaines vallées de ligne de faille a pu être inondée, si bien que la tête et le cours supérieur du ravin sous-lacustre actuel est une ria remodelée par le système morphogénique lacustre. C'est le cas, au sud-ouest de la localité de Bolchié Koty, du ravin Noir, entaillant le talus sous-lacustre ouest du bassin méridional. La montée des eaux postglaciaire a pu également inonder, comme au nord-est du bassin septentrional, la partie inférieure des vallées glaciaires de ligne de faille. Ces fjords ont pu alors devenir les têtes des ravins sous-lacustres. C'est le cas, au nord-est du bassin septentrional, des ravins de Frolikha et Tompouda. La stabilisation holocène du niveau du lac a transformé l'évolution des ravins sous-lacustres, conduisant à deux possibilités. Certains, dans la continuité d'un cours d'eau, ou nourris par une dérive littorale favorable, sont bien alimenté en sédiments et entaillent des roches sédimentaires tendres, comme c'est le cas au sud-est du bassin méridional. Les ravins sont alors capables de reculer leur tête aussi rapidement que la vitesse de formation de la beine. La tête se trouve donc aujourd'hui encore tout près du trait de côte, entaille la beine et est fonctionnelle. D'autres ravins, mal approvisionnés en sédiments et entaillant des roches dures, se contentent de canaliser quelques processus de transports, mais leur tête ne subit aucune érosion régressive, tandis que les processus taillant la beine sont capables, eux, de faire reculer le trait de côte. Le ravin se situe alors aujourd'hui uniquement sur le talus sous-lacustre, prenant sa source sur le rebord externe de la beine. C'est le cas, près de la sortie de l'Angara, dans le golfe Listvennitchny, du ravin du Grand Tcheremsany, qui n'est pratiquement plus fonctionnel.

absence de classement, le flux arrivant brutalement sur la plaine bathyale.

Le seuil qui sépare les bassins septentrional et central, est la seule région du Baïkal sans ravin sous-lacustre notable.

Le bassin central se distingue par le nombre assez restreint de ravins et la représentation d'une seule famille, celle des ravins prodeltaïques du Bargouzine et de la Tourka. Ces ravins, dont la concavité basale est douce, développée, sont empruntés par des flux de turbidité caractéristiques, balayant la plaine bathyale centrale et y déposant leur séquences sédimentaires.

Le delta immergé de la Sélenga, par le gigantisme de ses canyons, forme une région à part entière. Ce sont bien évidemment des ravins de la seule famille prodeltaïque. Une originalité réside dans le fait que les quatre ravins les plus grands sont longitudinaux au lac, c'est-à-dire transversaux à l'arrivée du cours d'eau, la Sélenga. Or cela est unique pour les ravins sous-baïkaliens. L'autre particularité est leur énorme taille. Sur le flanc nord du delta immergé, le ravin de Koukouï, fait 20 km de long et sa largeur sur le fond atteint 500 m.

Le bassin méridional est plus semblable au bassin septentrional qu'au bassin central, s'opposant en cela au découpage régional morphostructural, qui rapproche au contraire les bassins central et méridional. Le bassin sud allie en effet le grand nombre à la variété des ravins sous-lacustres. La famille prodeltaïque concerne surtout les affluents de fort module spécifique du sud-ouest du bassin. Les ravins tectoniques sont nombreux également sur le talus sous-lacustre qui fait suite aux versants émergés de la chaîne Khamar-Dabane. Le sud-est du bassin est sans doute l'endroit du Baïkal où le recul des têtes de ravins est le plus sensible. Le granoclassement de la plaine bathyale méridionale est intermédiaire entre celui de la plaine septentrionale et celui de la plaine centrale .

Finalement, la géomorphologie de la dépression fermée baïkalienne associe étroitement, tout en les opposant façade par façade, les aspects de tectonique générale et de morphologie dynamique. Cinq régions se distinguent clairement, mais il est vrai que deux d'entre elles, les plaines bathyales centrale et méridionale, présentent de nombreuses similitudes, conséquence de leur origine géologique commune.

En conclusion de cette recherche des critères du découpage régional du Baïkal, de multiples différences spatiales se sont présentées. Certaines ne sont pas à proprement parler régionales. Elles mériteraient plutôt l'appellation de zones. C'est par exemple le cas du gradient latitudinal, progressif, ou de l'opposition entre le littoral et le plein lac, concentrique. Celle-ci est notable partout, en géomorphologie, en hydrologie, en biogéographie. Mais elle n'est prépondérante, par défaut, que lorsque n'apparaissent pas de véritables différences régionales entre des entités, des portions de lac.

L'opposition entre la moitié ouest et la moitié est du Baïkal semble déjà plus pertinente. La région occidentale est bordée de littoraux essentiellement d'érosion et les sédiments grossiers superficiels forment une étroite bande; elle possède un talus sous-lacustre abrupt, qui est un escarpement de faille originel; sa plaine bathyale est en pente douce en direction du talus, au bas duquel l'épaisseur sédimentaire est maximale; la région occidentale a des eaux de surface sensiblement plus chaudes que celles de l'est au printemps et en automne mais légèrement plus froides en été; celles-ci profitent d'un bilan radiatif plus bénéficiaire que celles de l'est à la fin de l'été; la tranche d'eau évaporée y est supérieure, cependant que les précipitations annuelles, du fait de la position d'abri de la région occidentale, sont nettement plus faibles que celles de l'est; les eaux de surface occidentales gèlent plus tard et dégèlent plus tôt et sont recouvertes d'une banquise moins épaisse au coeur de l'hiver; les courants généraux de la région occidentale se déplacent du nord vers le sud; la moitié occidentale est l'aire de génération des vagues privilégiée, les nombreux vents transversaux soufflant sur elles depuis le continent et son littoral convexe la protégeant plus facilement des vents longitudinaux; la biomasse phytoplanctonique y est plus faible. Il suffit de prendre tous les aspects précédents à l'inverse pour caractériser la moitié orientale du Baïkal.

La problématique, le critère dominant de cette régionalisation serait la dissymétrie de l'ouverture du rift baïkalien, qui provoque une opposition morphologique évidente entre l'ouest et l'est, mais aussi hydroclimatique et même, indirectement, biogéographique, du fait de l'influence des apports des cours d'eau, la dissymétrie du rift causant non seulement celle du lac mais aussi celle du bassin-versant. Mais ce découpage du Baïkal en une région occidentale et une région orientale ne serait que physique.

Or il existe un découpage régional alliant à la fois les différences physiques et humaines, donc plus complet. C'est celui qui distingue les trois bassins du Baïkal. Comme les frontières qui les séparent ont en fait une certaine épaisseur, elles peuvent être considérées comme des entités à part entière, portant ainsi à cinq le nombre de régions du Baïkal. Le critère dominant du découpage régional est géomorphologique. Il conditionne tous les autres, sauf le critère humain. Mais ce dernier s'est lui-même donné le loisir de conforter les différences physiques. La personnalité géographique du Baïkal, sa problématique, n'est autre que le rapport exceptionnellement favorable existant entre la vitesse de formation de la cuvette lacustre par la tectonique et celle de son comblement sédimentaire.

B - LA SPÉCIFICITÉ BAÏKALIENNE

"Ô Baïkal, tes tempêtes sont affreuses, tes mariniers prétendent que tu veux être appelé *Madame la mer*, mais que si on t'appelle *Monsieur le lac*, tu soulèves aussitôt tes vagues en fureur! Sois-moi propice! Je ne t'offenserai plus par un nom indigne de toi; je confesse ici que j'ai eu plus peur de ta colère que de celle de tous les vieux océans que j'ai parcourus. Oui, tu es une mer [...] Mais pourquoi es-tu si perfide? Pourquoi souris-tu après l'orage" (Poussièlgue, 1866, p. 406). Sans aller jusqu'à la personnification du plan d'eau, la recherche de son individualité géographique est l'exercice scientifique qui réclame la prise en compte du plus grand nombre de données et la détermination d'une problématique adaptée.

Le Baïkal est le lac le plus profond du monde; il est le lac d'eau douce le plus volumineux de la planète; il est le plus ancien lac de l'univers; il est le lac de la création comportant le plus d'espèces endémiques. Ces quatre records sont tous unis dans la problématique du Baïkal. Les caractères sont d'abord liés entre eux deux par deux. Le volume est lié à la profondeur et l'endémisme à l'ancienneté. Mais ces deux couples ne sont pas seulement juxtaposés; ils sont eux-mêmes corrélés à un deuxième niveau. C'est ce niveau supérieur qui permet de définir la personnalité du Baïkal.

1 - Un lac immense et très ancien

L'aspect spatial original du Baïkal, ses énormes dimensions, s'ajoute à son grand caractère temporel, son ancienneté, pour lui conférer sa personnalité. Dans un premier temps, le Baïkal est immense et très ancien.

a - Le lac d'eau douce le plus volumineux du monde

L'aspect physique marquant du Baïkal est son gigantisme, la Caspienne et le Tanganyika étant les deux seuls lacs à pouvoir rivaliser avec lui dans ce domaine, et cette taille démesurée est à l'origine de ses principaux caractères hydrologiques.

Le Baïkal s'étire sur une longueur de 636 km, atteint 79,4 km de largeur et couvre une surface de 31 500 km2. La profondeur du bassin septentrional frise les 1000 m, celle du bassin méridional dépasse 1400 m, celle du bassin central atteint 1637 m, la plus grande tranche d'eau lacustre connue au monde. La source du gigantisme est tectonique. Le Baïkal est un grand volume en creux à l'échelle de la tectonique des plaques, une profonde déchirure de la lithosphère. Le rift fonctionnant depuis 25 millions d'années, cette énorme dépression est remplie d'une épaisseur de plus de 7 km de sédiments (Hutchinson *et al.*, 1992a), peut-être même plus de huit dans l'un des quatre centres d'accumulation maximale (Scholz *et al.*, 1993), témoins de la paléoclimatologie et de l'évolution des reliefs de la plaque asiatique depuis l'Oligocène.

L'énorme cuvette du Baïkal étant remplie d'eau douce, le volume qui en résulte n'a aucun équivalent lacustre sur la planète. Il correspond, avec ses 23 000 km3, à celui de la mer Baltique tout entière. Le gigantisme morphologique du Baïkal a des répercussions hydrologiques multiples, qu'on peut classer en deux grandes familles: l'hydrologie dynamique du Baïkal présente des affinités océaniques et, d'autre part, l'inertie physique et chimique de la masse d'eau baïkalienne est unique pour un lac. On peut, dans le premier cas, citer la hauteur maximale des vagues du grand lac sibérien, qui peuvent dépasser 6 m (Faculté de géographie, 1962), ou rappeler le caractère permanent de certains courants baïkaliens

(Sokolnikov, 1964, Académie..., 1967), s'écoulant sur plusieurs centaines de kilomètres, qui s'oppose à la nature habituellement fantasque des courants lacustres. On peut illustrer la seconde famille par le temps de renouvellement des eaux, supérieur à 350 ans, le délais de diffusion de microéléments de la surface au fond de plus de 10 ans (Alekseenko, 1997), la capacité pour le Baïkal d'emmagasiner d'énormes quantités de calories, ou encore par le fait qu'après trente ans de rejets toxiques du combinat de papier et cellulose on n'en décèle encore aucune trace au centre du lac.

b - Le plus vieux lac du monde

Le Baïkal possède d'autres qualités exceptionnelles, comme sa minéralisation très faible de 0,096‰ ou sa transparence de 42 m mesurée au disque de Secchi, qui place le lac sibérien au premier rang mondial devant le lac japonais de Mashu. Mais c'est son endémisme biogéographique qui est le plus original. Cette richesse est inouïe, puisque le Baïkal héberge plusieurs milliers d'espèces endémiques, ce caractère unique concernant aussi une centaine de genres et même une dizaine de familles.

L'origine de cet endémisme réside dans l'isolement de l'évolution et surtout dans son ancienneté, le Baïkal existant sous la forme d'un lac depuis l'Oligocène et sous celle d'un lac profond depuis au moins le Pliocène moyen (Florensov, 1960, Logatchev et Florensov, 1978), peut-être l'Oligo-miocène (Mats, 1993), voire l'Oligocène (Mats *et al.*, 1985, Popova, 1981).

2 - Un lac très ancien donc immense

Pour la majeure partie des lacs de la planète, leur ancienneté est synonyme de leur fin proche. Le Baïkal se distingue totalement de ce schéma classique et c'est sa grande originalité.

a - Les lacs en cours de destruction et de construction

Les lacs communs ont une espérance de vie donnée et c'est le comblement qui est à l'origine de leur mort. La planète pullule de dépouilles lacustres, c'est-à-dire de plaines alluviales ou de plaines d'obturation glaciaire, qui sont d'anciens lacs aujourd'hui comblés. La plupart des lacs vivants sont, eux, en train d'assister à leur comblement. Leur disparition est sur le point de s'effectuer en un temps très court à l'échelle géologique, en général quelques milliers ou quelques dizaines de milliers d'années.

Deux types de lacs sont concernés. Les premiers sont les lacs formés par des processus morphodynamiques actuels. Ce sont des lacs à l'existence précaire, en cours de formation et de destruction permanentes, comme par exemple les lacs de toundra ou encore les lacs juxtaglaciaires. Les seconds, très nombreux, sont des lacs dont la cuvette est un héritage

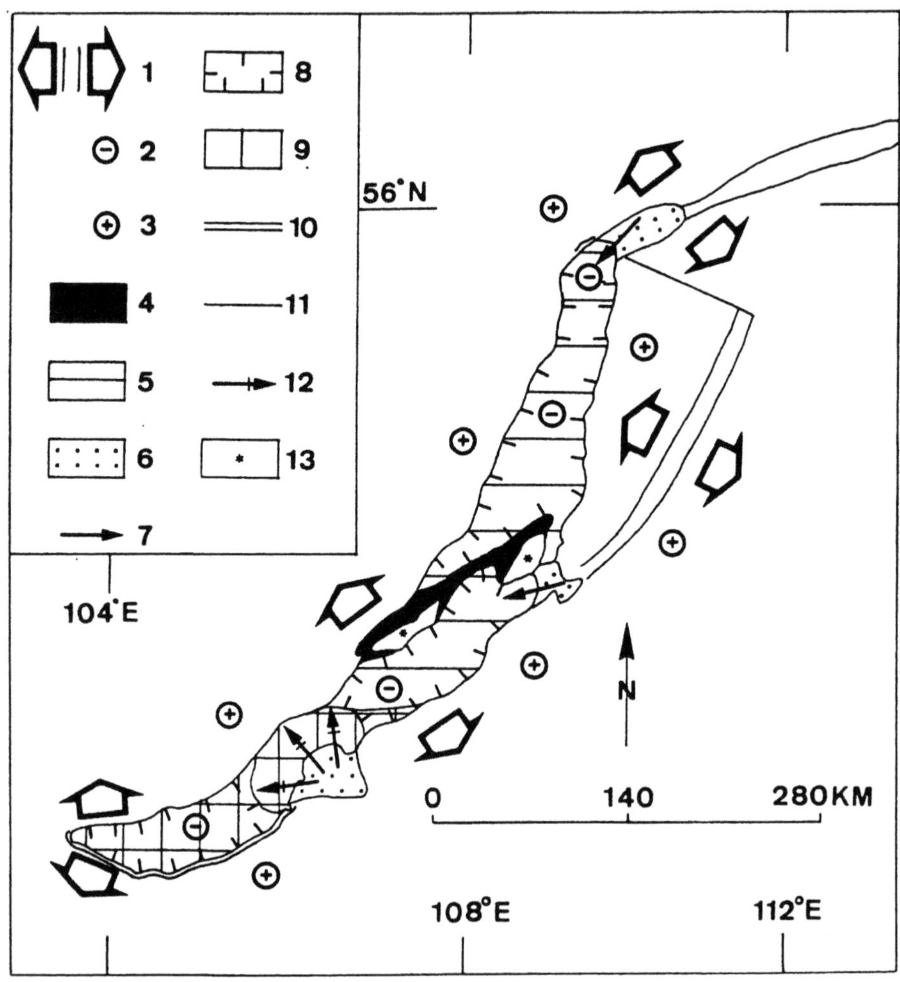

Fig. 39 Carte schématique de la problématique baïkalienne

Légende hiérarchisée: I: *le critère déterminant, un rapport entre la formation tectonique et le comblement sédimentaire de la cuvette exceptionnellement favorable* : 1: ouverture du rift à la vitesse de 0,1 cm par an. 2: subsidence du fond de la cuvette à la vitesse de 2 mm par an. 3: exhaussement des bourrelets montagneux. 4: demi-horst ou horst séparant deux fossés d'effondrement. 5: taux de sédimentation moyen de 0,25 mm par an. 6: partie du Baïkal comblée pendant le Quaternaire. 7: avancée du comblement actuel en un seuil qui subdivise un fossé tectonique en deux régions. II: *la personnalité hydrologique et biogéographique des régions* : 8: hydrologie physique et dynamique de bassin très profond. 9: forte production primaire. III: *la personnalité humaine des régions* : 10: côte assez densément peuplée. 11: côte inoccupée. 12: apport de pollution par un cours d'eau. 13: îles et presqu'îles habitées.

morphoclimatique. C'est un processus ne fonctionnant plus aujourd'hui qui est à l'origine de la dépression fermée, comme pour les lacs d'origine glaciaire. Le comblement a commencé et une partie du lac a déjà disparu de ce fait. Si le principal affluent apporte ses sédiments en amont, le plan d'eau se rétrécit peu à peu par un bout. La plaine du Rhône valaisan est ainsi la partie déjà comblée du Léman. Si le plus grand affluent ne se jette pas à l'extrémité du lac mais au milieu, le lac peut être coupé en deux. c'est le cas de l'ancien lac unique séparé aujourd'hui en deux plans d'eau, les lacs de Thoune et de Brienz, à cause des apports de la Lütschine, sur lesquels est construite la ville d'Interlaken. Tous ces lacs se réduisent par comblement progressif d'une dépression héritée.

A l'opposé de tous les lacs précédents, il existe une dernière famille, qui regroupe ceux déjà anciens, mais encore en train de se former. Ce sont des lacs d'origine tectonique dont la cuvette continue à se construire. Le Baïkal appartient à ce type de lacs. Mais un comblement sédimentaire syntectonique accompagne bien entendu ce mouvement. Tout dépend alors du rapport de vitesse des deux éléments du bilan.

b - Le Baïkal, un lac qui se forme plus vite qu'il ne se comble

Le Baïkal ne se contente pas de faire partie de la dernière famille de lacs, déjà la plus rare des trois. Il en est l'exemple le plus parfait, car la vitesse de remplissage est inférieure à celle de la formation de la dépression fermée.

La cuvette baïkalienne s'agrandit rapidement, puisque l'activité du rift est importante. La vitesse actuelle de l'ouverture des lèvres du rift est de 0,1 cm par an (Logatchev *et al.*, 1984). Celle de la subsidence du fond de la cuvette est de 2 mm par an (Mats, 1993), cependant que les bourrelets montagneux qui l'encadrent s'élèvent. Cette vitesse d'approfondissement est même en augmentation, puisqu'elle était de seulement 0,8 mm par an il y a deux à trois millions d'années. Elle n'est néanmoins pas régulière et l'un des principaux à-coups du XXe siècle se produisit le 29 août 1959, quand un séisme provoqua l'affaissement brutal de 10 à 15 m du fond du Baïkal central (Solonenko et Treskov, 1960, Imetkhenov, 1997).

Or le deuxième élément du bilan est, lui, très lent. Le bassin d'alimentation du Baïkal est cristallin, si bien que les affluents apportent très peu de matières dissoutes au lac. Cela explique sa très faible salinité et l'absence de précipitations calcaires. En outre, les débits spécifiques des affluents du Baïkal étant faibles et la protection du bassin-versant par la taïga étant bonne, le taux de sédimentation est particulièrement peu élevé. Celui de l'ensemble du Baïkal est de seulement 0,25 mm/an (Afanassiev, 1976), tombant même à 0,0417 mm/an en plein lac (Galazi, 1987), valeurs très inférieures aux moyennes lacustres données par Lerman (1979). Si les sédiments au fond du lac sont très épais, la seule cause en est donc la durée.

Au total, le rapport entre la vitesse de formation tectonique de la cuvette et celle de son comblement sédimentaire est exceptionnellement favorable à la très longue existence de ce lac comme organisme profond. Il s'agit de la grande originalité du Baïkal (fig. 39) et les particularités hors du commun du grand lac sibérien en résultent. Ainsi, plus le Baïkal prend de l'âge, plus il assoit son gigantisme et s'éloigne de la mort.

3 - Un lac immense donc très ancien

Mais, à l'inverse, c'est aussi parce qu'il est si profond et si volumineux que le Baïkal est si ancien. En effet, vu la latitude et la continentalité du lac sibérien, un plan d'eau peu profond aurait disparu lors des glaciations pléistocènes, gelant sur la totalité de sa tranche. Mais l'énorme profondeur du Baïkal et son gigantesque volume l'ont préservé (Colman,1992, Grosswald, 1980). Des glaciers continentaux descendus des montagnes encadrant le lac se terminaient sur le lac, lui-même pris par la banquise, en formant autant de plates-formes flottantes, d'où se détachaient des icebergs (Lamakine, 1953b, Toulokhonov et Boudaev, 1982, Ivanovski, 1993).

Le Baïkal se caractérise donc par une démesure à la fois géographique et géologique, c'est-à-dire à la fois spatiale et temporelle. Elle est même plus précisément spatio-temporelle, car ces qualificatifs sont corrélés et non seulement juxtaposés. C'est en effet parce qu'il est si ancien que le Baïkal est si profond et volumineux, puisque le rift n'a cessé de fonctionner depuis l'Oligocène. Et la réciproque est vraie. Le Baïkal doit son ancienneté à sa profondeur et à son volume.

L'identité géographique du Baïkal, ainsi définie, permet d'opérer un découpage régional qui, puisqu'il est fondé sur cette problématique, crée des régions dont le canevas est cette même personnalité du lac tout entier, mais où des particularités se sont développées pour chacune d'entre elles.

Le rapport favorable entre la vitesse de formation de la cuvette baïkalienne et celle de son comblement revient à avouer la prédominance de la tectonique sur la sédimentation, alors que la plupart des lacs se caractérisent par l'inverse. Et c'est, en effet, à l'échelle du découpage régional, et non plus du lac tout entier, dans l'opposition entre les deux cuvettes tectoniques, séparées par le seuil tectonique de la dorsale de l'Académie, que les différences sont les plus aiguës. En géomorphologie comme en hydrologie, tout oppose le bassin septentrional à l'ensemble situé au sud du seuil tectonique. Le rôle des apports sédimentaires, bien que moins contraignant, existe néanmoins, mais il se contente de subdiviser l'ensemble méridional en deux sous-bassins, le bassin central et le bassin méridional. Ceux-ci, géomorphologiquement très semblables, ont cependant chacun acquis une nette personnalité hydrologique, tant physique que dynamique, et même chimique. Et l'occupation humaine est venue renforcer cette opposition. Elle est d'un poids suffisant pour élever ces sous-régions physiques à de vraies régions géographiques à part entière.

CHAPITRE 9

LES RÉGIONS DU BAÏKAL

Le combinat de papier et cellulose crache ses noires fumées à Baïkalsk, cependant qu'au pied des monts du Baïkal il faut parcourir plusieurs dizaines de verstes d'un littoral vierge avant de rencontrer quelque petit village de pêcheurs. A la mi-juin, les bourguignons rendent la navigation dangereuse au large de Severobaïkalsk, alors qu'à l'entrée du port de Koultouk toute trace de banquise a disparu depuis plus d'un mois. Pris dans les énormes creux provoqués par l'impétueuse sarma, les câbles qui reliaient les chalands au bateau *Aleksandr Nevski* sont coupés et 172 personnes trouvent la mort. Pendant ce temps, la surface de l'eau se ride à peine au large de Slioudianka. Nous sommes pourtant sur le même lac, le Baïkal. La perle de la Sibérie offre des paysages très divers tout au long des 2000 kilomètres de son périmètre côtier et la variété n'est pas moindre en plein lac. Du fait de ses énormes dimensions, le Baïkal présente en effet différentes régions, chacune développant une personnalité géographique propre.

Le découpage régional du Baïkal proposé a un fondement géomorphologique. Le lac étant formé de deux fossés d'effondrement séparés par un escarpement de faille et l'une de ces deux dépressions fermées, celle du sud, étant elle-même étranglée par un delta de grande taille, le Baïkal se compose finalement de trois bassins et de deux seuils. Cette contrainte géomorphologique influence à son tour l'hydrologie. C'est ainsi que les courants forment des cellules qui épousent la forme des bassins. Même en biogéographie, la répartition du plancton permet de distinguer bassins et seuils, où les affluents apportent différemment leurs éléments nutritifs. Quant à l'homme, en industrialisant de longue date le bassin méridional, en urbanisant très récemment une portion du bassin septentrional, en laissant le bassin central vierge, en occupant traditionnellement le seuil du nord, en interdisant le seuil du sud, il a pris sur lui de renforcer la personnalité des cinq régions physiques du Baïkal, les élevant ainsi au rang de régions géographiques (fig. 40). L'ordre de grandeur de chacun des trois bassins est la dizaine de milliers de kilomètres carrés. Les deux seuils s'étendent sur quelques milliers de kilomètres carrés.

A - LES BASSINS

Les trois bassins ont une personnalité commune, fondée sur leur gigantesque profondeur. La conséquence directe de l'énorme épaisseur de la tranche d'eau réside en ce que le fond n'est pas influencé par tout ce qui se passe en surface. C'est ainsi que même les plus fortes tempêtes ne remettent pas en suspension les sédiments des plaines bathyales. On peut évoquer aussi l'absence totale de variation saisonnière des températures d'eau de fond.

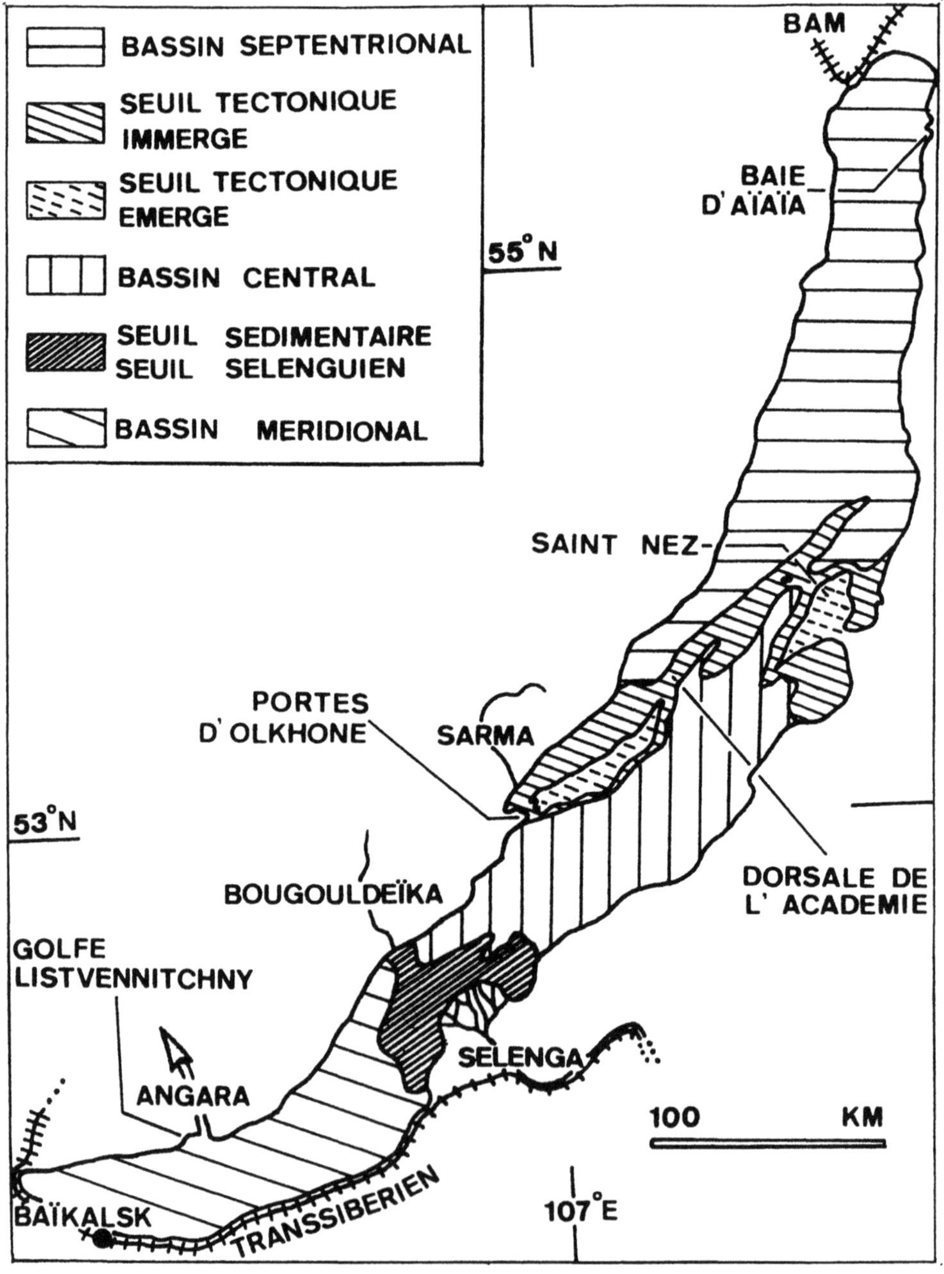

Fig. 40 Carte des régions du Baïkal

La conséquence indirecte de la très grande profondeur, par l'intermédiaire du gigantesque volume qu'elle provoque, est l'inertie face à tous les apports. Chacun des trois bassins peut reprendre en charge pendant des centaines d'années les apports sédimentaires des affluents avant de les redistribuer, en les remodelant sur les littoraux ou en les déposant sur le fond des plaines bathyales, où le taux de sédimentation est très faible. Alors que le combinat de papier et cellulose de Baïkalsk rejette depuis 30 ans ses effluents industriels dans le bassin méridional, le centre de celui-ci ne présente aucune trace de pollution. Chaque bassin peut ainsi absorber pendant des décennies les substances d'origine anthropique avant que les effets néfastes ne se fassent sentir. La longueur du temps de renouvellement des eaux des trois bassins se compte en siècles. L'eau de chaque bassin stocke pendant des mois les calories apportées en été, avant de les restituer à l'atmosphère en saison froide, si bien que la prise en glace des trois bassins est plus tardive que celle des seuils, et les frigories de l'hiver pour les recéder à l'air en saison chaude. L'identité commune aux trois bassins est donc celle de leurs énormes profondeur et volume et leurs conséquences sur l'inertie dans tous les domaines. On touche d'ailleurs là à une spécificité de la régionalisation lacustre, celle de la prise en compte de la dimension verticale, pour définir des volumes régionaux et non pas seulement des surfaces.

1 - Le bassin septentrional, récent et marqué par le froid

Le bassin septentrional développe une forte personnalité géographique, fondée sur sa jeunesse géomorphologique et la froideur de ses eaux (fig. 41).

Contrairement au cas des deux autres bassins, le littoral du bassin septentrional n'est pas parallèle à la structure. Sa côte orientale recoupe en effet transversalement les cassures. L'activité du rift y est plus récente et c'est l'endroit du Baïkal où se trouvent les sources hydrothermales (Crane *et al.*, 1991). Le remplissage sédimentaire du bassin septentrional est moins épais et moins ancien que celui des autres bassins, la base des dépôts étant seulement miocène. Au total, le nord du Baïkal est la partie la plus jeune du lac, la progradation du rift se faisant vers le nord-est et le sud-est à partir du point de départ, le fossé tectonique constitué par l'ensemble des bassins central et méridional, idée qu'avait déjà pressentie Pavlovski (1941). Et c'est justement parce que c'est la partie la plus jeune du Baïkal que c'est aussi la moins profonde, avec une moyenne de 576 m (Mazenova, 1995) et n'atteignant pas 1000 m au maximum (fig. 41), avec toutes les conséquences hydrologiques qui en découlent. Or ce rapport est exceptionnel, inverse à celui de la plupart des lacs, dans lesquels le comblement sédimentaire est plus rapide que l'approfondissement de la cuvette. Il confirme à l'échelle régionale le grand caractère général du Baïkal, le fondement de sa personnalité. Les apports sédimentaires actuels du bassin septentrional sont cependant, relativement au reste du Baïkal, importants, l'Angara supérieure édifiant là un delta à la mesure de sa puissance (fig. 43), et les turbidites étant plus

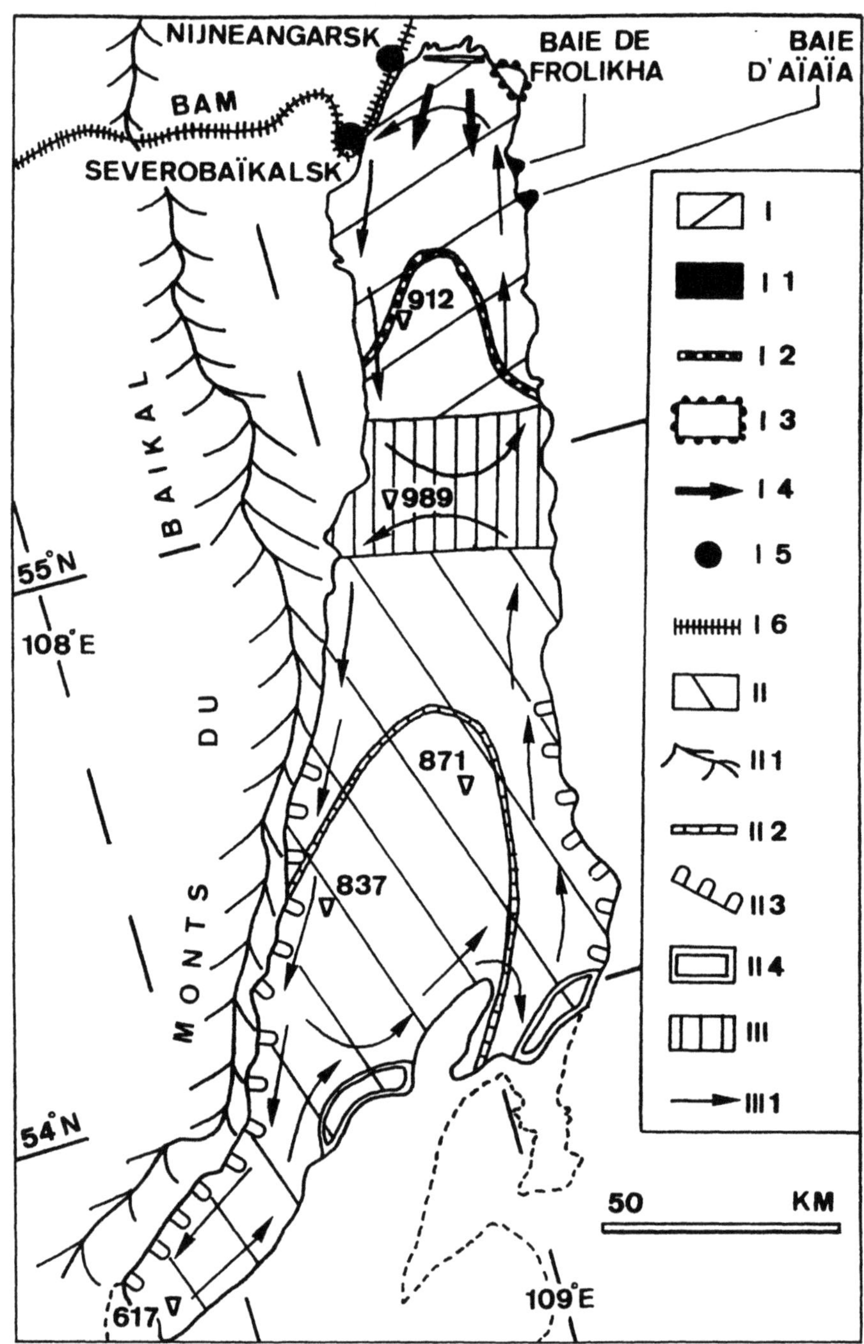

Fig. 41 Carte du bassin septentrional

Légende de la figure 41 Carte du bassin septentrional:
I: *le Baïkal du grand nord*. I 1: fjord. I 2: limite sud de la température de l'eau de surface inférieure à 3°C en juin. I 3: épaisseur moyenne de la banquise hivernale supérieure à 110 cm. I 4: talus et glacis prodeltaïque de l'Angara supérieure. I 5: ville. I 6: voie ferrée Baïkal-Amour (BAM). II: *le Baïkal vierge*. II 1: ligne de faîte de plus de 1500 m d'altitude. II 2: limite nord de la disparition de la banquise antérieure au 20 mai. II 3: littoral protégé par une réserve ou un parc national. II 4: portion de lac protégée par le parc naturel national d'Etat de Transbaïkalie. III: *frontière courantologique*. III 1: courant.

fréquentes qu'ailleurs sur la plaine bathyale. C'est aussi l'endroit où les héritages morphoclimatiques des glaciations sont les plus développés. Les baies de Frolikha et d'Aïaïa, par exemple, sont des fjords (fig. 41).

Aujourd'hui encore, c'est le bassin le plus froid, tant pour la température de l'eau en automne que pour la durée de prise par la glace en saison froide. Le bassin septentrional gèle plus tôt et dégèle plus tard que le reste du Baïkal. Ce bassin concentre deux cellules de courants permanents et son littoral oriental subit l'assaut répété des vagues les plus hautes du Baïkal. Trop éloigné de la Sélenga, où ces salmonidés remontent frayer, le bassin septentrional est le seul des trois bassins où on ne pêche pas d'omoule de race sélenguienne.

Le bassin septentrional est à peu près exempt de pollution. Ses côtes sont largement protégées par des parcs naturels et les cours d'eau qui se jettent dans le bassin septentrional ont des bassins-versants très peu humanisés, y compris l'Angara supérieure. Seules, à l'extrême nord-ouest, les villes de Severobaïkalsk, la plus peuplée de tout le littoral baïkalien avec ses 30 000 habitants, et de Nijnéangarsk, qui compte 8000 habitants, sont une source très localisée de quelque pollution (fig. 42). Severobaïkalsk, ville-champignon toute jeune, est née de la construction du BAM. Le bassin septentrional concentre donc l'occupation humaine la plus récente de tout le Baïkal. C'est ainsi que, fortuitement, la géographie humaine vient renforcer le caractère physique de la jeunesse du bassin septentrional.

Le bassin septentrional étant à la fois le plus étendu des trois bassins et celui dont la direction est méridienne, les différences entre le nord et le sud sont sensibles, pour les caractères thermiques et glaciels. On passe même du gradient à la frontière nette en géomorphologie et en courantologie. En d'autres termes, deux unités géographiques de taille plus réduite sont sous-jacentes à cet exposé des traits spécifiques du bassin septentrional (fig. 41). Le tiers nord, le Baïkal du grand nord en quelque sorte, est la partie du lac où le froid a la plus grande importance, tant par ses héritages morphoclimatiques que par ses conditions actuelles. Il forme une sous-région caractérisée aussi par la forte influence géomorphologique, hydrologique et biogéographique de l'Angara supérieure (fig. 41 et 43) et par le fait que c'est la seule partie du bassin septentrional où l'influence anthropique n'est pas inexistante, le long du BAM (fig. 42). Les deux tiers méridionaux se distinguent par leur encadrement montagneux oppressant, beaucoup plus proche du lac que plus au nord. Ils se caractérisent aussi par leur virginité. L'occupation humaine est inexistante et les littoraux sont entièrement protégés, à l'est par la réserve de Bargouzine, la plus ancienne du Baïkal (Goussev, 1982

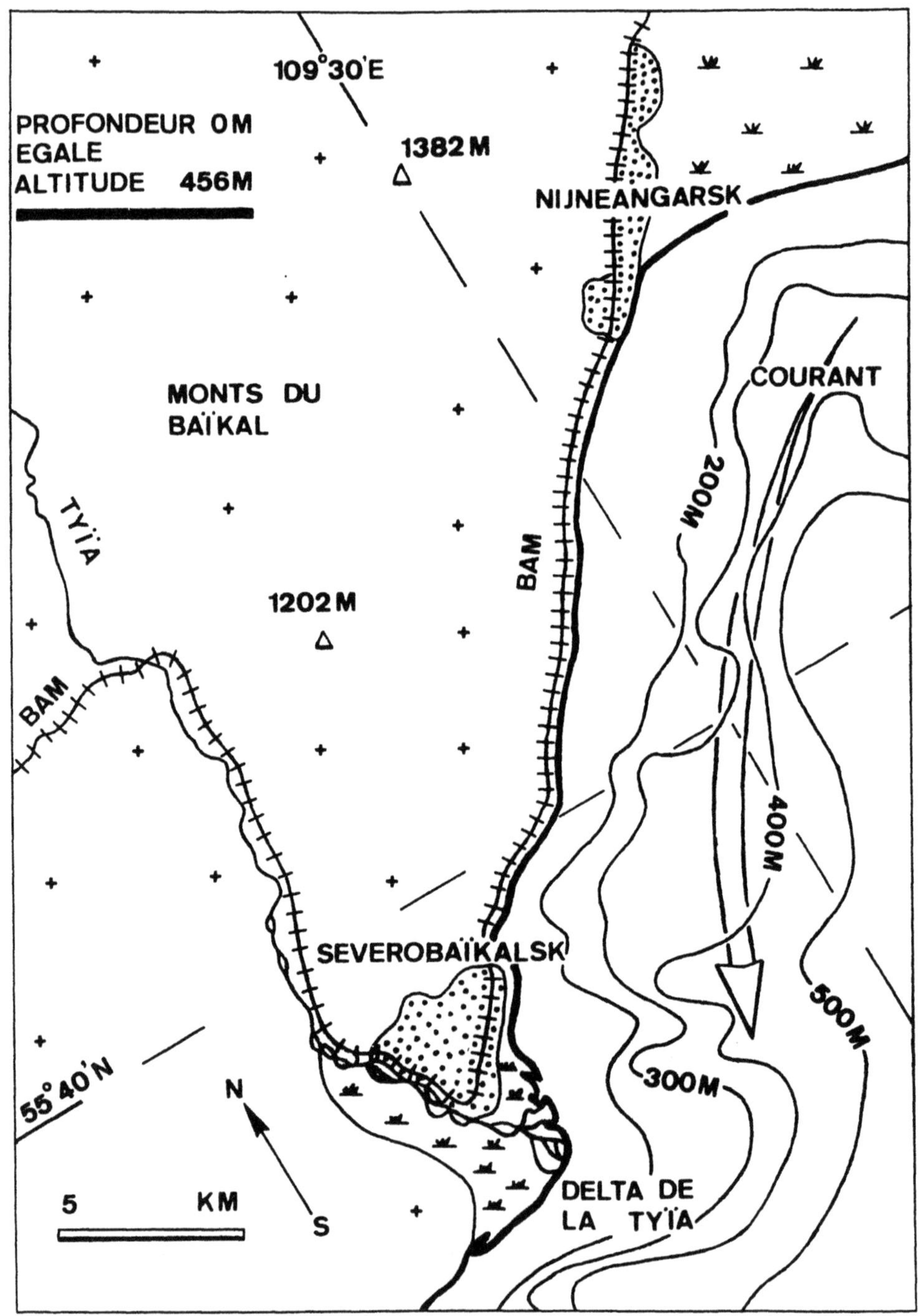

Fig. 42 Carte de l'extrémité nord-ouest du Baïkal

et 1986, Vorobiev et Martynov, 1988), et le nord du parc national de Transbaïkalie, à l'ouest par la réserve du Baïkal et de la Lena et le nord du parc national de Baïkalie.

2 - Le bassin central, le coeur immensément profond du Baïkal

La géomorphologie des bassins central et méridional est peu différente. Structuralement, c'est en fait le même bassin: il s'agit du segment d'origine de la zone de rift du Baïkal. La profondeur est grande, supérieure à 1400 m pour les deux bassins. Ce sont des graben ou demi-graben parallèles aux cassures, dont le fond est incliné vers l'ouest. Le remplissage sédimentaire est très épais, supérieur à 6000 m sur d'assez vastes régions des deux bassins. La base des sédiments est ancienne dans les deux cas, généralement oligocène. Le bassin central développe cependant quelques particularités.

Le bassin central est ponctuellement le plus profond du Baïkal et ses 1637 m constituent la plus grande profondeur lacustre du monde. C'est pourquoi une coupe est appropriée à la présentation de ce bassin (fig. 44). L'escarpement de faille originel du littoral occidental baïkalien atteint ici ses dénivellations maximales et la structure en demi-graben est remplacée par celle en graben sur une étendue plus grande que dans les autres bassins. Le bassin central allie une grandeur structurale et une pureté tectonique impressionnantes. Comme s'il convenait de ne pas l'altérer, c'est même le seul des trois bassins ne présentant aucun héritage morphoclimatique des glaciations.

En saison chaude, les températures du bassin central sont froides, plus proches de celles du bassin septentrional que de celles du bassin méridional. Le nord-ouest du bassin central, au-dessus des plus grandes profondeurs, connaît même les températures de surface les plus froides de tout le Baïkal pendant tout le mois d'août. Elles ne dépassent alors pas 8°C, soit 4 à 5 degrés de moins que le centre du bassin septentrional, qui se trouve pourtant à une latitude de deux degrés plus élevée. En saison froide, le bassin central se distingue par une banquise nettement plus épaisse que celle du bassin méridional et même plus épaisse que celle du bassin septentrional (Moskalets, 1982, Moskalets et Moskalets,1983). Certaines années, les valeurs peuvent atteindre 1,40 m, sans compter les torossy et autres amas de glace. Le bassin central, seul du Baïkal à être dans ce cas, comprend une unique cellule de courants permanents.

Le bassin central est le seul des trois bassins où vivent les quatre races d'omoule du Baïkal. Par sa situation géographique centrale, il n'est en effet trop éloigné d'aucun des cours d'eau qui leur donnent naissance.

Le bassin central est pratiquement vierge. Ainsi, les presque 200 kilomètres de sa côte occidentale, d'ailleurs compris dans le parc national de Baïkalie, ne comportent absolument aucune localité. L'effet d'obstacle est ici flagrant. C'est parce que les Russes ont en fait toujours cherché à contourner le Baïkal que le bassin central reste faiblement humanisé. C'est par ses deux régions limitrophes que la pollution arrive,

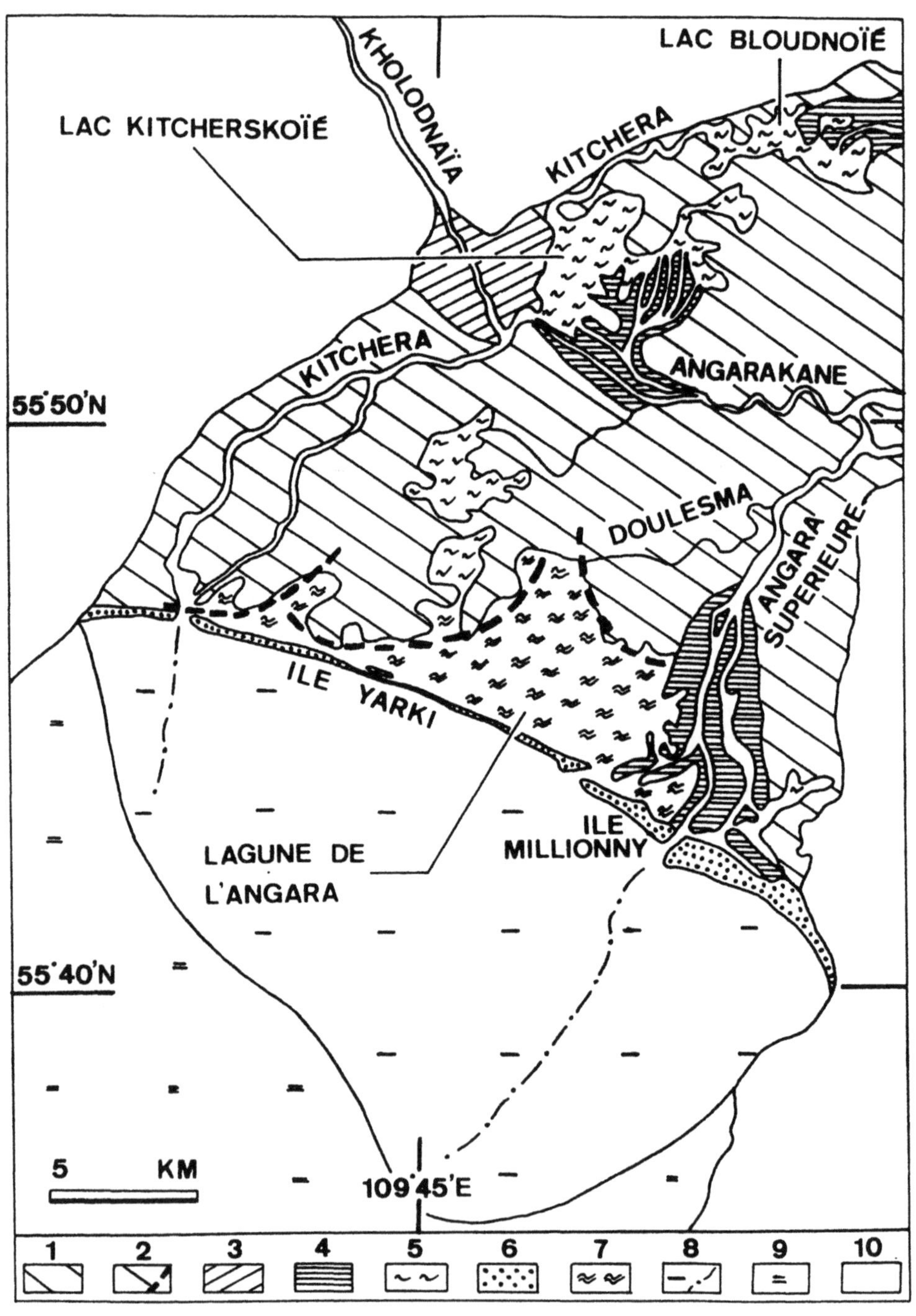

Fig. 43 Carte géomorphologique du delta de l'Angara supérieure

Légende de la figure 43: carte géomorphologique du delta de l'Angara supérieure:
1: plaine deltaïque plioquaternaire commune à l'Angara supérieure et à la Kitchera. 2: plaine deltaïque actuelle multilobée de l'Angara supérieure et de la Kitchera. 3: plaine deltaïque lobée de la Kholodnaïa. 4: delta digité de l'Angara supérieure, de l'Angarakane (défluent secondaire de l'Angara supérieure) et de la Kitchera. 5: cuvette de décantation. 6: margé deltaïque émergée (flèche d'entrée de baie et lido). 7: marge deltaïque immergée (lagune) et front deltaïque. 8: talus prodeltaïque et ravins sous-lacustres. 9: glacis prodeltaïque et plaine bathyale du Baïkal. 10: partie non deltaïque du continent.

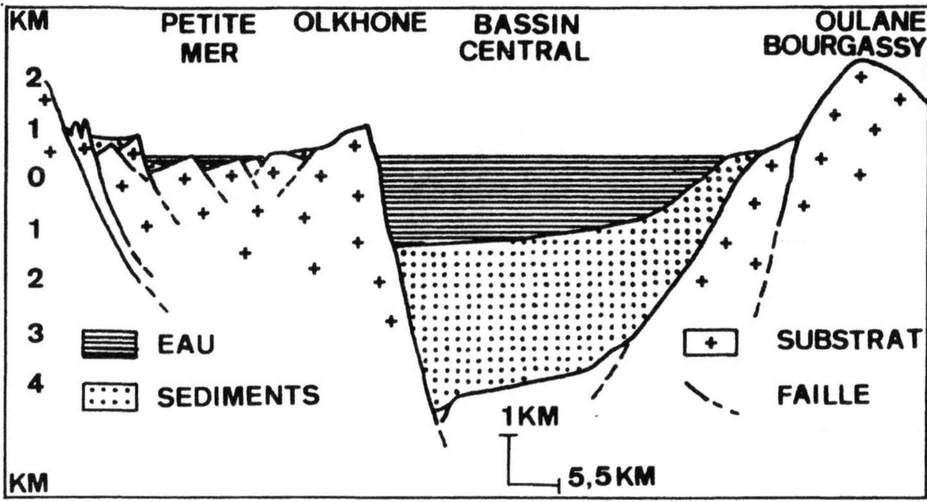

Fig. 44 Coupe géologique du centre du Baïkal (seuil tectonique et bassin central)
d'après Lamakine, 1969, et Mats, 1993

le seuil tectonique lui apportant celle du Bargouzine et le seuil sédimentaire celle de la Selenga.

Le bassin central est celui des trois où l'opposition de façade entre l'ouest et l'est est la plus accentuée. La dissymétrie est flagrante en géomorphologie, le fond étant incliné vers l'ouest, en hydrologie, avec une opposition de température de l'eau, de précipitations tombées sur le lac, d'épaisseur de banquise, de direction de vents, de vagues et courants durables, en géographie humaine, avec un littoral occidental protégé et vide et un littoral oriental non réservé et peuplé, bien que de manière lâche.

3 - Le bassin méridional, un bassin ouvert

Le bassin méridional est le moins étendu des trois, mais, s'il n'est pas ponctuellement le plus profond, il l'est régulièrement, puisqu'il offre la plus grande profondeur moyenne des trois bassins (ou au moins la même, environ 850 m, que celle du bassin central, pour les auteurs qui incluent le seuil sélenguien, Mazenova, 1995). Par sa structure, il est

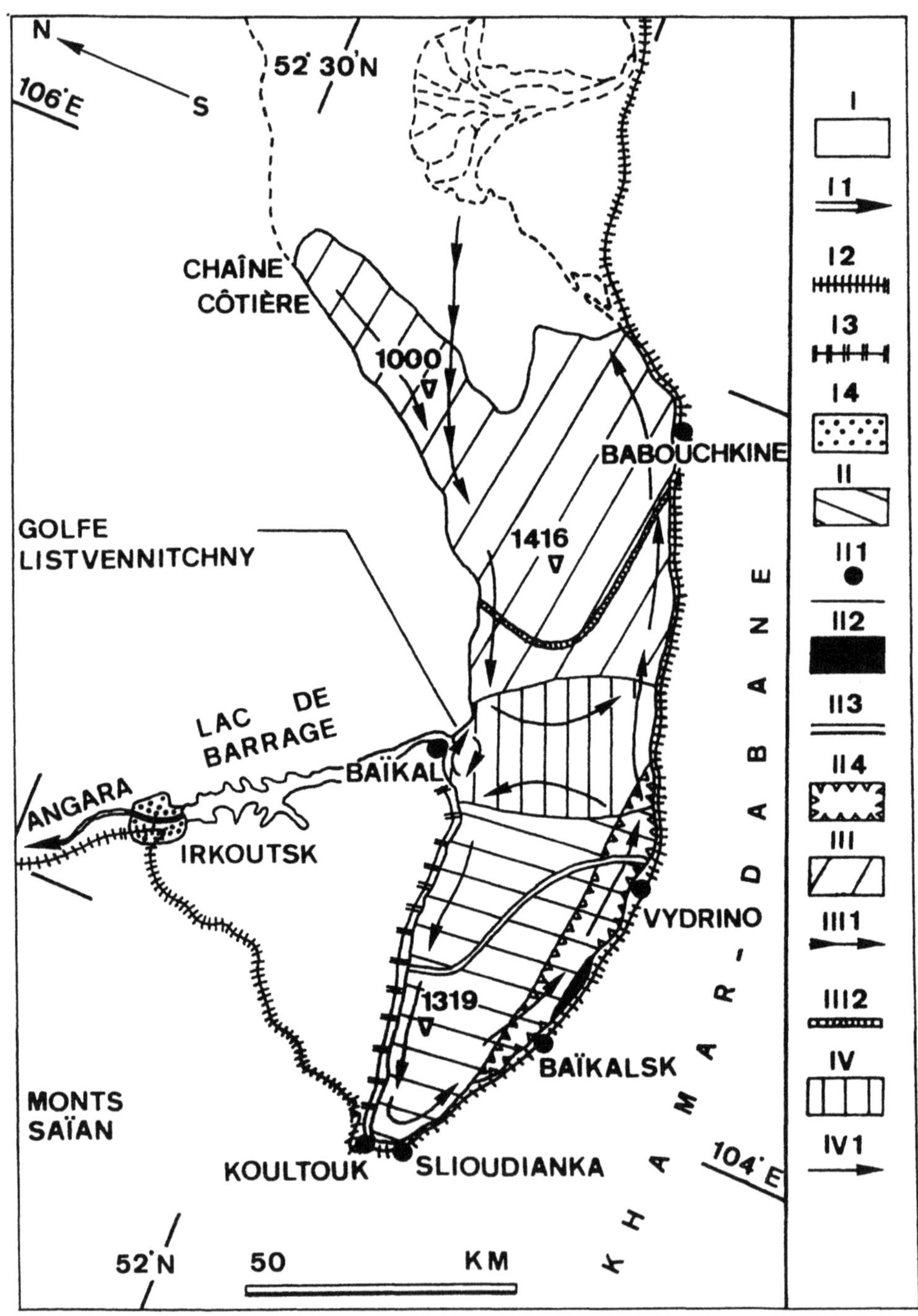

Fig. 45 Carte du bassin méridional

Légende de la figure 45: carte du bassin méridional:
I: *un bassin ouvert*. I 1: émissaire du Baïkal. I 2: voie ferrée transsibérienne. I 3: ancienne voie ferrée transsibérienne, aujourd'hui utilisée uniquement par les trains de marchandises. I 4: ville de plus de 600 000 habitants. II: *le Baïkal laborieux*. II 1: ville industrielle. II 2: partie du lac polluée par le combinat de papier et cellulose. II 3: limite nord-est de la température de l'eau de surface supérieure à 14 °C en août. II 4: épaisseur moyenne de la banquise hivernale inférieure à 70 cm. III: *le Baïkal selengino-angarien*. III 1: propagation de l'eau de la Selenga. III 2: limite sud-ouest de la température de l'eau de surface inférieure à 7 °C en octobre. IV: *frontière hydrologique*. IV 1: courant.

semblable au bassin central, étant cependant un peu plus complexe dans sa partie orientale, où les gradins de faille ne sont pas absents.

Le bassin méridional est le seul des trois qui bée vers l'aval et cette grande ouverture est celle de l'émissaire angarien (fig. 45). L'étymologie vient renforcer cette idée, "Angara" signifiant en bouriate "ouverture". Cette ligne de faiblesse structurale, utilisée par l'effluent pour évacuer les eaux du Baïkal, confère au bassin méridional son originalité. En géographie physique, c'est le bassin méridional qui montre le mieux l'inertie hydrologique, spécificité des bassins baïkaliens. En effet, recevant sur son flanc oriental l'affluent le plus abondant du lac, la Selenga, et nourrissant dans sa partie nord l'émissaire, le bassin méridional écrête les crues estivales de la Selenga et la débâcle printanière de celle-ci, grâce à son énorme volume, pour déverser au contraire dans l'Angara un flux saisonier très pondéré et, entre les années, très régulier, phénomène qui fait toute la valeur de l'Angara dans son utilisation humaine. Et c'est justement en géographie humaine que le lien entre la Selenga et l'Angara via le bassin méridional est le plus particulier. Depuis plusieurs centaines d'années, l'Angara, la côte du bassin méridional et la Selenga constituent en effet la voie d'échange entre la Russie, la Chine et l'Extrême-Orient. La construction de la voie ferrée transsibérienne au tournant du siècle a simplement suivi cette artère et a accentué la fixation du peuplement sur cette épine dorsale. Aujourd'hui, les côtes du bassin méridional s'individualisent nettement. Ce sont, par rapport au reste du lac, les plus anciennement occupées, les plus densément peuplées, les plus urbanisées et industrialisées, par le combinat de papier et de cellulose et par d'autres usines plus petites, les plus accessibles par les transports, puisque la route goudronnée et la voie ferrée transsibérienne les bordent, et les plus proches de la grande agglomération d'Irkoutsk, qui y envoie des touristes (fig. 45).

La principale particularité biogéographique de ce bassin, sa production primaire plus forte, découle en partie de cette occupation humaine, donc des rejets qui s'ensuivent, le rôle des apports nutritifs de la Selenga et sa température plus élevée étant les autres principales causes. C'est donc le bassin méridional qui est celui où la qualité de l'eau est la plus préoccupante. Tout le littoral nord de ce bassin est néanmoins protégé par le parc national de Baïkalie et une partie du sud par la réserve du Baïkal (Roubtsov, 1987).

La personnalité hydrologique du bassin méridional réside avant tout dans l'influence angarienne. Il est affecté, au moins dans le golfe Listvennitchny (golfe des Mélèzes), par la sortie de l'Angara, qui crée des courants particuliers. Mais, indirectement, c'est l'ensemble du bassin qui

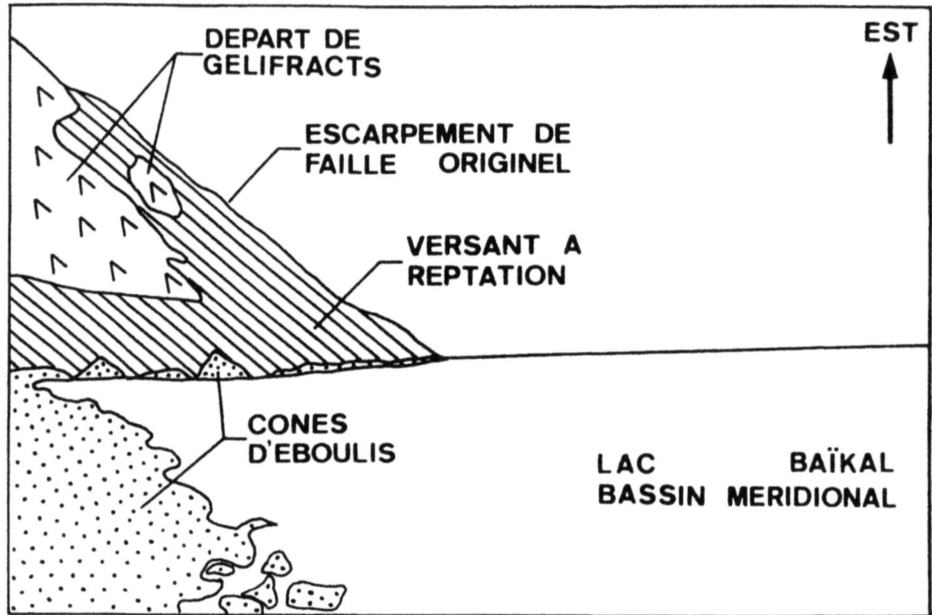

Fig. 46 Croquis géomorphologique du littoral du bassin méridional près d'Angassolka

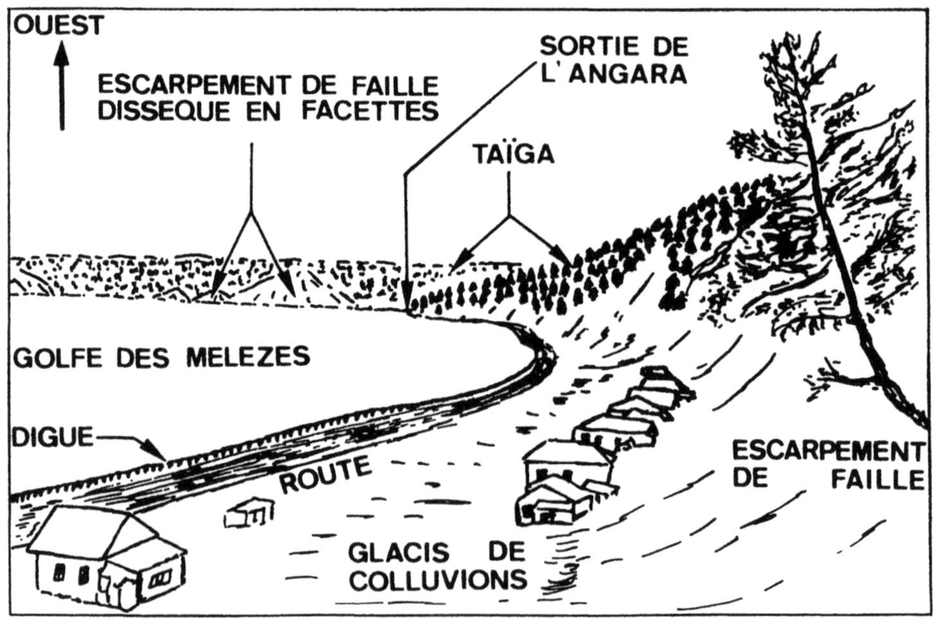

Fig. 47 Vue perspective du golfe Listvennitchny (golfe des Mélèzes)
Le littoral d'accumulation du 1er plan est mixte, lacustre (plage adossée), anthropique (route et digue) et subaérien (glacis colluvial empâtant le pied de l'escarpement de faille). Le village de Listvianka utilise ce glacis, seul endroit constructible entre la falaise morte et le lac.

subit le contrecoup de l'émissaire angarien. Les eaux du bassin méridional se distinguent aussi par leurs températures de surface. En saison chaude, elles sont moins froides que celles des deux autres bassins, surtout à l'extrémité occidentale, si bien que deux sous-unités thermiques apparaissent. En fait, de nombreuses autres caractéristiques séparent les moitiés sud-ouest et nord-est du bassin méridional.

Pour plagier N.S. Khrouchtchev, qui avait, dans les années 50, exorté le Baïkal de travailler lui aussi, et tant il est vrai que cet endroit fut le seul à entendre son appel, on pourrait surnommer la moitié sud-ouest du bassin méridional le Baïkal laborieux.

Le chapelet de villes industrielles, Koultouk, Slioudianka, Baïkalsk, Vydrino, égrené le long de la voie ferrée transsibérienne, augmenté de la localité industrialo-portuaire de Baïkal, au terminus de la voie de marchandises (fig. 45), jure par rapport au reste du Baïkal, où la présence de l'homme est si discrète. La ville de Baïkalsk abrite le combinat de papier et cellulose, l'usine la plus polluante de tout le bassin-versant du Baïkal (cf chap. 6). C'était d'ailleurs à propos de la construction de ce combinat que le premier secrétaire du PC avait prononcé la parole rapportée plus haut. La ville de Slioudianka est, elle, avec ses 21 000 habitants, la plus peuplée du bassin méridional. C'est aussi la plus ancienne. Elle fut fondée au XVII e siècle sur un gisement de mica noir magnésifère, de phlogopite, exploité jusqu'en 1971 (Vassiliev *et al.*, 1995) et c'est d'ailleurs là l'origine de son nom, "mica" se disant "sliouda" en russe. Mais il fallut attendre la construction de la voie ferrée transsibérienne pour que son développement s'accélérât, et elle acquit le statut de ville en 1936. Son activité essentielle actuelle est d'ailleurs fondée sur la voie ferrée, puisque les industries métallurgiques de Slioudianka sont liées à celle-ci. Ces usines constituent une petite source de pollution des eaux souterraines, se retrouvant dans le Baïkal (Demianovitch, 1995).

Cette sous-région a une identité physique fondée sur sa situation en impasse, laquelle s'oppose fortement à sa personnalité humaine, celle de la partie la plus ouverte à l'influence anthropique. La position géographique de la sous-région occidentale est ambiguë. Sa latitude devrait la rendre la plus chaude de tout le Baïkal, mais cette ardeur est tempérée par son avancée dans la chaîne froide et humide de Saïane. On ressent ce dernier trait à la découverte en ces lieux d'héritages morphoclimatiques glaciaires. Bien qu'ils soient assez peu développés, il n'en reste pas moins que cette sous-région est la seule du Baïkal, avec l'extrême nord du lac, à en présenter. C'est cependant au total l'influence de la latitude qui prend ici le pas sur celle de l'altitude. C'est la seule partie du Baïkal où le rôle du froid se modère à toutes les saisons, en comparaison du reste de la Baïkalie. Tout au long du semestre pendant lequel le Baïkal est libre des glaces, la sous-région occidentale est la partie où l'eau est la moins froide de tout le plein lac. Ce caractère ne semble pas spectaculaire, vu qu'on pouvait s'attendre à ce que la partie la plus sud du lac fût aussi la plus chaude. Il l'est, pourtant. Il ne s'agit en effet pas d'un gradient, d'une insensible progression. La coupure est

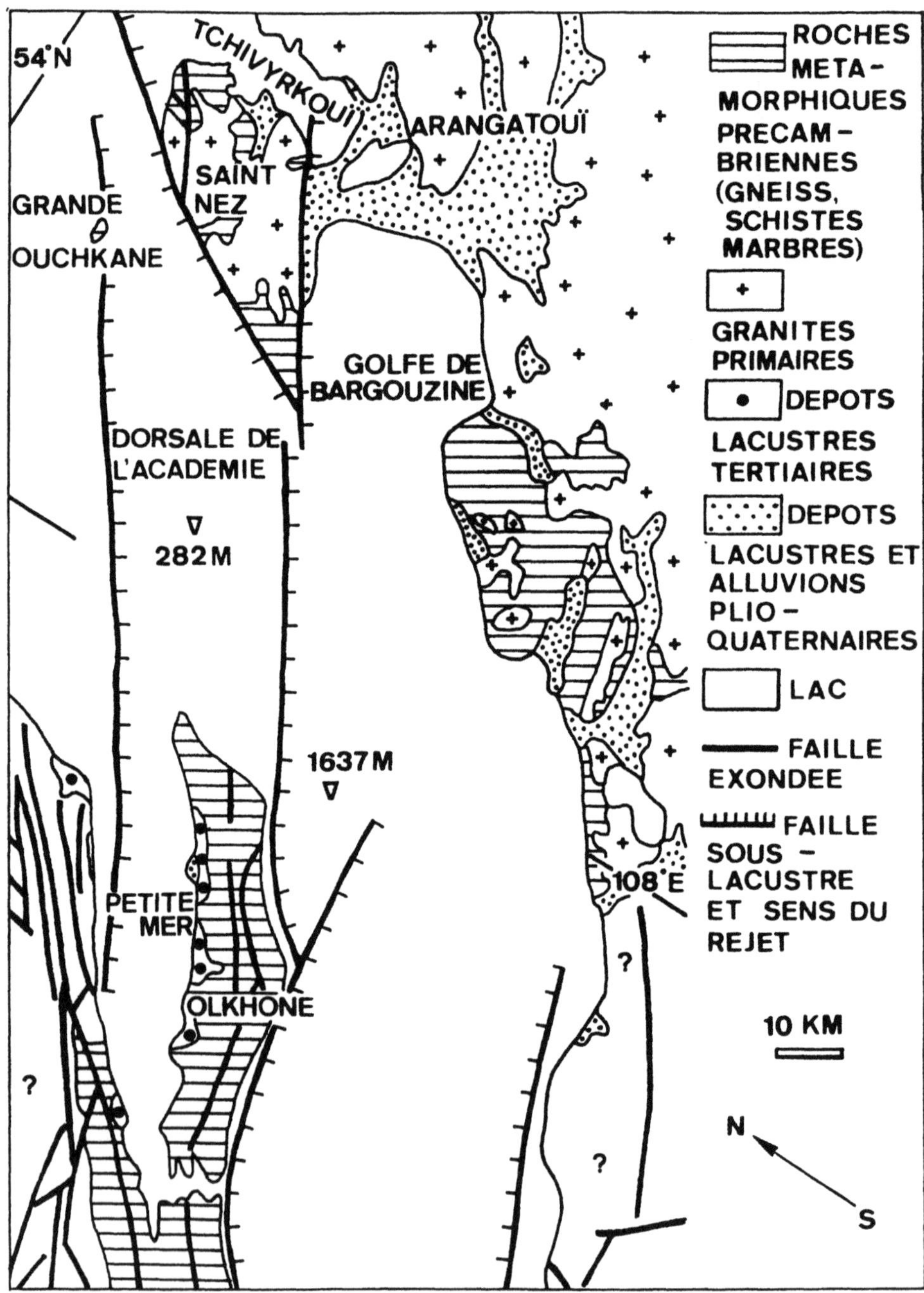

Fig. 48 Carte géologique du seuil tectonique
Les affleurements géologiques sont adaptés de Khrenov, 1983

nette, individualisant l'eau superficielle de cette région comme une masse d'eau indépendante. La ligne de partage se situe plus entre les deux moitiés du bassin méridional qu'entre le bassin central et le bassin méridional. Les eaux de surface du quart occidental du bassin méridional atteignent en été une quinzaine de degrés, phénomène inconnu du reste du lac. En hiver, la séparation est moins claire, cependant que c'est bien la moitié occidentale qui détient le record de faiblesse de l'épaisseur de la banquise de tout le Baïkal, avec des valeurs inférieures à 70 cm au large de Baïkalsk et Vydrino (fig. 45), soit 30 à 40 cm de moins que la moyenne baïkalienne. La position en latitude de la moitié occidentale s'accompagne, accentuant ainsi son originalité, d'une situation en impasse. Elle semble a priori partager ce trait avec l'autre extrémité du lac et certains caractères leur sont en effet communs, comme le fait de ne posséder chacun qu'une seule race d'omoule, car ils sont les plus éloignés de toutes les frayères centrales.

Mais, dans presque tous les domaines, les effets de la position d'impasse sont plus accentués à l'extrémité sud qu'à l'extrémité nord. La moitié occidentale est ainsi la plus abritée des vents et des vagues. L'eau de cet endroit est la moins agitée du Baïkal ouvert, la hauteur maximale des vagues étant inférieure à 2 mètres. Plusieurs causes concourent à ce résultat. Sur plus de 80 kilomètres, de Koultouk à la sortie de l'Angara, aucune vallée importante venant du nord-ouest ne débouche sur le lac. C'est donc le seul endroit du Baïkal où il n'existe pas de vent transversal pouvant être à l'origine de tempête. En outre, comme la forme en croissant du lac est ici beaucoup plus accentuée qu'à l'extrémité nord du Baïkal, le vent longitudinal a peu d'emprise, ce qui n'est pas le cas de l'extrême nord. C'est ainsi le seul endroit du Baïkal où, sur plus de 1000 km carrés, la vitesse moyenne du vent en été est inférieure à 2 m/s et où la longueur effective, représentant la course du vent sur le lac, est inférieure à 200 km sur une si grande superficie.

Au total, il faut souligner le fait que le cul-de-sac physique baïkalien, et son relief a priori repoussant pour l'homme, d'ailleurs ressenti comme tel par les populations indigènes, la localité de Koultouk signifiant ainsi étymologiquement "cul-de-sac" en racine turque, a été transformé par les Russes en plus grande voie de passage de la Sibérie, puisque c'est le chemin le plus court entre les deux grandes vallées. Ce contraste est d'ailleurs très visible dans l'ancien tronçon du Transsibérien, celui de la côte nord qui joint Koultouk à Baïkal, qui n'est qu'une succession de tunnels et viaducs accrochés à l'escarpement de faille (fig. 46). Prouesse architecturale de l'époque tsariste, qui ne fonctionnait pas sans danger, comme vint le rappeler le glissement de terrain de 1938, qui tua 42 personnes (Makarov, 1995a), ce tronçon fut désaffecté dans les années 50[1] , remplacé par la voie traversant les monts Saïane. Ce segment ferroviaire, classé "monument de la nature et de l'architecture", a été élevé au rang de "patrimoine historique et culturel d'importance fédérale" en 1995 (Reznikova *et al.*, 1996).

La moitié orientale du bassin méridional, quant à elle, forge sa

[1] Seuls les trains de marchandises reliant Koultouk à Port Baïkal l'empruntent encore.

personnalité sur les influences mêlées, parfois discrètes, souvent sensibles, de l'entrée de la Selenga et de la sortie de l'Angara. La sous-région angaro-sélenguienne fait le lien entre le plus grand affluent du Baïkal et l'émissaire. Elle est à la fois une voie de passage humaine, celle de la voie ferrée transsibérienne et de la route vers Oulane-Oudé, et une liaison physique entre l'hydrologie et la morphologie de la Selenga et celles de l'Angara. Le Baïkal sélenguino-angarien se présente comme un espace de transition vers le seuil sélenguien et le bassin central.

En géomorphologie, cela se voit par exemple à l'influence de la paléo-Selenga. Ses apports remodelés forment aujourd'hui une partie importante du littoral sud du Baïkal angaro-sélenguien, mais ils sont maintenant érodés par la dynamique lacustre. Cela en fait la seule partie du Baïkal ou la beine d'abrasion est taillée sur de grandes distances dans des roches sédimentaires tendres et où le recul du trait de côte et des têtes de ravins sous-lacustres est rapide (Karabanov et Fialkov, 1987). En hydrologie, ses températures un peu plus froides et surtout sa banquise hivernale aussi épaisse que celle du bassin central en témoignent.

Son occupation humaine plus lâche que plus à l'ouest, la petite localité industrielle de Babouchkine n'étant épaulée que par quelques bourgades, comme l'ancien terminus du Transsibérien, Tankhoï, fait également transition avec un bassin central inoccupé. Contrairement au Baïkal laborieux, où seul le littoral nord est protégé, une partie du littoral sud, quelques kilomètres en arrière du trait de côte, est ici protégée sur 1700 kilomètres carrés par la réserve du Baïkal.

La limite entre les deux moitiés du bassin méridional est marquée par la frontière des deux cellules de courants et par la position de la sortie de l'émissaire (fig. 45). Cette frontière hydrologique prend même à certaines saisons l'allure d'un front, les deux masses d'eau ayant des caractères thermiques distincts. Formant l'extrémité nord de cette frontière, le golfe Listvennitchny, qui a des caractères hydrologiques, comme sa petite cellule de courant anticyclonique (Verbolov, 1964), glaciels (Verechtchaguine et Harkeekitch, 1939), morphologiques (Remezova, 1932) et humains particuliers, pourrait même être considéré comme une micro-région (fig. 45 et 47).

Mais la grande particularité de cette frontière est son balancement saisonnier. En été et en automne, la cellule sélenguino-angarienne, puissante, repousse la cellule occidentale vers l'ouest. Les eaux de la cellule sélenguino-angarienne pénètrent alors à l'intérieur du golfe Listvennitchny. Ainsi, à la saison du fort débit du principal affluent du Baïkal, ce sont les eaux de celui-ci, la Selenga, qui alimentent l'émissaire angarien (Votintsev et Glazounov, 1962). En hiver et au printemps, au contraire, la cellule sélenguino-angarienne se rétracte, si bien que la cellule occidentale se dilate vers l'est et pénètre dans le golfe Listvennitchny. L'Angara est alors essentiellement alimentée par les eaux des petits affluents descendus de la partie occidentale de la chaîne de Khamar-Dabane.

B - LES SEUILS

Les deux seuils présentent un certain nombre de caractères communs. Ils sont en premier lieu peu profonds et ce trait essentiel influe sur tous les autres. Leur température de surface est plus chaude que celle des bassins, en été, et surtout en automne, quand cela provoque une évaporation deux fois plus forte au-dessus des seuils que dans le reste du Baïkal. L'amplitude thermique est importante, la prise en glace précoce. Du fait de leurs contraintes topographiques, les seuils connaissent une brusque variabilité des courants et la prédominance des actions brèves et locales, avec de multiples divergences, convergences et courants de retour. Bref, les seuils sont des régions lacustres, c'est-à-dire des volumes lacustres, qui se conduisent en quelque sorte comme des lacs de taille moyenne, surtout dans le cas où ils ne sont pas largement ouverts à l'influence des bassins, comme dans la Petite Mer.

Ainsi, les seuils ne sont assurément pas de simples frontières entre les trois bassins du Baïkal. Non seulement, ils ont une taille suffisante, de près de 3000 km^2 de superficie et 1000 km^3 de volume pour le seuil tectonique, pour être considérés comme de véritables régions, mais ils en ont aussi les caractères, possédant chacun une identité géographique propre.

1 - Le seuil tectonique, ou le Baïkal des îles, péninsules et hauts-fonds

Le seuil qui sépare le bassin septentrional du bassin central forme une région de 25 à 50 km de large et d'environ 180 km de long (fig. 48). Cette région se repère immédiatement sur une carte bathymétrique, par les profondeurs inférieures à 400 m de la dorsale de l'Académie (Akademitcheski Khrébiète) et celles inférieures à 300 m, voire à 200 m pour une bonne part, de la Petite Mer (Maloïé Morié), et même sur une carte topographique, par un chapelet d'îles s'égrénant depuis l'île d'Olkhone et les nombreux îlots de la Petite Mer jusqu'à l'archipel des Ouchkani et la presqu'île du Saint Nez (polouostrov Sviatoï Nos).

La région allongée qui sépare les bassins septentrional et méridional est un seuil qui n'apparaît comme un horst qu'en de rares endroits, la presqu'île du Saint Nez étant le plus bel exemple (fig. 48). Presque partout ailleurs, ce seuil est la partie centrale de gradins de failles. Il correspond au bloc soulevé par rapport au bassin central et au bloc abaissé par rapport au bassin septentrional. C'est pourquoi il est presque parallèle au sud du bassin septentrional et au nord du bassin central. Quoique la dorsale de l'Académie et Olkhone soient sur le bloc affaissé par rapport à l'extrémité sud du bassin septentrional, elles sont plus hautes que lui, jusqu'à l'émersion pour Olkhone, parce qu'il s'agit de failles contraires, où le bloc abaissé est incliné vers le regard de la faille. Le bloc du bassin septentrional étant lui-même incliné vers le nord-ouest, il s'élève vers le sud-est, jusqu'à l'émersion des îles Ouchkani, qui se trouvent au sommet de l'escarpement de la faille contraire qui conduit, en contrebas, au bloc de la dorsale de l'Académie (fig. 48).

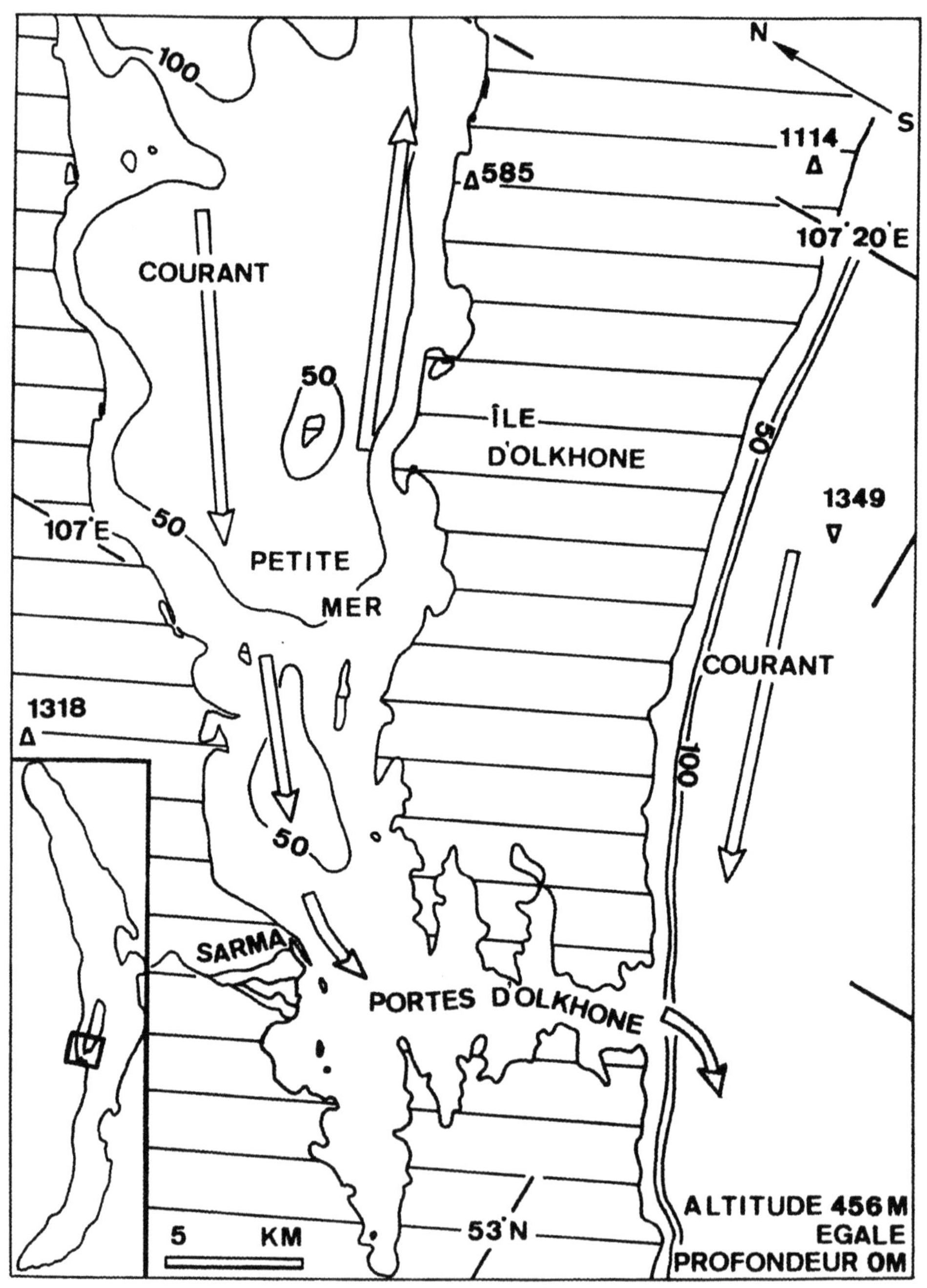

Fig. 49 Carte du fond de la Petite Mer et du sud de l'île d'Olkhone

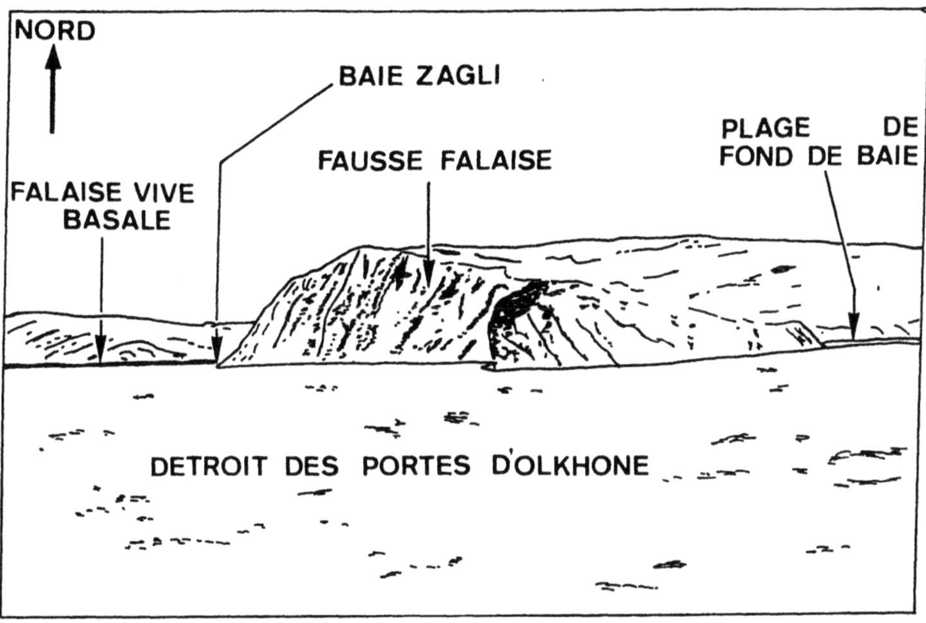

Fig. 50 Vue perspective du centre du détroit des Portes d'Olkhone
L'abrupt de 40 à 60 m (pour la dénivellation émergée) est un escarpement de faille modelé par les processus subaériens (fausse falaise). A l'ouest de la baie Zagli, le lac attaque la base de l'escarpement en une petite falaise vive.

Les parties émergées de ce seuil forment la région du Baïkal où la régularisation est la plus avancée. Les fonds des baies comportent de grandes accumulations sableuses. C'est flagrant sur la côte continentale de la Petite Mer et sur la côte occidentale d'Olkhone, où un hameau s'appelle d'ailleurs Pechtchanaïa, c'est-à-dire la Sableuse. Toutes les côtes de la Petite Mer comportent aussi de nombreuses flèches enserrant de petites lagunes (fig. 49). Assez souvent, des plages relient des îlots à la côte. La côte occidentale d'Olkhone porte ainsi de nombreux tombolos de petite taille. Mais l'est de la région n'est pas en reste. Il y existe un tombolo double de grande taille, reliant le Saint Nez au continent (fig. 48).

La raison de cette régularisation avancée semble être triple. La profondeur est faible sur des distances parfois importantes (fig. 49). Une grande part de cette région est abritée, comme la Petite Mer ou la partie se trouvant derrière le Saint Nez. Des cours d'eau localement abondants, comme le Bargouzine, troisième affluent du Baïkal, apportent des quantités importantes de sédiments, que le lac peut redistribuer par la suite.

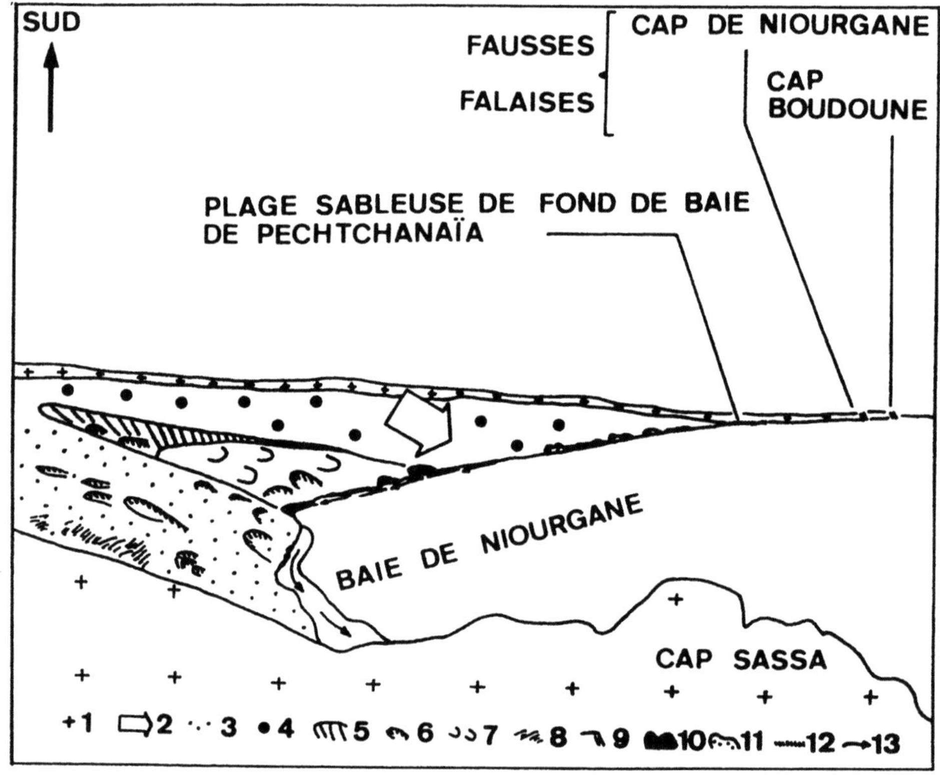

Fig. 51 Croquis géomorphologique de la baie de Niourgane vue depuis le cap Sassa (côte occidentale d'Olkhone)

Légende: 1 à 4: *géomorphologie structurale*. 1: massif ancien, constitué de roches métamorphiques précambriennes, rajeuni par l'ouverture du rift. 2: île dissymétrique formée d'un horst basculé vers le nord-ouest. 3: argiles lacustres tertiaires. 4: sables lacustres tertiaires. 5 à 8: *géomorphologie dynamique subaérienne*. 5: cicatrice d'arrachement ancienne de grande taille. 6: cicatrice d'arrachement récente de petite taille. 7: coulée boueuse de grande taille, ancienne, colonisée par la forêt. 8: terrassettes de solifluxion (pieds-de-vache). 9 à 13: *géomorphologie dynamique lacustre*. 9 petite falaise taillée en roche cohérente à la base d'une fausse falaise. 10: petite falaise taillée dans les argiles à la base d'une fausse falaise à glissement. 11: falaise peu déclive taillée dans les sables. 12: plage sableuse de fond de baie. 13: plage de transit.

Par rapport aux quatre autres régions du Baïkal, la multitude de détroits (fig. 50), baies (fig. 51), caps, îles et presqu'îles donne à ce seuil nombre de phénomènes hydrologiques locaux. Les courants sont forcés de tourner dans certains golfes, comme le golfe de Tchivyrkouï, ou contraints d'être linéaires dans certains détroits, comme la Petite Mer. D'autres détroits, placés au débouché de vallées, canalisent les vents de tempête et provoquent les plus terribles vagues du Baïkal. C'est le cas du détroit des Portes d'Olkhone (proliv Olkhonskié Vorota) au droit de la vallée de la Sarma, la région du Baïkal où les tempêtes sont les plus redoutées (fig. 50).

Juste après la fonte de la banquise, en juin, le seuil presque tout entier diffère des autres régions du Baïkal par la froideur de ses eaux superficielles, leur température étant inférieure à deux degrés pour l'essentiel de la dorsale de l'Académie, les deux tiers méridionaux de la Petite Mer et la totalité du golfe de Bargouzine et du golfe de Tchivyrkouï A la fin de l'été et au début de l'automne, le seuil tout entier se distingue par la température de ses eaux de surface, plus chaudes d'un à deux degrés que celles des bassins septentrional et central. C'est le moment où cette région cède à l'atmosphère la tranche d'eau évaporée la plus épaisse de tout le Baïkal. Au coeur de l'été en revanche, les températures sont semblables à celles des régions voisines.

La particularité zoogéographique du Baïkal insulaire et péninsulaire est d'être la terre d'élection du phoque du Baïkal (Pastoukhov,1982 et 1993, Imetkhenov, 1991), qui fut exploité très tôt par la population indigène. Le nom même des îles Ouchkani en provient. Appelées îles Zaïatchi sur certaines cartes du XVIIIe siècle, c'est-à-dire, en russe, les îles des Lièvres, elles ont pris depuis le nom d'Ouchkani, qui signifie la même chose, mais en sibérien. Le phoque du Baïkal est en effet fréquemment appelé par les autochtones le lièvre (Galazi, 1984).

Le seuil tectonique est la seule région du Baïkal où l'Homme habite dans le lac, sur les îles. Mais l'occupation humaine est peu dense, constituée surtout de villages de pêcheurs et d'éleveurs de moutons. La population est essentiellement bouriate. Sur les basses pentes des îles, notamment celles d'Okhone, là où les précipitations annuelles, inférieures à 150 mm, à l'abri de la chaîne côtière, sont les plus faibles de tout le Baïkal, c'est "toujours la même steppe, belle, libre, infinie" (Gogol, 1843, p. 59), plus ou moins transformée en pâturages extensifs pour les ovins. Elle s'oppose aux paysages des hauteurs insulaires, où les arbres de la taïga sont ornés des rubans traditionnels de la religion chamaniste. Toutes les terres émergées de cette région, ainsi qu'une grande part du lac proprement dit, sont protégées par trois parcs nationaux (Linevitch et Bachalkhanova, 1990, Martynov *et al.*, 1990, Perinova et Loukianov, 1990, Atoutov *et al.*, 1990, Vikoulov et Atoutov, 1990).

Une forte personnalité géographique, sans doute la plus exprimée des cinq, se dégage donc de cette région, par ses faibles profondeurs, ses multitudes d'îles, presqu'îles, îlots, écueils, baies, caps, détroits, pertuis, son hydrologie complexe, son peuplement insulaire. En fait, cette région se distingue par son morcellement géomorphologique, hydrologique, humain, s'opposant aux paysages tranchés, rectilignes, sans anfractuosité, du reste du Baïkal. Les sous-régions et les micro-régions se dessinent donc ici d'elles mêmes, beaucoup plus que dans les quatre autres régions. On pourrait au moins esquisser une subdivision entre trois sous-régions, les Ouchkani, le gradin central d'Olkhone et de la dorsale de l'Académie et enfin le Saint Nez avec ses dépendances.

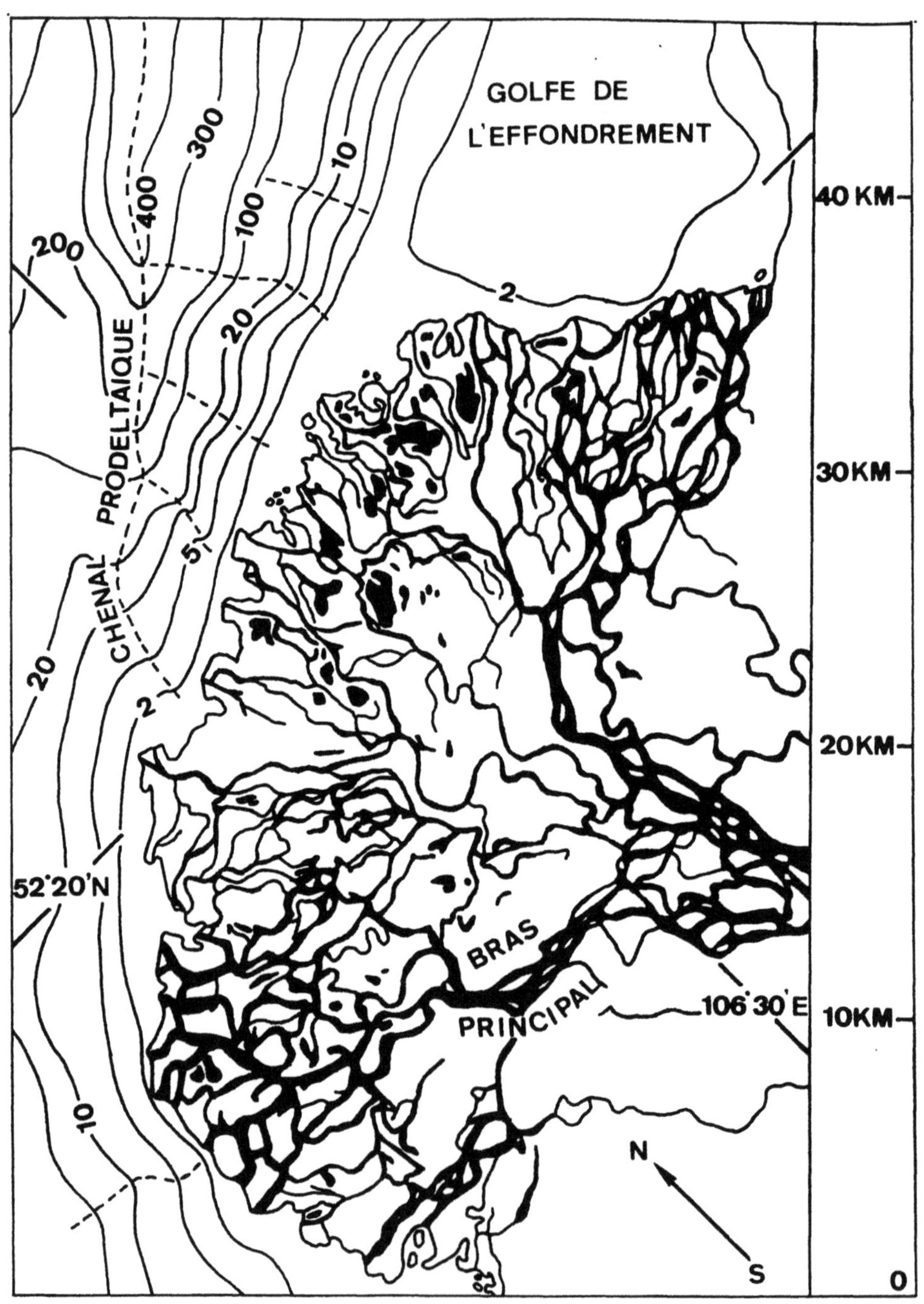

Fig. 52 Carte hydrographique du delta de la Selenga

2 - Le seuil sédimentaire du grand affluent, le seuil sélenguien

Seule région du Baïkal où la morphologie dominante, et ses conséquences hydrologiques, ne dépend pas de la tectonique, bien que de nouvelles études aient montré que le substrat lui-même formait un seuil, sous forme de plusieurs petits blocs faillés, sous ces sédiments (Scholz *et al.*, 1993), le seuil sélenguien a une morphologie ayant avant tout pour origine les dépôts du plus grand affluent du Baïkal. Alors que les bassins central et méridional sont un même ensemble tectonique, ils sont séparés par ce seuil sédimentaire, épais, selon les endroits, de 3000 à 8000 mètres, dont, évidemment, seule la partie supérieure est récente.

L'eau de la région sélengienne est la plus fluviale, si l'on peut dire, du Baïkal, et ce caractère est d'autant plus prononcé qu'on va vers le sud-est de la région. Elle ne connaît pas l'inertie, propre au grand lac, des autres endroits.

Elle est ainsi plus chaude qu'ailleurs au printemps et en été, avec une différence maximale au printemps, qui est la saison pendant laquelle la région sélenguienne cède à l'atmosphère une des tranches d'eau évaporées les plus épaisses du Baïkal, mais elle est plus froide en automne. De même, c'est, simultanément avec l'extrême nord du lac, l'endroit du Baïkal qui gèle le plus tôt. La banquise peut y être compacte dès fin décembre. C'est aussi le lieu, avec le littoral oriental du bassin central, où elle est la plus épaisse au coeur de l'hiver.

C'est une région hydrodynamique complexe, l'entrée de la rivière bouriate produisant des courants particuliers, interférant avec ceux du lac (Cherstiankine, 1964). Le caractère fluvial de la région sélenguienne est également net en biogéographie. Le poisson des grandes profondeurs, celui qui hait les littoraux, le poisson limnétique par excellence, la golomianka, est absent de la région sélenguienne.

Le seuil sédimentaire est l'endroit où entrent dans le lac les rejets des 450000 kilomètres carrés du bassin de la Sélenga, comprenant les seules grandes villes du bassin du Baïkal. Le cours d'eau apporte quelque pollution, redistribuée de part et d'autre du seuil vers le nord du bassin méridional et le sud du bassin central, influençant ainsi un espace plus grand que celui du seuil, tout en étant la plus nette près de l'embouchure.

Le seuil sélenguien se subdivise en trois sous-régions, liées entre elles. Ce sont, dans l'ordre décroissant de l'influence de la grande rivière bouriate, c'est-à-dire du sud-est vers le nord-ouest, le delta émergé de la Selenga, puis les golfes des flancs du delta émergé et enfin le delta immergé.

Le delta émergé, ancien et actuel, de la Selenga est, pour un littoral lacustre, de très grande taille, s'étendant sur près de 1800 kilomètres carrés. Le cours d'eau a d'abord comblé les 1200 kilomètres carrés du rentrant formé par le socle cristallin de la côte orientale à cet endroit, mission achevée au Plioquaternaire. En avant de cette plaine alluviale, les dépôts modernes construisent un delta lobé de 630 kilomètres carrés, balayé par les changements de cours d'une dizaine de défluents importants et de multiples bras plus petits (fig. 52 et 53). Ce sont les bras

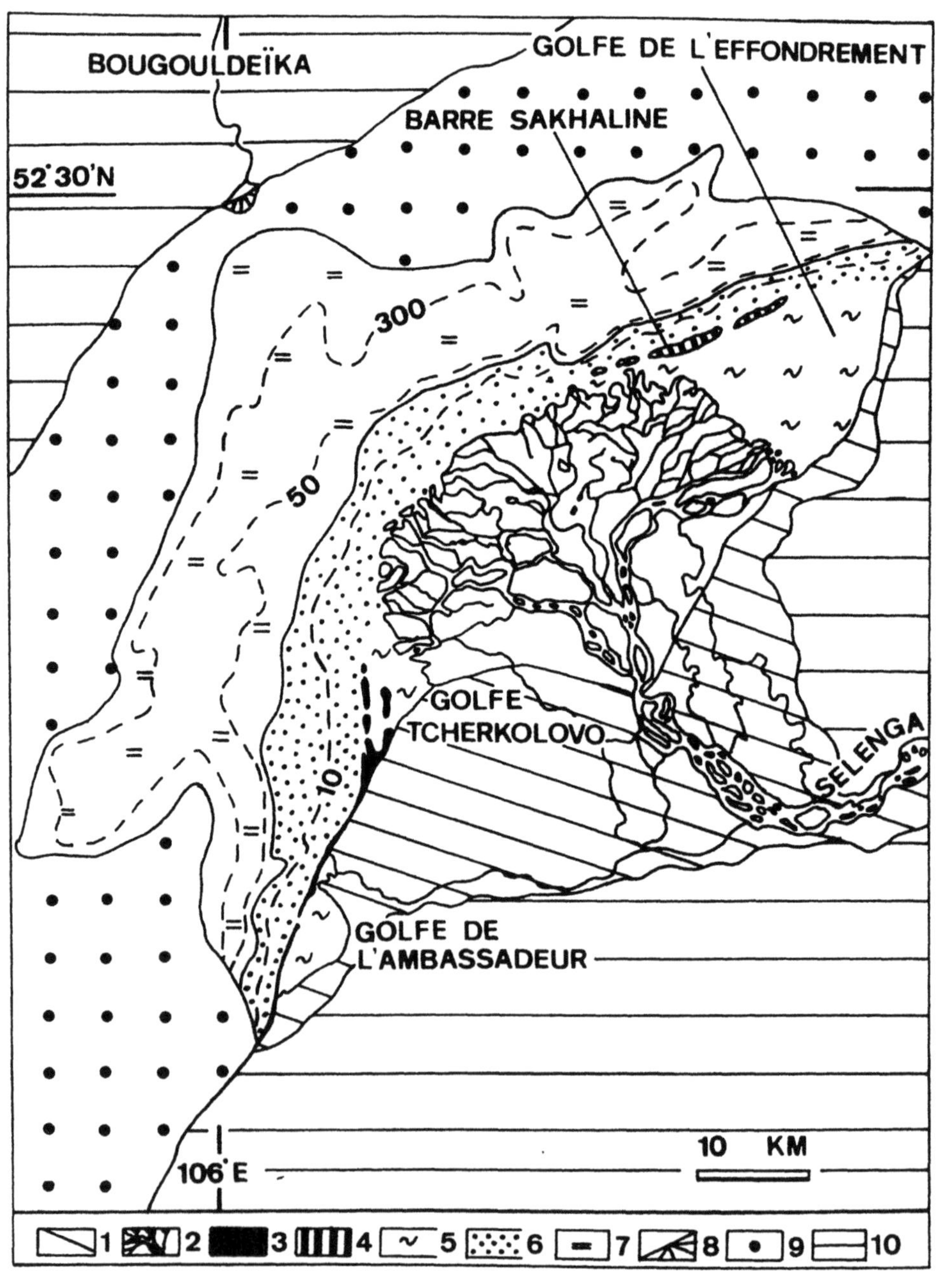

Fig. 53 Carte géomorphologique du delta de la Selenga

Légende de la figure 53: carte géomorphologique du delta de la Selenga

1: plaine deltaïque plioquaternaire.
2: plaine deltaïque lobée.
3: marge deltaïque émergée en permanence (plages adossées, flèches d'entrée de baie et de mi-baie, îles-barrières).
4: marge deltaïque à fleur d'eau (barres).
5: marge deltaïque immergée (lagune).
6: front deltaïque.
7: talus prodeltaïque.
8: delta émergé et immergé de la Bougouldeïka.
9: glacis prodeltaïque et partie non deltaïque du lac Baïkal.
10: partie non deltaïque du continent.

occidentaux qui sont aujourd'hui les plus actifs, le Bras Principal (Osnovnoïé Rouslo, c'est son nom propre) débitant à lui seul un tiers du total en été et les deux tiers en hiver (Potemkina, 1995).

Jusqu'au 30 décembre 1861, le delta lobé dépassait 800 kilomètres carrés. Mais la partie nord-est s'est alors effondrée sur une surface de près de 200 kilomètres carrés, suite à un fort séisme, et se trouve désormais immergée à quelques mètres de profondeur. C'est le golfe Proval, appellation parlante qui signifie le golfe de l'Effondrement. Ce tremblement de terre a également fortement perturbé la partie du delta qui est restée émergée, si bien que les défluents orientaux de la Selenga se sont totalement réorganisés, créant plusieurs nouveaux cours, nommés "pérémoï" par les Baïkaliens.

Arles baïkalienne, la localité de Sélenguinsk, fière de sa riche histoire, occupe le sommet du triangle deltaïque. Elle est une des plus anciennes villes de Transbaïkalie, puisque c'était un petit centre diplomatique et commercial dès le XVII e siècle. C'est aujourd'hui une ville industrielle de 15 000 habitants comportant une cimenterie, des industries agro-alimentaires et le Combinat de Papier et Carton (STséKK), qui a gravement pollué le delta jusqu'à l'achèvement de son circuit fermé en 1992. Cette réalisation est trop récente pour que l'amélioration de la qualité de l'eau des nappes souterraines du delta ait déjà pu être décelée. Mais l'amélioration se fera inévitablement sentir, d'autant que la partie occidentale du delta a été mise en réserve.

Trois golfes forment la deuxième sous-région, la marge du delta. Ils proviennent de la reprise en charge et de la redistribution par la dynamique lacustre des quelques millions de tonnes de sédiments apportés annuellement par la Sélenga. Isolés sous forme de lagunes, surtout les deux méridionaux, très peu profonds, colonisés par une importante flore aquatique mais ne comportant pratiquement pas d'espèces endémiques, naturellement eutrophes, surchauffés en été mais les premiers à être pris en glace en décembre, ces trois golfes ont des traits communs incontestables, tout en formant chacun une véritable micro-région.

Sur le flanc nord du delta, le golfe Proval est formé de terrains qui se sont effondrés de 7 à 8 m en 1861. Aujourd'hui, les profondeurs varient de moins de 2 m au sud-ouest à 6 m au nord-est. Depuis plus de 130 ans, la Sélenga apporte des sédiments pour combler de nouveau ce golfe et reformer ainsi ce que le séisme a détruit. La sédimentation est de 3 cm par an en certains endroits du golfe et 3 mètres de hauteur ont déjà été remplis. Le golfe de l'Effondrement est fermé, dans ses deux tiers occidentaux, par une barre d'avant-côte immergée. C'est le banc (otmièle) de Sakhaline, qui, sur 14 km, n'est entrecoupé que de trois passes, la Petite (Prorva Malaïa), la Moyenne (Prorva Sriédniaïa) et la Grande Passe (Prorva Bolchaïa).

L'hydrologie du golfe Proval est influencée par les apports des défluents de la Sélenga qui s'y jettent. Les températures estivales y sont de plus de 10°C supérieures à celles du plein lac et les faibles profondeurs n'en sont pas la seule cause. Les eaux chaudes de la Sélenga favorisent le phénomène. C'est également la raison des concentrations du golfe Proval en fer (Votintsev, 1961). Le golfe Proval est riches en tous les poissons baïkaliens de la province néritique et en omoules qui remontent frayer dans la Selenga.

Sur le flanc sud du delta, le golfe Tcherkolovo, ou Istokski, est un sor, c'est-à-dire une lagune isolée par une plage située en avant de la côte. Dans ce cas précis, deux plages libres, parallèles, ferment l'entrée sud du golfe. Anciennes barres d'avant-côte immergées, elles ont été suffisamment engraissées pour émerger et former un lido double. Les passes du lido externe sont presque aussi larges que les segments de plage libre, si bien que les îles Karga-Babia sont en fait des îles-barrières. En revanche, la passe du lido interne est étroite et peut donc être considérée comme un grau trouant un véritable lido. Au cours de leur recul, cependant, les îles-barrières et le lido interne se sont fixés à un point de la baie, d'où, aujourd'hui l'apparence d'une flèche d'entrée de baie et de mi-baie, coupées de passes.

Vingt kilomètres au sud, le golfe de l'Ambassadeur (Possol), qui doit son nom à l'assassinat d'un ministre plénipotentiaire russe par les Bouriates lors de la conquête tsariste, a une origine identique à celle du golfe Proval. Mais le séisme qui a provoqué l'effondrement et l'invasion par les eaux de ces 35 km2 est moins récent, 1000 à 2000 ans. Le golfe de Possol est le prototype même du sor, au point d'être parfois appelé le golfe Sor. Il est en effet pratiquement fermé par deux flèches d'entrée de baie, qui se font face sur 14 km, ne laissant entre elles qu'une passe de 200 m, la Prorva. Contrairement à celles du golfe Tcherkolovo, ce sont ici de vraies flèches, originelles, qui ont toujours été fixés à la côte en un point et se sont allongées. Celle du sud, la plus longue, s'est d'abord étirée en se nourrissant des matériaux de la plage adossée de Povorote, grâce à la dérive littorale sud-sud-ouest-nord-nord-est. Aujourd'hui, c'est à la partie amont de la flèche que sont enlevés les sables qui engraissent l'aval. Le point mort entre les secteurs d'ablation et d'accumulation, le fulcrum, est sur le point de se rompre, à 1 km de l'attache à la côte. A l'autre extrémité, le kilomètre et demi aval de la flèche est modelé en crochets successifs, témoins d'une alternance d'allongements dus à la dérive littorale et de recourbements dus à la diffraction de la houle.

Les profondeurs maximales du golfe de Possol, en son centre, ne sont que de 3,5 mètres. Les eaux sont donc surchauffées en été, atteignant 15 à 19°C dès la mi-juillet et 20 à 22°C en août, dix de plus que celles du bassin méridional tout proche. Le golfe est à l'origine de l'une des quatre races d'omoules, à laquelle il a donné son nom, grâce à ses affluents, qui servent de frayère. Les traçages menés par l'Institut de limnologie et l'université d'Irkoutsk dans les années 30 et 40 ont montré que, en conditions de calme atmosphérique, le sor comportait quatre régions hydrologiques correspondant aux apports des quatre cours d'eau, se mélangeant peu. C'est surtout la portion septentrionale, le Petit Sor, qui se distingue, séparé du reste du golfe par une flèche perpendiculaire. Or le Petit Sor reçoit l'affluent le plus abondant, la Grande Rivière. Isolé, petit et bien alimenté, il est entièrement rempli par les eaux de la Grande Rivière, qui s'en échappent même par la Petite Passe et se déversent dans la partie nord du Grand Sor.

Au total, les première et deuxième sous-régions sélenguiennes forment le plus vaste littoral bas du Baïkal, où les limites entre le lac et la terre ferme sont floues et mouvantes. Il suffit de variations de quelques décimètres du niveau du lac, ou de la montée de la Sélenga en crue, pour inonder des centaines de kilomètres carrés. Ainsi, pour la cote 457,5 m, le trait de côte recule ici de 16 kilomètres et la surface ennoyée dépasse 400 kilomètres carrés (Rogozine, 1993).

En avant du delta émergé et de ses marges, la troisième sous-région est formée du talus et du glacis immergés. Le talus prodeltaïque est accidenté de ravins sous-lacustres, qui comptent parmi les plus grands du Baïkal (Karabanov et Fialkov, 1987). Encore en avant, le glacis prodeltaïque de la Sélenga a rejoint celui de la Bougouldeïka, sur la rive opposée. C'est cette jonction qui est à l'origine de l'étranglement du Baïkal et de la constitution des bassins central et méridional à partir d'un seul fossé d'effondrement.

En conclusion, cet exposé régional traitant du Baïkal mériterait d'être plus développé, ne serait-ce que par une étude des sous-régions, qui n'a été qu'effleurée. Mais le but était ici de mettre en place une démarche géographique nouvelle, celle du découpage régional d'un lac. Le Baïkal, par ses énormes dimensions, se prête remarquablement bien à une régionalisation en portions d'espace s'étendant sur plusieurs milliers de kilomètres carrés et représentant des volumes d'eau de plusieurs milliers de kilomètres cubes.

Ce dernier point distingue le découpage régional d'un lac de celui d'un espace terrestre et apporte un intérêt supplémentaire. Dans un lac, les régions ont trois dimensions; ce sont des volumes. Quant à la nature fluide et mobile, même à une échelle de temps très courte, de la masse lacustre, loin de rendre floues, incertaines, voire chimériques, les limites, elle impose au contraire d'intégrer le plus grand nombre de caractères possible, afin de définir des frontières en quelque sorte moyennes, néanmoins visibles dans le paysage, tout en prenant en compte leurs mouvements, par exemple leur balancement saisonnier.

LE LAC RICHE

Par sa richesse, le Baïkal a beaucoup à donner aux Occidentaux et à tous ceux qui cherchent à saisir avec nuance et recul la situation du milieu naturel dans les pays anciennement communistes, car c'est un lac russe, qui a été étudié, utilisé, maltraité mais aussi protégé pendant 70 ans dans un régime politique et un contexte socio-économique particulièrement différents du nôtre.

Il a beaucoup à offrir aux écologues et à tous ceux qui prétendent comprendre les liens qui existent entre l'Homme et le milieu où il vit, car c'est un lac de pays industriel, sujet à des rejets anthropiques, mais qui ne souffre encore ni d'eutrophisation ni de pollution irréversible, contrairement à tant d'autres lacs de pays développés.

Il a beaucoup à apprendre aux limnologues et à tous ceux qui souhaitent élucider le fonctionnement des autres lacs de la planète, car c'est le lac d'eau douce le plus profond, le plus volumineux et le plus ancien du monde. Le Baïkal est si gigantesque que, si on le comprend, on a pratiquement compris tous les lacs, forcément inclus en lui. Le lac sibérien paraît contenir tous les sujets et tous les ordres de grandeur. Toute question semble plus complexe à résoudre dans le Baïkal, mais quand une solution y est découverte, on a l'impression qu'elle l'est pour tout lac. "Nombre de questions de limnologie théorique peuvent être traitées et résolues de préférence ou exclusivement sur le Baïkal" (Vereščagin, 1937c, p. 189). Plus encore que le représentant de la gent lacustre, le Baïkal a ainsi acquis chez les chercheurs un caractère oecuménique. Le Baïkal est l'hydrosphère; il transcende le monde des lacs. Les expériences de Gleb Yourevitch Verechtchaghine concernant les températures et le brassage des eaux du Baïkal jusqu'aux plus grandes profondeurs ont permis de trouver des lois physiques de relation entre la température et la densité des eaux douces en fonction de la pression. Elles ont enrichi toute l'hydrologie générale. Les scientifiques de six Etats réunis à Listvianka en 1989 ont émis l'idée que l'étude du Baïkal permettrait de tenter de comprendre les modifications climatiques de l'ensemble de la planète (Gratchev,1990). Les études génétiques menées sur les phoques du Baïkal et plusieurs autres Pinnipèdes participent aux réflexions actuelles de mise en place de nouveaux principes de taxonomie générale.

Par sa richesse, le Baïkal a beaucoup à apporter aux géographes et à tous ceux qui sont intéressés par l'étude d'une portion de la surface terrestre, car il fait partie, en en étant le maillon central, de systèmes bien définis, celui du bassin-versant, à l'amont, celui de l'émissaire, à l'aval, avec de complexes interfaces entre ces systèmes; il donne lieu à des bilans, hydrologiques, sédimentologiques, chimiques; il démontre la pertinence de la notion de seuil, par exemple dans l'évolution de la pollution; il offre la possibilité de jouer sur les échelles géographiques, mondiale, zonale, celles du domaine, du bassin-versant, de la région; il forme un volume, si bien que les phénomènes se hiérarchisent dans la dimension verticale et établissent ainsi un étagement, du modelé, des masses d'eau, de la pénétration de la lumière, des êtres vivants, de la pollution, et, finalement, un étagement global, et ces mêmes phénomènes s'ordonnent aussi dans la dimension horizontale, établissant une zonation géographique. La prise en compte à la fois verticale et horizontale conduit au découpage régional de volumes lacustres aux frontières mouvantes.

"Ce curieux spectacle eût certainement émerveillé le regard d'un touriste, qui eût voyagé en pleine paix et pour son agrément sur cette mer sibérienne" (Jules Verne, 1876, *Michel strogoff*, chap. "Baïkal et Angara"). Il est vrai que le visiteur, s'il n'est réduit à quia par l'imposant lac, s'exclame généralement devant la magnificence du Baïkal, le trouvant, de prime abord, très beau. Mais le Baïkal est, comme il vient d'être montré, beaucoup plus que cela. Il est magnifique au plein sens du terme. Il donne généreusement, reçoit ses hôtes dans le faste. C'est sa richesse qui est belle, l'abondance de ses réserves en eaux, l'opulence de ses ressources halieutiques, la diversité de son endémisme biologique. La somptuosité du Baïkal s'était d'ailleurs révélée très tôt aux indigènes. Ce n'est pas pour rien que la banale racine turque "kal" (ou koul), qu'on retrouve dans de nombreux autres lacs de l'Asie centrale, comme l'Issyk-Koul, le lac chaud, ou le Karakoul, le lac noir, est ici précédée du qualificatif "baï", "riche". Le Baïkal est ainsi étymologiquement le lac riche. Plusieurs siècles après, à la fin de l'année 1996 (Giroux, 1996), pour consacrer et préserver cette richesse, l'UNESCO a classé le Baïkal dans le patrimoine de l'humanité.

Nous avons voulu présenter de nombreuses justifications de cette richesse, qui sont autant de raisons de protéger le Baïkal, et nous l'avons fait avec la passion qui nous attache à ce lac, tout en ayant essayé qu'elle ne nuisît pas à notre jugement.

REFERENCES

Académie des sciences de l'URSS (1964) Eléments du régime hydrométéorologique du lac Baïkal/ Akademiâ Nauk SSSR (1964) *Elementy gidrometeorologičeskogo režima ozera Bajkal*. Moskva, Nauka, 193 p.

Académie des sciences de l'URSS (1967) Atlas de Transbaïkalie/ Akademiâ Nauk SSSR, Sibirskoe otdelenie, Institut Geografii Sibiri i Dal'nego Vostoka (1967) *Atlas Zabajkal'â*. Moskva, Irkutsk, Glavnoe Upravlenie geodezii i kartografii pri sovete ministrov SSSR, 176 p.

Académie des sciences de l'URSS (1971) Les processus hydrogéodynamiques dans le bassin du Baïkal et de l'Angara et leurs méthodes de recherche/ Akademiâ Nauk SSSR, Sibirskoe otdelenie, Institut zemnoj kory (1971) *Gidrogeodinamičeskie processy v bassejne Bajkala i Angary i metody ih issledovaniâ*. Moskva, Nauka, 104 p.

Académie des sciences de l'URSS (1975) La dynamique de la dépression baïkalienne/ Akademiâ Nauk SSSR, Sibirskoe otdelenie (1975) *Dinamika Bajkal'skoj vpadiny*. Novosibirsk, Nauka, 288 p.

Académie des sciences de l'URSS (1976) Les conditions géographiques de la mise en valeur du littoral du Baïkal/ Akademiâ Nauk SSSR, Institut Geografii Sibiri i Dal'nego Vostoka (1976) *Geografičeskie usloviâ osvoeniâ poberežâ Bajkala*. Irkutsk, 139 p.

Académie des sciences de l'URSS (1977) La structure et les ressources du climat du Baïkal et des espaces adjacents/ Akademiâ Nauk SSSR, Sibirskoe otdelenie (1977) *Struktura i resursy klimata Bajkala i sopredel'nyh prostranstv*. Novosibirsk, Nauka, 272 p.

Académie des sciences de l'URSS (1978) La sismicité et la structure profonde de la Baïkalie/ Akademiâ Nauk SSSRK, Sibirskoe otdelenie, Institut zemnoj kory (1978) *Sejsmičnost' i glubinoe stroenie Pribajkal'â*. Novosibirsk, Nauka, 175 p.

Académie des sciences de l'URSS (1986) Formation et dynamique des eaux baïkaliennes/ Akademiâ Nauk SSSR, Sibirskoe otdelenie (1986) *Formirovanie i dinamika Bajkal'skih vod*. Novosibirsk, Nauka, 119 p.

Académie des sciences de l'URSS (1989) Atlas du lac Koussougol/ Akademiâ Nauk SSSR, Sibirskoe otdelenie, Institut Geografii, Mongol'skoj Gosudarstvennyj Universitet i Irkutskoj Gosudarstvennyj Universitet (1989) *Atlas ozera Hubsugul*. Moskva, Glavnoe Upravlenie geodezii i kartografii pri sovete ministrov SSSR, 118 p.

Académie des sciences de l'URSS (1990) L'utilisation de la nature et la protection du milieu du bassin du Baïkal/ Akademiâ Nauk SSSR, Sibirskoe otdelenie, Institut Geografii (1990) *Prirodopol'zovanie i ohrana sredy bassejne Bajkala*. Novosibirsk, Nauka, 224 p.

Académie des sciences russe (1993) L'homme et le Baïkal: analyse écologique du milieu d'habitat/ Rossijskaâ Akademiâ Nauk, sibirskoe otdelenie, institut geografii (1993) *Čelovek u Bajkala:*

èkologičeskij analiz sredy obitaniâ. Novosibirsk, Nauka, 140 p.
Académie des sciences russe (1993b) Le Baïkal, atlas/ Rossijskaâ Akademiâ Nauk, Sibirskoe otdelenie, Limnologičeskij Institut, Institut zemnoj kory, Institut lesa, Institut geografii, Bajkals'skij èkologičeskij muzej ... (1993) *Bajkal, atlas*. Moskva, glavn. upr. geodezii i kartogr. pri prav. Rossii, 278 cartes, 159 p.
Académie des sciences russe (1995a) Lev Pavlovitch Zonenschein/ Rossijskaâ Akademiâ Nauk (1995) *Lev Pavlovič Zonenšajn*. Moskva, Nauka, 332p.
Académie des sciences russe (1995b) Atlas et recueil des définitions de la faune pélagique du Baïkal/ Rossijskaâ Akademiâ Nauk, Sibirskoe otdelenie, Limnologičeskij Institut (1995b) *Atlas i opredelitel' pelagobiontov Bajkala*. Novosibirsk, Nauka, 694 p.
Acot,P. (1994) *Histoire de l'écologie*. Paris, PUF, que sais-je ? n° 2870, 128 p.
Adziev (1989) La Lena, la Yana, le Vitim et l'Oleniok/ Adziev,M. (1989) *Lena, Âna, Vitim i Olenek*. Moskva, Izd. "Detskaâ literatura", 64 p.
Afanassieff, J. (1997) *Baïkal, le lac immortel*. Lyon, France 3, MC4, 52 min.
Afanassiev (1959a) La composition des écoulements souterrains dans le bassin de la rivière Selenga/ Afanas'ev, A.N. (1959a)"O sostavlâûščej podzemnogo stoka v bassejne r. Selengi" *Trudy vtorogo soveščaniâ po podzemnym vodam i inženernoj geologii Vostočnoj Sibiri*, 3: 21-33.
Afanassiev (1959b) Les écoulements moyens des cours d'eau du bassin du lac Baïkal/ Afanas'ev, A.N. (1959b) "Srednij stok rek bassejna oz. Bajkal" *Trudy Vost.-Sib. fil. AN SSSR ser. Geol.*, 10: 48-96.
Afanassiev (1959c) Le bilan hydrologique du lac Baïkal/ Afanas'ev, A.N. (1959c) "Vodnyj balans oz. Bajkal" *Trudy III Vsesoûznogo gidrologičeskogo s''ezda*, 4: 174-184.
Afanassiev (1960) Le bilan hydrologique du lac Baïkal/ Afanas'ev, A.N. (1960) "Vodnyj balans oz. Bajkal" *Tr. Bajkal. Limnol. St.*, 18: 155-241.
Afanassiev (1967) Les fluctuations du régime hydrométéorologique de l'URSS/ Afanas'ev, A.N. (1967) *Kolebaniâ gidrometeorologičeskogo režima na territorii SSSR*. Moskva, 231 p.
Afanassiev (1976) Les ressources en eau et le bilan hydrologique du bassin du lac Baïkal/ Afanas'ev, A.N. (1976) *Vodnye resursy i vodnyj balans bassejna oz. Bajkal*. Novosibirsk, Nauka, 239 p.
Afanassiev (1977) Le problème du brassage de l'eau du lac Baïkal/ Afanas'ev, A.N. (1977) "K probleme vodoobmena v ozere Bajkal" *Vodn. Res.*, 4: 27-35.
Afanassieva (1977) La biologie de l'épischura du Baïkal/ Afanas'eva, E. L. (1977) *Biologiâ bajkal'skoj èpišury*. Novosibirsk, Nauka, 144 p.
Afanassieva (1995) L'ordre Copepoda, le sous-ordre Calanoida/ Afanas'eva, E.L. (1995) "Otrâd Copepoda - veslonogie, podotrâd

Calanoida" in Académie... (1995b): 365-405.

Afanassieva *et al.* (1964) Les recherches limnologiques synchroniques complexes des eaux du lac Baïkal/ Afanas'eva, E.L., Verbolov, V.I., Votincev, K.K., Krotova, V.V., Man'kovskij, V.I., Meščerâkova, A.I. et Šimaraev, M.N. (1964) "Kompleksnye sinhronnye limnologičeskie issledovaniâ vod oz. Bajkal" *Izv. AN SSSR*, ser. geogr., 2: 120-125.

Agafonov (1975) Diffusion et prévision des processus de géographie physique dans la cuvette baïkalienne/ Agafonov, B.P. (1975) "Rasprostranenie i prognoz fiziko-geografičeskih processov v Bajkal'skoj vpadine" in Académie...: 59-138.

Agafonov (1982) Les particularités de la dynamique des roches et le problème de la croissance du Baïkal/ Agafonov, B.P. (1982) "Svoeobrazie litodinamiki i problema vozrasta Bajkala" *Tr. Limnol. Inst.*, 40(60): 23-30.

Agafonov (1985) L'érosion superficielle dans la dépression baïkalienne/ Agafonov, B.P. (1985) "Ploskosnaâ eroziâ v bajkal'skoj vpadine" *Geomorfologiâ*, 3: 29-36.

Agafonov (1994) Le régime des apports terrigènes au lac Baïkal/ Agafonov, B.P. (1994) "Režim postupleniâ terrigennogo materiala v oz. Bajkal" *Geogr. prirod. res.*, 3: 66-75.

Agafonov *et al.* (1995) Un témoin de la pression anthropique sur les géosystèmes du Baïkal/ Agafonov, B.P., Kuz'min, V.A., Snytko, V.A., Tarasova, E.N. (1995) "Odno iz svidetel'stv tehnogennogo davleniâ na geosistemy Bajkala" *Geogr. prirod. res.*, 2:179-181.

Agroutchintsev *et al.* (1995) La modélisation mathématique de la propagation des particules solides émises par les entreprises industrielles de Baïkalie méridionale/ Agručincev, V.K., Agručinceva, A.V., Makuhin, V.L. (1995) "Čislennoe modelirovanie rasprostraneniâ tverdyh vzvesej ot promyšlennyh predpriâtij v Ûžnom Pribajkal'e" *Geogr. prirod. res.*, 1: 152-158.

Agroutchintseva (1994) L'évaluation de la pollution de l'atmosphère et de l'interface terrestre par les entreprises industrielles des environs de Kamensk/ Agručinceva, A.V. (1994) "Ocenka zagrâzneniâ atmosfery i podstilaûščej poverhnosti promyšlennymi predpriâtiâmi v okrestnosti Kamenska" *Geogr. prirod. res.*, 2: 50-55.

Akhmatov (1908a) Travaux astronomiques et géodésiques réalisés sur le lac Baïkal/ Ahmatov, V.V. (1908a) "Astronomo-geodezičeskie raboty, proizvedennye na ozere Bajkale" *Izd. Glavn. Gidrograf. Upr. SPb.*: 351-378.

Akhmatov (1908b) La force de gravité au-dessus du Baïkal/ Ahmatov, V.V. (1908b) "Sila tâžesti na Bajkale" *Izd. Glav. Gidrograf. Upr. SPb*: 379-398.

Alekseenko (1997) La teneur en radionuclides de césium dans les composants des écosystèmes aquatiques du lac Baïkal en 1987-1989/ Alekseenko, V.A. "Soderžanie radionuklidov ceziâ v komponentah vodnyh èkosistem oz. Bajkal v 1987-1989 gg."

Vodn. res., 24(3): 300-303.
Altekruse, J. (1992) *Wolken über dem Baikal*. Produktion Zeitfilm Altekruse, Musolf, GFF Geissendörfer Film und Fernsehproduktion, im Auftrag von Radio Bremen, 52 min.
Andronova (1990) L'île d'Olkhone/ Andronova, Z.B. (1990) *Ostrov Ol'hon*. Irkutsk, GUGK SSSR, 1/200 000 (1/50 000 golfe Muhur), 1 feuille.
Androussov (1902) Deux nouveaux genres de gastéropodes de l'étage apchéronien/ Andrusov, A.I. (1902) "O dvuh novyh rodah gastropod iz apšeronskogo ârusa" *Trudy SPb. Ob. estestvoispytatelej*, 31(5): 55-75.
Anokhine *et al.* (1981) Estimation des retombées atmosphériques d'origine anthropique sur le plan d'eau du Baïkal/ Anohin, Û.A., Ostromogilskij, A.N., Poslovin,A.L., Hickaâ, E.V. (1981) "Ocenka antropogennogo potoka mikroelementov iz atmosfery na zerkalo oz. Bajkal" in *Problemy ekologičeskogo monitoringa i modelirovaniâ ekosistem*. Leningrad, Gidrometeoizdat, t. 4: 32-40.
Anonyme (1825) "Nouvelle carte de Sibérie" *Nouvelles annales des voyages, de la géographie et de l'histoire*, 27: 140.
Antipov, Petrov (1990) Le parc naturel national d'Etat de Baïkalie, caractéristiques paysagères et hydrologiques/ Antipov, A.N. et Petrov, A.V. (1990) "Pribajkal'skij gosudarstvennyj prirodnyj nacional'nyj park: landšaftno-gidrologičeskaja harakteristika" in Académie...: 113-130.
Arjakovski,L. (1992) " Le Baïkal en eaux troubles" *Le Monde*, samedi 5 décembre: 31.
Arjakovsky,L. (1994) "Le lac Baïkal patrimoine de l'humanité" in *Universalia 1994*. Paris, Encyclopaedia universalis éd.: 240-244.
Artsibachev et 41 autres auteurs (1990) Restructuration: transparence, démocratie, socialisme, l'alternative écologique/ Arcibašev, A.N., Balandin,R.K. *i so. Perestrojka: glasnost', demokratiâ, socializm, èkologiceskaâ al'ternativa*. Moskva, Progress, 800 p.
Astrakhantsev *et al.* (1971) Les problèmes actuels de construction et de mise en valeur de la zone des retenues d'eau angariennes/ Astrahancev,V.I., Odinco,M.M., Kaurov,V.F., Mel'ničenko et Filûk,A.G. (1971) "Aktual'nye problemy stroitel'stva i osvoeniâ zony angarskih vodohraniliŝč" in Académie... : 5-11.
Atanov *et al.* (1995) Quelques moyens garantissant un développement stable à la Baïkalie bargouzienne/ Atanov,N.I., Šagžiev, K.Š., Ral'din, B.B. (1995) "Nekotorye puti obespečeniâ ustojčivogo razvitiâ Barguzinskogo Pribajkal'â" *Geogr. prirod. res.*, 1: 68-72.
Atoutov *et al.* (1990) Le parc naturel national d'Etat de Transbaïkalie: organisation et activité de protection de la nature/ Atutov,A.A., Perinov,M.A., Luk'ânov, V.M. (1990) "Zabajkal'skij gosudarstvennyj prirodnyj nacional'nyj park: organizaciâ i prirodoohrannaâ deâtel'nost'" in Académie...: 197-201.
Bachalkhanova *et al.* (1987) Estimation des ressources récréatives du climat du bassin du lac Baïkal/ Bašalhanova,L.B., Bufal,V.V.,

Linevič,N.L. et Sorokina,L.P. (1987) *Ocenka rekreacionnyh resursov klimata bassejna oz. Bajkal*. Irkutsk, Institut Geografii, 40 p.

Bachalkhanova *et al.* (1993) Les conditions climatiques de l'activité humaine/ Bašalhanova,V.A., Bufal,V.V., Linevič,N.L. et Sorokina,L.P. (1993) "Klimatičeskie usloviâ žiznedeâtel'nosti čeloveka" in Académie...: 39-62.

Bacharova, Cheveleva (1995) Le zooplancton et la qualité de l'eau de la retenue d'eau d'Irkoutsk/ Bašarova, N.I., Ševeleva, N.G. (1995) "Zooplankton i kačestvo vody Irkutskogo vodohraniliščа" *Vodn. res.*, 22(5): 602-609.

Bagaev, Vassilieva (1986) Irkoutsk/ Bagaev,Û.M., Vasil'eva,L.A. (1986) *Irkutsk*. Irkutsk, Vost.-Sibir. Kniž. Izd., 128 p.

Baïkal Tour (1990) Atlas du Baïkal/ Bajkal Tur (1990) *Atlas Bajkala*. VTU GS, une feuille.

Bajanova *et al.* (1996) Le séminaire géomorphologique d'Irkoutsk et la réunion consacrée à I.D. Tcherski/ Bažanova, O.I., Borsuk, O.A., Snytko, V.A., Ufimcev, G.F. (1996) "Irkutskij geomorfologičeskij seminar i zase-danie, posvâščennoe pamâti I.D. Čerskogo" *Geogr. prirod. res.*, 2: 190-191.

Barraqué,B., Bley,D., Boetsch,G., Masali,M., Rabino Massa,E., dir. (1995) *L'homme et le lac, usages et représentations de l'espace lacustre*. VIe journées Soc. écologie humaine, 13-15 juin 1994, Cadenabbia-Griante, Côme, Italie, suppl. à Ecologie humaine, vol. XXIII, 192 p.

Barroin,G. (1990) "La pollution des eaux par les phosphates" *La Recherche*, 221: 620-627.

Belane *et al.* (1996) Estimation complexe de l'état du bassin atmosphérique de Baïkalie et du lac Baïkal/ Belan, B.D., Zuev,V.E., Kovalevskij, V.K., Pančenko, M.V., Pokrovskij, E.V., Podanev, A.V., Rasskazčikova, T.M., Tolmačev,G.N. (1996) "Kompleksaâ ocenka sostoâniâ vozdušnogo bassejna nad Pribajkal'em i ozerom Bajkal" *Meteorol. gidrol.*, 10: 39-50.

Beletskaïa. (1987) Classification génétique des cuvettes lacustres de la Plaine de Sibérie occidentale/ Beleckaâ,N.P. (1987) "Geneticeskaâ klassifikaciâ ozernyh kotlovin Zapadno-Sibirskoj ravniny" *Geomorfologiâ*, 1: 50-58.

Beliavtseva, Doubovenko (1993) Les composés organochlorés dans les milieux abiotiques du cours inférieur de la Selenga/ Belâvceva, G.V., Dubovenko, žV. (1993) "Hlororganičeskie soedineniâ v abiotičeskih sredah nižnego tečeniâ Selengi" *Geog. prirod. res.*, 4: 74-77.

Beliavtseva, Doubovenko (1994) Les matières organochlorées dans les sédiments de fond du Baïkal méridional/ Belâvceva, G.V., Dubovenko, ž.V. (1994) "Hlororganičeskie veščestva v donnyh otloženiâh Ûžnogo Bajkala" *Geogr. prirod. res.*, 2: 61-63.

Beliavtseva *et al.* (1993) L'identification des composés organochlorés

toxiques qui entrent dans le lac Baïkal du fait des eaux usées de l'industrie de la cellulose/ Belâvceva, G.V., Gorohova, V.G., Babkin, V.A., Bejm, A.M. (1993) "Identifikaciâ toksičnyh hlororganičeskih soedinenij, postupaûščih v oz. Bajkal so stočnymi vodami cellûloznogo proizvodstva" *Geogr. prirod. res.*, 3: 77-80.
Bell (1763) *Bell's travels from St-Petersbourg to diverse parts of Asia.* Glasgow, (Baïkal évoqué p. 258), cité par Klaproth, 1825.
Belov (1990a) L'état actuel des conditions naturelles: la couverture végétale/ Belov,A.V. (1990) "Sovremennoe sostoânie prirodnyh uslovij: rastitel'nyj pokrov" in Académie...: 41-48.
Belov (1990b) Le parc naturel national d'Etat de Baïkalie: la flore/ Belov,V.A. "Pribajkal'skij gosudarstvennyj prirodnyj nacional'nyj park: rastitel'nost'" in Académie...: 147-154.
Belov *et al.* (1993) La conception du développement d'un tourisme écologique international dans la région baïkalienne/ Belov,A.V., Vorob'ev,V.V., Gračev,M.A., Rääčenko, S.V., Suturin, A.N. (1993) "Koncepciâ razvitiâ meždunarodnogo èkologičeskogo turizma v Bajkal'skom regione" *Geogr. prirod. res.*, 3: 5-11.
Belova (1975) L'histoire du développement de la végétation dans les dépressions de la zone de rift du Baïkal/ Belova,A.V. (1975) *Istoriâ razvitiâ rastitel'nosti kotlovin Bajkal'skoj riftovoj zony.* Moskva, Nauka, 142 p.
Belova, Yendrikhinski (1979) Nouvel emplacement des dépôts miocènes de la zone de rift du Baïkal/ Belova, A.V., Endrihinskij, A.S. (1979) "Novoe mestonahoždenie miocenovyh otloženij na territorii Bajkal'skoj riftovoj zony" *Geologiâ i geofizika*, 12: 42-47.
Belova, V.A., Lut, B.F., Loginova, L.P., Khursevich, G.K. (1983) "Sediment formation in Lake Baikal" *Hydrobiol.*, 103: 281-285.
Belt,D. (1992) "Russia's Lake Baikal, the world's Great Lake" *National Geographic*, 181(6): 2-39.
Berg (1900) Les poissons du Baïkal/ Berg,L.S. (1900) "Ryby Bajkala" *E.Z.M.A.N.*, 5: 326-372.
Berg (1903) Remarques concernant la systématique des Cottidae du Baïkal/ Berg,L.S. (1903) "Zametki po sistematike bajkal'skih Cottidae" *E.Z.M.A.N.*, 8: 99-114.
Berg (1904) La répartition de *Cottus poecilopus* et de quelques autres Cottidae en Sibérie/ Berg,L.S. (1904)"O rasprostranenii *Cottus poecilopus* i nekotoryh drugih Cottidae v Sibiri" *R.G.O.*, 7(1): 78-91.
Berg (1910) La faune du Baïkal et son origine/ Berg, L.S. (1910) "Fauna Bajkala i ee proishoždenie" *Biolog. žurnal*, 1(1-4): 10-45.
Berg (1922) Comparaison entre les lacs Baïkal et Tanganyika/ Berg, L.S. (1922) "Sravnenie ozer Bajkala i Tangan'iki" *Izvestiâ geografičeskogo Instituta*, 3: 63-71.
Berg (1925) Le rôle de l'académie des sciences dans l'histoire des découvertes géographiques (XVIIIe siècle)/ Berg,L.S. (1925) "Rol' Akademii Nauk v istorii geografičeskih otkrytij (XVIII

vek)" *Priroda*, 7-9: 143-160.

Bezroukov, Missiourkeev (1995) Evaluation géographique et cartographique de l'utilisation, de la pollution et de la protection des eaux de la région d'Irkoutsk/ Bezrukov, L.A., Misûrkeev, Û.A. (1995) "Geografo-kartografičeskaâ ocenka ispol'zovaniâ, zagrâzneniâ i ohrany vod Irkutskoj oblasti" *Geogr. prirod. res.*, 2: 40-50.

Blasco,P. (1993) "La science russe: de Charybde en Scylla" *La Recherche*, 24(258): 1100-1105.

Borodaï (1939) Matériaux pour l'étude de la structure de la couverture glacielle du Baïkal/ Borodaj,N.I. (1939) "Materialy k izučeniû stroeniâ ledânogo pokrova Bajkala" *Tr. bajk. limnol. St.*, 9: 71-114.

Boroupki (1932) descrition des nouveaux *Copepoda harpacticoida* du lac Baïkal/ Borupkij,E.V. (1932) "Opisanie novyh *Copepoda harpacticoida* iz oz. Bajkala" *Tr. bajk. limnol. St.*, 2: 15-28.

Botkine (1900) Matériaux pour l'étude du lac Baïkal, essai des travaux de recherches des propriétés physiques du Baïkal pendant l'hiver 1898-1899 et études d'histoire naturelle de 1897, 1898 et 1899/ Botkin,A.S. (1900) Materialy dlâ izučeniâ ozera Bajkal, očerk rabot po issledovaniâm fizičeskih svojctv Bajkala zimoj 1898-1899 gg. i estestvenno-istoričeskie izyskaniâ za 1897, 1898 i 1899 gg. Peterburg, 27 p.

Boufal (1964) Quelques données concernant la transparence de l'atmosphère au-dessus du Baïkal/ Bufal,V.V. (1964) "Nekotorye dannye po prozračnosti atmosfery na Bajkale" in Académie...: 170-178.

Boufal (1966) Le régime radiatif de la cuvette du lac Baïkal et son rôle dans la formation du climat/ Bufal,V.V. (1966) "Radiacionnyj režim kotloviny oz. Bajkal i ego rol' v formirovanii klimata" in *Klimat ozera Bajkal i Pribajkal'â*. Moskva, Nauka: 34-70.

Boufal (1990) L'état actuel des conditions naturelles: les conditions de formation du fond climatique actuel/ Bufal, V.V. (1990) "Sovremennoe sostoânie prirodnyh uslovij: uslovâ formirovaniâ sovremennogo klimatičeskogo fona" in Académie...: 29-140.

Boufal, Ladeïchtchikov (1966a) Les facteurs climatiques du développement thermal du Baïkal et de Baïkalie/ Bufal,V.V., Ladejščikov,N.P. (1966a) "Klimatičeskie faktory razvitiâ kurortnogo stroitel'stva na Bajkale i v Pribajkal'e" in *Klimat ozera Bajkal i Pribajkal'â*. Moskva, Nauka: 139-150.

Boufal, Ladeïchtchikov (1966b) Les indicateurs de la température équivalente effective normale au sud de la Sibérie orientale/ Bufal,V.V., Ladejščikov, N.P. (1966b) "Pokazateli normal'noj ekvivalentno-effektivnoj temperatury na ûge Vostočnoj Sibiri" in *Klimat ozera Bajkal i Pribajkal'â*. Moskva, Nauka: 151-169.

Boufal, Vizenko (1970) Les particularités des conditions thermiques de Baïkalie septentrionale/ Bufal, V.V., Vizenko,O.S. (1970) "Osobennosti temperaturnyh uslovij Severnogo Pribajkal'â" in *Klimat i klimatičeskie resursy Bajkala i Pribajkal'â*. Moskva,

Nauka: 7-25.
Boufal *et al.* (1976) Les particularités microclimatiques des différents étages d'altitude/ Bufal, V.V., Vizenko, O.S. et Moložnikov, V.N. (1976) "Mikroklimatičeskie osobennosti različnyh vysotnyh pojasov" in *Prirodnye usloviâ Severo-vostočnogo Pribajkal'â*. Novosibirsk, Nauka: 110-143.
Boufal *et al.* (1977)/ Bufal,V.V., Panova, G.P. et Streločnyh (1977) Le régime radiatif et le bilan thermique "Radiacionnyj režim i teplovoj balans" in *struktura i resursy klimata Bajkala i sopredel'nyh prostranstv*. Novosibirsk, Nauka: 21-50.
Boufal *et al.* (1990) Le parc naturel national d'Etat de Baïkalie: particularités méso- et microclimatiques/ Bufal,V.V., Linevič,N.L., Bašalhanova,L.B. "Pribajkal'skij gosudarstvennyj prirodnyj nacional'nyj park: mezo- i mikroklimatičeskie osobennosti" in Académie...: 108-113.
Bravard,A., dir. (1991) *Atlas climatique de la Haute Savoie*. Conseil Général Haute Savoie et Météofrance, 103 p.
Brianski (1989) Bonjour, Baïkal!/ Brânskij,V.P. (1989) *Zdravstvuj, Bajkal!*. Irkutsk, Vost.-sib. kniž. izd., 288 p.
Brunet,R., Eckert,D., Kolossov,V. (1995) *Atlas de la Russie et des pays proches*. Montpellier, Reclus, 208 p.
Cabane,C., Sidorova,V., Tchistiakova,E. (1997) *La Russie aujourd'hui*. Paris, Sirey, 158 p.
Cabouret, M. (1994) "Aperçu sur l'Ecole de Géographie Estonienne aux XIXe et XXe siècles, jusqu'en 1991" *Acta Geographica*, 100: 17-28.
Calic,E. (1962) *J'ai vu vivre la Sibérie*. Paris, Arthème Fayard, 272 p.
Camena d'Almeida,P. (1932) *Etats de la Baltique Russie*. Paris, A. Colin, *Géographie universelle*, tome V, 355 p.
Cans, R. (1994) "La fragile santé des lacs" in *La bataille de l'eau*. Paris, Le Monde éditions, 220 p.: 35-49 (Baïkal traité pp. 42-48).
Cans,R. (1995) "Baïkalsk: l'usine contre le lac" *Le Monde*, mardi 10 janvier: 5.
Cars, J. des, Caracalla, J.-P. (1986) *Le Transsibérien, l'extrême orient-express*. Paris, Denoël, 160 p.
Carrière,P. (1993) "Baïkal (lac)" in *Encyclopaedia universalis*. Paris, corpus 3: 743-744.
Centre international (1987)/ Meždunarodnyj centr (1987) 1 feuille dactylographiée de données chiffrées.
Chargaev (1991) La dépression de Bargouzine: la nécessité d'une intervention d'urgence/ Šargaev, M.A. (1991) "Barguzinskaâ kotlovina: neobhodimo sročnoe umesatel'stvo" *Vestn. Akad. Nauk SSSR*, 5: 61-67.
Chauvier, J.-M. (1993) "De l'URSS à la Russie" in Ferro, dir.: 180-190.
Chermane (1981) voir Sherman pour les articles en anglais.
Chermane, Dnprovski (1986) Nouvelle carte des champs de contraintes de la zone de rift du Baïkal d'après des données de géologie

structurale/ Šerman, S.I., Dnprovkij, Û.I. (1986) "Novaâ karta polej naprâženij bajkal'skoj riftovoj zony po geologo-strukturnym dannym" *Dokl. Akad. Nauk SSSR*, 287(4): 943-947.

Chermane, Levi (1977) Les failles transformantes de la zone de rift du Baïkal au Tardi-Pléistocène et à l'Holocène/ Šerman, S.I. et Levi, K.G. (1977) "Transformye razlomy bajkal'skoj riftovoj zony v pozdnem plejstocene i golocene" *Dokl. Akad. Nauk SSSR*, 233(2): 461-464.

Chermane, Levi (1979) Nouvelle carte de la tectonique et des champs de contraintes de la zone de rift du Baïkal/ Šerman, S.I., Levi, K.G. (1979) "Novaâ karta neotektoniki i polej naprâženij bajkal'skoj riftovoj zony" *Dokl. Akad. Nauk SSSR*, 249(2): 429-432.

Cherstiankine (1964) La dynamique des eaux de la beine sélenguienne au début de l'été d'après la distribution des caractéristiques optiques et de la température de l'eau/ Šerstânkin, P.P. (1964) "Dinamika vod Selenginskogo melkovod'â v načale leta po dannym raspredelenâ optičeskih harakteristik i temperatury vody" in Académie...: 29-37.

Chimaraev (1964a) Les particularités hydrométéorologiques de l'Angara méridionale au niveau de sa sortie du lac/ Šimaraev, M.N. (1964a) "Gidrometeorologičeskie osobennosti Ûžnogo u istoka Angary" in Académie...: 82-113.

Chimaraev (1964b) Quelques particularités des conditions éoliennes au-dessus du plan d'eau du Baïkal en période de navigation/ Šimaraev, M.N. (1964b) "Nekotorye osobennosti vetrovyh uslovij nad poverhnost'û Bajkala v navigacionnyj period" in Académie...: 114-135.

Chimaraev (1977) Eléments du régime thermique du lac Baïkal/ Šimaraev, M.N. (1977) *Elementy teplovogo režima ozera Bajkal.* Novosibirsk, Nauka, 149 p.

Chimaraev *et al.* (1996) Les particularités de la ventilation des eaux profondes du Baïkal en période de brassage printanier/ Šimaraev, M.N., Domyševa, V.M., Gorbunova, L.A. (1996) "Osobennosti aèracii glubinnyh vod Bajkala v period vesennogo peremešivaniâ" *Geogr. prirod. res.*, 1: 64-72.

Chimaraev: voir Shimaraev pour les articles écrits en anglais.

Chostakovitch (1902) L'épaisseur de la couverture glacielle des plans d'eau de Sibérie orientale/ Šostakovič, V.B. (1902) "Tolščina ledânogo pokrova na vodoemah Vostočnoj Sibiri" *Izv. Imp. Akad. Nauk*, ser. V, 16: 213-221.

Chostakovitch (1903) L'épaisseur de la couverture glacielle des plans d'eau de la Sibérie orientale/ Šostakovič, V.B. (1903) "Tolščina ledânogo pokrova na vodoemah Vostočnoj Sibiri" *I.V.S.O.R.G.O.*, 34(2): 105-113.

Chostakovitch (1908) La glace du lac Baïkal/ Šostakovič, V.B. (1908) "Led na ozere Bajkale" in Drijenko: 330-346.

Chostakovitch (1924) L'épaisseur de la glace des plans d'eau de Sibérie orientale/ Šostakovič, V.B. (1924) "Tolščina l'da na vodoemah Vostočnoj Sibiri" *I.V.S.O.R.G.O.*, 47: 109-118.
CIPEL (1984) *Le Léman synthèse 1957-1982*. Lausanne, 650 p.
Cobbold,P.R., Davy,P. (1988) "Indentation tectonics in nature and experiment, Central Asia" *Bull. Geol. Inst. Univ. Uppsala*, N.S. 14: 143-162.
Colman,S.M. (1992) "Initials results of U.S.-Soviet paleoclimate study of lake Baikal" *EOS Trans. AGU*, 73(43): 457-462.
Conseil de sécurité de la Fédération de Russie (1995) La garantie de la sécurité écologique de la région baïkalienne/ Sovet bezopasnosti Rossijskoj Federacii, Mežvedomstvennaâ komissiâ po èkologičeskoj bezopasnosti (1995) *Obespečenie èkologičeskoj bezopasnosti Bajkal'skogo regiona*. Rešenie ot 6 sentâbra 1995 g. n° 7-2, 3 p.
Corvi,C. (1984) "Chlorures" in CIPEL (1984): 183-191.
Crane, K., Hecker, B. et Golubev, V. (1991) "Heat flow and hydrothermal vents in lake Baikal, U.S.S.R." *EOS Trans. AGU*, 72(52): 585-589.
Dalmatova (1939) Observations sur la température de la couche d'eau sous-glacielle du Baïkal au printemps de l'année 1932/ Dalmatova,T.V. (1939) "Nabliûdeniâ nad temperaturoj podlednogo sloâ vody na Bajkale vesnoû 1932 g." *Tr. bajk. limnol. St.*, 9: 127-132.
David,F. (1994) "Pour ses riverains le Baïkal est une mer" *Géo*, 183:10-26.
Deléage, J.-P. (1992) *Histoire de l'écologie une science de l'homme et de la nature*. Paris, La Découverte, 330 p.
Demianovitch (1995) Les conséquences géoécologiques de l'activité extractive sur le littoral du lac Baïkal (l'exemple du centre minier de Slioudianka)/ Dem'ânovič,N.I. (1995) "Geoèkologičeskie posledstviâ gorno-dobyvaûščej deâtel'nosti na poberežе oz. Bajkal (na primere Slûdânskogo gorno-rudnogo uzla)" *Geogr. prirod. res.*, 2: 59-66.
Deverchère,J., Houdry,F., Diament,M., Solonenko,N.V., Solonenko, A.V. (1991) "Evidence for a seismogenic upper mantle and lower crust in the Baikal rift" *Geophys. Res. Lett.*, 18(6): 1099-1102.
Diament,M., Kogan,M.G. (1990) "Long wavelength gravity anomalies and the deep thermal structure of the Baikal rift" *Geophys. Res. Lett.*, 17(11): 1977-1980.
Diamkine (1990) L'état actuel des conditions naturelles: zoogéographie des mammifères/ Dâmkin,B.F. (1990) "Sovremennoe sostoânie prirodnyh uslovij: zoogeografiâ mlekopitaûščih " in Académie...: 48-55.
Diamkine *et al.* (1990) Le parc naturel national d'Etat de Baïkalie: l'état de la faune et la population des mammifères/ Dâmkin,B.F., Malyšev,Û.S., Horo-sun,S.B. (1990) "Pribajkal'skij gosudarstvennyj prirodnyj nacional'nyj park: sostoânie fauny i naseleniâ mlekopitaûščih" in Académie...: 154-162.

Doineau, R. (1996) "La République de Bouriatie" *Le Courrier des pays de l'Est*, 411: 63-76.
Dorogostaïskaïa (1982) V. Tché. Dorogostaïski, chercheur de la flore et de la faune du Baïkal (pour le 100e anniversaire de sa naissance)/ Dorogostajskaâ, E.V. (1982) "V. Č. Dorogostajskij issledovatel' flory i fauny Bajkala (k 100-letiû so dnâ roždeniâ)" *Izv. Akad. Nauk SSSR Ser. Geogr.*, 3: 105-113.
Dorogostaïskaïa (1989) L'histoire de l'organisation de la station scientifique permanente du lac Baïkal/ Dorogostajskaâ,E.V. (1989) "K istorii organizacii postoânnoj naučnoj stancii na ozere Bajkal" *Izv. Vses. Geogr. Obšč.*, 121(3): 193-197.
Dorogostaïski (1922a) Matériaux pour la faune du lac Baïkal/ Dorogostajskij,V.Č. (1922a) "Materialy dlâ karcinologičeskoj fauny ozera Bajkala" *Tr. Kom. po izuč. oz. Bajkala*, 1(2): 105-153.
Dorogostaïski (1922b) Compte-rendu sommaire des travaux de l'académie des sciences en 1916/ Dorogostajskij,V.Č. (1922b) "Kratkij otčet o rabotah Bajkal'skoj Ekspedicii Akadamii Nauk v 1916 godu" *Tr. Kom. po izuč. oz. Bajkala*, 1(2): 154-161.
Doumova (1994) Le cheminement de l'idée de passeport écologique dans la région baïkalienne/ Dumova, I.I. (1994) "Razvitie idej èkologičeskoj pasportizacii v Bajkal'skom regione" *Geogr. prirod. res.*, 3: 61-66.
Drabkova, Forch (1975) Essai d'étude de la spécificité des processus internes des lacs dans leurs relations avec l'influence sur le paysage environnant/ Drabkova,V.G., Forš,L.F. (1975) "Opyt izučeniâ specifiki vnutrennih processov ozer v svâzi s vliâniem okružaûščego landšafta" *Izv. Vses. Geogr. Obšč.*, 107(2): 105-113.
Drijenko (1897) Reconnaissance du lac Baïkal en 1896/ Driženko,F.K. (1897) "Rekognoščirovka Bajkal'skogo ozera v 1896 g." *I.R.G.O.*, 33(2): 210-241.
Drijenko (1899) Compte-rendu sommaire des travaux de l'expédition hydrographique du lac Baïkal de 1898/ Driženko,F.K. (1899) "Kratkij očerk o rabotah Gidrografičeskoj èkspedicii Bajkal'skogo ozera v 1898 g." *Mor. Sb.*, 1: 167-179.
Drijenko (1900) Compte-rendu sommaire des travaux de l'expédition hydrographique du lac Baïkal de 1899/ Driženko,F.K. (1900) "Kratkij očerk o rabotah Gidrografičeskoj èkspedicii Bajkal'skogo ozera v 1899 g." *Mor. Sb.*, 7: 45-50.
Drijenko (1901) Compte-rendu sommaire des travaux de l'expédition hydrographique du lac Baïkal de 1900/ Driženko, F.K. (1901) "Kratkij očerk o rabotah Gidrografičeskoj èkspedicii Bajkal'skogo ozera v 1900 g." *Mor. Sb.*, 1: 145-171.
Drijenko (1902a) Travaux de l'expédition hydrographique du lac Baïkal en 1901/ Driženko,F.K. (1902a) "Raboty Gidrografičeskoj èkspedicii Bajkal'skogo ozera v 1901 g." *Mor. Sb.*, 4: 95-115.
Drijenko (1902b) Recherche hydrographique du Baïkal/ Driženko,F.K.

(1902b) "Gidrografičeskoe issledovanie Bajkala" *I.R.G.O.*, 38 (2):228-271.

Drijenko (1902c) Atlas du lac Baïkal/ Driženko,F.K. (1902c) *Atlas ozera Bajkal*. Peterburg, Izd. GGU, cité par Kolotilo (1989).

Drijenko (1903) Travaux de l'expédition hydrographique du lac Baïkal en 1902/ Driženko,F.K. (1903) "Raboty gidrografičeskoj èkspedicii Bajkal'skogo ozera v 1902 g." *Mor. Sb.*, 8: 73-84.

Drijenko, dir. (1908) Pilotage et essai de géographie physique du lac Baïkal/ Driženko,F.K. (1908) *Lociâ i fiziko-geografičeskij očerk ozera Bajkal*. Peterburg, Izd. GGU, 443 p.

Drioukker *et al.* (1993) Evaluation de la qualité de l'eau du lac Baïkal par des indicateurs sanitaires et bactériologiques/ Drûkker, V.V., Kostornova, T.Â., Moložavaâ, O.A., Afanas'ev, V.A. (1993) "Ocenka kačestva vody oz. Bajkal po sanitarno-bakteriologičeskim pokazatelâm" *Geogr. prirod. res.*, 1: 60-64.

Dybovski (1869) Recherches concernant la chaîne de Khamar-Dabane/ Dybovskij,B.I. (1869) "Issledovanie Hamar-Dabana" *I.R.G.O.*, 5: 217.

Dybovski (1870) Une aurore boréale au-dessus du village de Koultouk/ Dybovskij, B.I. (1870) "Severnoe siânie v sele Kultuke" *I.S.O.R.G.O.*, 1(2-3): 35-48.

Dybovski (1872) La question de la recherche des rapides de l'Angara/ Dybovskij,B.I. (1872) "K voprocy ob issledovanii Angarskih porogov" *O.S.O.R.G.O.*, za 1871 god: 49-52.

Dybovski (1876) Les poissons du lac Baïkal/ Dybovskij,B.I. (1876) "Ryby ozera Bajkala" *I.S.O.R.G.O.*, 7(1-2): 1-25.

Dybovski,B. (1877) "Über die Baikal-Robbe, *Phoca baicalensis*" *Arch. für Anatomie, Physiol. und wissensch. Medicin.*,: 109-125.

Dybovski (1901) Autobiographie/ Dybovskij,B.I. (1901) "Avtobiografiâ" in *Pâtidesâtiletie V.S.O.R.G.O. 1851-1901, ûbilejnyj Sbornik*, Kiev: 1-12.

Dybovski (1903) La recherche et le Baïkal/ Dybovskij,B.I. (1903) "Issledovanie Bajkala " *Meteorolog. Vestn.*, 13(1) :19.

Dybovski, Godlevski (1870a) Les recherches ichtiologiques et les autres recherches du Baïkal/ Dybovskij,V.I., Godlevskij,V. (1870a) "Ihtiologičeskie i drugie issledovaniâ na Bajkale" *O.S.O.R.G.O.*, za 1869 god: 8-13.

Dybovski, Godlevski (1870b) Rapport préliminaire concernant les recherches faunistiques du Baïkal/ Dybovskij, B.I., Godlevskij,V. (1870b) "Predvaritel'nyj otčet o faunističeskih issledovaniâx na Bajkale" *O.S.O.R.G.O.*, za 1869 god: 167-204.

Dybovski, Godlevski (1870c) Etudes de l'extrémité sud-ouest du Baïkal/ Dybovskij, B.I. et Godlevskij,V. (1870c) "Etûdy y ûgo-zapadnoj okonečnosti Bajkala" *I.S.O.R.G.O.*, 1(2-3): 35-48.

Dybovski, Godlevski (1871) Recherches d'histoire naturelle et autres recherches du Baïkal/ Dybovskij, B.I., Godlevskij,V. (1871) "Estestvenno-istoričeskie i drugie issledovaniâ na Bajkale"

O.S.O.R.G.O., za 1870 god: 8-13.

Dybovski, Godlevski (1872a) Matériaux pour la zoogéographie de la Sibérie orientale/ Dybovskij, B.I., Godlevskij, V. (1872a) "Materialy dlâ zoogeografii Vostočnoj Sibiri" *I.S.O.R.G.O.*, 3(2): 81-99.

Dybovski, Godlevski (1872b) Compte-rendu d'une mesure de la profondeur du lac Baïkal effectué au printemps de l'année 1871/ Dybovskij, B.I., Godlevskij,V. (1872b) "Otčet ob izmerenii glubiny ozera Bajkala, soveršennom vesnoû 1871 goda" *I.S.O.R.G.O.*, 2(5): 6-16.

Dybovski, Godlevski (1877) Compte-rendu des travaux de B. Dybovski et V. Godlevski en 1876/ Dybovskij, B.I., Godlevskij,V. (1877) "Otčet o zanâtiâh B. Dybovskogo i V. Godlevskogo v 1876 godu" *I.S.O.R.G.O.*, 8(3-4): 115-135.

Dybovski, Godlevski (1897) Recherches de géographie physique du Baïkal de 1869 à 1876/ Dybovskij,B.I., Godlevskij,V. (1877) "Fiziko-geografičeskie issledovaniâ na Bajkale v 1869-1876 gg." *Tr. V.S.O.R.G.O.*, 1(1): 1-62.

Edington,D.N., Val Klump,J., Robbins,J.A., Kusner,Y.A., Pampura,V.D., Sandimirov,I.V. (1991) "Sedimentation rates, residence times and radionuclide inventories in Lake Baikal from ^{137}Cs and ^{210}Pb in sediment cores" *Nature*, 350(601)

Edouard,J.-L. (1986) "Evolution récente d'un lac juxtaglaciaire: le lac des Quirlies (massif des Grandes Rousses, Romanche, Isère)" *Rev. Géogr. Alpine*, 74(1-2): 93-98.

Elster,H.-J. (1974) "History of limnology" *Association Internationale de Limnologie théorique et appliquée*, Jubilee symposium 50 years of limnological research, Stuttgart, 20: 7-30.

Estienne, P., Godard, A. (1970) *Climatologie*. Paris, A. Colin, coll. U, 368 p.

Etat-major général (1976a) Slioudianka/ General'nyj štab (1976a) *Slûdânka*. M-48-II SSSR, RSFSR, Irkutskaâ Oblast' i Burâtskaâ ASSR, 1/200 000, 1 feuille.

Etat-major général (1976b) Baïkalsk/ General'nyj štab (1976b) *Bajkal'sk*. M-48-III SSSR, RSFSR, Irkutskaâ Oblast' i Burâtskaâ ASSR, 1/200 000, 1 feuille.

Etat-major général (1976c) Babouchkine/ General'nyj Štab (1976c) *Babuškin*. M-48-IV SSSR, RSFSR, Irkutskaâ Oblast' i Burâtskaâ ASSR, 1/200 000, 1 feuille.

Etat-major général (1985) Ongourène/ General'nyj Štab (1985) *Onguren*. N-48-XXIV SSSR, RSFSR, Irkutskaâ Oblast', 1/200 000, 1 feuille.

Etat-major général (1986a) Sélenguinsk/ General'nyj Štab (1985) *Selenginsk*. N-48-XXXV SSSR, RSFSR, Burâtskaâ ASSR, Irkutskaâ Oblast', 1/200 000, 1 feuille.

Etat-major général (1986b) Sévérobaïkalsk/ General'nyj Štab (1986b) *Severobajkal'sk*. N-49-II SSSR, RSFSR, Burâtskaâ ASSR, Irkutskaâ

Oblast', 1/200 000, 1 feuille.

Etat-major général (1987) Bargouzine/ General'nyj Štab (1987) *Barguzin*. N-49-XX SSSR, RSFSR, Burâtskaâ ASSR, 1/200000, 1 feuille.

Etat-major général (1989) Khoujir/ General'nyj Štab (1989) *Hužir*. N-48-XXX SSSR,RSFSR, Burâtskaâ ASSR, Irkutskaâ Oblast', 1/200 000, 1 feuille.

Etat-major général (1990) Yélantsy/ General'nyj Štab (1990) *Elancy*. N-48-XXIX SSSR,RSFSR, Burât. ASSR, Irkut. Obl., Ust'-Ord. Burât. A.Okr. Irkut. Obl., 1/200 000, 1 feuille.

Evtouchenko, E. (1981) *Les baies sauvages de Sibérie*. Paris, Plon, éd. fr. 1982, 416 p.

Faculté de géographie (1962) Atlas de la région d'Irkoutsk/ Geografičeskij Fakul'tet, Moskovskogo Gosudarstvennogo Universiteta imeni M.V. Lomonosov i Vostočno-sibirskij filial Sibirskogo Otdelenniâ Akademii Nauk SSSR (1962) *Atlas Irkutskoj Oblasti*. Moskva, Irkutsk, Glavnoe Upravlenie geodezii i kartografii pri sovete ministrov SSSR, 182 p.

Fairbridge,R.W., Ed (1968) "Lake Baikal" in *The encyclopedia of Geomorphology*. New York, Rheinhold Book Corporation, 1295 p.: 604-605.

Falkner, K.K., Measures, C.I., Herbelin, S.E., Edmond, J.D., Weiss, R.F. (1991) "The major and minor element geochemistry of Lake Baikal" *Limnol. Oceanogr.*, 36: 413-423.

Fedorov,J.A., Grinenko,V.A., Krouse,R. (1990) *Composition isotopique des sulfures comme indicateur dans l'entrée de sulfates d'origine anthropique dans le Baïkal*. Tallin, univ., 3 p., en russe, cité par Fedorov *et al.* (1992).

Fedorov,Y.A., Grinenko,V.A., Krouse,R. (1992) "Water chemistry and isotopic composition of sulphate sulphur in the surface layer of lake Baikal water" *Isotope techniques in water resources development,* proceedings of int. symp. on isotope techn. in water res. dev., Vienna, Int. atomic energy agency: 487-494.

Ferro,M.,dir. (1993) *L'état de toutes les Russies*. Paris, La Découverte, 446p.

Fialkov (1983) Les courants de la zone littorale du lac Baïkal/ Fialkov,V.A. (1983) *Tečeniâ pribrežnoj zony ozera Bajkal*. Novosibirsk, Nauka, 192 p.

Fickeler,P. (1927) "Der Baikalsee" *Naturwissenschaften*, Berlin, 15(4): 83-90, et 15(5): 110-117.

Florensov (1960) Les dépressions mésozoiques et cénozoiques de Baïkalie/ Florensov,N.A. (1960) *Mezozojskie i kajnozojskie vpadiny Pribajkal'â*. Moskva, Izd. Akad. Nauk SSSR, 258 p.

Florensov, N.A. (1969) "Rifts of the Baikal mountain region" *Tectonophys.*, 8: 443-456.

Forch (1931) La question de la composition chimique des affluents du lac Baïkal/ Forš,B.N. (1931) "K voprosu o himičeskom sostave

vody pritokov ozera Bajkala“ *Tr. bajk. limnol. St.*, 1: 1-18.
Forch (1932) La connaissance de la chimie de l'Angara dans le secteur du Baïkal à Irkoutsk/ Forš ,B.N. (1932) “K poznaniû himizma p. Angary na učastke ot Bajkala do Irkutska” *Tr. bajk. limnol. St.*, 3: 11-34.
Forch (1957) Les particularités du régime thermique de l'eau de surface du Baïkal/ Forš,L.F. (1957) “Osobennosti termičeskogo režima poverhnosti vody Bajkala“ *Tr. bajk. limnol. St.*, 15
Forel,F.-A. (1901) *Handbuch der Seenkunde, allgemeine Limnologie.* Stuttgart, J. Engelhorn, 249 p.
Frank-Kamenetski, Vaksberg (1933) L'hydrochimie du lac de Goussine/ Frank-Kameneckij,A.G., Vaksberg, N.M. (1933) “K gidrohimii Gusinogo ozera“ *Tr. bajk. limnol. St.*, 5: 257-264.
Gaevskaïa (1932) Les éléments marins dans la faune des infusoires du lac Baïkal/ Gaevsskaâ,N.S. (1932) “O morskih elementah v faune infuzorij oz. Bajkala“ *Tr. bajk. limnol. St.*, 2: 1-14.
Gail, A.F. (1996) “Contested terrain: changing boundaries and identities in southern Siberia” *Post-Soviet Geogr. Econom.*, 37(1): 3-15.
Galazi (1980) L'écosystème du lac Baïkal et le problème de sa protection/ Galazij, G.I. (1980)“Ecosistema ozera Bajkal i problemy ego ohrany” *Geogr. prirodn. res.*, 22(4): 24-30.
Galaziy, G.I. (1981) “The ecosystem of Lake Baikal and problems of environmental protection“ *Sov. Geogr.*, 22(4): 217-225.
Galazi (1984) Le Baïkal en questions et en réponses/ Galazij, G.I. (1984) *Bajkal v voprosah i otvetah.* Irkutsk, Vost.-sib. kniž. izd., 368 p.
Galazi (1987) Le Baïkal en questions et en réponses/ Galazij, G.I. (1987) *Bajkal v voprosah i otvetah.* Irkutsk, 381 p.
Galazi (1988) Le Baïkal en questions et en réponses/ Galazij, G.I. (1988) *Bajkal v voprosah i otvetah.* Moskva, Mysl', 288 p.
Galazi (1990a) Analyse des principales sources de pollution existantes/ Galazij, G.I. (1990a) “Analiz suščestvuûščih osnovnyh istočnikov zagrâzneniâ“ in Artsibachev *et al.*: 324-330.
Galazii,G. (1990b) “Le lac Baïkal en sursis“ *La Recherche*, 21(221): 628-637.
Galazi (1995) L'atlas du Baïkal/ Galazij, G.I. (1995) “Atlas Bajkala” *Geogr. prirod. res.*, 1: 23-28.
Galazi, Molojnikov (1982) L'histoire des recherches botaniques du Baïkal/ Galazij, G.I., Moložnikov, V.N. (1982) *Istoriâ botaničeskih issledovanij na Bajkale.* Novosibirsk, Nauka, 153 p.
Galazi, Tarassova (1993) La teneur de base en sulfates dans les eaux du Baïkal/ Galazij, G.I., Tarasova, E.N. (1993) “O fonovom soderžanii sul'fatov v vodah Bajkala” *Geogr. prirod. res.*, 3: 71-76.
Galazi, Votintsev, éd. (1987) Les voies de la connaissance du Baïkal/ Galazij, G.I.,Votincev, K.K. (1987) *Put' poznanija Bajkala.* Novosibirsk, Nauka, 303 p.
Galazi *et al.* (1995) L'emploi du compteur-sonde conductomètre pour quantifier le zooplancton baïkalien/ Galazij, S.G., Kerber, E.V.,

Kokorev, A.N., Hromeškin, V.M. (1995) "Primenenie konduktometričeskogo zonda-sčetčika dlâ učeta Bajkal'skogo zooplanktona" *Geogr. prirod. res.*, 4: 136-141.

Gauthier,Y., Garcia,A. (1996) *L'exploration de la Sibérie*. Arles, Actes sud, 475 p.

Geli,L. (1993) "Science et économie: non au pillage et développement" *La Recherche*, 24(252): 328-331.

Georgi,J.G. (1775) *Bemerkungen einer Reise im Russischen Reich im Jahre 1772*. St Petersburg, cité par Suess (1902).

Giroux,A. (1971) "Le problème de l'environnement en URSS" *Le Courrier des pays de l'Est* in Problèmes Eco., La Doc. Franç. n°1237: 2-10.

Giroux,A. (1996) "Ecologie et transition en Russie: un bilan récent" *Le Courrier des pays de l'Est*, 415: 3-20.

Gmelin,I.E. (1788) *Systema naturae*. Lipsiae, cité par Verechtchaguine (1927).

Gogol,N.S. (1842), éd. franç.(1973) *Les âmes mortes*. Paris, Gallimard, 498 p.

Gogol,N.S. (1843), éd. franç. (1966) rééd. (1991) *Taras Boulba*. Paris, Gallimard, 251 p.

Goldyrev (1977) La sédimentation de type flysch dans le bassin septentrional du Baïkal/ Goldyrev, G.S. (1977) "Fliševyj tip sedimentacii v severnoj kotlovine Bajkala" in *Krugovorot veščestva i energii v vodoemah: morfologiâ, litodinamika, sedimentaciâ*. Listveničnoe-na-Bajkale, Tez. dokl. na IV Vsesoûz. limnol. soveŝč.: 87-88, cité par Karabanov et Fialkov (1987).

Goldyrev (1982) La sédimentation et l'histoire quaternaire de la cuvette du Baïkal/ Goldyrev,G.S. (1982) *Osadkoobrazovanie i četvertičnaâ istoriâ kotloviny Bajkala*. Novosibirsk, Nauka, 182 p.

Golenetski (1960) Les graphes annuels des ondes sismiques de la Baïkalie méridionale/ Goloneckij, S.I. (1960) "O godografah sejmičeskih voln dlâ Ûznogo Pribajkal'â" *Geol. i Geofiz.*, 2: 125-136.

Golenetski (1961) Détermination de l'épaisseur de la croûte terrestre par observation des ondes réfléchies par sa base et de la profondeur des foyers des secousses secondaires du tremblement de terre de Baïkalie centrale du 29 août 1959/ Goleneckij, S.I. (1961) "Opredelenie moščnosti zemnoj kory po nablûdeniâm voln, otražennyh ot ee podošvy, i glubiny zaleganiâ ocagov afteršokov Srednebajkal'skogo zemletrâseniâ 29 avgusta 1959 g." *Geol. i Geofiz.*, 2: 111-116.

Golenetski, Loukianova (1966) La question des graphes annuels des ondes sismiques dans l'observation des secousses secondaires du tremblement de terre de Baïkalie centrale du 29 août 1959/ Goloneckij, S.I. et Luk'ânova, I.G. (1966) "K voprosu o godografax sejmičeskih voln po nablûdeniâm nad povtornymi tolčkami Srednebajkal'skogo zemletrâseniâ 29 avgusta 1959 g." *Tr. IZK SO AN SSSR*, 18: 25-36.

Golmchtok (1995) De la mer Noire au Baïkal/ Gol'mštok, A.Â (1995) "Ot Černogo morâ do Bajkala" in Académie... (1995a): 168-182.
Golonetski (1966) Les premières sources d'étude des sismogrammes des explosions industrielles de Baïkalie/ Goloneckij, S.I. (1966) "Pervye itogi izučeniâ sejsmogramm promyšlennyh vzryvov v Pribajkal'e" *Geol. i Geofiz.*, 9: 116-125.
Golonetsky,S.I. (1990) "Problems of the seismicity of the Baikal rift zone" *J. Geodyn.*, 11: 293-307.
Golonetsky,S.I., Mirishina,L.A. (1978) "Seismicity and earthquake focal mechanisms in the Baikal rift zone" *Tectonophys.*, 45(1): 71-86.
Gosguipromet (1987)/ Gosgipromet (1987) 1 feuille dactyl. données stat.
Gouroulev (1975) Les mystères des profondeurs baïkaliennes/ Gurulev,S.A. (1975) *Tajny Bajkal'skih glubin*. Ulan-Ude, Burâtskoe knižn. izd., 192 p.
Gouroulev (1982) Qu'y a-t-il dans ton nom, Baïkal?/ Gurulev,S.A. (1982) *Čto v imeni tvoem, Bajkal?*. Novosibirsk, Nauka, 111 p.
Goussev (1982) Le Baïkal et ses réserves naturelles/ Gusev,O.K. (1982) "Bajkal i ego zapovedniki" *Ohota i ohotnič'e hozâjstvo*, 1: 10-14.
Goussev (1986) Le très sacré Baïkal/ Gusev,O.K. (1986) *Svâščennyj Bajkal*. Moskva, Agropromizdat, 184 p.
Gratchev,M. (1990) "Un futur centre international pour le Baïkal" in Galazii (1990b): 634.
Grocheva *et al.* (1996) Les niveau actuels de pollution de la rivière Selenga/ Groševa, E.I., Loseva, R.P., Klimaševskaâ, Z.A., Afonina, T.E., Belâvceva, G.V. Voronskaâ, G.N. (1996) "Sovremennye urovni zagrâzneniâ reki Selengi" *Geogr. prirod. res.*, 3: 176-178.
Grosswald,M.G. (1980) "Late Weichselian ice sheet of Northern Asia" *Quat. Res.*, 13(1).
Guertsekovitch, Sitnikova (1985) Modèles mathématiques de comptage du temps de résidence de la couverture glacielle du lac Baïkal/ Gercekovič, D.A., Sitnikova,G.B. (1985) "Matematičeskie modeli rasčeta tempa stanovleniâ ledânogo pokrova ozera Bajkal" in *Tret'â konferenciâ molodyh učenyh Irkutskogo Universiteta: tezisy dokladov*. Irkutsk: 47.
Guilcher,A. (1979) *Précis d'Hydrologie marine et continentale*. Paris, Masson, 2e édition, 344 p. (Baïkal traité pp. 219-220)
Hakanson,L. (1974) "A mathematical model for establishing numerical values of topographical roughness for lake bottoms" *Geografiska Annaler*, 56A(3-4): 183-200.
Hakanson,L. (1977) "On lake form, lake volume and lake hypsographic survey" *Geografiska Annaler*, 59A(1-2): 1-29.
Hakanson,L. (1981) *A manual of lake morphometry*. Berlin, Springer, 78 p.
Hakanson,L. Jansson,M. (1983) *Principles of lake sedimentology*. Berlin, Springer, 316 p.
Halbfass,W. von (1928) "Der Baikal und der Tanganjika, die beiden tiefsten Seen der Erde, eine vergleichende Betrachtung" *Geographische Zeitschrift*, 34: 516-530.

Halioua, J. (1992) "Baïkal les secrets du lac immortel" *Terre Sauvage*, 60: 38-53.
Herdendorf,C.E. (1990) "Distribution of the world's large lakes" in Tilzer, Serruya: 3-39.
Hoernes ,R. (1897a) "Die Fauna des Baikalsees und ihre Reliktennatur" *Biolog. Centralbl. Leipzig*, 17: 657-664.
Hoernes ,P.M. (1897b) "Die Reliktennatur der Fauna des Baikalsees" *Jahresber. d. K. u. K. Geol. Reichaust. Wien*, 47: 89-94.
Humboldt, A. de (1843) *Asie Centrale, recherches sur les chaînes de montagnes et la climatologie comparée*. Paris, Gide, t. I, 570 p., t. II, 558 p., t. III, 614 p.
Hutchinson, D.R., Golmshtok, A.J., Zonenshain, L.P., Moore, T.C., Scholtz, C.A., Klitgord, K.D. (1992a) "Depositional and tectonic framework of the rift basins of the Baikal from multichannel seismic data" *Geology*, 20: 589-592.
Hutchinson,D.R., Lee,M.W., Agena,W.F., Golmshtok,A.J., Moskalenko,V.N., Karapetov,K., Colemand,F., Akentiev,L. (1992b) *Processing of lake Baikal marine multichannel seismic reflexion data*. U.S. Geological Survey, Open-file report 92-243, february, 58 p. et un dépliant H.T.
Hutchinson,G.E. (1957) *A treatise on Limnology*. New York, John Willey and Sons, vol.1, 1015 p.
Imetkhenov (1990) Le parc naturel national d'Etat de Transbaïkalie: les monuments de la nature/ Imethenov,A.B. (1990) "Zabajkal'skij gosudarstvennyj prirodnyj nacional'nyj park: pamâtniki prirody" in Académie...: 187-194.
Imetkhenov (1991) Les monuments de la nature du Baïkal/ Imethenov,A.B. (1991) *Pamjatniki prirody Bajkala*. Novosibirsk, Nauka, 158 p.
Imetkhenov (1997) La nature d'une zone écotone, l'exemple de la région baïkalienne/ Imethenov, A.B. (1997) *Priroda perehodnoj zony na primere Bajkal'skogo regiona*. Novosibirsk, izd. Sib. otd. RAN, 232 p.
Institut d'Irkoutsk (1987) Les biogéocénoses des îles du détroit de la Petite Mer dans le Baïkal/ Irkutskij Institut (1987) *Biogeocenozy ostrovov proliva Maloe More na Bajkale*. Irkutsk, 184 p.
IUCN East European Programme (1991) *Lake Baikal on the brink?*. Oxford, Information Press, 36 p.
Ivanovski (1993) Questions essentielles concernant la glaciation passée en Baïkalie/ Ivanovskij, L.N. (1993) "Osnovnye voprosy drevnego oledeleniâ Pribajkal'â" *Geogr. prirod. res.*, 3: 148-155.
Johansen,H. (1925) "Der Baikalsee, physiographischer und biogeographischer Überblick" *Mitteilungen der Geographischen Gesellschaft in München*, 18 (1): 1-202.
Kachine, Ivanov (1997) Le nickel dans les eaux naturelles de Transbaïkalie/ Kašin,V.K., Ivanov,G.M. (1997) "Nikel' v prirodnyh vodah Zabajkal'â" *Vodn. res.*, 24(3): 311-314.
Kalep (1988) L'utilisation de la nature dans le bassin du Baïkal,

l'agriculture et l'utilisation des terres dans le parc naturel national d'Etat de Baïkalie/ Kalep,L.L. (1988) "Prirodopol'zovanie v bassejne Bajkala, sel'skohozâjstvennoe zemlepol'zovanie v Pribajkal'skom gosudarstvennom prirodnom nacional'nom parke" *Geogr. prirod. res.*, 4: 68-72.

Kalep (1990) L'état actuel des conditions naturelles: les ressources foncières/ Kalep,L.L. (1990)"Sovremennoe sostoânie prirodnyh uslovij: zemel'nye resursy" in Académie...: 55-61.

Kalep, Mikheev (1993) Le système de l'utilisation de la nature/ Kalep,L.L., Miheev, V.S. (1993)"Sistema prirodopol'zovaniâ" in Académie...: 86-116.

Karabanov (1982) Le rôle des courants turbides et des ravins sous-lacustres dans la formation des sédiments du Baïkal/ Karabanov, E.V. (1982)"Rol' suspencionnyh potokov i podvodnyh kan'onov v formirovanii osadkov oz. Bajkal" *Tr. Limnol. Inst.*, 40(60): 30-38.

Karabanov, Fialkov (1987) Les ravins sous-lacustres du Baïkal/ Karabanov, E.V. et Fialkov,V.A. (1987) *Podvodnye kan'ony Bajkala*. Novosibirsk, Nauka, 104 p.

Karnaoukhova (1997) L'apport d'éléments chimiques aux retenues d'eau d'Irkoutsk, Bratsk et Ouste-Ilimsk par les précipitations atmosphériques/ Karnauhova,G.K. (1997) "Postuplenie himičeskih èlementov v Irkutskoe, Bratskoe i Ust'-Ilimskoe vodohraniliŝča s atmosfernymi osadkami" *Meteor. gidrol.*, 3: 109-113.

Kartouchinski (1997) L'influence des variations diurnes des conditions abiotiques sur la répartition et la productivité du phytoplancton du lac Baïkal/ Kartušinskij,A.V. (1997) "Vliânie sutočnoj izmenčivosti abiotičeskih uslovij na raspredelenie i producirovanie fitoplanktona oz. Bajkal" *Vodn. res.*, 24(1): 66-73.

Kempf,H. (1994) "Baïkal story: la grandiose nature sibérienne survivra-t-elle au capitalisme?" *InfoMatin*, 14 décembre: 12-13.

Kerblay,B. (1994) "La recomposition territoriale et structurelle de l'ex-URSS" *L'Information géographique*, 58(5): 185-198.

Kheïssine (1932) La morphologie et la systématique des infusoires parasites baïkaliens de la famille des Ptychostomidae/ Hejsin,E.M. (1932) "K morfologii i sistematike bajkal'skih parazitičeskih infuzorij sem. Ptychostomidae" *Tr. bajk. limnol. St.*, 2: 29-54.

Khodjer *et al.* (1996) La recherche de la dispersion et de la composition chimique des aérosols au-dessus du Baïkal méridional/ Hodžer, T.B., Bufetov, N.S., Golobokova, L.P., Drozdova, V.I., Kucenogij, K.P., Kucenogij, P.K., Makarov, V.I., Obolkin, V.A., Potemkin, V.L. (1996) "Issledovanie dispersnogo i himičeskogo sostava aèrozolej na Ûžnom Bajkale" *Geogr. prirod. res.*, 1: 73-79.

Khrenov, éd. (1983) Carte géologique de Baïkalie/ Hrenov,P.M. (1983) *Geologičeskaâ karta Pribajkal'â*. 1/ 1 000 000, Ministersvo Geologii SSSR, Akademiâ Nauk SSSR, Sibirskoe Otdelenie, Institut zemnoj kory, 1 feuille.

Killworth, P.D., Carmack, E.C., Weiss, R.F., Matear, R. (1996) "Modeling deep-water renewal in Lake Baikal" *Limnol. Oceanogr.*, 41(7): 1521-1538.

Kiritchenko (1933) Nouvelles découvertes d'espèces de la famille des Aphelochiridae (Hemiptera)/ Kiričenko,A.N. (1933)"Novye nahoždeniâ vidov sem. Aphelochiridae (Hemiptera)" *Tr. bajk. limnol. St.*, 4: 99-104.

Klaproth,H.I. (1825) "Description du lac Baïkal" *Nouvelles Annales des Voyages, de la géographie et de l'histoire*, 27: 289-308.

Kniajeva (1954) La sédimentation dans les lacs de la zone humide de l'URSS: le Baïkal méridional/ Knâževa, L.M. (1954) "Osadkoobrazovanie v ozerah vlažnoj zony SSSR: Južnyj Bajkal" in *Osadkoobrazovanie osadkov v sovremennyh vodoemah*. Moskva, izd. AN SSSR: 180-236, cité par Karabanov et Fialkov (1987).

Kojov (1936) Les mollusques du lac Baïkal: systématique, répartition, écologie, quelques données génétiques et historiques/ Kožov,M.M. (1936) "Mollûski ozera Bajkala: sistematika, raspredelenie, èkologiâ, nekotorye dannye po genezisu i istorii" *Tr. bajk. limnol. St.*, 8: 5-350.

Kojov (1963) voir Kozhov pour les écrits en anglais.

Kolmogorova,V.G., Kolmogorova,P.P. (1978) "Some results from studying recent crustal movements in the Baikal rift zone" *Tectonophys.*, 45(1): 101-105.

Kolotilo (1987) Le nom de F.K. Drijenko sur la carte du Baïkal/ Kolotilo, L.G. "Imâ F.K. Driženko na karte Bajkala" *Izv. Vses. Geogr. Ob.*, 119(4): 374-375.

Kolotilo (1989) Le rôle de la marine de guerre dans les recherches hydrographiques du lac Baïkal/ Kolotilo,L.G. (1989)"O roli voennyh morâkov v gidrografičeskih issledovaniâh oz. Bajkal" *Izv. Vses. Geogr. Ob.*, 121(5): 447-454.

Kondratenko, Oulybina (1996) Vers une acidification des précipitations atmosphériques de la réserve de la biosphère de Transbaïkalie/ Kondratenko,L.A., Ulybina,L.G. (1996) "K zakisleniû atmosfernyh osadkov biosfernogo zapovednika Zabajkal'â" *Vodn. res.*, 23(5): 565-570.

Koptioug (1987) Les normes d'influence admissibles dans l'écosystème du lac Baïkal/ Koptûg,V.A. (1987) *Normy dopustimyh vosdejstvij na ekosistemu ozera Bajkal*. Novosibirsk, 16 p.

Koptyug, V.A., Uppenbrink, M. (1996) *Sustainable development of the lake Baikal region, a model territory for the world*. Berlin, Springer, 372 p.

Kotchourov,B., Koronkevitch,N., Antipova,A., Denissova,T., Jerebsova,N., Bykova,O. (1995) "Les situations écologiques" in Brunet *et al.*: 96-97.

Koudeline *et al.* (1996) La création de littoraux artificiels sur le lac Baïkal/ Kudelin, V.M., Grečiščev, E.K., Zubarenkova, G.G., Rybak, O.L. et Vasânovič, V.I. (1996) "Sozdanie isskustvennyh pribrežnyh territorij na ozere Bajkal" *Geogr. prirod. res.*, 2: 70-74.

Kouimova (1980) Prévision à long terme de la destruction de la couverture glacielle du lac Baïkal fondée sur la méthode de la désagrégation des composants naturels/ Kuimova,L.N. (1980) "Dolgosročnyj prognoz vskrytiâ ledovogo pokrova oz. Bajkal na osnove metoda razloženiâ na estestvennye sostavlâûščie" in *Informacionnaâ osnova prognozov prirodnyj processov*. Novosibirsk: 80-92.

Kouimova (1985) La prévision de la prise en glace du Baïkal/ Kuimova,L.N. (1985) "Prognozirovanie zamerzaniâ ledovogo pokrova na Bajkale" in *Krugovorot veščestva i energii v vodoemah: materialy k šestomu Vsesoûznomu limnologičeskomu soveščaniû 4-6 sent. 1985*. Irkutsk: 34-35.

Kouznetsov, Chtcherbakov (1930) Quelques données physico-chimiques concernant le Baïkal septentrional/ Kuznecov,S.I. et ŠČerbakov,A.P. (1930) "Nekotorye fiziko-himičeskie dannye o severnom Bajkale" *Tr. Kom. po izuč. oz. Bajkala*, 3: 193-211.

Kouzmine (1994) La différenciation paysagère et géochimique de la taïga de montagne de la réserve naturelle de Bargouzine/ Kuz'min, V.A. (1994) "Lanšaftno-geohimičeskaâ differenciaciâ gornoj tajgi Barguzinskogo Zapovednika" *Geogr. prirod. res.*, 1: 88-97.

Kouzmine (1995) Les sols des écosystèmes du littoral nord-ouest du Baïkal/ Kuz'min, V.A. (1995) "Počvy èkosistem severo-zapadnogo poberež'â Bajkala" *Geogr. prirod. res.*, 4: 72-78.

Kouzmine, Snytko (1988) Les différences géochimiques des sols des paysages contrastés du parc national de Baïkalie/ Kuz'min, V.A. et Snytko, V.A. (1988) "Geohimičeskie različiâ počv kontrastnyh landšaftov v predelah Pribajkal'skogo nacional'nogo parka" in *Geografiâ počv i geohimiâ landšaftov sibiri*. Irkutsk: 41-55.

Kozhov,M. (1963) *Lake Baikal and its life*. The Hague, Dr. W. Junk, 344 p.

Krasnossekov (1981) La biologie de l'omoul du lac Baïkal/ Krasnosekov, S.I. (1981) *Biologiâ omulâ ozera Bajkal*. Moskva, Nauka, 144 p.

Krokhine (1939) Quelques particularités du régime thermique hivernal du littoral du Baïkal/ Krohin,E.M. (1939) "Nekotorye osobennosti zimnego termičeskogo režima litorali na Bajkale" *Tr. bajk. limnol. St.*, 9: 133-147.

Kropotkine (1873) Compte-rendu de l'expédition de l'Oliokma et du Vitim/ Kropotkin, P. (1873) "Otčet ob Olekminsko-Vitimskoj èkspedicii" *R.G.O.*, 3: 1-681.

Krotova, Lout (1966a) La répartition de la pression atmosphérique au niveau de la mer dans la région du lac Baïkal/ Krotova, V.A., Lut,L.I. (1966a) "Raspredelenie atmosfernogo davleniâ na urovne morâ v rajone ozera Bajkal" in *Klimat ozera Bajkal i Pribajkal'â*. Moskva, Nauka: 14-33.

Krotova, Lout (1966b) Eléments du régime éolien du Baïkal en plein lac/ Krotova,V.A., Lut,L.I. (1966b) "Elementy vetrovogo režima otkrutogo Bajkala" in *Klimat ozera Bajkal i Pribajkal'â*. Moskva,

Nauka: 99-108.
Kvassov (1986) Classification génétique et chronologique des cuvettes lacustres d'Eurasie centrale et septentrionale/ Kvasov, D.D. (1986) "Vozrastno-genetičeskaâ klassifikaciâ kotlovin ozer severnoj i central'noj Evrazii" *Izv. Vses. Geogr. Obšč.*, 118(66): 487-492.
Ladeïchtchikov (1976) Les ressources climatiques du Baïkal et de son bassin/ Ladejščikov, N.P. (1976) *Klimatičeskie resursy Bajkala i ego bassejna*. Novosibirsk, Nauka, 318 p.
Ladeïchtchikov (1982) Les particularités climatiques des grands lacs, l'exemple du Baïkal/ Ladejščikov, N.P. (1982) *Osobennosti klimata krupnyh ozer na primere Bajkala*. Moskva, Nauka, 136 p.
Ladokhine (1959) Nouvelles données concernant le double nivellement des repères de Tcherski sur les littoraux du Baïkal (étude des phénomènes d'activité tectonique actuelle des littoraux du lac)/ Ladohin, N.P. (1959) "Novye dannye povtornoj nivelirovki zasečk Čerskogo na beregah Bajkala (K izučeniû âvlenij sovremennoj tektoničeskoj aktivnosti beregov ozera)" *Tr. Inst. Vost. Sib. geol. Irkutsk*, 2: 119-128.
Lamakine (1952) Les îles Ouchkani et le problème de l'origine du Baïkal/ Lamakin, V.V. (1952) *Uškan'i ostrova i problema proishoždeniâ Bajkala*. Moskva, Geografiz, 198 p.
Lamakine (1953a) Les repères de Tcherski sur les littoraux du Baïkal/ Lamakin, V.V. (1953a) "Zasečki Čerskogo na beregah Bajkala" *Izv. vses. Geogr. Obšč.*, 85(5): 507-532.
Lamakine (1953b) Le type baïkalien de glaciation quaternaire/ Lamakin, V.V. (1953b) "Bajkals'kij tip četvertičnogo oledeniâ" *Izv. Vses. geogr. Obšč.*, 85(2): 139-153.
Lamakine (1959) La protection et la signification géologique des repères baïkaliens de Tcherski/ Lamakin, V.V. (1959) "O sohrannosti i geologičeskom značenii Bajkal'skih zasečk Čerskogo" *Tr. inst. istorii, estestvoznaniâ i tehniki*: 178-190.
Lamakine (1965) Littoraux et îles du Baïkal/ Lamakin, V.V. (1965) *Po beregam i ostrovam Bajkala*. Moskva, Nauka, 190 p.
Lamakin,V.V. (1969) *The origin of Baikal depression*. DRB Canada, 10 p.
Leperdine (1993) "La dynamique des produits de l'altération dans le bassin du lac Baïkal"/ Laperdin, V.K. (1993) "O dinamike produktov vyvetrivaniâ v bassejne oz. Bajkal" *Geogr. prirod. res.*, 1: 72-77.
Lappo, dir. (1994) Les villes de Russie/ Lappo, G.M. (1994) *Goroda Rossii*. Moskva,Naučnoe Izd.,Bol'šaâ Rossijskaâ Enciklopediâ, 560 p.
Laran, M., Van Regemorter, J.-L. (1986) *Russie-URSS 1870-1984*. Paris, Masson, 2e éd., 374 p.
Le Cœur, C. (1996) "Le lac Baïkal: un grand fossé tectonique" in Le Cœur, C., coord., *Eléments de géographie physique*. Rosny, Bréal, 416 p.: 256-258.

Leïbovitch-Granina (1987) La question du cycle du fer et du manganèse dans le lac Baïkal/ Lejbovič-Granina,L.Z. (1987) "K voprosu o krugovorote železa i marganca v oz. Bajkal" *Vodnye resursy*, 3: 67-72.

Lenguiprogor (1990) Schéma de protection de la nature du complexe territorial du Baïkal/ Lengiprogor (1990) *TerKSOP*. Tome 2 (1 feuille dactylographiée extraite de).

Lerman,A. (1979) *Geochemical processes water and sediment environments*. New York, Wiley Interscience publ., 481 p.

Lesnenko (1989) Le monde des lacs/ Lesnenko,V.K. (1989) *Mir ozer*. Moskva, Prosveščenie, 158 p.

Létolle,R., Mainguet,M. (1993) *Aral*. Paris, Springer V. France, 357 p.

Liaïmane (1933) Les vers parasites des poissons du lac Baïkal/ Lâjman,E.M. (1933) "Parazitičeskie červi ryb oz. Bajkala" *Tr. bajk. limnol. St.*, 4: 5-98.

Linholm,W. (1927) "Kritische Studien zur Molluskenfauna des Bajkalsees" *Tr. Kom. po izuč. oz. Bajkala*, 2: 139-186.

Linevitch, Bachalkhanova (1990) Le parc naturel national d'Etat de Baïkalie: une zonation des ressources récréatives du climat/ Linevič, N.L., Bašalhanova, L.B. (1990) "Pribajkal'skij gosudarstvennyj nacional'nyj park: zonirovanie rekreacionnyh resursov klimata" in Académie...: 162-167.

Lioubtsova (1995) Les aspects géomorphologiques de l'évaluation de la pression touristique sur les littoraux baïkaliens de la Petite Mer/ Lûbcova, E.M. (1995) "Geomorfologičeskie aspekty rekreacionnyh nagruzok na Malomorskoe poberež'e Bajkala" *Geogr. prirod. res.*, 4: 47-51.

Lipman,P.W., Logatchev,N.A., Zorin,Y.A., Chapin,C.E., Kovalenko,V., Morgan,P. (1989) "Intracontinental rift comparisons, Baikal and Rio Grande rift systems" *EOS Trans. AGU*, may 9: 578-588.

Liverman,D.G.E. (1987) "Sedimentation in ice-dammed Hazard Lake, Yukon" *Can. Jour. Earth Sci.*, 24(9): 1797-1806.

Lliboutry, L. (1965) *Traité de glaciologie*. Paris, Masson, 2 vol., 1040 p.

Logatchev,N.A. (1984) "The Baikal rift system" *Episodes*, 7(1): 38-43.

Logatchev, N.A., Florensov, N.A. (1978) "The baikal system of rift valleys" *Tectonophys.*, 45(1): 1-14.

Logatchev, N.A., Zorin, Yu.A. (1987) "Evidence and causes of the two-stage development of the Baikal rift" *Tectonophys.*, 143: 225-234.

Logatchev *et al.* (1964) Les sédiments cénozoiques de l'amphithéâtre d'Irkoutsk/ Logačev, N.A., Lomonosova,T.K., Klimanova, V.I. (1964) *Kajnozojskie otloženiâ Irkutskogo amfiteatra*. Moskva, Nauka, 196 p.

Logatchev, N.A., Zorin, Yu.A., Rogozhina, V.A. (1983a) "Cenozoic continental rifting and geologic formations (as illustrated by the Kenya and Baikal rift zones)" *Geotectonics*, 17: 83-92.

Logatchev, N.A., Zorin, Yu.A., Rogozhina, V.A. (1983b) "Baikal rift: active or passive ? - comparison of the Baikal and Kenya rift zones" *Tectonophys.*, 94: 223-240.

Lout (1964) Géomorphologie du fond du Baïkal/ Lut,B.F. (1964) "Geomorfologiâ dna Bajkala" in *Geomorfologiâ dna Bajkala i ego beregov*. Moskva, Nauka: 5-123.
Lout (1978) La géomorphologie de la Baïkalie et de la cuvette du lac Baïkal/ Lut,B.F. (1978) *Geomorfologiâ Pribajkal'â i vpadiny ozera Bajkal*. Novosibirsk, Nauka, 218 p.
Lout (1982) Les sédiments actuels et anciens dans les lacs et la paléogéomorphologie du Baïkal et de la Baïkalie/ Lut, B.F. (1982) "Drevnye i sovremennye osadki v ozerah i paleogeomorfologiâ Bajkala i Pribajkal'â " *Tr. Limnol. Inst.*, 40(60): 18-23.
Lout (1964) La question des conditions synoptiques des vents au-dessus du Baïkal/ Lut, L.I. (1964) "K voprosu sinopticeskih usloviâh sil'nyh vetrov na Bajkale" in Académie...: 162-169.
Makarov (1995a) Les glissements de terrain en Baïkalie/ Makarov, S.A. (1995a) "Splyvy Pribajkal'â" *Geogr. prirod. res.*, 1: 78-84.
Makarov (1995b) Une méthode pour étudier la reptation sur les versants de Khamar-Dabane/ Makarov, S.A. (1995b) "Metodika izuceniâ kripa na sklonah Hamar-Dabana" *Geogr. prirod. res.*, 4: 126-136.
Malykh, Tolmatcheva (1996) Les principales tendances de l'utilisation des terres forestières pendant la période de mise en valeur intensive de la région d'Irkousk/ Malyh, G.I. et Tolmaceva, I.L. (1996) "Osnovnye tendencii ispol'aovaniâ lesnyh zemel' v period intensivnogo osvoeniâ territorii Irkutskoj oblasti" *Geogr. prirod. res.*, 1: 127-135.
Mamaev (1987) La question du régime thermique du lac Baïkal/ Mamaev, O.I. (1987) "K voprosu o termiceskom režime ozera Bajkal" *Dokl. Akad. Nauk SSSR*, 292(6): 1477-1481.
Mandeville,L. (1992) "Sibérie: le paradis liquide du lac Baïkal" *Figaro*, mercredi 12 août: 5.
Mandrinina (1994) L'analyse du flux d'informations traitant des ressources en eau du lac Baïkal/ Mandrinina, L.A. (1994) "Analiz informacionnogo potoka po vodnym resursam oz. Bajkal" *Geogr. prirod. res.*, 3: 178-183.
Mankovski (1964) Quelques données concernant la dynamique du déversement de l'eau du Baïkal dans l'Angara en hiver/ Man'kovskij, V.I. (1964) "Nekotorye dannye o dinamike sliva vody iz Bajkala v Angaru v zimnij period" in Académie...: 22-28.
Marova (1981) Quelques données concernant la morphologie de la cuvette de rift du Baïkal)/ Marova, N.A. (1981) "Novye dannye o morfologii Bajkal'skoj riftovoj vpadiny" *Geomorfologiâ*, 2: 75-83.
Martianova (1994) La variabilité de la transparence de l'atmosphère dans la cuvette du lac Baïkal et son influence sur les apports radiatifs dans différentes portions du spectre solaire/ Mart'ânova, G.N. (1994) "Izmencivost' prozracnosti atmosfery v kotlovine oz. Bajkal i ee vlianie na prihod radiacii v otdel'nyh ucastkah solnecnogo spektra" *Geogr. prirod. res.*, 1: 76-82.
Martinson (1976) Le rôle de L.S. Berg dans la résolution du problème de

l'origine de la faune du Baïkal/ Martinson, G.G. (1976) "Rol' L.S. Berga v rešenii problemy proishoždeniâ fauny Bajkala" *Izv. Vses. Geogr. Obšč.*, 108(2): 108-110.
Martinson (1995) Le rôle de Gué. You. Verechtchaguine dans le devenir et le développement de la science limnologique en Russie/ Martinson,G.G. (1995) "Rol' G.ü. Vereščagina v stanovlenii i razvitii limnologičeskoj nauki v Rossii" *Izv. Russ. Geogr. Obšč.*, 127(3): 83-85.
Martonne, E. de (1929) *Traité de Géographie Physique*. Paris, A. Colin, 4e éd., tome I, 496 p.
Martynov (1993) La transformation des sols du parc national de Baïkalie sous l'influence du facteur pyrogène/ Martynov, A.V. (1993) "Transformaciâ počv Pribajkal'skogo nacional'nogo parka pod vliâniem pirogennogo faktora" *Geogr. prirod. res.*, 4: 139-140.
Martynov *et al.* (1990a) Le parc naturel national d'Etat de Baïkalie: la couverture pédologique/ Martynov, A.V., Snytko, V.A., Semenova, L.N. et Kobylkina, S.M. (1990a) "Pribajkal'skij gosudarstvennyj prirodnyj nacional'nyj park: počvennyj pokrov" in Académie...: 130-147.
Martynov *et al.* (1990b) Le parc naturel national d'Etat de Baïkalie: une zonation fonctionnelle/ Martynov, A.V., Dobrušin, Û.V. et Šomenkova, V.N. (1990b) "Pribajkal'skij gosudarstvennyj prirodnyj nacional'nyj park: funkcional'noe zonirovanie" in Académie...: 167-174.
Mascle,G., Delcaillau,B., Herail,G. (1990) "La formation de l'Himalaya" *La Recherche*, 217: 30-39.
Matagne ,P. (1992) "L'anthropogéographie allemande: un courant fondateur de l'écologie?" *Ann. Géogr.*, 101(565): 325-331.
Mats,V.D. (1993) "The structure and development of the Baikal rift depression" *Earth-Science Reviews*, 34: 81-118.
Mats *et al.* (1975) La stratigraphie des dépôts quaternaires du Baïkal septentrional/ Mac,V.D., Kornutova,E.I., Pokatilova, A.G. (1975) "K stratigrafii četvertičnyx otloženij Severnogo Bajkala" in Académie... : 258-273.
Mats *et al.* (1985) Le rift baïkalien/ Mac, V.D., Plešanov,S.P., Romazina, A.A., Sinâvsakaâ,N.V., Smolânskij,E.N., Pokatilov,A.G., Gončar,G.A., Kono-nov, E.E. (1985) *Bajkal'skij rift*. Irkutsk, Ministerstvo vysšego i srednego special'nogo obrazovaniâ RSFSR, Irkutskij Politehničeskij Institut, 234 p.
Mats *et al.* (1985b) La structure géologique et l'histoire géologique du substrat de la zone de rift du Baïkal (1985b)/ Mac, V.D., Smolânskij, E.N., Gončar, G.A., Sinâvskaâ, N.V. (1985b) "Geologičeskaâ struktura i geologičeskaâ istoriâ fundamenta Bajkal'skoj riftovoj zony" in Mats *et al.* (1985): 14-70.
Mats, Levi (1991) Le Cénozoique dans la cuvette baïkalienne (résumé d'étude)/ Mac,V.D., Levi,K.G. (1991) *Kajnozoj Bajkal'skoj vpadiny (Obzor izučennosti)*. Irkutsk, Gosudarstvennyj komitet RSFSR po delam nauki i vysšej školy, Irkutskij politehničeskij

Institut, 156 p.
Matthiessen, P. (1992) *Baikal sacred sea of Siberia.* San Francisco, Sierra Club Book, 89 p.
Matveev,A.A., Valikova,B.E., Ponomarenko,L.M. (1984) "Les rejets atmosphériques du combinat de papier et cellulose de Bajkal'sk, source de pollution du Baïkal" *Proc. Hydroch. symp. Gidrometeoizdat*, Leningrad, 10: 108-118, en russe, cité par Fedorov, Y.A. *et al.* (1992).
Mazenova (1995) Les principales caractéristiques du lac Baïkal/ Mazenova, G.F. (1995)"Osnovnye harakteristiki ozera Bajkal" in Académie... (1995b): 23-24.
Mazenova (1995b) L'ordre Copepoda, le sous-ordre Cyclopoida/ Mazenova, G.F. (1995b) "Otrâd Copepoda - veslonogie, podotrâd Cyclopoida" in Académie... (1995b): 406-430.
Mc Millan,S. (1992) "Le lac le plus profond du monde" in *La vie des rivières, lacs et marais.* Paris, Larousse, 64 p.: 36-37.
Menchoutkine (1964a) Hydrologie de la couche d'eau sous-glacielle du Baïkal/ Menšutkin, V.V. (1964a) "Gidrologiâ podlednogo sloâ vody v Bajkale " in Académie...: 52-63.
Menchoutkine (1964b) Les échanges de chaleur à travers la couverture glacielle du Baïkal méridional/ Menšutkin, V.V. (1964b) "Teploobmen čerez ledânoj pokrov Ûznogo Bajkala" in Académie...: 64-81.
Messiatsev *et al.* (1922) Compte-rendu préliminaire des travaux de l'expédition baïkalienne du musée zoologique de l'université de Moscou en été 1917/ Mesâcev, I., Zenkevič,L., Rossolimo, L. (1922) "Predvaritel'nyij otčet o rabotah Bajkal'skoj Ekspedicii Zoologiceskogo Muzeâ Moskovskogo Universiteta letom 1917 g." *Tr. Kom. po izuč. oz. Bajkala*, 1(2): 162-179.
Mikhaïlov (1976) La nature sibérienne: les problèmes géographiques/ Mihajlov, N.I. (1976) *Priroda Sibiri: geografičeskie problemy.* Moskva, Mysl', 188 p.
Mikhaïlov (1985) La régionalisation en géographie physique/ Mihajlov, N.I. (1985) *Fiziko-geografičeskoe rajonirovanie.* Moskva, Izd. MGU, 184 p.
Mikheev (1988) La garantie paysagère et géographique du SPNCT du bassin du Baïkal: matériaux pour le schéma de protection de la nature du complexe territorial/ Miheev, V.S. (1988) *Landšaftno-geografičeskoe obespečenie TerKSOP bassejna oz. Bajkal: materialy k territorial'noj kompleksnoj sheme ohrany prirody (TerKSOP).* Irkutsk, Institut Geografii, 63 p.
Mikheev (1990) L'état actuel des conditions naturelles: la structure paysagère/ Miheev, V.S. (1990) "Sovremennoe sostoânie prirodnyh uslovij: landšaftnaâ struktura" in Académie...: 7-29.
Mikheev (1993) L'analyse structuro-paysagère/ Miheev, V.S. (1993) "Landšaftno-strukturnyj analiz" in Académie...: 8-38.
Mikhev (1994) Les fondements physico-géographiques d'organisation et de développement du tourisme du Baïkal/ Miheev, V.S. (1994)

"Fiziko-geografičeskaâ osnova organizacii i razvitiâ turizma na Bajkale" *Geogr. prirod. res.*, 3: 54-61.

Mikheev (1995) Les paysages de la région baïkalienne: structure, évaluation de la situation, problèmes/ Miheev, V.S. (1995) "Landšafty Bajkal'skogo regiona: struktura, ocenka sostoâniâ, problemy" *Geogr. prirod. res.*, 3: 68-78.

Ministère de la protection du milieu environnant et des ressources naturelles de la Fédération de Russie (1995) L'élaboration d'exigences écologiques destinées au régime de fonctionnement de la centrale hydroélectrique d'Irkoutsk/ Ministerstvo ohrany okružaûščej sredy i prirodnyh resursov RF, Institut èkologičeskoj toksikologii (1995) *Razrabotat' èkologičeskie trebovaniâ k režimu raboty Irkutskoj GES*. 5 p. et 2 tableaux HT.

Mirline *et al.* (1978) La structure du talus occidental du Baïkal d'après les observations d'appareils sous-aquatiques/ Mirlin, E.G., Monin, A.S., Podrazanskij, A.A., Sagalevič, A.M. (1978) "Stroenie zapadnogo sklona Bajkala po nablûdeniâm iz podvodnyh apparatov" *Dokl. Akad. Nauk S.S.S.R.*, 239(5): 1178-1181.

Mizandrontsev (1978) Sédimentation/ Mizandrocev, I.B. (1982) "Osadko-obrazovanie" in *Problemy Bajkala*. Novosibirsk, Nauka: 33-45, cité par Karabanov et Fialkov (1987).

Mizandrontsev (1982) La "conscience hydrodynamique" de N.M. Stakhov et la sédimentation dans le Baïkal/ Mizandroncev, I.B. (1982) ""Gidrodinamičeskaâ koncenciâ" N.M. Stahova i osadkoobrazovanie v Bajkale" *Tr. Limnol. Inst.*, 40(60): 11-18.

Mizandrontsev (1996) Les échanges gazeux entre le Baïkal et l'atmosphère en période de réchauffement printanier/ Mizandroncev, I.B., Gorbunova, L.A., Domyševa, V.M., Mizandronceva, K.N. et Šimaraev, M.N. (1996) "Gazoobmen Bajkala s atmosferoj v period vesennego progreva" *Geogr. prirod. res.*, 2: 74-84.

Mizandrontsev, Mizandrontseva (1995) Les échanges gazeux entre le milieux aqueux et l'eau (l'exemple du Baïkal)/ Mizandroncev,I.B., Mizandronceva, K.N. (1995) "Gazoobmen meždu vodnoj sredoj i atmosferoj (na primere Bajkala)" *Vodn. res.*, 22(4): 439-445.

Mizandrontseva (1976) L'estimation des ressources bioclimatiques du lac Baïkal et de son bassin/ Mizandronceva, K.N. (1976) "K ocenke bioklimatičeskih resursov oz. Bajkal i ego bassejna" in *Klimatičeskie resursy Bajkala i ego bassejna*. Novosibirsk, Nauka: 213-239.

Mizandrontseva (1985) Le climat du lac Baïkal par les types de temps/ Mizandronceva, K.N. (1985) *Klimat ozera Bajkal v pagodah*. Novosibirsk, Nauka, 160 p.

Mnatsakanian,R. (1994) *L'héritage écologique du communisme dans les républiques de l'ex-URSS*. Paris, Frison-Roche, 286 p.

Molnar,P., Tapponier,P. (1975) "Cenozoic tectonics of Asia: effects of a continental collision" *Science*, 189(4201): 419-426.

Molnar,P., Tapponier, P. (1979) "Le choc de l'Inde et de l'Eurasie" in *La dérive des continents, la tectonique des plaques*. Paris, Belin: 158-171.

Monine, éd. (1979) Recherches géologiques, géophysiques et sous-lacustres dans le lac Baïkal/ Monin, A.S. (1979) *Geologo-geofizičeskie i podvodnye issledovaniâ ozera Bajkala*. Moskva, Oceanol. Inst., 213 p.

Moskalets (1982a) Le bilan moyen pluriannuel de la glace du lac Baïkal en période de destruction de la couverture glacielle/ Moskalec, V.F. (1982a) "Srednij mnogoletnij balans l'da ozera Bajkal v period razruščniâ ledânogo pokrova" *Sbornik rabot po gidrologii (Gos. Gidrol. Institut)*, 17: 180-187.

Moskalets (1982b) La variabilité de l'épaisseur de la couverture glacielle du lac Baïkal/ Moskalec, V.F. (1982b) "Izmenčivost' tolščiny ledânogo pokrova ozera Bajkal" in *Izučenie, ispol'zovanie i ohrana vodnyh resursov Sibiri*. Krasnoârsk: 53-56.

Moskalets, Moskalets (1983) Les caractéristiques de la couverture glacielle/ Moskalec, V.F., Moskalec, V.M. (1983) "Harakteristika ledânogo pokrova" in *Limnologiâ Severnogo Bajkala*. Novosibirsk, Nauka: 43-47.

Nardquist, O. (1899) "Beitrag zur Kenntniss der isolirten Formen der Ringelrobbe (*Phoca foetida* Fabr.)" *Acta soc. pro fauna et flora fennica Helsingf*, 15(7): 1-44.

Nassonov (1922a) Préface au premier tome/ Nasonov, N.V. (1922a) "Predislovie k pervomy tomy" *Tr. Kom. po izuč. oz. Bajkala*, 1(2): I-II.

Nassonov (1922b) Le programme fondamental des recherches hydrobiologiques du lac Baïkal/ Nasonov, N.V. (1922b) "Osnovnaâ programma gidrobiologičeskih issledovanij ozera Bajkala" *Tr. Kom. po izuč. oz. Bajkala*, 1(2): 180-184.

Nassonov (1922c) Note explicative du programme fondamental pour les recherches hydrobiologiques du lac Baïkal, première partie/ Nasonov, N.V. (1922c) "Ob''âsnitel'naâ zapiska k Osnovnoj programme dlâ gidrobiologičeskih issledovanij ozera Bajkala, čast' pervaâ" *Tr. Kom. po izuč. oz. Bajkala*, 1(2): 185-192.

Nassonov (1922d) Note explicative du programme d'étude des animaux exploitables du bassin du Baïkal et de leur exploitation/ Nasonov, N.V. (1922d) "Ob''âsnitel'naâ zapiska k programme izučeniâ promyslovyh životnyh bajkal'skogo bassejna i ih promysla" *Tr. Kom. po izuč. oz. Bajkala*, 1(2): 197-204.

Nassonov (1922e) Note explicative du programme fondamental pour les recherches hydrobiologiques du lac Baïkal, seconde partie/ Nasonov, N.V. (1922e) "Ob''âsnitel'naâ zapiska k Osnovnoj programme dlâ gidrobiologičeskih issledovanij ozera Bajkala, čast' vtoraâ" *Tr. Kom. po izuč. oz. Bajkala*, 1(2): 219-230.

Nomikos,L.E., Pankova,T.L. (1984) "Composition chimique des rejets du Combinat de papier et cellulose de Baïkal'sk" *Proc. Hydroch. symp. Gidrometeoizdat*, Leningr., 10: 3-12, en russe, cité p. Fedorov *et al.* (1992).

Novojilov, Solomine (1994) Evaluation du potentiel énergétique éolien des régions du littoral du lac Baïkal/ Novožilov, M.A., Solomin, S.V. (1994) "Ocenka vetroènergetičeskogo potenciala rajonov poberež'â ozera Bajkal" *Geogr. prirod. res.*, 2: 55-58.

Novoselova,M.R. (1978) "Magnetic anomalies of the Baikal rift zone and adjacent areas" *Tectonophys.*, 45(1): 95-100.

Obolkine *et al.* (1994) La composition élémentaire et les sources principales des aérosols atmosphériques du Baïkal méridional/ Obolkin, V.A., Potemkin, V.L., Hodžer, T.V. (1994) "Elementnyj sostav i osnovnye istočniki atmosfernogo aèrozolâ Ûžnogo Bajkala" *Geogr. prirod. res.*, 3: 75-81.

Obroutchev (1890) Recherches géologiques dans le gouvernement d'Irkoutsk en 1889/ Obručev, V.A. (1890) "Geologičeskie issledovaniâ v Irkutskoj gubernii v 1889 godu" *I.S.O.R.G.O.*, 22(3): 1-32.

Obroutchev (1897a) L'origine du Baïkal (dislocations disjonctives)/ Obručev, V.A. (1897a) "O proishoždenii Bajkala (dis''ûhktivnye dislokacii)" *I.V.S.O.R.G.O.*, 28: 14.

Obroutchev (1897b) recherches géologiques le long de la ligne de chemin de fer de Transbaïkalie/ Obručev, V.A. (1897b) "Geologičeskie issledovaniâ vdol' linii Zabajkal'skoj žel. dor." *Issled. po linii Sibirsk. žel. dor.*, 6: 1-34.

Obroutchev (1899) Recherches géologiques au sud-ouest de la région de Transbaïkalie en 1897/ Obručev, V.A. (1899) "Geologičeskie issledovaniâ ûgozapadnoj časti Zabajkal'skoj oblasti v 1897 godu" *Geologičeskie issledovaniâ po linii Sibirsk. žel. dor.*, 18: 1-44.

Obroutchev (1905-1914) Aperçu orographique et géologique de la Transbaïkalie du sud-ouest (Dahourie sélenguienne)/ Obručev, V.A. (1905-1914) "Orografičeskij i geologičeskij očerk ûgo-zapadnogo Zabajkal'â (Selenginskoj Daurii)" *Geologičeskie issledovaniâ po linii Sibirsk. žel. dor.*, 22(1-2): 1-806.

Obroutchev *et al.* (1899) Recherches géologiques et reconnaissances dans la région de Transbaïkalie de 1895 à 1898/ Obručev, V.A., Gerasimov, A.P. et Gedrojc, A.E. (1899) "Geologičeskie issledovaniâ i razvedki v Zabajkal'skoj oblasti v 1895-1898 gg." *Geologičeskie issledovaniâ po linii Sibirsk. žel. dor.*, 19: 73-133.

Osmolovskaïa (1964a) Estimation des apports et des pertes de chaleur du Baïkal/ Osmolovskaâ, E.V. (1964a) " Ocenka teplovogo pritoka i stoka iz Bajkala" in Académie...: 136-138.

Osmolovskaïa (1964b) La nébulosité au-dessus du Baïkal/ Osmolovskaâ, E.V. (1964b) " Oblačnost' nad Bajkalom" in Académie...: 139-161.

Ossadtchi (1995) Les traces de la transgression maximale du Baïkal/ Osadčij, S.S. (1995) "Sledy maksimal'noj transgressii Bajkala" *Geogr. prirod. res.*, 1: 179-189.

Ossipenko (1980) La prévision de la date de prise en glace du lac Baïkal par l'algorithme harmonique MGuéOuA/ Osipenko, V.V. (1980) "Prognozirovanie daty zamerzaniâ ozera Bajkal po garmoničeskomu algoritmu MGUA" in *Samoorganizaciâ kibernetičeskih sistem*. Kiev : 34-39.
Oufimtsev (1996) L'informativité tectonique du relief sous-lacustre du Baïkal/ Ufimcev, G.F. (1996) "Tektoničeskaâ informativnost' podvodnogo rel'efa Bajkala" *Izv. Rus. geogr. Obšč.*, 128(6): 38-47.
Oufimtsev: voir Ufimtsev pour les articles écrits en anglais.
Oustinov (1979) La réserve naturelle du Baïkal/ Ustinov, S.K. (1979) *Zapovednik na Bajkale*. Irkutsk, Vost. Sib. Kn. Izd., 192 p.
Oustinov *et al.* (1986) L'écologie des ongulés de la réserve naturelle de Bargouzine/ Ustinov, S.K., Krivohizin, A.I. et Tronin, V.P. (1986) "K ekologii kopytnyh Barguzinskogo zapovednika" in *Biogeografičeskie issledovaniâ v bassejne ozera Bajkal*. Irkutsk: 91-100.
Palchine (1959) La question de la répartition des terrasses du Baïkal/ Pal'šin, G.B. (1959) "K voprosu rasprostranenii terras na oz. Bajkal" *Tr. Vost. Sib. fil. ANSSSR*, ser. geol., 10: 3-21.
Pallas,P.S. (1776) *Reise durch verschiedene Provinsen des Russisches Reich (1772-1773)*. Sankt-Peterburg, cité par Galazi (1984).
Parchine *et al.* (1897) L'installation de la station zoologique du Baïkal/ Paršin,D., Šostakovič,V. Voznesenskij, A.V. et Levin, N. (1897) "Ob ustrojstve zoologičeskoj stancii na Bajkale" *I.V.S.O.R.G.O.*, 27(4): 118-119.
Pastoukhov (1982) Recherches morpho-physiologiques et écologiques du phoque du Baïkal/ Pastuhov, V.D. (1982) *Morfo-fiziologičeskie i èkologičeskie issledovaniâ Bajkal'skoj nerpy*. Novosibirsk, Nauka, 152 p.
Pastoukhov (1993) Le phoque du Baïkal/ Pastuhov, V.D. (1993) *Nerpa Bajkala*. Novosibirsk, Nauka, 272 p.
Pavlovski (1937a) Problèmes de géologie soviétique/ Pavlovskij, E.V. (1937a) *Problemy sovetskoj geologii*, cité par Verechtchaguine (1937c).
Pavlovski (1937b) La cuvette du Baïkal/ Pavlovskij, E.V. (1937b) "Vpadina oz. Bajkal" *Izv. Akad.Nauk SSSR*; Ser. Geol., 2: 351-375.
Pavlovski (1941) Le problème de l'origine de la dépression baïkalienne/ Pavlovskij, E.V. (1941) "Problema proishoždeniâ vpadiny Bajkala" *Priroda*, 3: 19-31.
Pavlovski (1948) La tectonique comparée des structures mésozoiques de la Sibérie orientale et du grand rift arabo-africain/ Pavlovskij, E.V. (1948) " Sravnitel'naja tektonika mezozojskih struktur Vostočnoj Sibiri i Velikogo rifta Afriki i Aravii " *Izv. Akad. Nauk SSSR*, Ser. Geol., 5: 18-33.
Penck,A. (1894) *Morphologie der Erdoberfläche*. Stuttgart, J. Engelhorn, vol. 1, 471 p., vol. 2, 696 p.

Perevoznikov (1995) Estimation quantitative de l'influence des tremblements de terre petits et moyens sur les processus gravitaires des versants du sud-ouest de la Baïkalie/ Perevoznikov, D.D. (1995) "Količestvennaâ ocenka vozdejstviaâ slabyh i srednih zemletrâsenij na gravitacionno-sklonovye processy v ûgo-zapadnom Pribajkal'e" *Geogr. prirod. res.*, 4: 97-102.

Perevoznikov (1996) L'influence du pâturage du bétail sur les versants baïkaliens/ Perevoznikov, D.D. (1996) "Vliânie vypasa skota na sklony v Pribajkal'e" *Geogr. prirod. res.*, 4: 72-78.

Perinova, Loukianov (1990) Le parc naturel national d'Etat de Transbaïkalie: une zonation fonctionnelle/ Perinova, M.A., Luk'ânov, V.M. (1990) "Zabajkal'skij gosudarstvennyj prirodnyj nacional'nyj park: funkcional'noe zonirovanie" in Académie...: 194-197.

Peskova (1972) La flore steppique de la Sibérie baïkalienne/ Peskova, G. A. (1972) *Stepnaâ flora Bajkal'skoj Sibiri*. Moskva, Nauka, 207 p.

Plastinine *et al.* (1996) Cartographie écologique de la région baïkalienne: un aspect appliqué/ Plastinin, L.A., Bardaš, A.V., Batuev, A.P., Klevcov, E.V., Korytnyj, L.M., Miheev, V.S., Sinčuk, Û.A., Tulohonov, A.K. (1996) "Ekologičeskoe kartografirovanie Bajkal'skogo regiona: prikladnoj aspekt" *Geogr. prirod. res.*, 4: 56-61.

Plechanov, Romazina (1985) Les particularités géomorphologiques et néotectoniques de la Baïkalie occidentale/ Plešanov, S.P. et Romazina, A.A. (1985) "Geomorfologičeskie i neotektoničeskie osobennosti zapadnogo Pribajkal'â" in Mats *et al.*: 134-151.

Pokatilov (1983) Biogéochimie des micro-éléments et maladies endémiques dans la dépression de Bargouzine (Transbaïkalie)/ Pokatilov, Û.G. (1983) *Biogeohimiâ mikroelementov i endemičeskie bolezni v Barguzinskoj kotlovine (Zabajkal'e)*. Novosibirsk, Nauka, 164 p.

Popova (1981) La malacofaune continentale cénozoique du sud de la Sibérie et des territoires adjacents/ Popova, S.M. (1981) *Kajnozojskaâ kontinental'naâ malakofauna ûga Sibiri i sopredel'nyh territorij*. Moskva, Nauka, 188 p.

Potemkina (1995) La distribution du flux en eau et en sédiments dans les défluents du delta de la rivière Selenga/ Potemkina, T.G. (1995) "Raspredelenie stoka vody i nanosov v protokah del'ty reki Selengi" *Geogr. prirod. res.*, 1: 75-78.

Pourriot,M., Meybeck,M., dir. (1995) *Limnologie générale*. Paris, Masson, 956 p.

Poussièlgue,A. (1866) *Voyage en Chine et en Mongolie de M. de Bourboulon ministre de France et de Madame de Bourboulon 1860-1861*. Paris, libr. L. de Hachette, 446 p.

Prokhorov *et al.* (1976) L'estimation médico-géographique des conditions de vie et de repos de la population/ Prohorov, B.B., Bal'zinova, L.B., Buclov, S.P., Mirončuk, Û.V. (1976) "Mediko-geografičeskaâ ocenka uslovij žizni i otdyha naseleniâ" in

Académie...: 81-101.
Puzyrev,N.N., Mandelbaum,M.M., Krylov,S.V., Mishenkin,B.P., Petrik,G.V., Krupskaya,G.V. (1978) "Deep structure of the Baikal and other continental rift zones from seimic data" *Tectonophys.*, 45(1): 15-22.
Radvanyi, J. (1990) *L'URSS: régions et nations*. Paris, Masson, 294 p.
Radvanyi, J. (1996) *La nouvelle Russie*. Paris, Masson, 406 p.
Ramade,F. (1992) "Domaines de pollution" in *Encyclopaedia universalis*, 18: 577-582.
Raspoutine (1990) Article introductif/ Rasputin,V. (1990)"vstupitel'naâ stat'â" in Sergeev,M. (1990): non paginé.
Reclus,E. (1881) *Nouvelle Géographie Universelle la terre et les hommes*. Volume 6 "L'Asie russe", chapitre "Le Baïkal et l'Angara": 727-757.
Remezova (1932) La morphométrie de la portion du Baïkal attenante à la sortie de l'Angara/ Remezova, M.V. (1932) "Morfometriâ učastka Bajkala, primykaûščego k istiku Angary" *Tr. bajk. limnol. St.*, 3: 35-64.
Reznikov (1995) Le milieu écologique actuel et à venir en Angarie irkoutienne/ Reznikov, A.P. (1995) "Sovremennaâ i ožidaemaâ èkologičeskaâ obstanovka v Irkutskom Priangar'e" *Geogr. prirod. res.*, 1: 39-48.
Reznikova *et al.* (1996) L'organisation des territoires naturels à protection spéciale (l'exemple de la région de Slioudianka de l'oblast d'Irkoutsk)/ Reznikova, A.V., Suvorov, E.G., Seryšev, A.A. (1996) "Organisaciâ osobo ohranâemyh prirodnyh territorij (na primere Slûdânskogo rajona Irkutskoj oblasti" *Geogr. prirod. res.*, 2: 58-66.
Riaboukhine (1934) Les recherches de pétrole en Sibérie/ Râbuhin, G.E. (1934) *Poiski nefti v Sibiri*. Irkutsk, cité par Sokolnikov (1964).
Riachine, Mikheev (1969) Régionalisation physico-géographique des territoires nouvellement mis en valeur: l'exemple du sud de la Sibérie orientale/ Râšin, V.A. et Miheev, V.S. (1969) "Fiziko-geografičeskoe rajonirovanie territorii novogo osvoeniâ na primere ûga Vostočnoj Sibiri" *Dokl. Inst. Geogr. Sib. i Dal'n. Vost.*, 21: 22-32.
Riachtchenko (1990) Estimation médico-géographique des conditions de vie et de repos: l'étude de l'écologie humaine/ Râščenko, S.V. (1990) "Mediko-geografičeskaâ ocenka uslovij žizni i otdyha: izučenie èkologii čeloveka" in Académie: 61-77.
Riachtchenko (1993) Analyse anthropoécologique/ Râščenko, S.V. (1993) "Antropoèkologičeskij analiz" in Académie...: 63-85.
Riachtchenko (1996) La cartographie conjuguée de la situation médico-démographique et écologique (l'exemple de la Bouriatie)/ Râščenko, S.V. (1996) "Soprâžennoe kartografirovanie mediko-demografičeskoj i èkologičeskoj situacii (na primere Burâtii)" *Geogr. prirod. res.*, 1: 32-36.
Riachtchenko *et al.* (1988) Estimation médico-géographique du bassin

du lac Baïkal: matériaux pour le schéma territorial de production de la nature/ Râščenko, S.V., Buslov, S.P., Veršinina, T.A., Koneva, I.V., Lobanova, T.A., Zazulâ, G.G., Versšinin, A.A., Revina, E.N., Konkin, A.V. (1988) *Mediko-geografičeskaâ ocenka territorii bassejna oz. Bajkal: materialy v territorial'noj sheme ohrany prirody*. Irkutsk, Institut Geografii, 40 p.

Riachtchenko *et al.* (1990) Estimation médico-géographique des conditions de vie et de repos: les ressources récréatives et les conditions médico-géographiques de leur utilisation/ Râščenko, S.V., Buslov, S.P., Veršinina, T.A., Koneva, I.V., Lobanova, T.A., Zazul'â, G.G., Veršinin, A.A., Revina, E.N., Konkin, A.V. (1990) "Mediko-geografičeskaâ ocenka uslovij žizni i otdyha: rekreacionnye resursy i mediko-geografičeskie usloviâ ih ispol'zovaniâ " in Académie...: 77-94.

Riazanov (1928) Le gisement d'ozocérite et de pétrole de Baïkalie/ Râzanov, V.D. (1928) "Mestoroždenie ozokerita i nefti v Pribajkal'e" *Mater. po geolog. i polezn. iskop. Dal'n. Vostoka*, 19: 1-57.

Rogozine (1971) L'emploi de la stéréophotogrammétrie pour l'étude des processus littoraux et des vagues de vent dans les plans d'eau/ Rogozin, A.A. (1971) "Primenenie stereofotogrammetrii dâ izučeniâ beregovyh processov i vetrovogo volneniâ na vodoemah" in Académie: 26-85.

Rogozine (1993) La zone littorale du Baïkal et du Koussougol, morphologie, dynamique et histoire du développement/ Rogozin, A.A. (1993) *Beregovaâ zona Bajkala i Hubsugula, mofologiâ, dinamika i istoriâ razvitiâ*. Novosibirsk, Nauka, 168 p.

Rossolimo (1957) Le régime thermique du lac Baïkal/ Rossolimo, L.L. (1957) "Temperaturnyj režim ozera Bajkal" *Tr. Bajkal'sk. Limnol. St.*, 16.

Rougerie,G. (1993) *Biogéographie des milieux aquatiques*. Paris, A. Colin, coll. U géographie, 252 p. (Baïkal traité pp. 147-149)

Roubtsov (1987) Les frontières de la réserve naturel d'Etat du Baïkal/ Rubcov, N.I. (1987) "O granicah Bajkal'skogo gosudarstvennogo zapovednika" *Izv. Vses. Geogr. Obšč.*, 119 (1): 71-74.

Ruffier-Reynie, C. (1995) "Le lac Baïkal, merveilles et menaces" *Combat nature*, 110: 53-56.

Ryjov (1994) Le ravinement dans la dépression de Bargouzine/ Ryžov, Û.V. (1994) "Ovražnaâ èroziâ v Barguzinskoj kotlovine" *Geogr. prirod. res.*, 1: 83-87.

Rylov (1922) Liste des membres de la Commission pour l'étude du lac Baïkal/ Rylov, V.M. (1922) "Spisok členov Komissii po izučeniû oz. Bajkala" *Tr. Kom. izuč. oz. Bajkala*, 1(2): 231-232.

Scholz, C.A., Klitgord, K.D., Hutchinson, D.R., Ten Brink, U.S., Zonenshain,L.P., Golmshtok, A.Y., Moore,T.C. (1993) "Results of 1992 seismic reflection experiment in Lake Baikal" *EOS Transactions, American Geophysical Union*, 74(41): 465-469.

Seguin,K., Allard,M. (1984) "Le pergélisol et les processus thermokarstiques de la région de la rivière Nastapoca, Nouveau-Québec" *Géogr. phys. quat.*, 38(1): 11-25.

Sergeyev, M. (1989) *The wonders and problems of Lake Baikal*. Moscow, Novosti, 76 p.

Sergeev (1990) Le Baïkal/ Sergeev,M. (1990) *Bajkal*. Moskva, Planeta, 3e éd., non paginé.

Sgibnev (1870) Le Baïkal et sa marine/ Sgibnev, A. (1870)"Bajkal i ego sudohodstvo" *Mor. Sb.*, 4: 1-22.

Sherman,S.I. (1978) "Faults of the Baikal rift zone" *Tectonophys.*, 45(1): 31-39.

Shimaraev, M.N., Granin, N.G., Zhdanov, A.A. (1993) "Deep ventilation of Lake Baikal waters due to spring thermal bars" *Limnol. Oceanogr.*, 38(5): 1068-1072.

Sideleva (1982) Le système sensoriel et l'écologie des Cottidés du Baïkal/ Sideleva, V.G. (1982) "Sejsmosensornaâ sistema i èkologiâ Bajkal'skih podkamenščikovyh ryb (Cottidei)" *Tr. Limnol. Inst.*, 54: 1-149.

Sideleva (1995) Les Cottoidés/ Sideleva, V.G. (1995) "Kottoidnye ryby" in Académie...: 523-540.

Sinioukovitch (1993) La reconstitution des niveaux naturels du lac Baïkal en période de régime régularisé/ Sinûkovič, V.N. (1993) "Rekonstrukciâ estestvennyh urovnej oz. Bajkal v period zaregulirovannogo režima" *Geogr. prirod. res.*, 4: 57-61.

Sizykh (1993) Les particularités de la dynamique des communautés végétales de la partie centrale du littoral occidental du lac Baïkal/ Sizyh, A.P. (1993) "Osobennosti dinamiki rastitel'nyh soobščestv central'noj časti zapanogo poberež'â ozera Bajkal" *Geogr. prirod. res.*, 1: 77-86.

Skatchkova, Melesk (1989) Le lac Baïkal/ Skačkova, G.A., Melesk, H.H. *Ozero Bajkal*. Moskva, Kartografiâ GUGK SSSR, une carte 72 par 100 cm sans échelle avec texte au dos.

Skoukovski, Yeremenko (1994) Composition chimique et nutritivité fourragère des prairies naturelles de la dépression de Bargouzine/ Skukovskij, B.A., Eremenko, V.P. (1994) "Himičeskij sostav i pitatel'nost' travostoâ prirodnyh lugov Barguzinskoj kotloviny" *Geogr. prirod. res.*, 2: 58-61.

Snytko (1996) La conférence d'Irkoutsk en mémoire d'I.D. Tcherski/ Snytko, V.A. (1996) "Pamâti I.D. Čerskogo, zasedanie v Irkutske" *Izv. Rus. geogr. Obšč.*, 128(4): 76-77.

Snytko, Afonina (1993) Les déversements d'hydrocarbures d'origine anthropique dans les géosystèmes du bassin du lac Baïkal/ Snytko, V.A., Afonina, T.E. (1993) "Tehnogennye potoki uglevodorodnyh soedinenij v geosistemah bassejna oz. Bajkal" *Geogr. prirod. res.*, 2: 68-72.

Snytko, Afonina (1995) Le rôle des barrières géochimiques hydrologiques dans la transformation des composés d'hydrocarbures dans le Baïkal/ Snytko, V.A., Afonina,T.E. (1995)

"O roli akval'nyh geohimičeskih bar'erov v transformacii uglevodorodnyh soedinenij v Bajkale" *Geogr. prirod. res.*, 1: 72-75.

Snytko *et al.* (1996) Les problèmes géoécologiques de la Transbaïkalie sélenguienne/ Snytko, V.A., Batuev, A.P., Plastinin, L.A., Buântuev, A.B., Antonenko, A.M., Afonina, T.E., Stepneva, E.V. (1996) "Geoèkologičeskie problemy Priselenginskogo Zabajkal'â" *Geogr. prirod. res.*, 1: 56-63.

Sokolnikov (1960) Les déplacements verticaux et horizontaux et les déformations de la couverture glacielle continue du Baïkal/ Sokol'nikov, V.M. (1960) *Vertikal'nye i gorizontal'nye smeščeniâ i deformacii splošnogo ledânogo pokrova Bajkala*. Moskva, Izd. AN SSSR, t. 18.

Sokolnikov (1964) Les courants et le brassage du Baïkal/ Sokol'nikov, V.M. (1964) "Tečeniâ i vodoobmen v Bajkale" in Académie..: 5-21.

Sokolnikov *et al.* (1973) La question de la prévision à long terme des éléments du régime thermique du lac Baïkal/ Sokol'nikov, V.M., Šimaraev, M.N. et Kuimova, L.N. (1973)"K voprosu o dolgosročnom prognoze elementov ledovogo režima ozera Bajkal" in *Teoriâ i metody prognoza izmenij geografičeskoj sredy: tezisy soveščaniâ geografov Sibiri i Dal'nego Vostoka*. Irkutsk: 158-159.

Solomine (1995) La recherche de la variabilité saisonnière des sources d'énergie naturelles du littoral du lac Baïkal/ Solomin, S.V. (1995) "Issledovanie vnutrigodovoj izmenčivosti prirodnyh ènergoistočnikov na poberež'e oz. Bajkal" *Geogr. prirod. res.*, 3: 86-89.

Solonenko,N.V. (1985) "The energy released in seismic sequences of the Baikal rift zone" *Proc. 3rd Intern. Symposium on the analysis of seismicity and seismic risk*, Liblice Castle, Tchecoslovaquia, june 17-22: 216-224.

Solonenko,N.V., Solonenko,A.V. (1985) "The velocities and directions of rupture propagation in earthquake foci of seismic sequences of the Baikal rift zone (BZR)" *Proc. 3rd Intern. Symposium on the analysis of seismicity and seismic risk*, Liblice Castle, Tchecoslovaquia, june 17-22: 207-215.

Solonenko,V.P. (1978) "Seismotectonics of the Baikal rift zone" *Tectonophys.*, 45(1): 61-70.

Solonenko, Treskov (1960) Le tremblement de terre du Baïkal central du 29 août 1959/ Solonenko,V.P., Treskov,A.A. (1960) *Srednebajkal'skoe zem-letrâsenie 29 avgusta 1959 goda*. Irkutsk, kn. izd., cité par Imethenov, 1997.

Sorokina (1996) Essai d'expertise des conditions éco-climatiques de la région d'Irkoutsk/ Sorokina, L.P. (1996) "Opyt èkspertnoj ocenki èkologo-klimatičeskih uslovij Irkutskoj oblasti" *Geogr. prirod. res.*, 4: 142-149.

Sorokovikova *et al.* (1995) Les particularités écologiques de la rivière Selenga en période de crue/ Sorokovikova, L.M., Sinûkovič, V.N., Drûkker, V.V., Potemkina, T.G., Necvetaeva, O.G., Afanas'ev, V.A.

(1995) "Ekologičeskie osobennosti reki Selengi v usloviâh navodneniâ" *Geogr. prirod. res.*, 4: 64-71.

Soukhodolov (1996) Sera-ce la ville du Baïkal?/ Suhodolov, A.P. (1996) *Byt' li gorodu na Bajkale?*. Novosibirsk, Nauka, 248 p.

Soumaneeva (1995a) Le potentiel en ressources naturelles de la zone de la grande voie Baïkal-Amour/ Sumaneeva, M.A. (1995a) "Prirodno-resursnyj potencial zony Bajkalo-Amurskoj Magistrali" *Geogr. prirod. res.*, 1: 134-140.

Soumaneeva (1995b) Les particularités géographiques économiques de la mise en valeur économique de la zone de la grande voie Baïkal-Amour/ Sumaneeva, M.A. (1995b) "Ekonomiko-geografičeskie osobennosti hozâjstvennogo osvoeniâ zony Bajkalo-Amurskoj magistrali" *Geogr. prirod. res.*, 2: 121-130.

Souslov (1947) Géographie physique de l'URSS: Sibérie occidentale, Sibérie orientale, Extrême-orient, Asie centrale/ Suslov, S.P. (1947) *Fizičeskaâ geografiâ SSSR: Zapadnaâ Sibir', Vostočnaâ Sibir', Dal'nyj Vostok, Srednaâ Asia*. Leningrad, 544 p.

Souslov (1961) voir Suslov pour l'ouvrage écrit en anglais.

Sovetov (1905) Nuages de pluie et tempêtes sur le lac Baïkal/ Sovetov, S.A. (1905) "Tumany i buri na Bajkal'skom ozere" *Meteor. Vestn.*, 5: 159-164.

Stakhova, E. (1981) *Around Siberia*. Moscow, Planeta Publishers, 232 p.

Strøm,K.M. (1945) "The temperature of maximum density in fresh waters" *Geophys. Publ.*, 16(8): 1-14.

Suess,E. (1902) *La face de la Terre*. Paris, A. Colin, t. III, 1ère partie, 530 p.

Suslov,S.P. (1961) *Physical geography of Asiatic Russia*. San Francisco, W.H. Freeman and Company, 594 p.

Svetovidov (1931) Matériaux pour la systématique et la biologie des ombres du lac Baïkal/ Svetovidov, A.N. (1931) "Materialy po sistematike i biologii hariusov ozera Bajkala" *Tr. bajk. limnol. St.*, 1: 19-199.

Tapponier, P., Molnar, P. (1979) "Active faulting and cenozoic tectonics of the Tien Shan, Mongolia and Baykal regions" *J. Geophys. Res.*, 84(B7): 3425-3459.

Tapponier,P., Peltzer,G., Le Dain,A.Y., Armijo,R., Cobbold,P. (1982) "Propagating extrusion tectonics in Asia: new insights from simple experiments with plasticine" *Geology*, 10: 611-616.

Tarakanov (1996) L'achèvement des cycles de production, une nouvelle étape d'utilisation des ressources potentielles de la région d'Irkoutsk/ Tarakanov, M.A. (1996) "Zaveršenie proizvodstvennyh ciklov - novyj ètap ispol'zovaniâ resursnogo potenciala Irkutskoj oblasti" *Geogr. prirod. res.*, 4: 124-129.

Tarassova, Mechtcheriakova (1992) L'état actuel du régime hydrochimique du lac Baïkal/ Tarasova, E.N., Meščerâkova, A.I. (1992) *Sovremennoe sostoânie gidrohimičeskogo režima ozera Bajkal*. Novosibirsk, Nauka, 144 p.

Tarnoroutski (1988) L'utilisation rationnelle des terres du bassin du lac

Baïkal/ Tarnoruckij, S.A. (1988) "Racional'noe ispol'zovanie zemel'nyh resursov v bassejne ozera Bajkal" *Geogr. prirod. res.*, 3: 92-96.

Tchebanenko (1988) L'influence du transfert à longue et à courte distance des rejets industriels sur la pollution du lac Baïkal/ Čebanenko,B.B.(1988) "Vliânie dal'nego i bližnego perenosa promyšlennyh vybrosov na zagrâzenie oz. Bajkal" *Geogr. prirod. res.*, 4: 79-83.

Tcherkachtchine (1993) Le milieu de l'information et l'organisation de la gestion dans la région du Baïkal/ Čerkaščin, A.K. (1993) "Informacijonnaâ sreda i organizaciâ upravleniâ v Bajkal'skom regione" in Académie...: 117-131.

Tchernychov (1995) Les processus exogènes catastrophiques et l'évaluation du danger qu'ils représentent (l'exemple des montagnes de Baïkalie et de Transbaïkalie septentrionale)/ Černyšov, H.N. (1995) "Stihijno-razrušitel'nye èkzogennye processy i ocenka ih opasnosti (na primere gor Pribajkal'â i Severnogo Zabajkal'â" *Geogr. prirod. res.*, 4: 52-57.

Tcherski (1872) Rapport préliminaire de la recherche géologique de la ceinture côtière du lac Baïkal/ Čerskij, I.D. (1872)"Predvaritel'nyj otčet o geologičeskom issledovanii beregovoj polosy ozera Bajkala" *I.V.S.O.R.G.O.*, 9(1-2): 1-3.

Tcherski (1873) Bref compte-rendu des recherches dans les Alpes de Kitoï et de Tounka/ Čerskij, I.D. (1873) "Kratkij otčet ob issledovaniâh v Kitojskih i Tunkiskih Al'pah" *I.S.O.R.G.O.*, 4(5): 241-247.

Tcherski (1877) Un avis concernant le passé de la période de très large inondation tertiaire de la Sibérie par les eaux de l'Océan Glacial arctique/ Čerskij, I.D. (1877)"Mnenie o byvšem v posletretičnyj period ves'ma značitel'nom rasprostranenii vod Ledovitogo okeana v Sibiri" *I.S.O.R.G.O.*, 8 (1-2): 70-72.

Tcherski (1878) Compte-rendu préliminaire de la recherche géologique de la ceinture côtière du lac Baïkal/ Čerskij, I.D. (1878) "Predvaritel'nyj otčet o geologičeskom issledovanii beregovoj polosy ozera Bajkala" *I.V.S.O.R.G.O.*, 9(5-6): 119-165.

Tcherski (1880) Compte-rendu prélminaire de la recherche géologique de la ceinture côtière du lac Baïkal/ Čerskij, I.D. (1880) "Predvaritel'nyj otčet o geologičeskom issledovanii beregovoj polosy ozera Bajkala" *I.V.S.O.R.G.O.*, 11(1-2): 8-83.

Tcherski (1881a) Rapport préliminaire de la recherche géologique de la ceinture côtière du lac Baïkal/ Čerskij, I.D. (1881a)"Predvaritel'nyj otčet o geologičeskom issledovanii beregovoj polosy ozera Bajkala" *I.V.S.O.R.G.O.*, 12(2-3): 1-82.

Tcherski (1881b) Quelques remarques concernant la description du Baïkal de K. Ritter, tirée de sa "découverte de l'Asie", conduite à la demande de la Société Impériale Russe de géographie sous la direction de P.P. Semionov/ Čerskij, I.D. (1881b) "Nekotorye primečaniâ k opisaniû Bajkala K. Rittera, pomeščennomu v ego "Zemlevedenii Azii", perevedennom po poručeniû Imp. Russk. Geogr. O-va pod rukovod. P.P. Semenova" *I.V.S.O.R.G.O.*, 12(4-5): 62-74.

Tcherski (1882) Excursion géologique sur le haut plateau et le littoral du Baïkal entre les embouchures des rivières Selenga et Kika/ Čerskij, I.D. (1882)"Geologičeskaâ èkskursiâ na vysokoe ploskogorie i bereg Bajkala meždu yst'âami rr. Selengi i Kiki" *I.V.S.O.R.G.O*, 13(1-2): 36-112.

Tcherski (1886a) Compte-rendu de la recherche géologique de la ceinture côtière du Baïkal menée à la demande de la section de Sibérie orientale de la Société Impériale Russe de géographie/ Čerskij, I.D. (1886a)"Otčet o geologičeskom issledovanii beregovoj polosy ozera Bajkala, proizvedennom po poručeniû Vostočno-Sibirskogo Otdela Imp. Russk. Geograf. O-va" *Zap. V.S.O.R.G.O.*, 12: 405-428.

Tcherski (1886b) Les résultats de recherche du lac Baïkal/ Čerskij, I.D. (1886b)"O rezul'tatah issledovaniâ ozera Bajkala" *Zap. R.G.O.*, 15(3): 1-48.

Tcherski (1889) Les résultats de recherche du lac Baïkal/ Čerskij, I.D. (1889) "O rezul'tatah issledovaniâ ozera Bajkal" *Materialy dlâ geologii Rossii*, 13: 1-48.

Tetiaev (1915) Le passé récent du lac Baïkalt/ Tetâev, M.M. (1915) "Ozero Bajkal v ego nedavnem prošlom" *Geologič. Vestn. Pgr.*, 1(2): 76-77.

Tetiaev (1916) Le lac Baïkal et les variations de hauteur de son niveau/ Tetâev, M.M. (1916) "Ozero Bajkal v svâzi s izmeneniem vysoty ego urovnâ" *Ežegodn. po Geologii i Mineralogii Rossii*, 17(4-5): 110.

Teulade, R. (1995) *Le tourisme face à l'environnement naturel dans la région du lac Baïkal (Sibérie)*. Univ. Aix-en-Provence, DEA, 96 p.

Thomas, J., Pastukhov, V.n Elsner, R., Petrov, E. (1982) "*Phoca sibirica*" *Mammal. Species*, 188(6): 11-23.

Tikhomirov (1927) Essai sur la flore de l'île d'Olkhone du lac Baïkal/ Tihomirov, N.K. (1927)"Očerk rastitel'nosti ostrova Ol'hon na ozere Bajkal" *Tr. Kom. po izuč. oz. Bajkala*, 2: 1-54.

Tikhomirov (1930) La flore de l'île d'Olkhone du lac Baïkal/ Tihomirov, N.K. (1930)"Flora ostrova Ol'hon na Bajkale" *Tr. Kom. po izuč. oz. Bajkala*, 3: 1-48.

Tilzer,M.M. (1990) "Specific properties of large lakes" in Tilzer, Serruya, éd.: 39-43.

Tilzer,M.M., Serruya,C., éd. (1990) *Large lakes: ecological structure and function*. Berlin, Springer, 691 p.

Timochkine (1995) La biodiversité de la faune du Baïkal: résumé de l'état actuel de la connaissance et perspectives de recherche/ Timoškin, O.A. (1995) "Bioraznoobrazie fauny Bajkala: obzor

sovremennogo sostoâniâ izučennosti i perspektivy issledovaniâ" in Académie... (1995b): 25-52.
Tolmatcheva (1932) La question de la présence d'hydrogène sulfuré dans l'eau de la source de la Tourka/ Tolmačeva, T.A. (1932) " K voprosu o prisutstvii serovodoroda v vode Turkinskogo istočnika" *Tr. bajk. limnol. St.*, 3: 1-10.
Touchart, L. (1994a) *Le Baïkal et le Léman, géographie et histoire de la géographie de deux lacs*. Paris, univ. Paris IV, thèse de doctorat, 337 p.
Touchart, L. (1994b) "La limnologie russe"*Annales de Géographie*, 103(580): 651-654.
Touchart, L. (1995a) "L'histoire de la limnologie, l'exemple de deux lacs, le Baïkal et le Léman" in Barraqué, B. *et al.*: 23-28.
Touchart, L. (1995b) "Irkoutsk" *L'Information Géographique*, 59(4): 133-142.
Touchart, L. (1995c) "La pollution du Baïkal" *Norois*, 41(167): 465-478.
Touchart, L. (1996a) "Le Baïkal" *Annales de Géographie*, 105(589): 235-256.
Touchart, L. (1996b) "Le Koussougol, un Atlantique lacustre" *Norois*, 43(170): 323-337.
Toulokhonov (1981) Les deux étapes du développement tectonique de la dépression du rift du Baïkal/ Tulohonov, A.K. (1981) "O dvuh ètapah tektoničeskogo razvitiâ Bajkal'skoj riftovoj vpadiny" *Dokl. Akad. Nauk SSSR*, 260(6): 1450-1453.
Toulokhonov (1996) Les aspects socio-juridiques de l'activité des parcs nationaux de la région baïkalienne/ Tulohonov, A.K. (1996) "Social'no-pravovye aspekty v deâtel'nosti nacional'nyh parkov bajkal'skogo regiona" *Geogr. prirod. res.*, 2: 66-70.
Toulokhonov, Boudaev (1982) L'interprétation paléogéomorphologique des phénomènes d'érosion glaciaire dans le relief glaciaire de Baïkalie septentrionale/ Tulohonov, A.K., Budaev, R.C. "Paleogeomorfologičeskaâ interpretaciâ èkzaracionnyh âvlenij v lednikovom rel'efe Severnogo Pribajkal'â" *Geomorfologiâ*, 2.
Toulokhonov, Khantanchkeeva (1994) Evaluation de la situation et des possibilités de développement de l'activité récréative dans la région du Baïkal/ Tulohonov, A.K., Hantaškeeva, T.V. (1994) "Ocenka sostoâniâ i vozmožnostej razvitiâ rekreacionnoj deâtel'nosti v Bajkal'skom regione" *Geogr. prirod. res.*, 1: 70-76.
Toultchinski (1900) Les résultats des recherches géologiques le long de la voie ferrée circabaïkalienne/ Tul'činskij, K. (1900) "Resul'taty geologičeskih issledovanij vdol' Krugobajkal'skoj žel. dor." *Izv. O-va. Gornyh Inžener.*, 8: 3-33.
Tricart, J. (1972) *La Terre, planète vivante*. Paris, PUF, coll. Sup, 184 p.
Tricart, J., Cailleux, A. (1967) *Le modelé des régions périglaciaires*. Paris, SEDES, 512 p.
Trofimouk, Guerassimov (1965) Protéger la pureté des eaux du lac Baïkal!/ Trofimuk, A.A., Gerasimov, I.P. (1965)" Sohranit' čistotu

vod ozera Bajkal!“ *Priroda*, 11: 50-60.

Trofimov, Koulaguina (1994) Sédimentation et paléogéographie du Pléistocène supérieur de la dépression du Baïkal septentrional/ Trofimov, A.G., Kulagina, N.V. (1994) “Osadkonakoplenie i peleogeografiâ verhnego plejstocena Severobajkal'skoj vpadiny” *Geogr. prirod. res.*, 1: 97-102.

Trofimova, Konovalova (1996) L'estimation de l'état thermique des paysages de Cisbaïkalie méridionale par des méthodes de télédétection/ Trofimova,I.E., Konovalova,T.I. (1996) “Ocenka teplovogo sostoâniâ landšaftov Ûž-nogo Pribajkal'â distancionnymi metodami” *Geogr. prirod. res.*, 4: 61-71.

Tsourikov (1939a) Observations de la couverture glacielle du Baïkal méridional en 1934/ Curikov,V.L. (1939a) “Nabliûdeniâ nad ledânym pokrovom ûžnogo Bajkala v 1934 g.“ *Tr. bajk. limnol. St.*, 9: 23-43.

Tsourikov (1939b) Quelques remarques relatives aux formules de croissance de la couverture glacielle/ Curikov, V.L. (1939b) “Neskol'ko zamečanij otnositel'no formul narastaniâ ledânogo pokrova“ *Tr. bajk. limnol. St.*, 9: 115-125.

Ufimtsev, M.A. (1991) “Morphotectonics of the Baikal rift valley, eastern Siberia, USSR“ *Geojournal*, 23(3): 197-206.

Valendik (1995) Les grands feux de forêt en Sibérie/ Valendik, E.N. (1995) “Krupnye lesnye požary v Sibiri” *Geogr. prirod. res.*, 1: 85-92.

Vanier,N. (1992) *Transsibérie, le mythe sauvage*. Paris, R. Laffont, 281 p.

Vanney, J.-R. (1978) “Lac et limnologie“ *Encycl. Larousse*, 11: 6893-6897.

Vassianovitch (1990) Particularités géomorphologiques du parc national de Baïkalie/ Vassânovič, A.V. (1990) “Geomorfologičeskie osobennosti territorii Pribajkal'skogo nacional'nogo parka” *Geogr. prirod. res.*, 4: 67-76.

Vassiliev *et al.* (1995) Perspectives d'utilisation rationnelle des ressources minérales de Baïkalie méridionale/ Vasil'ev, E.P., Reznickij, L.Z., Dem'ânovič, N.I., Nekrasova, E.A. (1995) “Perspektivy racional'nogo ispol'zovaniâ mineral'nyh resusrsov Ûžnogo Pribajkal'â” *Geogr. prirod. res.*, 4: 57-64.

Verbolov (1964) Le régime thermique de golfe Listvenitchny du Baïkal/ Verbolov, V.I. (1964) “Temperaturnyj režim zal. Listveničnogo na Bajkale” in Académie...: 38-51.

Verbolov, Boufal (1964) Les apports de chaleur solaire au Baïkal/ Verbolov, V.I., Bufal, V.V. (1964) “Prihod solnečnogo tepla na Bajkale“ in Académie...: 179-187.

Verbolov *et al.* (1965) Le régime hydrométéorologique et le bilan thermique du lac Baïkal/ Verbolov, V.I., Sokol'nikov, V.M., Šimaraev, M.N. (1965) *Gidrometeorologičeskij režim i teplovoj balans ozera Bajkal*. Moskva, Nauka, 374 p.

Verbolov *et al.* (1992) L'estimation de l'état hydrophysique du mollisol grâce à des données d'observations localisées sur le Baïkal/ Verbolov, V.I., Granin, N.G., Ždanova, A.A., Zaboruev, V.V., Levin, L.A., Šerstânkin, P.P., Šimaraev, M.N. (1992) "Ocenka gidrofizičeskogo sostoâniâ deâtel'nogo sloâ po materialam poligonnyh nablûdenij na Bajkale" *Vod. Res.*, 5: 74-86.

Verbolov,V.I., Granin,N.G., Zhdanov,A.A., Zavoruev,V.V., Levin,L.A., Sherstiyankin,P.P. (1993) "Evaluation of the hydrophysical state of the active layer from observation area data on lake Baikal" *Water Research*, 19(5): 402-412.

Verechtchaguine (1922a) Compte-rendu des travaux menés sur le Baïkal lors de la mission de l'Académie des sciences de l'été 1916/ Vereščagin, G.Û. (1922a) "Otčet o rabotah proizvedennyh na Bajkale vo vremâ komandirovki ot Akademii Nauk letom 1916 goda" *Tr. Kom. po izuč. oz. Bajkala*, 1(2): 1-54.

Verechtchaguine (1922b) La connaissance des plans d'eau situés près des littoraux du Baïkal/ Vereščagin, G.Û. (1922b) "K poznaniû vodoemov, raspoložennyx u beregov Bajkala" *Tr. Kom. po izuč. oz. Bajkala*, 1(2): 55-104.

Verechtchaguine (1925) Les travaux de l'expédition baïkalienne de l'Académie des sciences de l'URSS/ Vereščagin, G.Û. (1925) "Iz rabot Bajkal'skoj èkspedicii Akademii nauk SSSR" *Dokl. AN SSSR*, ser. A: 161-164.

Verechtchaguine (1927a) Quelques données concernant le régime des eaux profondes du Baïkal dans la région de Maritouï/ Vereščagin, G.Û. (1927a) "Nekotorye dannye o režime glubinnyh vod Bajkala v rajone Marituâ" *Tr. Kom. po izuč. oz. Bajkala*, 2: 77-138.

Verechtchaguine (1927b) Essai bibliographique du Baïkal et de son littoral/ Vereščagin, G.Û. (1927b) "Opyt slova literatury po Bajkalu i ego poberež'û" *Tr. Kom. po izuč. oz. Bajkala*, 2: 187-222.

Verechtchaguine (1931) De la part de la rédaction/ Vereščagin, G.Û. (1931) "Ot redakcii" *Tr. bajk. limnol. St.*, 1: page non numérotée.

Verechtchaguine (1932a) Le cycle diurne de quelques éléments hydrobiologiques dans le Baïkal et son importance limnologique/ Vereščagin, G.Û. (1932a) "Sutočnyj hod nekotoryh gidrobiologičeskih èlementov na Bajkale i ego limnologičeskoe značenie" *Tr. bajk. limnol. St.*, 2: 107-200.

Verechtchaguine (1932b) Eléments de connaissance du régime thermique de l'Angara depuis le Baïkal jusqu'à Irkoutsk/ Vereščagin, G.Û. (1932b) "Materialy k poznaniû termičeskogo režima p. Angary na učastke ot Bajkala do Irkutska" *Tr. bajk. limnol. St.*, 3: 65-268.

Verechtchaguine (1933a) Eléments de connaissance de l'Angara entre le Baïkal et Grande Matyre/ Vereščagin, G. Û. (1933a) "Materialy k poznaniû p. Angary meždu Bajkalom i Bol'šoj Matyr'û" *Tr. bajk. limnol. St.*, 4: 105-147.

Verechtchaguine (1933b) Bibliographie du Baïkal pour la période allant de 1927 à 1931 et complément pour les années précédentes/

Vereščagin, G.Û. (1933b) "Literatura o Bajkale za period 1927-1931 gg. i dopolneniâ za prežnie gody" *Tr. bajk. limnol. St.*, 5: 162-178.

Verechtchaguine (1936) Les traits essentiels de la répartition verticale de la dynamique des masses d'eau dans le Baïkal/ Vereščagin, G.Û. (1936) "Osnovnye čerty vertikal'nogo raspredeleniâ dinamiki vodnyh mass na Bajkale" in *Akad. Vl. Vernadskomu (sb statej)*, cité par Votintsev (1961).

Verechtchaguine (1937a) Observations de la répartition verticale des poissons pélagiques/ Vereščagin, G.Û. (1937a) "Nabliûdeniâ nad vertikal'nym raspreledeniem pelagičeskih ryb" *Tr. bajk. limnol. St.*, 7: 213-218.

Verechtchaguine (1937b) La montée de niveau du Baïkal par la construction de l'Angara et le problème de l'économie halieutique/ Vereščagin, G.Û. (1937b) "Podniâtie urovniâ Bajkala Angarstroem i problema rybnogo hozâjstva" *Tr. bajk. limnol. St.*, 7: 219-251.

Vereščagin,G.J. (1937c) "Etudes du lac Baïkal. Quelques problèmes limnologiques" *Verh. Int. Ve. Limnol.*, 8: 189-207.

Verechtchaguine (1937d) Recherche concernant les plans d'eau de la chaîne du Baïkal en 1930/ Vereščagin, G.Û. (1937d) "Issledovanie gornyh vodoemov bajkal'skogo hrebta v 1930 g." *Tr. bajk. limnol. St.*, 7: 7-9.

Verechtchaguine (1937e) Les mouvements actuels de l'écorce terrestre en Baïkalie et la question de leur méthode d'observation dans les grands lacs/ Vereščagin, G.Û. (1937e) "Sovremennye dviženiâ zemnoj kory v Pribajkal'e v svâzi s voprosom o metodike ih nablûdeniâ na krupnyh ozerah" *Problemy fiz. geogr.*, 9: 105-115.

Verechtchaguine (1939) Les travaux de la station limnologique du Baïkal pour l'étude de la couverture glacielle du Baïkal/ Vereščagin, G. Û. (1939) "Raboty bajkal'skoj limnologičeskoj Stancii po izučeniû ledânogo pokrova Bajkala" *Tr. bajk. limnol. St.*, 9: 5-21.

Verechtchaguine (1940) L'origine et l'histoire du Baïkal, sa faune et sa flore/ Vereščagin, G.Û. (1940) "Proishoždenie i istoriâ Bajkala, ego fauna i flora" *Tr. bajk. limnol. St.*, 10: 73-227.

Verechtchaguine (1947) Le Baïkal/ Vereščagin, G.Û. (1947) *Bajkal.* Irkutsk, Ogiz Irkutskoe Oblastnoe Izd., 165 p.

Verechtchaguine (1949) Le Baïkal/ Vereščagin, G.Û. (1949) *Bajkal.* Moskva, Geografiz, 278 p.

Verechtchaguine, Kharkeekitch (1939) La couverture glacielle du Baïkal dans la région de la sortie de l'Angara/ Vereščagin, G.Û., Harkeekič, L.F. (1939) "Ledânoj pokrov Bajkala v rajone istoka Angary" *Tr. bajk. limnol. St.*, 9: 45-69.

Verne, J. (1876) *Michel Strogoff.* Paris, Presses Pocket, réédit. 1992, 533 p.

Vetrov, Kouznetsova (1983) Les niveaux de concentration de base des métaux dans les différentes parties de la masse d'eau du lac Baïkal/ Vetrov, V. A., Kuznecova, A. I. (1983)"Bazovye urovni soderžaniâ metallov v različnyh častjah vodnoj massy ozera Bajkal" *Geogr. prirod. res.*, 3: 121-129.

Vikoulov (1990a) Formes et principes d'organisation des territoires protégés: aperçu historique du développement du réseau de territoires protégés/ Vikulov, V.E. (1990a) "Formy i principy organizacii ohranâemyh territorij: istoričeskij očerk razvitiâ seti prirodoohrannyh territorij" in Académie...: 94-96.

Vikoulov (1990b) Formes et principes d'organisation des territoires protégés: la formation des régions à régime spécial d'utilisation de la nature/ Vikulov, V.E. (1990b)"Formy i principy organizacii ohranâemyh territorij: formirovanie regionov režima osobogo prirodopol'zovaniâ" in Académie...: 96-98.

Vikoulov, Atoutov (1990) Le parc naturel national d'Etat de Transbaïkalie: place et rôle dans le système des territoires protégés/ Vikulov, V.E., Atutov, A.A. (1990)"Zabajkal'skij gosudarstvennyj prirodnyj nacional'nyj park: mesto i rol' v sisteme ohranâemyh territorij" in Académie...: 174-187.

Vikoulov *et al.* (1990) Le parc naturel national d'Etat de Transbaïkalie: les conditions naturelles/ Vikulov, V.E., Atutov, A.A., Perinova, M.A., Bojkov, T.G., Anenhonov, O.A. (1990)"Zabajkal'skij gosudarstvennyj prirodnyj nacional'nyj park: prirodnye usloviâ" in Académie...: 174-187.

Vizenko (1993) Le potentiel de dispersion de l'atmosphère de Baïkalie/ Vizenko, O.S. (1993) "Potencial rasseivaûščej sposobnosti atmosfery Pribajkal'â" *Geogr. prirod. res.*, 1: 64-68.

Vlassenko (1976) Les vents côtiers au sud du Baïkal/ Vlasenko, V.V. (1976) "Pribrežnye vetry na ûge Bajkala" in *Klimatičeskie resursy Bajkala i ego bassejna*. Novosibirsk, Nauka: 66-81.

Vlassenko *et al.* (1990) Le rôle des facteurs thermiques et éoliens dans la pollution d'origine anthropique du milieu atmosphérique de Baïkalie/ Vlasenko, V.V., Kokoeva, T.V., Krečetov, A.A. (1990) "Rol' termičeskih i vetrovyh faktorov v antropogennom zagrâzenii vozdušnoj sredy v Pribajkal'e" *Geogr. prirod. res.*, 4: 62-67.

Voeïkov (1899) Température et nébulosité sur le littoral du Baïkal et les hauteurs voisines/ Voejkov, A.I. (1899)"Temperatura i oblačnost' na beregu Bajkala i sosednih vysotah" *Meteorolog. Vestn.*, 11: 363-364.

Vojeikov,A.I. (1903) " Les lacs de type polaire et les conditions de leur existence" *Arch. Sci. Phys. Nat. Genève*, 16: 300-309.

Volkov (1981) Carte des formes en blocs néostructurales de la partie centrale de la zone de rift du Baïkal/ Volkov, V.A. (1981)"O karte blokovyh neostrukturnyh form central'noj časti Bajkal'skoj riftovoj zony" *Vestn. Moskovsk. Univ. Geogr.*, 1: 61-66.

Vorobiev (1927) La faune ornithologique du lac Baïkal/ Vorob'ev, K.A. (1927)"K ornitologičeskoj faune ozera Bajkala" *Tr. Kom. po izuč. oz. Bajkala*, 2: 55-62.

Vorobiev (1986) Le parc national du Baïkal/ Vorob'ev, V.V. (1986) "Nacional'nyj park na Bajkale" *Geogr. prirodn. res.*, 4: 31-34.

Vorobiev (1988) Le problème du Baïkal aujourd'hui/ Vorob'ev, V.V. (1988) "Problema Bajkala na sovremennom ètape" *Geogr. prirod. res.*, 3: 3-14.
Vorob'yev, V.V. (1989) "Problems of Lake Baykal in the current period" *Sov. Geogr.*, 30(1): 33-48.
Vorobiev (1994) Le tourisme écologique du Baïkal/ Vorob'ev, V.V. (1994) "Ekologičeskij turizm na Bajkale" *Geogr. prirod. res.*, 3: 192-196.
Vorobiev (1995) Les problèmes de développement durable dans la région baïkalienne/ Vorob'ev, V.V. (1995) "Problemy ustojčivogo razvitiâ Bajkal'skogo regiona" *Geogr. prirod. res.*, 2: 187-189.
Vorobiev, Martynov (1988) Les territoires protégés du bassin du lac Baïkal/ Vorob'ev, V.V., Martynov, A.V. (1988) "Ohranâemye territorii bassejna ozera Bajkal" *Geogr. prirodn. res.*, 2: 31-39.
Vorob'yev,V.V., Martynov,A.V. (1989) "Protected areas of the Lake Baykal basin" *Sov. Geogr.*, 30(1): 359-369.
Vorobiev *et al.* (1987) Les problèmes de protection de la nature en Sibérie et les chemins de leur résolution/ Vorob'ev, V.V., Nečaev, E.G., Semenov, Û.M. (1987) "Prirodoohrannye problemy Sibiri i puti ih rešeniâ" *Izv. A.N. SSSR ser. Geogr.*, 5: 71-79.
Vorobiev *et al.* (1990) Formes et principes d'organisation des territoires protégés: les territoires protégés/ Vorob'ev, V.V., Martynov, A.V. et Atutov, A.A. (1990) "Formy i principy organizacii ohranâemyh territorij: ohranâemye territorii" in Académie...: 98-108.
Vorobiev *et al.* (1994) Les fondements éco-géographiques de planification et de développement du tourisme dans la région baïkalienne/ Vorob'ev,V.V., Antipov, A.N., Belov, A.V., Râščenko, S.V., Lobanova, T.A. (1994) "Ekologo-geografičeskie osnovy planirovaniâ i razvitiâ turizma v Bajkal'skom regione" *Geogr. prirod. res.*, 3: 49-54.
Vorobiev *et al.* (1995a) La cartographie informatique intelligente et le développement durable de la région baïkalienne/ Vorob'ev,V.V., Vasil'ev, S.N., Antipov, A.N., Počtarenko, M.V., Ružnikov, G.M., Batuev, A.R., Baturin, V.A., Bičkov, I.V., Bašalhanov, I.A., Ignatov, A.V. (1995) "Intellektnoe informacionno-kartografičeskoe obespečenie ustojčivogo razvitiâ Bajkal'skogo regiona" *Geogr. prirod. res.*, 1: 5-15.
Vorobiev *et al.* (1995b) Le problème de la transition vers un développement sûr (stable) de la région d'Irkoutsk/ Vorob'ev, V.V., Antipov, A.N., Belov, A.V., Vasânovič, A.V. (1995) "Problema perehoda k èkologičeski bezopasnomu (ustojčivomu) razvitiû Irkutskoj oblasti" *Geogr. prirod. res.*, 4: 79-89.
Voskressenski (1962) Géomorphologie de la Sibérie/ Voskresenskij, S.S. (1962) *Geomorfologiâ Sibiri*. Moskva, izd. Mosk. univ., 451 p.
Votintsev (1961) L'hydrochimie du lac Baïkal/ Votincev, K.K. (1961) *Gidrohimiâ oz. Bajkal*. Moskva, Izd. A.N. SSSR, 311 p.
Votintsev (1987) Le rôle de l'épischura dans l'autoépuration des matières en suspension des eaux du lac Baïkal/ Votincev, K.K.

(1987) "O roli èpišury (*Epischura baicalensis Sars*) v samoočiščenii vod ozera Bajkal ot vzvešennyh veščestv" *Vodn. Res.*, 6: 163-165.

Votintsev (1990) Le cycle de l'oxygène comme indicateur du brassage vertical du lac Baïkal/ Votincev, K.K. (1990) "Kislorodnyj režim kak pokazatel' vertikal'nogo vodoobmena v ozere Bajkal" *Dokl. Akad. Nauk SSSR*, 310(4) 964-968.

Votintsev (1991) Gleb Yourevitch Verechtchaguine, l'éminent chercheur du Baïkal/ Votincev,K.K. (1991) "Gleb Ûr'evič Vereščagin - zamečatel'nyj issledovatel' Bajkala" *Izv. Vses. geogr. Obšč.* 123(4): 383-387.

Votintsev (1992a) Le problème de l'autoépuration du lac Baïkal/ Votincev, K.K. (1992a) "K probleme samoočiščeniâ ozera Bajkal" *Gidrobiol žurnal*, 28(4): 47-56.

Votintsev (1992b) Le lac Baïkal est-il menacé d'eutrophisation?/ Votincev, K.K. (1992b) "Ugrožaet li èvtrofikaciâ Bajkalu?" *Izv. RAN*, ser. biol., 4: 618-627.

Votintsev, Glazounov (1962) Les principaux résultats de la recherche pluriannuelle du régime hydrochimique du lac Baïkal dans la région du golfe Listvennitchny/ Votincev, K.K., Glazunov, I.V. (1962) "Osnovnye itogi mnogoletnogo issledovaniâ gidrohimičeskogo režima ozera Bajkal v rajone zal. Listvenničnogo" *Tr. Bajkal'sk. limnol. Inst.* 4(24), cité par Sokolnikov (1964).

Votintsev *et al.* (1965) L'hydrochimie des cours d'eau du bassin du lac Baïkal/ Votincev, K.K., Glazunov, I.V., Tolmačeva, A.P. (1965) *Gidrohimiâ rek bassejna ozera Bajkal.* Moskva, Nauka, 495 p.

Voznessenski (1897) Les variations de niveau du Baïkal d'après les observations des années 1888 à 1896 à Listvenitchnoe/ Voznesenskij, A.V. (1897) "Ob izmeneniâh urovniâ Bajkala po nablûdeniâm 1888-96 godov v s. Listveničnom " *V.S.O.R.G.O.*, 1(1): 146-182.

Voznessenski (1901) Les averses de juillet au sud du Baïkal/ Voznesenskij, A.V. (1901) "Iûl'skie livni na ûge Bajkala" *Meteorol. Vestn.*, 12: 480-482.

Voznessenski (1903) La liste des tremblements de terre d'après les observations de l'observatoire de la météorologie et du magnétisme d'Irkoutsk (en 1902)/ Voznesenskij, A.V. (1903) "Spisok zemletrâsenij po nablûdeniâm Irkutsk. Magn. Meteor. Observat. (v 1902 g.)" *I.V.S.O.R.G.O.*, 33 (2): 1-38.

Voznessenski (1904) Le tremblement de terre baïkalien du 3 novembre 1903/ Voznesenskij, A.V. (1904) "Bajkal'skoe zemletrâsenie 3 noâbrâ 1903 goda" *Izd. Imp. Akad. Nauk*: 1-51.

Voznessenski (1905) La liste des tremblements de terre d'après les observations de l'observatoire de la météorologie et du magnétisme d'Irkoutsk en 1903/ Voznesenskij, A.V. (1905) "Spisok zemletrâsenij po nablûniâm Irkutsk. Magn. Meteorol. Observ. za

1903 g.“ *I.V.S.O.R.G.O.*, 34(3): 1-194.
Voznessenski (1907) Un aperçu des particularités climatiques du Baïkal “Očerk klimatologičeskih osobennostej Bajkala“ *Izv. Imp. Akad. Nauk*, 3: 56-59.
Voznessenski (1908) Un aperçu des particularités climatiques du Baïkal/ Voznesenskij, A.V. (1908) “Očerk klimatologičeskih osobennostej Bajkala“ *Izd. Glavn. Gidrograf. Upr. SPb.*: 173-329.
Voznessenski, Chostakovitch (1899) Rapport concernant l’installation et l’activité de la station zoologique provisoire se trouvant près du village de Golooustnoïé/ Voznesenskij, A.V. et Šostakovič, V. (1899) “Otčet ob ustrojstve i deâtel’nosti vremennoj zoologičeskoj stancii okolo sela Goloustnogo“ *I.S.O.R.G.O.*, 30(2-3): 184-194.
Voznessenski, Chostakovitch (1913) Les principales données de l’étude du climat en Sibérie orientale/ Voznesenskij, A.V., Šostakovič, V. (1913) *Osnovnye dannye dlâ izučeniâ klimata Vostočnoj Sibiri*. Irkutsk, Izd. Pereselenčeskogo Upravleniâ Enisejskogo rajona, 260 p.
Vuglinsky,V.S., Gronskaya,T.P., Litova,T.E. (1991) “Application of the method of fields separation into natural orthogonal components for estimating water balance components of Baikal Lake“ in Schiller,G, Lemmelär,R. et Spreafico,M.,éd. *Hydrology of natural and manmade lakes*. IAHS Publication n° 206: 267-275.
Vyrkine (1996) La structure des processus exogènes actuels de formation du relief dans les dépressions de type baïkalien/ Vyrkin, V.B. (1996) “Struktura sovremennogo èkzogennogo rel’efoobrazovaniâ kotlovin bajkal’skogo tipa” *Geogr. prirod. res.*, 1: 13-23.
Wein,N. (1989) “Umweltprobleme in der Baikal-Region“ *Die Erde*, 120(4): 239-252.
Weinberg *et al.* (1995) La dynamique d’une communauté d’une grève du lac Baïkal/ Vejnberg,I.V., Kamaltynov,R.M., Karabanov,E.B. (1995) “Dinamika soobščestva kamenistogo plâža oz. Bajkal” *Vodn. res.*, 22(4): 446-453.
Weiss,R.F., Carmack,E.C., Koropalov,V.M. (1991) “Deep-water renewal and biological production in Lake Baikal“ *Nature*, 349(21 february): 665-669.
Welch,P.S. (1948) *Limnological methods*. New York, Mc Graw Hill Book Co, 381 p.
Yablokov,A.V. (1993) “Les méandres de la gestion de l’eau en Russie“ *La Recherche*, 24(257): 1031-1033.
Yakhontov (1906) Les tempêtes du lac Baïkal/ Âhontov,A. (1906) “Buri na Bajkal’skom ozere“ *Zap. Imp. Akadem. Nauk*, 19(3): 1-15.
Yakimov (1971) Le calcul du champ des ondes de célérité par la méthode des caractères à l’aide d’EVM/ Âkimov,A.A. (1971) “Raščet polâ volnovyh skorostej metodom harakteristik s pomošč’û EVM“ in Académie...: 86-93.
Yakimov, Yanoussaouskas (1971) Les résultats de l’étude du déferlement des vagues et leur influence sur le littoral/ Âkimov,A.A. et

Ânusauskas,A.I. (1971) "Rezul'taty izučeniâ nakata voln i ih vozdejstviâ na bereg" in Académie: 94-101.
Yavorovski (1898) Recherches géologiques sur l'Angara en 1895/ Âvorovskij,P.K. (1898) "Geologičeskie issledovaniâ na Angare v 1895 godu" *Geologičeskie issledovaniâ po linii Sibirsk. žel. dor.*, 7: 99-118.
Yeremenko (1994) L'influence sur une longue durée de l'épandage d'engrais sur une basse prairie fourragère du lit majeur de la rivière Bargouzine/ Eremenko, V.P. (1994) "Vliânie dolgoletnego vneseniâ udobrenij na travostoj nizinnogo luga v pojme reki Barguzin" *Geogr. prirod. res.*, 1: 181-185.
Yevtouchenko: voir Evtouchenko (écrits français) et Yevtushenko (anglais)
Yevtushenko,Y. (1992) "Foreword" in Matthiessen: xii.
Zakhvatkine (1932) La connaissance des migrations verticales diurnes du zooplancton baïkalien/ Zahvatkin, A.A. (1932) "K poznaniû sutočnyh vertikal'nyh migracii bajkal'skogo zooplanktona" *Tr. Bajk. limnol. St.*, 2: 55-106.
Zamaraev *et al.* (1979) Les corrélations des structures passées et tertiaires dans la zone de rift du Baïkal/ Zamaraev, S.M., Vasil'ev, E.P., Mazuhabzov, A.M. (1979) *Sootnošenie drevnej i kajnozojskoj struktur v Bajkal'skoj riftovoj zone.* Novosibirsk, Nauka, 125 p.
Zonenschein *et al.* (1979) La géodynamique de la zone de rift du Baïkal et de la tectonique des plaques de l'Asie intérieure/ Zonenšajn, L.P., Savostin, L.A., Mišarina, L.A., Solonenko, N.B. (1979) "Geodinamika Bajkal'skoj riftovoj zony i tektoniki plit vnutrennej Azii" in Monin, éd.: 157-203.
Zonenschein,L.P., Savostin,L.A. (1981) "Geodynamics of the Baikal rift zone and plate tectonics of Asia" *Tectonophys.*, 76: 1-45.
Zorine (1966) La structure profonde de la dépression du Baïkal d'après des données géophysiques/ Zorin, Û.A. (1966)"O glubinnom stroenii vpadiny ozera Bajkal po geofizičeskim dannym" *Izv. ANSSSR*, ser. Geol., 7: 75-85.
Zorin,Yu.A. (1967a) *The deep structure of the Lake Baikal depression according to geophysical findings.* D.R.B. Canada, 13 p.
Zorin,Yu.A. (1967b) *The question of the formation mechanism of the depressions of Baikal types.* D.R.B. Canada, 6 p.
Zorine (1971) La structure la plus récente et l'isostasie de la zone de rift du Baïkal et des territoires adjacents/ Zorin, Û.A. (1971) *Novejšaâ struktura i izostaziâ Bajkal'skoj riftovoj zony i sopredel'nyh territorij.* Moskva, Nauka, 168 p.
Zorin,Yu.A. (1981) "The Baikal rift: an example of intrusion of asthenospheric material into the lithosphere as the cause of the disruption of lithospheric plates" *Tectonophys.*, 73(1-3) spec.: 91-104.
Zorin,Yu.A., Rogozhina,V.A. (1978) "Mechanism of rifting and some features of the deep-seated structure of the Baikal rift zone" *Tectonophys.*, 45(1): 23-30.

Zorine *et al.* (1979) Données géophysiques concernant les intrusions post-tertiaires sous le Baïkal/ Zorin, Û.A., Golubev, V.A., Novoselova, M.R. (1979)"Geofizičeskie dannye o pozdnekajnozojskih intruziah pod Bajkalom" *Dokl. Akad. Nauk SSSR*, 249(1): 158-161.

Zorin,Yu.A., Kozhevnikov,V.M., Novoselova,M.R., Turutanov,E.K. (1989) "Thickness of the lithosphere beneath the Baikal rift zone and adjacent regions" *Tectonophys.*, 168: 327-337.

Zvonkova,T.N. (1964) Mesures de la radiation sous-lacustre dans le Baïkal pendant l'été 1960/ Zvonkova, T.N. (1964) "Izmereniâ podvodnoj radiacii na bajkale letom 1960 g." in Académie...: 188-193.

Abréviations: les noms de revues ont été indiquées avec leur abréviation usuelle. En ce qui concerne les différentes revues publiées au XIXe siècle par la société russe de géographie, les principales abréviations sont les suivantes.

RGO: Russkoe Geografičeskoe Obščestvo.

SORGO: Sibirskij Otdel Russkogo Geografičeskogo Obščestva.

VSORGO: Vostočno-Sibirskij Otdel Russkogo Geografičeskogo Obščestva.

IVSORGO: Izvestiâ Vostočno-Sibirskogo Otdela Russkogo Obščestva.

OSORGO: Otčet o deâtel'nosti Sibirskogo Otdela Russkogo Geografičeskogo Obščestva.

Transcription: Les références russes sont à l'ordre alphabétique des noms d'auteurs phonétiquement transcrits en français et les titres russes sont tous traduits en français. Le texte français est suivi de la référence complète russe en transcription internationale, la seule permettant une recherche bibliographique précise.

Table des tableaux et des figures

Index géographique et des matières

Les noms de lieu sont en italique, les matières en caractère standard

656390 - Mai 2016
Achevé d'imprimer par